VAN HAVERE 1950

GEORGE SAND ILLUSTRÉ PAR TONY JOHANNOT
ET MAURICE SAND

LE PÉCHÉ
DE
MONSIEUR ANTOINE

PRÉFACE ET NOTICE NOUVELLE

Prix : 1 franc 75 centimes

ÉDITION J. HETZEL

LIBRAIRIE CENTRALE
DES PUBLICATIONS ILLUSTRÉES A 20 CENTIMES
Rue du Pont-de-Lodi, 5

1859

BLANCHARD
LIBRAIRE
Rue Richelieu, 78, près la Bourse

PARIS

LE PÉCHÉ
DE MONSIEUR ANTOINE

NOTICE

J'ai écrit le *Péché de monsieur Antoine* à la campagne, dans une phase de calme extérieur et intérieur, comme il s'en rencontre peu dans la vie des individus. C'était en 1845, époque où la critique de la société réelle et le rêve d'une société idéale atteignirent dans la presse un degré de liberté de développement comparable à celui du XVIIIe siècle. On croira peut-être avec peine, un jour, le petit fait très-caractéristique que je vais signaler.

Pour être libre, à cette époque, de soutenir directement ou indirectement les thèses les plus hardies contre le vice de l'organisation sociale, et de s'abandonner aux espérances les plus vives du sentiment philosophique, il n'était guère possible de s'adresser aux journaux de l'opposition. Les plus avancés n'avaient malheureusement pas assez de lecteurs pour donner une publicité satisfaisante à l'idée qu'on tenait à émettre. Les plus modérés nourrissaient une profonde aversion pour le socialisme, et, dans le courant des dix dernières années de la monarchie de Louis-Philippe, un de ces journaux de l'opposition réformiste, le plus important par son ancienneté et le nombre de ses abonnés, me fit plusieurs fois l'honneur de me demander un roman-feuilleton, toujours à la condition qu'il ne s'y trouverait aucune espèce de tendance socialiste.

Cela était bien difficile, impossible peut-être, à un esprit préoccupé des souffrances et des besoins de son siècle. Avec plus ou moins de détours habiles, avec plus ou moins d'effusion et d'entraînement, il n'est guère d'artiste un peu sérieux qui ne se soit laissé impressionner dans son œuvre par les menaces du présent ou les promesses de l'avenir. C'était, d'ailleurs, le temps de dire tout ce qu'on pensait, tout ce qu'on croyait. On le devait, parce qu'on le pouvait. La guerre sociale ne paraissant pas imminente, la monarchie, ne faisant aucune concession aux besoins du peuple, semblait de force à braver plus longtemps qu'elle ne l'a fait, le courant des idées.

Ces idées dont ne s'épouvantaient encore qu'un petit nombre d'esprits conservateurs, n'avaient encore réellement germé que dans un petit nombre d'esprits attentifs et laborieux. Le pouvoir, du moment qu'elles ne revêtaient aucune application d'actualité politique, s'inquiétait assez peu des théories, et laissait chacun faire la sienne, émettre son rêve, construire innocemment la cité future au coin de son feu, dans le jardin de son imagination.

Les journaux conservateurs devenaient donc l'asile des romans socialistes. Eugène Sue publia les siens dans *les Débats* et dans *le Constitutionnel*. Je publiai les miens dans *le Constitutionnel* et dans *l'Époque*. A peu près dans le même temps, *le National* courait sus avec ardeur aux écrivains socialistes dans son feuilleton, et les accablait d'injures très-âcres ou de moqueries fort spirituelles.

L'Époque, journal qui vécut peu, mais qui débuta par renchérir sur tous les journaux conservateurs et absolutistes du moment, fut donc le cadre où j'eus la liberté absolue de publier un roman socialiste. Sur tous les murs de Paris on afficha en grosses lettres : *Lisez l'Époque! Lisez le Péché de monsieur Antoine!*

L'année suivante, comme nous errions dans les landes de Crozant et dans les ruines de Châteaubrun, théâtre agreste où s'était plu ma fiction, un Parisien de nos amis criait facétieusement aux pastours à demi sauvages de ces solitudes *Avez-vous lu L'Époque? Avez-vous lu le Péché de monsieur Antoine?* Et, en les voyant fuir épouvantés de ces incompréhensibles paroles, il nous disait en riant : « Comme on voit bien que les romans socialistes montent la tête aux habitants des campagnes!... »

Une vieille femme, assez belle diseuse, vint à Châteaubrun me faire une scène de reproches, parce que j'avais fait sur elle et sur son maître un livre *plein de menteries*. Elle croyait que j'avais voulu mettre en scène le propriétaire du château et elle-même. Elle avait entendu parler du livre. On lui avait dit qu'il n'y avait *pas un mot de vrai*. Il fut impossible de lui faire comprendre ce que c'est qu'un roman, et cependant elle en faisait aussi, car elle nous raconta l'assassinat de Louis XVI et de Marie-Antoinette *poignardés dans leur carrosse par la populace de Paris*. Ceux qui accusent les écrits socialistes d'incendier les esprits, devraient se rappeler qu'ils ont oublié d'apprendre à lire aux paysans.

Renierai-je, maintenant que les masses s'agitent, le communisme de M. de Boisguilbault, personnage très-excentrique, et cependant pas tout à fait imaginaire de mon roman? Dieu m'en garde, surtout après que, sur tous les tons, on a accusé les socialistes de prêcher le partage des propriétés.

L'idée diamétralement contraire, celle de communauté par association, devrait être la moins dangereuse de toutes aux yeux des conservateurs, puisque c'est malheureusement la moins comprise et la moins admise par les masses. Elle est surtout antipathique dans la campagne et n'y sera réalisable que par l'initiative d'un gouvernement fort, ou par une rénovation philosophique, religieuse et chrétienne, ouvrage des siècles peut-être!

Des essais d'associations ouvrières ont été cependant tentés dans la portion la plus instruite, la plus morale, la plus patiente du peuple industriel des grandes villes. Les gouvernements éclairés, quelle que soit leur devise, protégeront toujours ces associations, parce qu'elles offrent un asile à la pensée véritablement sociale et religieuse de l'avenir. Imparfaites à leur naissance probablement, elles se compléteront avec le temps, et quand il sera bien prouvé qu'elles ne détruisent pas, mais conservent, au contraire, le respect de la famille et de la propriété, elles entraîneront insensiblement toutes les classes dans une réciprocité et une solidarité d'intérêts et de dévouements, seule voie de salut ouverte à la société future!

GEORGE SAND.

Nohant, 30 décembre 1851.

I

EGUZON.

Il est peu de gîtes aussi maussades en France que la ville d'Eguzon, située aux confins de la Marche et du Berry, dans la direction sud-ouest de cette dernière province. Quatre-vingts à cent maisons, d'apparence plus ou moins misérable (à l'exception de deux ou trois, dont nous ne nommerons point les opulents propriétaires, de peur d'attenter à leur modestie), composent les deux ou trois rues, et ceignent la place de cette bourgade fameuse à dix lieues à la ronde pour l'esprit procédurier de sa population et la difficulté de ses abords. Malgré ce dernier inconvénient qui va bientôt disparaître, grâce au tracé d'une nouvelle route, Eguzon voit souvent des voyageurs traverser hardiment les solitudes qui l'environnent, et risquer leurs carioles sur un pavé terrible. L'unique auberge est située sur l'unique place, laquelle est d'autant plus vaste, qu'elle s'ouvre sur la campagne, comme si elle attendait les constructions nouvelles de futurs citadins, et cette auberge est parfois forcée, dans la belle saison, d'inviter les trop nombreux arrivants à s'installer dans les maisons du voisinage, qui leur sont ouvertes, il faut le dire, avec beaucoup d'hospitalité. C'est qu'Eguzon est le point central d'une région pittoresque semée de ruines imposantes, et que, soit qu'on veuille voir Châteaubrun, Crozant, la Prugne-au-Pot, ou enfin le château encore debout et habité de Saint-Germain, il faut nécessairement aller coucher à Eguzon, afin de partir, dès le matin suivant, pour ces différentes excursions.

Il y a quelques années, par une soirée de juin, lourde et orageuse, les habitants d'Eguzon ouvrirent de grands yeux en voyant un jeune homme de bonne mine traverser la place pour sortir de la ville, un peu après le coucher du soleil. Le temps menaçait, la nuit se faisait plus vite que de raison, et pourtant le jeune voyageur, après avoir pris un léger repas à l'auberge, et s'être arrêté le temps strictement nécessaire pour faire rafraîchir son cheval, se dirigeait hardiment vers le nord, sans s'inquiéter des représentations de l'aubergiste, et sans paraître se soucier des dangers de la route. Personne ne le connaissait; il n'avait répondu aux questions que par un geste d'impatience, et aux remontrances que par un sourire. Quand le bruit des fers de sa monture se fut perdu dans l'éloignement : « Voilà, dirent les flâneurs de l'endroit, un garçon qui connaît bien le chemin, ou qui ne le connaît pas du tout. Où il y a passé cent fois, et sait le nom du moindre caillou, ou bien il ne se doute pas de ce qui en est, et va se trouver fort en peine.

— C'est un étranger qui n'est pas d'ici, dit judicieusement un homme capable : il n'a voulu écouter que sa tête; mais, dans une demi-heure, quand l'orage éclatera, vous le verrez revenir!

— S'il ne se casse pas le cou auparavant à la descente du pont des Piles! observa un troisième.

— Ma foi, firent en chœur les assistants, c'est son affaire! Allons fermer nos contrevents, de peur que la grêle n'endommage nos vitres. »

Et l'on entendit par la ville un grand bruit de portes et de fenêtres que l'on se hâtait d'*accoler*, tandis que le vent, qui commençait à mugir sur les bruyères, devançait de rapidité les servantes essoufflées, et renvoyait à leur nez les battants de ces lourdes huisseries, où les ouvriers du pays, conformément aux traditions de leurs ancêtres, n'ont épargné ni le bois de chêne, ni le ferrage. De temps en temps, une voix se faisait entendre d'un travers de rue à l'autre, et ces propos se croisaient sur le seuil des habitations : « Tous les vôtres sont-ils rentrés? — *Ah ouâ!* j'en ai encore deux charrois par terre. — Et moi six sur pied! — Moi, ça n'est égal, tout est engrangé. » Il s'agissait des foins.

Le voyageur, monté sur un excellent bidet de Bronne, laissait le nuage derrière lui, et, pressant l'allure, il se flattait de devancer l'orage à la course; mais à un coude que faisait subitement le chemin, il reconnut qu'il lui serait impossible de ne pas être pris en flanc. Il déplia son manteau, que des courroies tenaient fixé sur sa valise, attacha les mentonnières de sa casquette, et donnant de l'éperon à sa monture, il fournit une nouvelle course, espérant au moins atteindre et franchir, à la faveur du jour, le passage dangereux qu'on lui avait signalé. Mais son attente fut trompée; le chemin devint si difficile, qu'il lui fallut prendre le pas et soutenir son cheval avec précaution au milieu des roches semées sous ses pieds. Lorsqu'il se trouva au sommet du ravin de la Creuse, la nuée ayant envahi tout le ciel, l'obscurité était complète, et il ne pouvait plus juger de la profondeur de l'abîme qu'il côtoyait, que par le bruit sourd et engouffré du torrent.

Téméraire comme on l'est à vingt ans, le jeune homme ne tint compte des prudentes hésitations de son cheval, et il le força de se livrer au hasard d'une pente, que chaque pas du docile animal trouvait plus inégale et plus rapide. Mais tout à coup il s'arrêta, se rejeta en arrière par un vigoureux coup de reins, et le cavalier, un peu ébranlé de la secousse, vit, à la lueur d'un grand éclair, qu'il était sur l'extrême versant d'un précipice à pic, et qu'un pas de plus l'aurait infailliblement entraîné au fond de la Creuse.

La pluie commençait à tomber, et une tourmente furieuse agitait les cimes des vieux châtaigniers qui se trouvaient au niveau de la route. Ce vent d'ouest poussait précisément l'homme et le cheval vers la rivière, et le danger devenait si réel, que le voyageur fut forcé de mettre pied à terre, afin d'offrir moins de prise au vent, et de mieux diriger sa monture dans les ténèbres. Ce qu'il avait entrevu du site à la lueur de l'éclair lui avait paru admirable, et d'ailleurs la position où il se trouvait flattait ce goût d'aventures qui est propre à la jeunesse.

Un second éclair lui permit de mieux distinguer le paysage, et il profita d'un troisième pour familiariser sa vue avec les objets les plus rapprochés. Le chemin ne manquait pas de largeur, mais cette largeur même le rendait difficile à suivre. C'était une demi-douzaine de vagues passages marqués seulement par les pieds des chevaux et les ornières, formant diverses voies entre-croisées comme au hasard sur le versant d'une colline ; et, comme il n'y avait là ni haies, ni fossés, ni trace aucune de culture, le sol avait livré ses flancs pelés à toutes les tentatives d'escalade qu'il avait pris envie aux passants de faire ; chaque saison voyait ainsi ouvrir une route nouvelle, ou reprendre une ancienne que le temps et l'abandon avaient raffermie. Entre chacun de ces tracés capricieux s'élevaient des monticules hérissés de rochers ou de touffes de bruyères, qui offraient la même apparence dans l'obscurité ; et, comme ils s'enlaçaient sur des plans très-inégaux, il était difficile de passer de l'un à l'autre sans friser une chute qui pouvait entraîner dans l'abîme commun ; car tous subissaient la pente bien marquée du ravin, non-seulement en avant, mais encore sur le côté, de sorte qu'il fallait à la fois pencher devant soi et sur la gauche. Aucune de ces voies tortueuses n'était donc sûre ; car depuis l'été toutes étaient également battues, les habitants du pays les prenant au hasard en plein jour avec insouciance ; mais, au milieu d'une nuit sombre, il n'était pas indifférent de s'y tromper, et le jeune homme, plus soigneux des genoux du cheval qu'il aimait que de sa propre vie, prit le parti de s'approcher d'une roche assez élevée pour les garantir tous deux de la violence du vent, et de s'arrêter là en attendant que le ciel s'éclaircît un peu. Il s'appuya contre *Corbeau*, et relevant un coin de son manteau imperméable pour garantir le flanc et la selle de son compagnon, il tomba dans une rêverie romanesque, aussi satisfait d'entendre hurler la tempête, que les habitants d'Eguzon, s'ils pensaient encore à lui en cet instant, le supposaient soucieux et désappointé.

Les éclairs, en se succédant, lui eurent bientôt procuré une connaissance suffisante du pays environnant. Vis-à-vis de lui, le chemin, gravissant la pente opposée du ravin, se relevait aussi brusquement qu'il s'était abaissé, et offrait des difficultés de même nature. La Creuse, limpide et forte, coulait sans grand fracas au bas de ce précipice, et se resserrait avec un mugissement sourd et continu, sous les arches d'un vieux pont qui paraissait en fort mauvais état. La vue était bornée en face par le retour de l'escarpement ; mais, de côté, on découvrait une verte perspective de prairies inclinées et bien plantées, au milieu desquelles serpentait la rivière, et vis-à-vis de notre voyageur, au sommet d'une colline hérissée de roches formidables qu'entrecoupait une riche végétation, on voyait se dresser les grandes tours délabrées d'un vaste manoir en ruines. Mais, lors même que le jeune homme aurait eu la pensée d'y chercher un asile contre l'orage, il lui eût été difficile de trouver le moyen de s'y rendre ; car on n'apercevait aucune trace de communication entre le château et la route, et un autre ravin, avec un torrent qui se déversait dans la Creuse, séparait les deux collines. Ce site était des plus pittoresques, et le reflet livide des éclairs lui donnait quelque chose de terrible qu'on y eût vainement cherché à la clarté du jour. De gigantesques tuyaux de cheminée, mis à nu par l'écroulement des toits, s'élançaient vers la nuée lourde qui rampait sur le château, et qu'ils avaient l'air de déchirer. Lorsque le ciel était traversé par des lueurs rapides, ces ruines se dessinaient en blanc sur le fond noir de l'air, et au contraire, lorsque les yeux s'étaient habitués au retour de l'obscurité, elles présentaient une masse sombre sur un horizon plus transparent. Une grande étoile, que les nuages semblaient ne pas oser envahir, brilla longtemps sur le fier donjon, comme une escarboucle vive à la tête d'un géant. Puis enfin elle disparut, et les torrents de pluie qui redoublaient ne permirent plus au voyageur de rien discerner qu'à travers un voile épais. En tombant sur les rochers voisins et sur le sol durci par de récentes chaleurs, l'eau rebondissait comme une écume blanche, et parfois on eût dit des flots de poussière soulevés par le vent.

En faisant un mouvement pour abriter davantage son cheval contre le rocher, le jeune homme s'aperçut tout à coup qu'il n'était pas seul. Un homme venait chercher aussi un refuge en cet endroit, ou bien il en avait pris possession le premier. C'est ce qu'on ne pouvait savoir dans ces alternatives de clarté éblouissante et de lourdes ténèbres. Le cavalier n'eut pas le temps de bien voir le piéton ; il lui sembla vêtu misérablement et n'avoir pas très-bonne mine. Il paraissait même vouloir se cacher, en s'enfonçant le plus possible sous la roche ; mais dès qu'il eut jugé, à une exclamation du jeune voyageur, qu'il avait été aperçu, il lui adressa sans hésiter la parole, d'une voix forte et assurée :

« Voilà un mauvais temps pour se promener, Monsieur, et si vous êtes sage, vous retournerez coucher à Eguzon.

— Grand merci, l'ami ! » répondit le jeune homme en faisant siffler sa forte cravache à tête plombée, pour faire savoir à son problématique interlocuteur qu'il était armé.

Ce dernier comprit fort bien l'avertissement, et y répondit en frappant le rocher, comme par désœuvrement, avec un énorme bâton de houx qui fit voler quelques éclats de pierre. L'arme était bonne et le poignet aussi.

« Vous n'irez pas loin ce soir par un temps pareil, reprit le piéton.

— J'irai aussi loin qu'il me plaira, répondit le cavalier, et je ne conseillerais à personne d'avoir la fantaisie de me retarder en chemin.

— Est-ce que vous craignez les voleurs, que vous répondez par des menaces à des honnêtetés ? Je ne sais pas de quel pays vous venez, mon jeune homme, mais vous ne savez guère dans quel pays vous êtes. Il n'y a, Dieu merci, chez nous, ni bandits, ni assassins, ni voleurs. »

L'accent fier mais franc de l'inconnu inspirait la confiance. Le jeune homme reprit avec douceur :

« Vous êtes donc du pays, mon camarade ?

— Oui, Monsieur, j'en suis, et j'en serai toujours.

— Vous avez raison d'y vouloir rester : c'est un beau pays.

— Pas toujours cependant ! Dans ce moment-ci, par exemple, il n'y fait pas trop bon ; le temps est bien *en malice*, et il y en aura pour toute la nuit.

— Vous croyez ?

— J'en suis sûr. Si vous suivez le vallon de la Creuse, vous aurez l'orage pour compagnie jusqu'à demain midi ; mais je pense bien que vous ne vous êtes pas mis en route si tard sans avoir un abri prochain en vue ?

— À vous dire le vrai, je crois que l'endroit où je vais est plus éloigné que je ne l'avais pensé d'abord. Je me suis imaginé qu'on voulait me retenir à Eguzon, on m'exagérant la distance et les mauvais chemins ; mais je vois, au peu que j'ai fait depuis une heure, que l'on ne m'avait guère trompé.

— Et, sans être trop curieux, où allez-vous?

— A Gargilesse. Combien comptez-vous jusque-là!

— Pas loin, Monsieur, si l'on voyait clair pour se conduire; mais si vous ne connaissez pas le pays, vous en avez pour toute la nuit : car ce que vous voyez ici n'est rien en comparaison des casse-cous que vous avez à descendre pour passer du ravin de la Creuse à celui de la Gargilesse, et vous y risquez la vie par-dessus le marché.

— Eh bien, l'ami, voulez-vous, pour une honnête récompense, me conduire jusque-là?

— Nenni, Monsieur, en vous remerciant.

— Le chemin est donc bien dangereux, que vous montrez si peu d'obligeance?

— Le chemin n'est pas dangereux pour moi, qui le connais aussi bien que vous connaissez peut-être les rues de Paris ; mais quelle raison aurais-je de passer la nuit à me mouiller pour vous faire plaisir!

— Je n'y tiens pas, et je saurai me passer de votre secours; mais je n'ai point réclamé votre obligeance gratis : je vous ai offert...

— Suffit! suffit! vous êtes riche et je suis pauvre; mais je ne tends pas encore la main, et j'ai des raisons pour ne pas me faire le serviteur du premier venu... Encore si je savais qui vous êtes...

— Vous vous méfiez de moi? dit le jeune homme, dont la curiosité était éveillée par le caractère hardi et fier de son compagnon. Pour vous prouver que la méfiance est un mauvais sentiment, je vais vous payer d'avance. Combien voulez-vous?

— Pardon, excuse, Monsieur, je ne veux rien ; je n'ai ni femme ni enfants, je n'ai besoin de rien pour le moment : d'ailleurs j'ai un ami, un bon camarade, dont la maison n'est pas loin, et je profiterai du premier *éclairci* pour y aller souper et dormir à couvert. Pourquoi me priverais-je de cela pour vous? Voyons, dites ! est-ce parce que vous avez un bon cheval et des habits neufs?

— Votre fierté ne me déplait pas, tant s'en faut! Mais je la trouve mal entendue de repousser un échange de services.

— Je vous ai rendu service de tout mon pouvoir, en vous disant de ne pas vous risquer la nuit par un temps si noir et des chemins qui, dans une demi-heure, seront impossibles. Que voulez-vous de plus?

— Rien... En vous demandant votre assistance, je voulais connaître le caractère des gens du pays, et voilà tout. Je vois maintenant que leur bon vouloir pour les étrangers se borne à des paroles.

— Pour les étrangers! s'écria l'indigène avec un accent de tristesse et de reproche qui frappa le voyageur. Et n'est-ce pas encore trop pour ceux qui ne nous ont jamais fait que du mal? Allez, Monsieur, les hommes sont injustes; mais Dieu voit clair, et il sait bien que le pauvre paysan se laisse tondre, sans se venger, par les gens savants qui viennent des grandes villes.

— Les gens des villes ont donc fait bien du mal dans vos campagnes? C'est un fait que j'ignore et dont je ne suis pas responsable, puisque j'y viens pour la première fois.

— Vous allez à Gargilesse. Sans doute, c'est M. Cardonnet que vous allez voir? Vous êtes, j'en suis sûr, son parent ou son ami?

— Qu'est-ce donc que ce M. Cardonnet, à qui vous semblez en vouloir? demanda le jeune homme après un instant d'hésitation.

— Suffit, Monsieur, répondit le paysan; si vous ne le connaissez pas, tout ce que je vous en dirais ne vous intéresserait guère, et si vous êtes riche vous n'avez rien à craindre de lui. Ce n'est qu'aux pauvres gens qu'il en veut.

— Mais enfin, reprit le voyageur avec une sorte d'agitation contenue, j'ai peut-être des raisons pour désirer de savoir ce qu'on pense dans le pays de ce M. Cardonnet. Si vous refusez de motiver la mauvaise opinion que vous avez de lui, c'est que vous avez contre lui une rancune personnelle peu honorable pour vous-même.

— Je n'ai de comptes à rendre à personne, répondit le paysan, et mon opinion est à moi. Bonsoir, Monsieur. Voilà la pluie qui s'arrête un peu. Je suis fâché de ne pouvoir vous offrir un abri ; mais je n'en ai pas d'autre que le château que vous voyez là, et qui n'est pas à moi. Cependant, ajouta-t-il après avoir fait quelques pas, et en s'arrêtant comme s'il se fût repenti de ne pas mieux exercer les devoirs de l'hospitalité, si le cœur vous disait d'y venir demander du couvert pour la nuit, je peux vous répondre que vous y seriez bien reçu.

— Cette ruine est donc habitée? demanda le voyageur, qui avait à descendre le ravin pour traverser la Creuse, et qui se mit en marche à côté du paysan, en soutenant son cheval par la bride.

— C'est une ruine, à la vérité, dit son compagnon en étouffant un soupir ; mais quoique je ne sois pas des plus vieux, j'ai vu ce château-là debout bien entier, et si beau, en dehors, comme en dedans, qu'un roi n'y eût pas été mal logé. Le propriétaire n'y faisait pas de grandes dépenses, mais il n'avait pas besoin d'entretien, tant il était solide et bien bâti ; et les murs étaient si bien découpés, les pierres des cheminées et des fenêtres si bien travaillées, qu'on n'aurait pu y rien apporter de plus riche que ce que les maçons et les architectes y avaient mis en le construisant. Mais tout passe, la richesse comme le reste, et le dernier seigneur de Châteaubrun vient de racheter pour quatre mille francs le château de ses pères.

— Est-il possible qu'une telle masse de pierres, même dans l'état où elle se trouve, ait aussi peu de valeur?

— Ce qui reste là vaudrait encore beaucoup, si on pouvait l'ôter et le transporter ; mais où trouver dans le pays d'ici des ouvriers et des machines capables de jeter bas ces vieux murs? Je ne sais pas avec quoi l'on bâtissait dans l'ancien temps, mais ce ciment-là est si bien lié, qu'on dirait que les tours et les grands murs sont faits d'une seule pierre. Et puis, vous voyez comme ce bâtiment est planté sur la pointe d'une montagne, avec des précipices de tous côtés! Quelles voitures et quels chevaux pourraient charrier de pareils matériaux? A moins que la colline ne s'écroule, ils resteront là aussi longtemps que le rocher qui les porte, et il y a encore assez de voûtes pour mettre à l'abri un pauvre monsieur et une pauvre demoiselle.

— Ce dernier des Châteaubrun a donc une fille? demanda le jeune homme en s'arrêtant pour regarder le manoir avec plus d'intérêt qu'il n'avait encore fait. Et elle demeure là?

— Oui, oui, elle demeure là, au milieu des gerfauts et des chouettes, et elle n'en est pas moins jeune et jolie. L'air et l'eau ne manquent pas là, et, malgré les nouvelles lois contre la liberté de la chasse, on voit encore quelquefois des lièvres et des perdrix sur la table du seigneur de Châteaubrun. Allons, si vous n'avez pas des affaires qui vous obligent de risquer votre vie pour arriver avant le jour, venez avec moi, je me charge de vous faire bien accueillir au château. Et quand même vous y arriveriez seul et sans recommandation, il suffit que la nuit soit mauvaise, et que vous ayez la figure d'un chrétien, pour que vous soyez bien reçu et bien traité chez M. Antoine de Châteaubrun.

— Ce gentilhomme est pauvre, à ce qu'il paraît, et je me ferais scrupule d'user de sa bonté d'âme.

— Vous lui ferez plaisir, au contraire. Allons, vous voyez bien que l'orage va recommencer plus fort que tout à l'heure, et je n'aurais pas de la conscience en repos si je vous laissais ainsi tout seul dans la montagne. Voyez-vous, il ne faut pas m'en vouloir pour vous avoir refusé mes services : j'ai mes raisons, que vous ne pouvez pas juger, et que je n'ai pas besoin de dire ; mais je dormirai plus tranquille si vous suivez mon conseil. D'ailleurs je connais M. Antoine, et il me saurait mauvais gré de ne pas vous avoir retenu et emmené chez lui, et il serait capable de courir après vous, ce qui ne serait pas bon pour lui après souper.

— Et... vous ne pensez pas que sa fille fût mécontente de voir arriver ainsi un inconnu?...

— Sa fille est sa fille, c'est-à-dire qu'elle est aussi bonne que lui, si elle n'est pas meilleure, quoique cela ne paraisse guère possible. »

Le jeune homme hésita encore quelque temps; mais, poussé par un attrait romanesque, et créant déjà dans son imagination le portrait de la perle de beauté qu'il allait trouver derrière ces murailles à l'aspect terrible, il se dit qu'on ne l'attendait à Gargilesse que le lendemain dans la journée; qu'en y arrivant au milieu de la nuit, il y dérangerait le sommeil de ses parents; qu'enfin il y avait, à persister dans son projet, une véritable imprudence dont, à coup sûr, sa mère le détournerait, si elle pouvait, à cette heure, se faire entendre de lui. Touché de toutes les bonnes raisons qu'on se donne à soi-même quand le démon de la jeunesse et de la curiosité s'en mêle, il suivit son guide dans la direction du vieux château.

II.

LE MANOIR DE CHATEAUBRUN.

Après avoir péniblement gravi un chemin escarpé, ou plutôt un escalier pratiqué dans le roc, nos voyageurs arrivèrent, au bout de vingt minutes, à l'entrée de Châteaubrun. Le vent et la pluie redoublaient, et le jeune homme n'eut guère le loisir de contempler le vaste portail qui s'offrait à sa vue, et, en cet instant, qu'une masse confuse de proportions formidables. Il remarqua seulement qu'en guise de clôture, la herse seigneuriale était remplacée par une barrière de bois, pareille à celles qui ferment les prés du pays.

« Attendez, Monsieur, lui dit son guide. Je vais passer par là-dessus et aller chercher la clef; car la vieille Janille ne s'est-elle pas imaginé, depuis quelque temps, de faire placer ici un cadenas, comme s'il y avait quelque chose à voler chez ses maîtres? Au reste, son intention est bonne, et je ne la blâme pas. »

Le paysan escalada la barrière fort adroitement, et, en attendant qu'il fût de retour pour l'introduire, le jeune homme essaya en vain de comprendre la disposition des masses d'architecture ruinées qu'il apercevait confusément dans l'intérieur de la cour : c'était l'aspect du chaos.

Peu d'instants après, il vit venir plusieurs personnes qui ouvrirent promptement la barrière : l'une prit son cheval, l'autre sa main, une troisième portait, en avant, une lanterne dont le secours était bien nécessaire pour se diriger à travers les décombres et les broussailles qui obstruaient le passage. Enfin, après avoir traversé une partie du préau et plusieurs vastes salles obscures, ouvertes à tous les vents, on se trouva dans une petite pièce oblongue, voûtée, et qui avait pu, autrefois, servir d'office ou de cellier entre les cuisines et les écuries. Cette pièce, proprement reblanchie, servait désormais de salon et de salle à manger au seigneur de Châteaubrun. On y avait récemment pratiqué une petite cheminée à manteau et à chambranles de bois bien ciré et luisant; la vaste plaque de fonte qui en remplissait tout le foyer, et qui avait été enlevée à quelqu'une des grandes cheminées du manoir, ainsi que les gros chenets de fer poli, renvoyaient splendidement la chaleur et la lumière du feu dans cette chambre nue et blanche, qui, avec le secours d'une petite lampe de fer-blanc, se trouvait ainsi parfaitement éclairée. Une table de châtaignier, qui pouvait, dans les grandes occasions, porter jusqu'à six couverts, quelques chaises de paille, et un coucou d'Allemagne, acheté six francs à un colporteur, composaient tout l'ameublement de ce salon modeste. Mais tout cela était d'une propreté recherchée; la table et les chaises grossièrement travaillées par quelque menuisier de la localité avaient un éclat qui attestait les services assidus de la serge et de la brosse. L'âtre était balayé avec soin, le carreau sablé à l'anglaise contrairement aux habitudes du pays, et, dans un pot de grès placé sur la cheminée, s'étalait un énorme bouquet de roses, mêlées à des fleurs sauvages cueillies sur les collines d'alentour.

Cet intérieur modeste n'avait, au premier coup d'œil, aucun caractère *cherché* dans le genre poétique ou pittoresque; cependant, en l'examinant mieux, on eût pu voir que, dans cette demeure, comme dans toutes celles de tous les hommes, le caractère et le goût naturel de la personne créatrice avaient présidé, soit au choix, soit à l'arrangement du local. Le jeune homme, qui y pénétrait pour la première fois, et qui s'y trouva seul un instant, tandis que ses hôtes s'occupaient de lui préparer la meilleure réception possible, se forma bientôt une idée assez juste de la situation d'esprit des habitants de cette retraite. Il était évident qu'on avait eu des habitudes d'élégance, et qu'on avait encore des besoins de bien-être; que, dans une condition fort précaire, on avait eu le bon sens de proscrire toute espèce de vanité extérieure; enfin qu'on avait choisi, pour point de réunion, parmi le peu de chambres restées intactes dans ce vaste domaine, la plus facile à entretenir, à chauffer, à meubler et à éclairer, et que, par instinct, on avait pourtant donné la préférence à une construction élégante et mignonne. En effet, ce petit coin était le premier étage d'un pavillon carré, adjoint, vers la fin de la renaissance, aux antiques constructions qui défendaient la face principale du manoir. L'artiste qui avait composé cette tourelle angulaire s'était efforcé d'adoucir la transition de deux styles si différents; il avait rappelé pour la forme des fenêtres le système défensif des meurtrières et des ouvertures d'observation; mais on voyait bien que ces fenêtres, petites et rondes, n'avaient jamais été destinées à pointer le canon, et qu'elles n'étaient qu'un ornement pour la vue. Élégamment revêtues de briques rouges et de pierres blanches alternées, elles formaient un joli encadrement à l'intérieur, et diverses niches, ornées de même, disposées régulièrement entre chaque croisée, rendaient inutiles les papiers, les tentures et même les meubles qui eussent chargé ces parois sans ajouter à leur aspect agréable et simple.

Sur une de ces niches, dont une dalle, bien blanche et luisante comme du marbre, formait la base, à hauteur d'appui, le voyageur vit un joli petit rouet rustique avec la quenouille chargée de laine brune; et, en contemplant cet instrument de travail si léger et si naïf il se perdit dans des réflexions dont il fut tiré par le frôlement d'un vêtement de femme derrière lui. Il se retourna vivement; mais, aux palpitations qui s'étaient emparées de son jeune cœur, succéda une grave déception. C'était une vieille servante qui venait d'entrer sans bruit, grâce au sablon qui couvrait le sol, et qui se penchait pour jeter dans la cheminée une brassée de sarment de vigne sauvage.

« Approchez-vous du feu, Monsieur, dit la vieille en grasseyant avec une sorte d'affectation, et donnez-moi votre casquette et votre manteau, afin que j'aille les faire sécher dans la cuisine. Voilà un bon manteau pour la pluie; je ne sais pas comment on appelle cette étoffe-là, mais j'en ai déjà vu à Paris. Voilà qui ferait plaisir d'en voir un pareil sur les épaules de M. le comte! Mais cela doit coûter cher, et d'ailleurs il n'est pas dit qu'il voulût s'en servir. Il croit qu'il a toujours vingt-cinq ans, et il prétend que l'eau du ciel n'a jamais enrhumé un honnête homme; pourtant, l'hiver dernier, il a commencé à sentir un peu de sciatique... Mais ce n'est pas à votre âge qu'on craint ces douleurs-là. N'importe, chauffez-vous les reins; tenez, tournez votre chaise comme cela, vous serez mieux. Vous êtes de Paris, j'en suis sûre; je vois cela à votre teint qui est trop frais pour notre pays; bon pays, Monsieur, mais bien chaud en été et bien froid en hiver. Vous me direz que, ce soir, il fait aussi froid que par une nuit de novembre : c'est la vérité, que voulez-vous? c'est l'orage qui en est cause. Mais cette petite salle est bien bonne, bien facile à réchauffer, et, dans un moment, vous m'en direz des nouvelles. Avec cela, nous avons le bonheur que le bois mort ne nous manque pas. Il y a tant de vieux arbres ici, et rien qu'avec les ronces qui poussent dans la cour, on peut chauffer le four pendant tout l'hiver. Il est vrai que nous ne faisons jamais de grosses fournées : M. le comte est un petit mangeur, et sa fille est comme lui; le petit domestique est le plus vorace de la maison : oh! pour lui, il lui faut trois livres de pain par jour ; mais je lui fais sa miche à part, et je n'y épargne pas le seigle. C'est assez bon pour lui, et même avec un peu de son, ça étoffe le pain, et ça n'est pas mauvais pour la santé. Hé! hé! ça vous fait rire? et moi aussi. Moi, voyez-vous, j'ai toujours aimé à rire et à causer : l'ouvrage n'en va pas moins vite ; car j'aime la vitesse en tout. M. Antoine est comme moi ; quand il a parlé, il faut qu'on marche comme le vent. Aussi nous avons toujours été d'accord sur ce point-là. Vous nous excuserez, Monsieur, si on vous fait attendre un peu. Monsieur est descendu à la cave avec l'homme qui vous a amené, et l'escalier est si dégradé qu'on n'y arrive pas vite ; mais c'est une belle cave, Monsieur ; les murs ont plus de dix pieds d'épaisseur, et quand on est là dedans, c'est si profond sous la terre, qu'on se croit enterré vivant. Vrai! ça fait un drôle d'effet. On dit que, dans le temps, on mettait là les prisonniers de guerre ; à présent, nous n'y mettons personne, et notre vin s'y conserve très-bien. Ce qui nous retarde aussi, c'est que notre fille est déjà couchée : elle a eu la migraine aujourd'hui, parce qu'elle a été au soleil sans chapeau. Elle dit qu'elle veut s'habituer à cela, et que puisque je me passe bien de chapeau et d'ombrelle, elle peut bien s'en passer aussi ; mais elle se trompe : elle a été élevée en demoiselle, comme elle devait l'être, la pauvre enfant! car, quand je dis notre fille, ce n'est pas que je sois la mère à mademoiselle Gilberte ; elle ne me ressemble pas plus que le chardonneret ne ressemble à un moineau franc ; mais comme je l'ai élevée, j'ai toujours gardé l'habitude de l'appeler ma fille ; elle n'a jamais voulu souffrir que je cesse de la tutoyer. C'est une enfant si aimable! Je suis fâchée qu'elle soit au lit ; mais vous la verrez demain, car vous ne partirez pas sans déjeuner, on ne le souffrira pas, et elle m'aidera à vous servir un peu mieux que je ne peux le faire toute seule. Ce n'est pourtant pas le courage qui me manque, Monsieur, car j'ai de bonnes jambes ; je suis restée mince comme vous voyez, dans ma petite taille, et vous ne me donneriez jamais l'âge que j'ai... Voyons! quel âge me donneriez-vous bien? »

Le jeune homme croyait que, grâce à cette question, il allait pouvoir placer une parole, un compliment pour remercier et pour entrer en matière, car il désirait beaucoup avoir de plus amples détails sur mademoiselle Gilberte ; mais la bonne femme n'attendit pas sa réponse, et reprit avec volubilité :

« J'ai soixante-quatre ans, Monsieur, du moins je les aurai à la Saint-Jean, et je fais plus d'ouvrage à moi seule que trois jeunesses n'en sauraient faire. J'ai le sang vif, moi, Monsieur! Je ne suis pas du Berry ; je suis née en Marche, à plus d'une demi-lieue d'ici ; aussi ça se voit et ça se connaît. Ah! vous regardez l'ouvrage de notre fille? Savez-vous que c'est filé aussi égal et aussi menu que la meilleure fileuse de campagne? Elle a voulu que je lui apprenne à filer la laine : « Tiens, mère, qu'elle m'a dit (car elle m'appelle toujours comme ça ; la pauvre enfant n'a jamais connu la sienne, et m'a toujours aimée comme si c'était moi, quoique nous nous ressemblions à peu près comme une rose ressemble à une ortie), tiens, mère, qu'elle a dit, ces broderies, ces dessins, toutes ces niaiseries qu'on m'a enseignées au couvent ne serviraient à rien ici. Apprends-moi à filer, à tricoter et à coudre, afin que je t'aide à faire les vêtements de mon père... »

Au moment où le monologue infatigable de la bonne femme commençait à devenir intéressant pour son auditeur fatigué, elle sortit comme elle avait déjà fait plusieurs fois, car elle ne restait pas un moment en place, et tout en pérorant, elle avait couvert la table d'une grosse nappe blanche, et avait servi les assiettes, les verres et les couteaux ; elle avait rebalayé l'âtre, ressuyé les chaises et rallumé le feu dix fois, reprenant toujours son soliloque à l'endroit où elle l'avait laissé. Mais cette fois, sa voix, qui commençait à grasseyer dans le couloir voisin, fut couverte par d'autres voix plus accentuées, et le comte de Châteaubrun, accompagné du paysan qui avait introduit notre voyageur, se présenta enfin à ses regards, chacun portant deux grands brocs de grès, qu'ils placèrent sur la table. Ce fut alors seulement que le jeune homme put voir distinctement les traits de ces deux personnages.

M. de Châteaubrun était un homme de cinquante ans, de moyenne taille, d'une belle et noble figure, large d'épaules, avec un cou de taureau, des membres d'athlète, un teint basané au moins autant que celui de son acolyte, et de larges mains durcies, hâlées, gercées à la chasse, au soleil, au grand air ; mains de braconnier s'il en fut, car le bon seigneur avait trop peu de terres pour ne pas chasser sur celles des autres.

Il avait la face épanouie, ouverte et souriante ; la jambe ferme et la voix de stentor. Son solide costume de chasseur, propre, quoique rapiécé au coude, sa grosse chemise de toile de chanvre, ses guêtres de cuir, sa barbe grisonnante qui attendait patiemment le dimanche, pour en lui dénotait l'habitude d'une vie rude et sauvage, tandis que son agréable physionomie, ses manières rondes et affectueuses, et une aisance qui n'était pas sans mélange de dignité, rappelaient le gentilhomme courtois et l'homme habitué à protéger et à assister plutôt qu'à l'être.

Son compagnon le paysan n'était pas à beaucoup près aussi propre. L'orage et les mauvais chemins avaient fort endommagé sa blouse et sa chaussure. Si la barbe du seigneur avait bien sept ou huit jours de date, celle du villageois en avait bien quatorze ou quinze. Celui-ci était maigre, osseux, agile, plus grand de quelques pouces, et quoique sa figure exprimât autant la bonté et la cordialité, elle avait, si l'on peut parler ainsi, des éclairs de malice, de tristesse ou de sauvagerie hautaine. Il était évident qu'il avait plus d'intelligence ou qu'il était plus malheureux que le seigneur de Châteaubrun.

« Allons, Monsieur, dit le gentilhomme, êtes-vous un peu séché? Vous êtes le bienvenu ici, et mon souper est à votre disposition.

— Je suis reconnaissant de votre généreux accueil, répondit le voyageur, mais je craindrais de manquer à la bienséance si je ne vous faisais savoir d'abord qui je suis.

— C'est bien, c'est bien, reprit le comte, que nous appellerons désormais tout simplement M. Antoine, comme on l'appelait généralement dans la contrée ; vous me direz cela plus tard, si vous le désirez ; quant à moi, je n'ai pas de questions à vous faire, et je prétends remplir les devoirs de l'hospitalité sans vous faire décliner vos noms et qualités. Vous êtes en voyage, étranger dans le pays, surpris par une nuit d'enfer à la porte de ma demeure : voilà vos titres et vos droits. Par-dessus le marché, vous avez une agréable figure et un air qui me plaît ; je crois donc que je serai récompensé de ma confiance par le plaisir d'avoir obligé un brave garçon. Allons, asseyez-vous, mangez et buvez.

— C'est trop de bontés, et je suis touché de votre manière franche et affable d'accueillir les voyageurs. Mais je n'ai besoin de rien, Monsieur, et c'est bien assez que vous me permettiez d'attendre ici la fin de l'orage. J'ai soupé à Éguzon il n'y a guère plus d'une heure. Ne faites donc rien servir pour moi, je vous en conjure.

— Vous avez soupé déjà? mais ce n'est pas là une raison! Êtes-vous donc de ces estomacs qui ne peuvent digérer qu'un repas à la fois? J'ai soupé, moi, j'aurais soupé à toutes les heures de la nuit si j'en avais trouvé l'occasion. Une course à cheval et l'air de la montagne, c'est bien assez pour renouveler l'appétit. Il est vrai qu'à cinquante ans on a l'estomac moins complaisant ; aussi, moi, pourvu que j'aie un demi-verre de bon vin avec une croûte de pain rassis, je me tiens pour bien traité. Mais ne faites pas de façons ici. Vous êtes venu à point. J'allais me mettre à table, et ma pauvre *petite* ayant la migraine aujourd'hui, nous étions tout tristes, Janille et moi, de manger tête à tête : votre arrivée est donc une consolation pour nous, ainsi que celle de ce brave garçon, mon ami d'enfance, que je reçois toujours avec plaisir. Allons, toi, assieds-toi là à mon côté, dit-il en s'adressant au paysan, et vous, mère Janille, vis-à-vis de moi. Faites les honneurs : car vous savez que j'ai la main malheureuse, et que quand je me mêle de découper, je taille en deux le rôt, l'assiette, la nappe, voire un peu de la table, et cela vous fâche. »

Le souper que dame Janille avait étalé sur la table d'un air de complaisance, se composait d'un fromage de chèvre, d'un fromage de brebis, d'une assiettée de noix, d'une assiettée de pruneaux, d'une grosse tourte de pain bis, et des quatre cruches de vin apportées par le maître en personne. Les convives se mirent bien vite à déguster ce repas frugal avec une satisfaction évidente, à l'exception du voyageur, qui n'avait aucun appétit, et qui se contentait d'admirer la bonne grâce avec laquelle le digne châtelain le conviait, sans embarras et sans fausse honte, à son splendide ordinaire. Il y avait dans cette aisance affectueuse et naïve quelque chose de paternel et d'enfantin en même temps qui gagna le cœur du jeune homme.

Fidèle à la loi de générosité qu'il s'était imposée, M. Antoine ne fit aucune question à son hôte, et même évita toute réflexion qui eût pu ressembler à une curiosité déguisée. Le paysan paraissait un peu plus inquiet, et se tenait sur la réserve. Mais bientôt, entraîné par l'espèce de causerie générale que M. Antoine et dame Janille avaient entamée, il se mit à l'aise et laissa remplir son verre si souvent, que le voyageur commença à regarder avec étonnement un homme capable de boire ainsi sans perdre non-seulement l'usage de sa raison, mais encore l'habitude de son sang-froid et de sa gravité.

Quant au châtelain, ce fut une autre affaire. A peine eut-il bu la moitié du broc placé auprès de lui, qu'il commença à avoir l'œil animé, le nez vermeil et la main peu sûre. Cependant il ne déraisonna point, même après que tous les brocs furent vidés par lui et son ami le paysan; car Janille, soit par économie, soit par sobriété naturelle, mit à peine quelques gouttes de vin dans son eau, et le voyageur, ayant fait un effort héroïque pour avaler la première rasade, s'abstint de ce breuvage aigre, trouble et détestable.

Ces deux campagnards paraissaient pourtant le boire avec délices. Au bout d'un quart d'heure, Janille, qui ne pouvait vivre sans remuer, quitta la table, prit son tricot et se mit à travailler au coin du feu, grattant à chaque instant ses tempes avec son aiguille, sans toutefois déranger les minces bandeaux de cheveux encore noirs qui dépassaient un peu sa coiffe. Cette vieille, proprette et menue, pouvait avoir été jolie; son profil délicat ne manquait pas de distinction, et si elle n'eût été maniérée, et préoccupée de faire la capable et la gentille, notre voyageur l'eût prise aussi en affection.

Les autres personnages qui, en l'absence de la *demoiselle*, complétaient l'intérieur de M. Antoine étaient, l'un un petit paysan, d'une quinzaine d'années, à la mine éveillée, au pied leste, qui remplissait les fonctions de factotum; l'autre, un vieux chien de chasse, à l'œil terne, au flanc maigre, à l'air mélancolique et rêveur; couché auprès de son maître, il s'endormait philosophiquement entre chaque bouchée que celui-ci lui présentait en l'appelant *monsieur* d'un air gravement facétieux.

III.

M. CARDONNET.

Il y avait plus d'une heure qu'on était à table, et M. Antoine ne paraissait nullement las de la séance. Lui et son ami le paysan faisaient durer leurs petits fromages et leurs grandes pintes de vin avec cette majestueuse lenteur, qui est presque un art chez le Berrichon. Portant alternativement leurs couteaux sur ce morceau friand dont l'odeur aigrelette n'avait rien d'agréable, ils le *débitaient* en petits morceaux qu'ils plaçaient méthodiquement sur leurs assiettes de terre, et qu'ils mangeaient ensuite miette à miette sur leur pain bis. Entre chaque bouchée, ils avalaient une gorgée de vin du cru, après avoir choqué leurs verres, en s'adressant chaque fois cet échange de compliments : « *A la tienne, camarade!* — *A la vôtre, monsieur Antoine!* ou bien : « *Bonne santé à toi, mon vieux! — A vous pareillement, mon maître!* »

Au train que prenaient les choses, ce festin pouvait durer toute la nuit, et le voyageur, qui s'épuisait en efforts pour paraître boire et manger, bien qu'il s'en dispensât le plus possible, commençait à lutter péniblement contre le sommeil, lorsque la conversation, roulant jusqu'alors sur le temps, sur la récolte des foins, sur le prix des bestiaux et sur les provins de la vigne, prit peu à peu une direction qui l'intéressa fortement.

« Si ce temps-là continue, disait le paysan, en écoutant la pluie qui ruisselait au dehors, les eaux grossiront ce mois-ci comme au mois de mars. La Gargilesse n'est pas commode, et il pourra y avoir du dégât chez M. Cardonnet.

— Tant pis, dit M. Antoine, ce serait dommage; car il a fait de grands et beaux travaux sur cette petite rivière.

— Oui, mais la petite rivière s'en moque, reprit le paysan, et je trouve, moi, que le dommage ne serait pas grand.

— Si fait, si fait! cet homme a déjà fait à Gargilesse pour plus de deux cent mille francs de dépenses; et il ne faut qu'un *coup de colère* de l'eau, comme on dit chez nous, pour ruiner tout cela.

— Eh bien, ce serait donc un si grand malheur, monsieur Antoine?

— Je ne dis pas que ce fût un malheur irréparable pour un homme que l'on dit riche d'un million, reprit le châtelain, dont la candeur s'obstinait à ne pas comprendre les sentiments hostiles de son commensal à l'endroit de M. Cardonnet; mais ce serait toujours une perte.

— Et c'est pourquoi je rirais un peu, si un petit coup du sort faisait le trou à sa bourse.

— C'est là un mauvais sentiment, mon vieux! Pourquoi en voudrais-tu à cet étranger? Il ne t'a jamais fait, non plus qu'à moi, ni bien ni mal.

— Il a fait du mal à vous, monsieur Antoine, à moi, à tout le pays. Oui, je vous dis qu'il en a fait par intention et qu'il en fera tout de bon à tout le monde. Laissez pousser le bec du livot (la buse), et vous verrez comme il tombera sur votre poulailler!

— Toujours tes idées fausses, vieux! car tu as des idées fausses, je te l'ai dit cent fois : tu en veux à cet homme parce qu'il est riche. Est-ce sa faute?

— Oui, Monsieur, c'est sa faute. Un homme parti peut-être d'aussi bas que moi-même, et qui a fait un pareil chemin, n'est pas un honnête homme.

— Allons donc ! que dis-tu là? T'imagines-tu qu'on ne puisse pas faire fortune sans voler?

— Je n'en sais rien; mais je le crois. Je sais bien que vous êtes né riche et que vous ne l'êtes plus. Je sais bien que je suis né pauvre et que je le serai toujours; et m'est avis que si vous étiez parti pour d'autres pays, sans payer les dettes de votre père, et que je me fusse mis, de mon côté, à maquignonner, à tondre et à grapiller sur toutes choses, nous roulerions carrosse tous les deux, à l'heure qu'il est. Pardon, excuse, si je vous offense! ajouta d'un ton rude et fier le paysan, en s'adressant au jeune homme, qui donnait des signes marqués d'une émotion pénible.

— Monsieur, dit le châtelain, il se peut que vous connaissiez M. Cardonnet, que vous soyez employé par lui, ou que vous lui ayez quelques obligations. Je vous prie de ne pas faire attention à ce que dit ce brave villageois. Il a des idées exagérées sur beaucoup de choses, qu'il ne comprend pas bien. Au fond, soyez certain qu'il n'est ni haineux, ni jaloux, ni capable de porter le moindre préjudice à M. Cardonnet.

— J'attache peu d'importance à ses paroles, répondit le jeune étranger. Je m'étonne seulement, monsieur le comte, qu'un homme que vous honorez de votre estime ternisse à plaisir la réputation d'un autre homme, sans avoir le moindre fait à alléguer contre lui et sans rien connaître de ses antécédents. J'ai déjà demandé à votre commensal des renseignements sur ce M. Cardonnet qu'il paraît haïr personnellement, et il a refusé de s'expliquer. Je vous en fais juge : peut-on établir une opinion loyale sur des im-

Voyons, quel âge me donneriez-vous bien? (Page 6.)

putations gratuites, et, si vous ou moi en prenions une défavorable à M. Cardonnet, votre hôte n'aurait-il pas commis une mauvaise action?

— Vous parlez selon mon cœur et selon ma pensée, jeune homme, répondit M. Antoine. Toi, ajouta-t-il en se tournant vers son commensal rustique, et frappant sur la table d'une manière courroucée, tandis qu'il lui adressait un regard où l'affection et la bonté triomphaient du mécontentement, tu as tort, et tu vas tout de suite nous dire ce que tu reproches audit Cardonnet, afin qu'on puisse juger si tes griefs ont quelque valeur. Autrement, nous te tiendrons pour un esprit chagrin et une mauvaise langue.

— Je n'ai rien à dire que ce que tout le monde sait, répliqua le paysan d'un air calme, et sans paraître intimidé de la mercuriale. On voit les choses, et chacun les juge comme il l'entend; mais puisque ce jeune homme ne connaît pas M. Cardonnet, ajouta-t-il en jetant un regard pénétrant sur le voyageur, et puisqu'il désire tant savoir quel particulier ce peut être, dites-le-lui vous-même, monsieur Antoine, et quand vous aurez établi les faits, moi j'en ferai le détail; j'en dirai la cause et la fin, et monsieur jugera tout seul, à moins qu'il n'ait quelque meilleure raison que les miennes pour ne pas dire ce qu'il en pense.

— Eh bien, accordé! dit M. Antoine, qui ne faisait pas autant d'attention que son compagnon à l'agitation croissante du jeune homme. Je dirai les choses comme elles sont, et si je me trompe, je permets à la mère Janille, qui a la mémoire et la précision d'un almanach, de me contredire et de m'interrompre. Quant à vous, petit drôle, dit-il en s'adressant à son page en blouse et en sabots, tâchez de ne pas me plonger ainsi dans le blanc des yeux quand je vous parle. Votre regard fixe me donne le vertige, et votre bouche ouverte me fait l'effet d'un puits où je vais tomber. Eh bien; qu'est-ce? vous riez? Apprenez qu'un garnement de votre âge ne doit pas se permettre de rire devant son maître. Mettez-vous devant moi et tenez-vous aussi décemment que *monsieur*. »

En disant cela, il désignait son chien, et il avait l'air si sérieux et la voix si haute en plaisantant de la sorte; que le voyageur se demanda s'il n'était point sujet à des fantaisies de domination seigneuriale tout à fait disparates avec sa bonhomie ordinaire. Mais il lui suffit de regarder la figure de l'enfant pour se convaincre que ce n'était

M. de Châteaubrun était un homme de cinquante ans... (Page 6.)

qu'un jeu dont celui-ci avait l'habitude, car il se plaça gaiement à côté du chien et se mit à jouer avec lui sans aucun sentiment d'humeur ou de honte.

Cependant, comme les manières de M. Antoine avaient une originalité qui ne se comprenait pas bien du premier coup, le voyageur crut qu'il commençait, à force de boire, à battre la campagne, et il résolut de ne pas attacher la moindre importance à ce qu'il allait dire. Mais il était bien rare que le châtelain perdît la tête, même après qu'il avait perdu les jambes, et il n'était retombé dans son passe-temps favori de goguenarder en jouant ceux qui l'entouraient, que pour détourner l'impression pénible que ce débat venait de faire naître entre ses convives.

« Monsieur, » dit-il en s'adressant à son hôte...

Mais aussitôt il fut interrompu par son chien qui, ayant aussi l'habitude de la plaisanterie, s'attribua l'interpellation, et vint lui pousser le coude en gambadant aussi agréablement que son âge pouvait le lui permettre.

« Eh bien, *monsieur!* reprit-il en lui faisant de gros yeux, qu'est-ce à dire? Depuis quand êtes-vous aussi mal élevé qu'une personne naturelle? Allez bien vite vous rendormir, et qu'il ne vous arrive plus de me faire répandre du vin sur la nappe, ou vous aurez affaire à dame Janille. — Vous saurez donc, jeune homme, poursuivit M. Antoine, que l'an dernier, par un beau jour de printemps...

— Pardon, Monsieur, dit Janille, nous n'étions encore qu'au 19 mars, donc, c'était l'hiver.

— C'était bien la peine de chicaner pour deux jours de différence! Ce qu'il y a de certain, c'est qu'il faisait un temps magnifique, une chaleur comme au mois de juin, et même de la sécheresse.

— C'est la vraie vérité, s'écria le groom rustique : à preuve que je ne pouvais plus faire boire le *chevau* de monsieur à la petite fontaine.

— Cela ne fait rien à l'affaire, reprit M. Antoine en frappant du pied; petit, retenez votre langue. Vous parlerez quand vous serez appelé en témoignage; vous pouvez ouvrir vos oreilles, afin de vous former l'esprit et le cœur, s'il y a lieu. — Je disais donc que, par un beau temps, je revenais d'une foire, et j'allais tranquillement à pied, lorsque je rencontrai un grand homme, beau de visage, quoiqu'il ne soit guère plus jeune que moi, et que ses yeux noirs, sa figure pâle et même jaune lui donnent l'air un peu dur et farouche. Il était en cabriolet et descendait une pente rapide, hérissée de pierres sur champ, comme les arrangeaient nos pères, et cet homme pressait le pas de son cheval, sans paraître se douter du danger. Je ne pus me défendre de l'avertir. « Monsieur, lui dis-je, de mémoire d'homme, jamais voiture à quatre, à trois ou à deux roues, n'a descendu ce chemin. Je crois l'entreprise sinon impossible, du moins de nature à vous casser le cou, et si vous voulez prendre un chemin plus long, mais plus sûr, je vais vous l'indiquer.

« — Grand merci, me répondit-il d'un air tant soit peu rogue; ce chemin me paraît suffisamment praticable, et je vous réponds que mon cheval s'en tirera.

« — Cela vous regarde, repris-je, et ce que j'en ai fait n'était que par pure humanité.

« — Je vous en remercie Monsieur, et puisque vous êtes si obligeant, je veux m'acquitter envers vous. Vous êtes à pied, vous suivez la même route que moi ; si vous voulez monter dans ma voiture, vous arriverez plus vite au bas du vallon, et j'aurai l'agrément de votre compagnie. »

— Tout cela est exact, dit Janille; c'est absolument comme ça que vous nous l'avez raconté le soir même, à telle enseigne que vous nous avez dit que ce monsieur avait une grande redingote bleue.

— Faites excuse, mam'selle Janille, dit l'enfant, monsieur a dit noir.

— Bleue, vous dis-je, monsieur l'avisé !

— Non, mère Janille, noire.

— Bleue, j'en réponds !

— Noire, j'en pourrais jurer.

— Allons, flanquez-moi la paix, elle était verte ! s'écria M. Antoine. Mère Janille, ne m'interrompez pas davantage; et toi, mauvais garnement, va-t'en voir à la cuisine si j'y suis, ou mets ta langue dans ta poche : choisis.

— Monsieur, j'aime mieux écouter, je ne dirai plus rien.

— Or donc, reprit le châtelain, je restai un petit moment partagé entre la crainte de me rompre les os en acceptant, et celle de passer pour poltron en refusant. Après tout, me dis-je, ce quidam n'a point l'air d'un fou, et il ne paraît avoir aucune raison d'exposer sa vie. Il a sans doute un merveilleux cheval et une excellente *brouette*. Je m'installai à ses côtés, et nous commençâmes à descendre au grand trot ce précipice, sans que le cheval fit un seul faux pas, et sans que le maître perdît un instant sa résolution et son sang-froid. Il me parlait de choses et d'autres, me faisait beaucoup de questions sur le pays, et j'avoue que je répondais un peu à tort et à travers, car je n'étais pas absolument rassuré. « C'est bien lui dis-je quand nous fûmes arrivés sans accident au bord de la Gargilesse ; nous avons descendu la cassecou, mais nous ne traverserons pas l'eau ici ; elle est aussi basse que possible, mais encore n'est-elle pas guéable en cet endroit : il faut remonter un peu sur la gauche.

« — Vous appelez cela de l'eau ? dit-il en haussant les épaules ; quant à moi, je n'y vois que des pierres et des joncs. Allons donc ! se détourner pour un ruisseau à sec !

« — Comme vous voudrez, » lui dis-je un peu mortifié. Son audace méprisante me taquinait ; je savais qu'il allait donner tout droit dans un gouffre, et pourtant, comme je ne suis pas d'un naturel pusillanime, et qu'il me répugnait d'être traité comme tel, je refusai l'offre qu'il fit de me laisser descendre. J'aurais voulu, pour le punir, qu'il eût enfin l'occasion d'avoir une belle peur, eussé-je dû boire un coup dans la rivière, quoique je n'aime pas l'eau.

« Je n'eus ni cette satisfaction, ni cette mortification : le cabriolet ne chavira point. Au beau milieu de la rivière, qui s'est creusé un lit en biseau dans cet endroit-là, le cheval en eut jusqu'aux naseaux ; la voiture fut soulevée par le courant. Le monsieur à redingote verte (car elle était verte, Janille), fouetta la bête ; la bête perdit pied, dériva, nagea, et, comme par miracle, nous fit bondir sur la rive, sans autre mal qu'un bain de pieds moins que tiède. Je n'avais pas perdu la tête, je sais nager tout

comme un autre, mais mon compagnon m'avoua ensuite qu'il n'en savait pas plus long à cet égard qu'une poutre ; et pourtant il n'avait ni bronché, ni juré, ni changé de couleur. Voilà, pensé-je, un solide compère, et son aplomb ne me déplaît pas, bien que sa tranquillité ait quelque chose de méprisant comme le rire du diable.

« — Si vous allez à Gargilesse, j'y passe aussi, lui dis-je, et nous pouvons continuer de faire route ensemble.

« — Soit, reprit-il. Qu'est-ce que Gargilesse ?

« — Vous n'y allez donc pas ?

« — Je ne vais nulle part aujourd'hui, dit-il, et je suis prêt à aller partout. »

« Je ne suis pas superstitieux, Monsieur, et pourtant les histoires de ma nourrice me revinrent à l'esprit je ne sais comment, et j'eus un instant de sotte méfiance, comme si je m'étais trouvé en cabriolet côte à côte avec Satan. Je regardais de travers cet étrange personnage qui, n'ayant aucun but, s'en allait ainsi à travers monts et rivières pour le seul plaisir de s'exposer ou de m'exposer avec lui, moi, nigaud, qui m'étais laissé persuader de monter dans sa brouette infernale.

« Voyant que je ne disais mot, il crut devoir me rassurer.

« — Ma manière de courir le pays vous étonne, me dit-il, sachez donc que j'y viens avec le dessein de tenter un établissement dans le lieu qui me paraîtra le plus convenable. J'ai des fonds à placer, que ce soit pour moi ou pour d'autres, peu vous importe sans doute ; mais enfin vous pouvez m'aider par vos indications à atteindre mon but.

« — Fort bien, lui dis-je, tout à fait rassuré en voyant qu'il parlait raisonnablement ; mais, pour vous donner des conseils, il me faudrait savoir d'abord quelle espèce d'établissement vous prétendez faire.

« — Il suffira, dit-il, éludant ma question, que vous répondiez à tout ce que je vous demanderai. Par exemple, quelle est, au maximum, la force de ce petit cours d'eau que nous venons de traverser, depuis ce même endroit jusqu'à son débouché dans la Creuse ?

« — Elle est fort irrégulière ; vous venez de la voir au minimum ; mais ses crues sont fréquentes et terribles ; et si vous voulez voir le moulin principal, ancienne propriété de la communauté religieuse de Gargilesse, vous vous convaincrez des ravages de ce torrent, des continuelles avaries qu'éprouve cette pauvre vieille usine, et de la folie qu'il y aurait à faire là de grandes dépenses.

« — Mais avec de grandes dépenses, Monsieur, on enchaîne les forces déréglées de la nature ! Où la pauvre usine rustique succombe, l'usine solide et puissante triomphe !

« — C'est vrai, repris-je ; dans toute rivière, les gros poissons mangent les petits. »

« Il ne releva point cette réflexion et continua à me promener et m'interroger. Moi, complaisant par devoir et un peu flâneur par nature, je le conduisis de tous côtés. Nous entrâmes dans plusieurs moulins, il causa avec les meuniers, examina toutes choses avec attention, et revint à Gargilesse, où il s'entretint avec le maire et les principaux de l'endroit, avec lesquels il désira que je le misse tout-de-suite en relations. Il accepta le repas que lui offrit le curé, se laissa choyer sans façon et faisant entendre qu'il était en position de rendre encore plus de services aux gens qu'il n'en recevrait d'eux. Il parlait peu, et écoutait beaucoup et s'enquérait de tout, même des choses qui paraissaient fort étrangères aux affaires : par exemple, si les gens du pays étaient dévots sincères ou seulement superstitieux ; si les bourgeois aimaient leurs aises ou s'ils les sacrifiaient à l'économie ; si l'opinion était libérale ou démocratique ; de quelles gens le conseil général du département était composé ; que sais-je ? Quand la nuit vint, il prit un guide pour aller coucher au Pin, et je ne le revis plus que trois jours après. Il passa devant Châteaubrun et s'arrêta à ma porte, pour me remercier, disait-il, de l'obligeance que je lui avais montrée ; mais, dans le fait, je crois, pour me faire encore des questions. — Je reviendrai dans un mois, me dit-il en prenant congé de moi, et je crois que je me déciderai pour Gargilesse. C'est un centre, le lieu me plaît, et j'ai dans l'idée que votre petit ruisseau, que vous faites si méchant, ne sera pas bien difficile à réduire. J'aurai moins de dépenses pour le gouverner que je n'en aurais sur la Creuse; et, d'ailleurs, l'espèce de petit danger que nous avons couru en le traversant et que nous avons surmonté me fait croire que ma destinée est de vaincre en ce lieu.

« Là dessus cet homme me quitta. C'était M. Cardonnet.

« Moins de trois semaines après, il revint avec un mécanicien anglais et plusieurs ouvriers de la même partie; et, depuis ce temps, il n'a cessé de remuer de la terre, du fer et de la pierre à Gargilesse. Acharné à son œuvre, il est levé avant le jour, et couché le dernier. Tel temps qu'il fasse, on a vu qu'il se tenait dans la vase jusqu'aux genoux, ne perdant pas de l'œil un mouvement de ses ouvriers, sachant le pourquoi et le comment de toutes choses, et menant de front la construction d'une vaste usine, d'une maison d'habitation avec jardin et dépendances, de bâtiments d'exploitation, de hangars, de digues, ponts et chaussées, enfin un établissement magnifique. Durant son absence, les gens d'affaires avaient traité pour lui de l'acquisition du local, sans qu'il parût s'en mêler. Il a acheté cher; aussi a-t-on cru tout d'abord qu'il n'entendait rien aux affaires et qu'il venait *se couler* ici. On s'est moqué de lui encore plus, quand il a augmenté le prix de la journée des ouvriers; et quand, pour amener le conseil municipal à lui laisser diriger comme il l'entendrait le cours de la rivière, il s'est engagé à faire une route qui lui a coûté énormément; on a dit : cet homme est fou; l'ardeur de ses projets le ruinera. Mais, en définitive, je le crois aussi sage qu'un autre, et je gage qu'il réussira à bien placer sa demeure et son argent. La rivière l'a beaucoup contrarié l'automne dernier, mais, par fortune, elle a été fort tranquille ce printemps, et il aura le temps d'achever ses travaux avant le retour des pluies, si nous n'avons pas d'orages extraordinaires durant le cours de l'été. Il fait les choses en grand et y met plus d'argent qu'il n'est besoin, c'est la vérité; mais s'il a la passion d'achever vite ce qu'il a une fois entrepris, et qu'il ait le moyen et la volonté de payer cher la sueur du pauvre travailleur, où est le mal. Il me semble que c'est un grand bien, au contraire, et qu'au lieu de taxer cet homme de cerveau brûlé, comme font les uns, et de spéculateur sournois, comme font les autres, on devrait le remercier d'avoir apporté à notre pays les bienfaits de l'activité industrielle. J'ai dit ! que la partie adverse s'explique à son tour. »

IV.

LA VISION.

Avant que le paysan, qui continuait à ronger son pain d'un air soucieux, se fût préparé à répondre, le jeune homme dit avec effusion à M. Antoine qu'il le remerciait de son récit et de la loyauté de son interprétation. Sans avouer qu'il tenait de près ou de loin à M. Cardonnet, il se montra touché de la manière dont le comte de Châteaubrun jugeait son caractère, et il ajouta :

« Oui, Monsieur, je crois qu'en cherchant le bon côté des choses on est plus souvent dans le vrai qu'en faisant le contraire. Un spéculateur effréné montrerait de la parcimonie dans les détails de son entreprise, et c'est alors qu'on serait en droit de suspecter sa moralité. Mais quand on voit un homme actif et intelligent rétribuer largement le travail...

— Un instant, s'il vous plaît, interrompit le paysan; vous êtes de braves gens et de bons cœurs, je veux le croire de ce jeune monsieur, comme j'en suis sûr de votre part, monsieur Antoine. Mais, sans vous offenser, je vous dirai que vous n'y voyez pas plus loin que le bout de votre nez. Écoutez-moi. Je suppose que j'ai beaucoup d'argent à placer, avec l'intention, non pas d'en tirer seulement un intérêt honnête et raisonnable, comme c'est permis à tout le monde, mais de doubler et de tripler mon capital en peu d'années. Je ne serai pas si sot que de dire mon intention aux gens que je suis forcé de ruiner. Je commencerai donc par les amadouer, par me montrer généreux, et, pour ôter les méfiances, par me faire passer, au besoin, pour prodigue et sans cervelle. Cela fait, je tiens mes dupes; j'ai sacrifié cent mille francs, je suppose, à ces petites amorces. Cent mille francs, c'est beaucoup dire pour le pays; et, pour moi, si j'ai plusieurs millions, ce n'est que le pot-de-vin de mon affaire. Tout le monde m'aime, bien que quelques-uns se moquent de ma simplicité; le plus grand nombre me plaint et m'estime. Personne ne se sauvegarde. Le temps marche vite, et mon cerveau encore plus; j'ai jeté la nasse, tous les poissons y mordent. D'abord les petits, le fretin qui est avalé sans qu'on s'en aperçoive, ensuite les gros, jusqu'à ce que tout y passe !

— Et que veux-tu dire avec toutes tes métaphores? dit M. Antoine en haussant les épaules. Si tu continues à parler par figures, je vais m'endormir. Allons, dépêche, il se fait tard.

— Ce que je dis est bien clair, reprit le paysan. Une fois que j'ai ruiné toutes les petites industries qui me faisaient concurrence, je deviens un seigneur plus puissant que ne l'étaient vos pères avant la révolution, monsieur Antoine ! Je gouverne au-dessus des lois, et, tandis que pour la moindre peccadille je fais coffrer un pauvre diable, je me permets tout ce qui me plaît et m'accommode. Je prends le bien d'un chacun (filles et femmes par-dessus le marché, si c'est mon goût), je suis le maître des affaires et des subsistances de tout un département. Par mon talent, j'ai mis les denrées un peu au rabais ; mais, quand tout est dans mes mains, j'élève les prix à ma guise, et dès que je peux le faire sans danger, j'accapare et j'affame. Et puis, c'est peu de chose que tuer la concurrence : je deviens bientôt le maître de l'argent qui est la clef de tout. Je fais la banque en dessous main, en petit et en grand ; je rends tant de services, que je suis le créancier de tout le monde, et que tout le monde m'appartient. On s'aperçoit qu'on ne m'aime plus, mais on voit qu'il faut me craindre, et les plus puissants eux-mêmes me ménagent, tandis que les petits tremblent et soupirent autour de moi. Cependant, comme j'ai de l'esprit et de la science, je fais le grand de temps à autre. Je sauve quelques familles, je concours à quelque établissement de charité. C'est une manière de graisser la roue de ma fortune, qui n'en court que plus vite : car on en revient à m'aimer un peu. Je ne passe plus pour bon et niais, mais pour juste et grand. Depuis le préfet du département jusqu'au curé du village, et depuis le curé jusqu'au mendiant, tout est dans le creux de ma main ; mais tout le pays souffre et ne n'en voit la cause. Aucune autre fortune que la mienne ne s'élèvera, et toute petite condition sera amoindrie, parce que j'aurai tari toutes les sources d'aisance, j'aurai fait renchérir les denrées nécessaires et baisser les denrées du superflu, au contraire de ce qui devrait être. Le marchand s'en trouvera mal et le consommateur aussi. Moi, je m'en trouverai bien, puisque je serai, par ma richesse, la seule ressource des uns et des autres. Et l'on dira enfin : Que se passe-t-il donc? Les petits fournisseurs sont à découvert, et les petits acheteurs sont à sec. Nous avons plus de jolies maisons et plus de beaux habits sous les yeux que par le passé, et tout cela coûte, dit-on, moins cher ; mais nous n'avons plus le sou dans la poche. On nous a donné une fièvre de paraître, et les dettes nous rongent. Ce n'est pas pourtant M. Cardonnet qui a voulu tout cela, car il fait du bien, et, sans lui, nous serions tous perdus. Dépêchons-nous de servir M. Cardonnet : qu'il soit maire, qu'il soit préfet, qu'il soit député, ministre, roi, si c'est possible, et le pays est sauvé !

« Voilà, Messieurs, comme je me ferais porter sur le dos des autres si j'étais M. Cardonnet, et comment je le suis sûr que M. Cardonnet compte faire. A présent, dites que j'ai tort de le voir d'un mauvais œil, que je suis un prophète de malheur, et qu'il n'arrivera rien de ce que j'annonce. Dieu vous fasse dire vrai ! mais, moi, je sens la grêle venir de loin; et il n'y a qu'un espoir qui me soutienne : c'est que la rivière sera moins sotte que les gens, qu'elle ne se laissera pas brider par les belles mécaniques qu'on lui passe aux dents, et qu'un de ces matins, elle donnera aux usines de M. Cardonnet un coup de reins qui le dégoûtera de jouer avec elle, et l'engagera à aller porter ailleurs ses capitaux et leur conséquence. Maintenant, j'ai dit, moi aussi. Si j'ai porté un jugement téméraire, que Dieu qui m'a entendu me pardonne ! »

Le paysan avait parlé avec une grande animation. Le feu de la pénétration jaillissait de ses yeux clairs, et un sourire d'indignation douloureuse errait sur ses lèvres mobiles. Le voyageur examinait cette figure accentuée, assombrie par une épaisse barbe grisonnante, flétrie par la fatigue, les injures de l'air, peut-être aussi par le chagrin, et, malgré la souffrance que lui faisait éprouver son langage, il ne pouvait se défendre de le trouver beau, et d'admirer, dans sa facilité à exprimer rudement ses pensées, une sorte d'éloquence naturelle empreinte de franchise et d'amour de la justice : car si ses paroles, dont nous n'avons pas rendu toute la rusticité, étaient simples et parfois vulgaires, son geste était énergique, et l'accent de sa voix commandait l'attention. Une profonde tristesse s'était emparée des auditeurs, tandis qu'il esquissait sans art et sans ménagement la peinture du riche persévérant et insensible. Le vin n'avait fait aucun effet sur lui, et chaque fois qu'il levait les yeux sur le jeune homme, il semblait plonger dans son sein et lui adresser un sévère interrogatoire. M. Antoine, un peu affaissé sous le poids du breuvage, n'avait pourtant rien perdu de son discours, et, subissant, comme de coutume, l'ascendant de cette âme plus ferme que la sienne, il laissait échapper, de temps en temps, un profond soupir.

Quand le paysan se tut :

« Que Dieu te pardonne, en effet, si tu juges mal, ami, dit-il en élevant son verre comme une offrande à la Divinité ; et si tu devines juste, que la Providence veuille détourner un tel fléau de la tête des pauvres et des faibles !

— Monsieur de Châteaubrun, écoutez-moi, et vous aussi, mon ami, s'écria le jeune homme en prenant de chaque main les mains de ses hôtes : Dieu, qui entend toutes les paroles des hommes et qui lit leurs sentiments au fond de leurs cœurs, sait que ces maux ne sont pas à craindre, et que vos appréhensions ne sont que des chimères. Je connais l'homme dont vous parlez, je le connais beaucoup, et quoique sa figure soit froide, son caractère obstiné, son intelligence active et puissante, je vous réponds de la loyauté de ses intentions et du noble emploi qu'il saura faire de sa fortune. Il y a quelque chose d'effrayant, j'en conviens, dans la fermeté de sa volonté, et je ne m'étonne pas que son air inflexible vous ait donné une sorte de vertige, comme si un être surnaturel était apparu au milieu de vos campagnes paisibles ; mais cette force d'âme est basée sur des principes religieux et moraux qui font de lui, sinon le plus doux et le plus affable des hommes, du moins le plus strictement juste et le plus royalement généreux.

— Eh bien, tant mieux, nom d'une bombe ! répondit le châtelain en choquant son verre contre celui du paysan. Je bois à sa santé, et je suis heureux d'avoir à estimer un homme, quand j'étais sur le point de le maudire. Allons, toi, ne fais pas l'entêté, et crois ce brave jeune homme qui parle comme un livre et qui en sait plus long que toi et moi. Puisqu'il te dit qu'il connaît Cardonnet, qu'il le connaît beaucoup, là ! que veux-tu de mieux ? Il nous répond de lui. Donc, nous pouvons être tranquilles.

« Sur ce, mes amis, allons nous coucher, ajouta le châtelain, enchanté d'accepter, pour un homme qu'il connaissait peu, la caution d'un homme qu'il ne connaissait pas du tout, et dont il ne savait pas seulement le nom ; voilà onze heures qui sonnent, et c'est une heure indue.

— Je vais prendre congé de vous, dit le voyageur, et me retirer, en vous demandant la permission de venir bientôt vous remercier de vos bontés.

— Vous ne partirez pas ce soir, s'écria M. Antoine, c'est impossible, il pleut à verse, les chemins sont *perdus*, et on n'y voit pas à ses pieds. Si vous vous obstinez à partir, je veux ne jamais vous revoir. »

Il insista si bien, et l'orage était tellement déchaîné en effet, que force fut au jeune homme d'accepter l'hospitalité.

Sylvain Charasson, c'était le nom du page de Châteaubrun, apporta une lanterne, et M. Antoine, prenant le bras du voyageur, le guida, à travers les décombres de son manoir, à la recherche d'une chambre.

Le pavillon carré était occupé à tous les étages par la famille de Châteaubrun ; mais, outre ce petit corps de logis resté debout et fraîchement restauré, il y avait, de l'autre côté du préau, une immense tour, la plus ancienne, la plus haute, la plus épaisse, la plus impossible à détruire qui fût dans tout le domaine, les salles superposées qui la remplissaient étant voûtées en pierres encore plus solidement que le pavillon carré. La bande noire, qui, plusieurs années auparavant, avait acheté ce château pour le démolir, et qui en avait emporté tout le bois et tout le fer, jusqu'au moindre gond de porte, n'avait pas eu besoin d'effondrer l'intérieur des premiers étages, et M. Antoine en avait fait nettoyer et clore un, pour les rares occasions où il pouvait exercer l'hospitalité. C'avait été pour le bonhomme une grande magnificence que de faire placer des portes et des fenêtres, un lit et quelques chaises dans cet appartement qui n'était pas nécessaire aux besoins de sa famille. Il avait fait joyeusement cet effort en disant à Janille : « Ce n'est pas tout d'être bien, il faut songer à pouvoir héberger honnêtement son prochain. » Et pourtant, lorsque le jeune homme entra dans cet affreux donjon féodal, et qu'il se trouva comme étouffé dans une geôle, son cœur se serra, et il eût volontiers suivi le paysan, qui allait, par goût et par habitude, dormir sur la litière fraîche avec Sylvain Charasson. Mais M. Antoine était si fier et si content de pouvoir faire les honneurs d'une *chambre d'amis*, en dépit de sa détresse, que le jeune hôte crut devoir accepter pour gîte une des sinistres prisons du moyen âge.

Il y avait pourtant bon feu dans la vaste cheminée, et le lit, composé d'un gros plumetis posé sur un énorme sommier de balle d'avoine, n'était nullement à dédaigner. Tout était pauvre et propre. Le jeune garçon eut bientôt chassé les tristes pensées qui assiégeaient tout voyageur abrité dans un lieu semblable, et, malgré les roulements de la foudre, le cri des oiseaux de nuit, le bruit du vent et de la pluie qui ébranlaient ses fenêtres, tandis que les rats livraient de plus furieux assauts au bois de sa porte, il ne tarda pas à s'endormir profondément.

Pourtant son sommeil fut agité de rêves bizarres, et même il eut une sorte de cauchemar aux approches du jour, comme s'il était impossible de passer la nuit dans un lieu souillé des crimes mystérieux de la féodalité, sans y être en proie à des visions pénibles. Il lui sembla voir entrer M. Cardonnet, et, comme il s'efforçait de sauter à bas de son lit, pour courir à sa rencontre, le fantôme lui fit un signe impérieux pour qu'il eût à ne pas bouger ; puis venant à lui d'un air impassible, il lui monta sur la poitrine sans répondre un seul mot à ses plaintes, et sans témoigner par aucune expression de son visage de pierre qu'il fût sensible à l'agonie qu'il lui faisait endurer.

Accablé sous ce poids formidable, le dormeur s'agita en vain pendant un espace de temps qui lui parut un siècle, et il était saisi du râle de l'agonie lorsqu'il parvint à se réveiller. Mais, bien que le jour commençât à poindre, et qu'il vît distinctement l'intérieur de la tour, il demeura tellement sous l'impression de son rêve, qu'il croyait encore voir la figure inflexible devant ses yeux, et sentir le poids d'un corps lourd comme une montagne d'airain sur sa poitrine défaillante et brisée. Il se leva et fit plusieurs fois le tour de sa chambre avant de se remettre au lit : car, malgré son dessein de partir de bonne heure, il éprouvait un accablement invincible. Mais à peine ses yeux se furent-ils refermés que le spectre reprit sa résolution de l'étouffer, jusqu'à ce que, se sentant près d'expirer, le jeune homme s'écria d'une voix entrecoupée : Mon père ! ô mon père ! que vous ai-je donc fait, et pourquoi avez-vous résolu d'être le meurtrier de votre fils ?

Le son de sa propre voix le réveilla, et, se voyant de nouveau poursuivi par l'apparition, il courut ouvrir sa fenêtre. Dès que la fraîcheur de l'air pénétra dans cette pièce basse, dont l'atmosphère avait quelque chose de léthargique, l'hallucination se dissipa, et il s'habilla en toute hâte, afin de fuir un lieu où il venait d'être le jouet d'une si cruelle fantaisie. Mais malgré les efforts qu'il fit pour s'en distraire, il resta sous le poids d'une sorte d'anxiété douloureuse, et la *chambre d'amis* de Châteaubrun lui parut plus sépulcrale que la veille. Le jour gris et sombre qui se levait lui permit enfin de voir par sa fenêtre l'ensemble du château.

Ce n'était littéralement qu'un amas de ruines, vestiges encore grandioses d'une demeure seigneuriale bâtie à diverses époques. Le préau, rempli d'herbes touffues, où le peu de mouvement d'une famille réduite au strict nécessaire avait tracé seulement deux ou trois petits sentiers pour circuler de la grande tour à la petite, et du puits à la porte principale, était bordé en face de lui de murailles écroulées, où l'on reconnaissait la base et l'emplacement de plusieurs constructions, et entre autres d'une chapelle élégante dont le fronton, orné d'une jolie rosace festonnée de lierre, était encore debout. Au fond de la cour, dont un grand puits formait le centre, s'élevait la carcasse démantelée de ce qui avait été le corps de logis principal, la véritable habitation des seigneurs de Châteaubrun depuis le temps de François I⁰ʳ jusqu'à la révolution. Cet édifice, jadis somptueux, n'était plus qu'un squelette sans forme, mis à jour de toutes parts, un pêle-mêle bizarre que l'écroulement des compartiments intérieurs faisait paraître d'une élévation démesurée. Les tours qui avaient servi de cage aux élégantes spirales d'escaliers, les grandes salles peintes à fresque, les admirables chambranles de cheminée sculptés dans la pierre, rien n'avait été respecté par le marteau du démolisseur, et quelques vestiges de cette splendeur, qu'on n'avait pu atteindre pour les détruire, quelques restes de frises richement ornées, quelques guirlandes de feuillages dues au ciseau des habiles artisans de la renaissance, jusqu'à des écussons aux armes de France traversées par le bâton de bâtardise, tout cela taillé dans une belle pierre blanche que le temps n'avait encore pu ternir, offrait le triste spectacle d'une œuvre d'art, sacrifiée sans remords à la brutale loi d'une brusque nécessité.

Quand le jeune Cardonnet reporta ses regards sur le petit pavillon habité désormais par le dernier rejeton d'une illustre et opulente famille, il se sentit pénétré de compassion en songeant qu'il y avait là une jeune fille dont l'aïeule avait eu des pages, des vassaux, des meutes, des chevaux de luxe, tandis que, désormais, cette héritière d'une ruine effrayante à voir, allait peut-être, comme la princesse Nausicaa, laver elle-même son linge à la fontaine.

Au moment où il faisait cette réflexion, il vit, au dernier étage de la tour carrée, une petite fenêtre ronde s'ouvrir doucement, et une tête de femme, portée par le plus beau cou qui se puisse imaginer, se pencher comme pour parler à quelqu'un dans le préau. Émile Cardonnet, quoiqu'il appartînt à une génération de myopes, avait la vue excellente, et la distance n'était pas assez grande pour ne pas lui permettre de distinguer les traits de cette gracieuse tête blonde, dont le vent faisait voltiger la chevelure un peu en désordre. Elle lui parut ce qu'elle était en effet, une tête d'ange, parée de toute la fraîcheur de la jeunesse, douce et noble en même temps. Le son de la voix qui se fit entendre était plein de charmes, et la prononciation avait une distinction remarquable.

— Jean, disait-elle, il a donc plu toute la nuit. Voyez comme la cour est remplie d'eau? De ma fenêtre je vois tous les prés comme des étangs.

— C'est un déluge, ma chère enfant, répondit d'en bas le paysan, qui paraissait l'ami intime de la famille, une vraie trombe d'eau! je ne suis pas si le gros de la nuée a crevé ici ou ailleurs, mais jamais je n'ai vu la fontaine si remplie.

— Les chemins doivent être abîmés, Jean, et vous ferez bien de rester ici. Mon père est-il éveillé?

— Pas encore, ma Gilberte, mais la mère Janille est déjà sur pied.

— Voulez-vous la prier de monter auprès de moi, mon vieux Jean? J'ai quelque chose à lui demander.

— J'y cours.

La fenêtre se referma sans que la jeune fille eût paru remarquer que celle du voyageur était ouverte, et qu'il était là, occupé à la contempler.

Un instant après, il était dans la cour, où la pluie avait, en effet, creusé de petits torrents à la place des sentiers, et il trouva dans l'écurie Sylvain Charasson, qui, tout en pansant son cheval et celui de M. Antoine, se livrait à des commentaires sur les effets d'une si mauvaise nuit, avec le paysan dont Émile Cardonnet savait enfin le prénom. Cet homme lui avait causé la veille une sorte d'inquiétude indéfinissable, comme s'il eût porté en lui quelque chose de mystérieux et de fatal. Il avait remarqué que M. Antoine ne l'avait pas nommé une seule fois, et que, lorsque Janille avait été à diverses reprises au moment de le faire, il l'avait avertie du regard afin qu'elle eût à s'observer. On l'appelait *ami*, *camarade*, *vieux*, *toi*, et il semblait que son nom fût un secret qu'on ne voulait pas trahir. Quel était donc cet homme qui avait l'extérieur et le langage d'un paysan, et qui, cependant, portait si loin ses sombres prévisions, et si haut sa terrible critique?

Émile s'efforça de lier conversation avec lui, mais ce fut inutile; il avait pris des manières plus réservées encore que la veille, et, lorsqu'il l'interrogea sur les ravages de la tempête, il se contenta de répondre :

— Je vous conseille de ne pas perdre de temps pour vous en aller à Gargilesse, si vous voulez encore trouver des ponts pour passer l'eau, car, avant qu'il soit deux heures, il y aura par là une *dribe* de tous les diables.

— Qu'entendez-vous par là ? je ne comprends pas ce mot.

— Vous ne savez pas ce que c'est qu'une *dribe*? Eh bien, vous le verrez aujourd'hui, et vous ne l'oublierez jamais. Bonjour, Monsieur, partez vite, car il y aura du malheur tantôt chez votre ami Cardonnet.

Et il s'éloigna sans vouloir ajouter un mot de plus.

Saisi d'un vague effroi, Émile se hâta de seller lui-même son cheval, et, jetant une pièce d'argent à Charasson :

— Mon enfant, lui dit-il, tu diras à ton maître que je pars sans lui faire mes adieux, mais que je reviendrai bientôt le remercier de ses bontés pour moi.

Il franchissait le portail, quand Janille accourut pour lui barrer le passage. Elle voulait réveiller M. Antoine; mademoiselle était en train de s'habiller; le déjeuner serait prêt dans un instant; les chemins étaient trop mouillés; la pluie allait recommencer. Le jeune homme se déroba, avec force remerciements, à ses prévenances, et lui fit aussi un petit cadeau qu'elle parut accepter avec grand plaisir. Mais il n'avait pas atteint le bas de la colline, qu'il entendit derrière lui le bruit d'un cheval dont les pieds larges et solides rasaient le pavé en trottant. C'était Sylvain Charasson, qui, monté à poil sur la jument de M. Antoine, et ne se servant pas d'autre bride que d'une corde en licou passée entre les dents de l'animal, le rejoignait à la hâte. « Je vas vous conduire, Monsieur, lui cria-t-il en passant devant lui; mademoiselle Janille dit que vous *vous péririez*, ne connaissant pas les chemins, et c'est la vraie vérité.

— À la bonne heure, mais prends le plus court, répondit le jeune homme.

— Soyez tranquille, reprit le page rustique, et, jouant des sabots, il mit au grand trot l'animal ensellé, dont le gros ventre nourri de foin, sans aucun mélange d'avoine, contrastait avec des flancs maigres et une encolure grêle.»

V.

LA DRIBE.

Grâce aux pentes ardues que dominait Châteaubrun, le jeune homme et son nouveau guide purent bientôt gagner la plaine, sans être retardés par aucun torrent considérable. Mais, en passant très-vite auprès d'une petite mare-pleine jusqu'aux bords, l'enfant dit en jetant de côté un regard de surprise : « La *Font-Margot* toute pleine! Ça veut dire grand dégât dans le pays creux. Nous *peinerons* à passer la rivière. Dépêchons-nous, Monsieur! » Et il fit prendre le galop à sa monture, qui, malgré sa mauvaise construction et ses pieds larges et plats, garnis d'une frange de longs poils traînant jusqu'à terre, se dirigeait à travers les aspérités de ce terrain avec une adresse et une sécurité remarquables.

Les vastes plaines de cette région forment de grands plateaux coupés de ravins, qui font de leurs pentes brusques et profondes de véritables montagnes à descendre et à remonter. Après une heure de marche environ, nos voyageurs se trouvèrent en face du vallon de la Gargilesse, et un site enchanteur se déploya devant eux. Le village de Gargilesse, bâti en pain de sucre sur une éminence escarpée, et dominé par sa jolie église et son ancien monastère, semblait surgir du fond des précipices, et, au fond du plus accentué de ces abîmes, l'enfant montrant à Émile de vastes bâtiments tout neufs, et d'une belle apparence : « Tenez, Monsieur, dit-il, voilà les bâtisses à M. Cardonnet. »

C'était la première fois qu'Émile, étudiant en droit à Poitiers, et passant le temps de ses vacances à Paris, pénétrait dans la contrée où son père tentait depuis un an un établissement d'importance. L'aspect de ce lieu lui sembla admirable, et il sut gré à ses parents d'avoir rencontré un site où l'industrie pouvait trouver son compte sans bannir les influences de la poésie.

Il y avait à marcher encore sur le plateau avant d'en atteindre le versant, et d'embrasser d'un seul coup d'œil tous les détails du paysage. A mesure qu'Émile approchait, il y découvrait de nouvelles beautés, et le couvent-château de Gargilesse, planté fièrement sur le roc au-dessus des usines Cardonnet, semblait être là comme une décoration établie à dessein de couronner l'ensemble. Les flancs du ravin, où s'engouffrait rapidement la petite rivière, étaient tapissés d'une végétation robuste, et le jeune homme qui, malgré lui, laissait un peu absorber son attention par les dehors de son nouvel héritage, remarqua avec satisfaction qu'au milieu de l'abattis nécessaire pour l'établir dans une contrée aussi ombragée, on avait pourtant épargné de magnifiques vieux arbres, qui faisaient le plus bel ornement de l'habitation.

Cette habitation, située un peu en arrière de l'usine, était commode, élégante, simple dans sa richesse, et des rideaux à la plupart des fenêtres annonçaient qu'elle était déjà occupée. Elle était entourée d'un beau jardin relevé en terrasse le long du torrent, et l'on distinguait de loin les vives couleurs des plantes épanouies qui avaient été substituées comme par enchantement aux souches de saules et aux flaques d'eau sablonneuses dont naguère ces rives étaient bordées. Le cœur du jeune homme battit bien haut, lorsqu'il vit une femme descendre le perron du moderne château, et marcher lentement au milieu de ses fleurs favorites, car c'était sa mère. Il étendit les bras et agita sa casquette pour attirer son attention, mais sans succès. Madame Cardonnet était absorbée par l'examen de ses travaux d'horticulture ; elle n'attendait son fils que dans la soirée.

Sur une plage plus découverte, Émile vit les constructions suivantes et compliquées de l'usine, et, au milieu d'un pêle-mêle de matériaux de toutes sortes, remuer une cinquantaine d'ouvriers affairés, les uns sciant des pierres de taille, les autres préparant le mortier, d'autres équarrissant les poutres, d'autres encore chargeant des charrettes traînées par d'énormes chevaux. Comme il fallait, de toute nécessité, descendre au pas le chemin rapide, le petit Charasson put prendre la parole.

« Voilà une mauvaise descente, pas vrai, Monsieur? Tenez bien la guide à votre cheval! Ça serait bien de besoin que M. Cardonnet fit un chemin pour amener les gens de chez nous à son *invention* (son usine). Voyez, les belles routes qu'il a faites des autres côtés ! et les jolis ponts ! tout en pierres, oui ! Avant lui, on se mouillait les pattes en été pour passer l'eau, et en hiver on n'y passait mie. C'est un homme que le pays devrait lui baiser la terre où ce qu'il marche.

— Vous n'êtes donc pas comme votre ami Jean qui dit tant de mal de lui?

— Oh! le Jean, le Jean! il ne faut pas faire grande attention à ce qu'il chante. C'est un homme qui a des *ennuis*, et qui voit tout en mal depuis quelque temps, quoiqu'il ne soit pas méchant homme, au contraire. Mais il n'y a que lui dans le pays qui dise comme ça ; tout le monde est grandement porté pour M. Cardonnet. Il n'est pas chiche, celui-là. Il parle un peu dur, il échine un peu l'ouvrier, mais dame ! il paye, faut voir ! et quand on se crèverait à la peine, si on est bien récompensé, on doit être content, pas vrai, Monsieur ? »

Le jeune homme étouffa un soupir. Il ne partageait pas absolument le système de compensations économiques de M. Sylvain Charasson, et il ne voyait pas bien clairement, quelque envie qu'il eût d'approuver son père, que le salaire pût remplacer la perte de la santé et de la vie.

« Je m'étonne de ne pas le voir sur le dos de ses ouvriers, ajouta naïvement et sans malice le page de Châteaubrun, car il n'a pas coutume de les laisser beaucoup souffler. Ah dame ! c'est un homme qui s'entend à faire avancer l'ouvrage ! Ce n'est pas comme la mère Janille de chez nous, qui braille toujours, et qui ne laisse rien faire aux autres. Lui n'a pas l'air de se remuer, mais on dirait qu'il fait l'ouvrage avec ses yeux. Quand un ouvrier cause, ou quitte sa pioche pour allumer sa pipe, ou fait tant seulement un petit bout de *dormille* sur le midi par *le grand chaud :* « C'est bien, qu'il dit sans se fâcher ; tu n'es pas à ton aise ici pour fumer ou pour dormir, va-t-en chez toi, tu seras mieux. » Et c'est dit. Il ne l'employe pendant huit jours, et, à la seconde fois, c'est pour un mois, et à la troisième, c'est fini à tout jamais. »

Émile soupira encore : il retrouvait dans ces détails la rigoureuse sévérité de son père, et il lui fallait se reporter vers le but présumé de ses efforts pour en accepter les moyens.

« Ah ! pardine, le voilà bien, s'écria l'enfant en désignant du bras M. Cardonnet, dont la haute taille et les vêtements sombres se dessinaient sur l'autre rive. Il regarde l'eau ; peut-être qu'il craint la dribe, quoiqu'il ait coutume de dire que c'est des bêtises.

— La dribe, c'est donc la crue de l'eau ? demanda Émile, qui commençait à comprendre le mot *déribe*, *dérive*.

— Oui, Monsieur, c'est comme une *trompe* (une trombe), qui vient par les grands orages. Mais l'orage est passé, le pluie n'est pas venue, et je crois bien que le Jean aura mal prophétisé. *Stapendant*, Monsieur, voyez comme les eaux sont basses! c'est presque à sec depuis hier, et c'est mauvais signe. Passons vite, ça peut venir d'une minute à l'autre. »

Ils redoublèrent le pas et traversèrent facilement à gué un premier bras du torrent. Mais à un effort que le cheval d'Émile avait fait pour gravir la marge un peu escarpée de la petite île, il avait rompu ses sangles, et il lui fallut mettre pied à terre pour essayer de fixer sa selle. Ce n'était pas facile, et dans sa précipitation à rejoindre ses parents, Émile s'y prit mal ; le nœud qu'il venait de faire coula comme il mettait le pied dans l'étrier, et Charasson fut obligé de couper un bout de la corde qui lui servait de bride pour consolider cette petite réparation. Tout cela prit un certain temps, pendant lequel leur attention fut tout à fait détournée du fléau que Sylvain appréhendait. L'îlot était couvert d'une épaisse saulée qui ne leur permettait pas de voir à dix pas autour d'eux.

Tout à coup un mugissement semblable au roulement prolongé du tonnerre se fit entendre, arrivant de leur côté avec une rapidité extrême. Émile, se trompant sur la cause du bruit, regarda le ciel qui était serein au-dessus de sa tête : mais l'enfant devint pâle comme la mort : « La dribe ! s'écria-t-il, la dribe ! sauvons-nous, Monsieur ! »

Ils traversèrent l'île au galop ; mais avant qu'ils fussent sortis de la saulée, des flots d'une eau jaunâtre et couverte d'écume vinrent à leur rencontre, et leurs chevaux en avaient déjà jusqu'au poitrail, lorsqu'ils se trouvèrent en face du torrent gonflé qui se répandait avec fureur sur les terrains environnants.

Émile voulait tenter le passage; mais son guide s'attachant après lui : « Non, Monsieur, non, s'écria-t-il, il est trop tard. Voyez la force du torrent et les poutres qu'il charrie! Il n'y a ni homme ni bête qui puisse s'en sauver. Laissons les *chevals*, Monsieur, laissons les *chevals*, peut-être qu'ils auront l'esprit d'en sortir; mais c'est trop risquer pour des chrétiens. Tenez, au diable! voilà la passerelle emportée! Faites comme moi, Monsieur, faites comme moi, ou vous êtes mort! »

Et Charasson, qui avait déjà de l'eau jusqu'aux épaules, se mit à grimper lestement sur un arbre. Émile voyant à la fureur du torrent qui grossissait d'un pied à chaque seconde, que le courage allait devenir folie, et songeant à sa mère, se décida à suivre l'exemple du petit paysan.

« Pas celui-là, Monsieur, pas celui-là! cria l'enfant en lui voyant escalader un tremble. C'est trop faible, ça sera emporté comme une paille. Venez auprès de moi, pour l'amour du bon Dieu, attrapez-vous à mon arbre! »

Émile reconnaissant la justesse des observations de Sylvain, qui, au milieu de son épouvante, ne perdait ni sa présence d'esprit, ni le bon désir de sauver son prochain, courut au vieux chêne que l'enfant tenait embrassé, et parvint bientôt à se placer non loin de lui sur une forte branche, à quelques pieds au-dessus de l'eau. Mais il leur fallut bientôt céder ce poste à l'élément irrité qui montait toujours; et, montant de leur côté de branche en branche, ils réussirent à s'en préserver.

Lorsque l'inondation eut atteint son dernier degré d'intensité, Émile était placé assez haut sur l'arbre qui lui servait de refuge pour voir ce qui se passait dans la vallée. Il se cachait le plus possible dans le feuillage pour n'être pas reconnu de l'habitation, et faisait taire Sylvain qui voulait appeler au secours; car il craignait de mettre ses parents, et surtout sa mère, dans des transes mortelles, s'ils eussent été avertis de sa présence et de sa situation. Il put apercevoir son père qui, examinant toujours les effets de la *dribe*, se retirait lentement à mesure que l'eau montait dans son jardin et envahissait toute l'usine. Il semblait céder à regret la place à ce fléau qu'il avait méprisé et qu'il affectait de mépriser encore.

Enfin, on le vit distinctement aux fenêtres de sa maison avec madame Cardonnet, tandis que les ouvriers épars s'étaient enfuis sur la hauteur, abandonnant leurs vestes et les instruments de leur travail dans la vase. Quelques-uns, surpris par ce déluge aux premiers étages de l'usine, étaient montés à la hâte sur les toits, et si les plus avisés se réjouissaient intérieurement de gagner à ce désastre la prolongation de leurs travaux lucratifs, la plupart s'abandonnaient à un sentiment naturel de consternation en voyant le résultat de leurs fatigues perdu ou compromis.

Les pierres, les murs fraîchement crépis, les solives récemment taillées, tout ce qui n'offrait pas une grande résistance flottait au hasard au milieu des tourbillons d'écume; les ponts à peine terminés s'écroulaient séparés des chaussées encore fraîches qui ne pouvaient plus les soutenir; le jardin était à moitié envahi, et l'on voyait les vitrages de la serre, les caisses de fleurs et les brouettes de jardinier voguer rapidement et fuir à travers les arbres.

Tout à coup on entendit de grands cris dans l'usine. Un énorme train de bois de construction avait été poussé avec violence contre les œuvres vives de la machine principale, et le bâtiment, violemment ébranlé, semblait prêt à s'engloutir. Il y avait au moins douze personnes, tant hommes que femmes et enfants, sur le faîte. Tous criaient et pleuraient. Émile sentit une sueur froide le gagner. Indifférent aux périls qu'il courait lui-même si le chêne venait à être déraciné, il s'effrayait du destin de ces familles qu'il voyait s'agiter dans la détresse. Il fut au moment de se précipiter dans l'eau pour voler à leur secours; mais il entendit la voix puissante de son père qui leur criait de son perron, à l'aide d'un porte-voix :

« Ne bougez pas; le radeau s'achève; il n'y a pas de danger où vous êtes. » Tel était l'ascendant du maître, que l'on se tint tranquille, et qu'Émile le subit lui-même instinctivement.

De l'autre côté de l'île, c'était bien un autre spectacle de désolation. Les villageois couraient après leurs bestiaux, les femmes après leurs enfants. Des cris perçants portèrent surtout l'inquiétude d'Émile vers un point que la végétation lui cachait; mais bientôt il vit paraître vers le rivage opposé un homme vigoureux qui emportait un enfant à la nage. Le courant était moins fort de ce côté qu'en face de l'usine, et néanmoins le nageur luttait avec une peine incroyable, et plusieurs fois la vague le couvrit entièrement.

« J'irai à son aide, j'irai! s'écria Émile ému jusqu'aux larmes, et prêt encore une fois à s'élancer de l'arbre.

— Non, Monsieur, non! cria Charasson en le retenant. Voyez, le voilà qui sort du courant, il est sauvé; il ne nage plus, il marche dans la vase. Pauvre homme, a-t-il eu de la peine! Mais l'enfant n'est pas mort, il pleure, il crie comme un petit loup-garou. Pauvre innocent, va! ne crie donc plus, te voilà sauvé! Et tiens, avisez donc, le diable me tortille si ce n'est pas le vieux Jean qui l'a tiré de l'eau! Oui, Monsieur, oui, c'est le Jean! En voilà un de courage! Ah! voyez à présent comme le père le remercie, comme la mère lui embrasse les jambes, et pourtant elles ne sont guère propres, ses pauvres jambes! Ah! Monsieur, le Jean est d'un grand cœur, et il n'y en a pas un pareil dans le monde. S'il nous savait là, il viendrait nous en retirer, vrai! J'ai envie de l'appeler.

— Gardez-vous-en bien. Nous sommes en sûreté, et lui s'exposerait encore. Oui, je vois que c'est un digne homme. Est-il le parent de cet enfant et de ces gens-là?

— Non, Monsieur, non. C'est les Michaud, c'est des gens et un enfant qui ne lui sont de rien ni à moi non plus : mais quand il y a du malheur quelque part, on peut bien être sûr de voir arriver Jean, et là où personne n'oserait se risquer, il y court, lui, quand même il n'y a rien de rien, pas même un verre de vin à y gagner. Le bon Dieu sait bien pourtant qu'il ne fait pas bon dans ce pays-ci pour Jean, et que ce n'est guère sa place.

— Court-il donc quelque autre danger à Gargilesse que celui de se noyer comme tout le monde? »

Sylvain ne répondit pas, et parut se reprocher d'en avoir trop dit.

« Voilà l'eau qui baisse un peu, dit-il pour détourner l'attention d'Émile; dans une couple d'heures, nous pourrons peut-être repasser par où nous sommes venus; car du côté de M. Cardonnet, il y en a pour six heures au moins. »

Cette perspective n'était pas très-riante; néanmoins Émile, qui ne voulait à aucun prix effrayer ses parents, s'y résigna de son mieux. Mais un accident nouveau le fit changer de résolution avant qu'une demi-heure se fût écoulée. L'eau se retirait assez vite des points extrêmes qu'elle avait envahis; et de l'autre côté du lac qu'elle avait formé entre lui et la demeure de son père, il vit passer deux chevaux, l'un entièrement nu, l'autre sellé et bridé, que les ouvriers conduisaient vers l'habitation.

« Nos bêtes, Monsieur, dit Sylvain Charasson; oui, Dieu me bénisse, nos deux bêtes qui se sont sauvées! Ma pauvre jument, je le croyais bien dans la Creuse à cette heure! Ah! M. Antoine sera-t-il content, quand je lui ramènerai sa *Lanterne*! Elle aura bien gagné son avoine, et peut-être que Janille ne lui refusera pas un picotin. Et votre noire, Monsieur, vous voilà pas fâché de la voir sur terre? Il paraît qu'elle sait nager tout? »

Émile s'avisa rapidement de ce qui allait arriver. M. Cardonnet ne connaissait pas son cheval, à la vérité, puisqu'il l'avait acheté en route; mais on ouvrirait la valise, on ne tarderait pas à reconnaître qu'elle lui appartenait, et la première pensée serait qu'il avait péri. Il se décida bien vite à se faire voir, et, après beaucoup d'efforts pour élever sa voix au-dessus de celle du torrent, qui n'était guère apaisée, il réussit à faire savoir aux personnes réfugiées sur le toit de l'usine qu'il était là, et qu'il était urgent d'en informer M. et madame Cardonnet. La nouvelle passa de bouche en bouche par les divers

Au moment où il faisait cette réflexion, il vit, au dernier étage de la maison, etc. (Page 13.)

points de refuge aussi vite qu'il put le désirer, et bientôt il vit sa mère à la fenêtre, agitant son mouchoir, et son père monté en personne sur un radeau avec deux hommes vigoureux qui se hasardaient vers le courant avec résolution. Émile réussit à les en détourner, leur criant, non sans beaucoup de paroles perdues et maintes fois répétées, qu'il était en sûreté, qu'il fallait attendre encore pour venir à lui, et que le plus pressé était de délivrer les ouvriers prisonniers dans l'usine. Tout se fit comme il le souhaitait, et quand il n'y eut plus à trembler pour personne, il descendit de l'arbre, se mit à l'eau jusqu'à la ceinture, et s'avança à la rencontre du radeau, soulevant dans ses bras le petit Charasson et l'aidant à ne pas perdre pied. Trois heures après le passage de la trombe, Émile et son guide étaient auprès d'un bon feu. Madame Cardonnet couvrait son fils de caresses et de larmes, et le page de Châteaubrun, choyé comme lui-même, racontait avec emphase le péril qu'ils avaient surmonté.

Émile adorait sa mère. C'était encore la plus ardente affection de sa vie. Il ne l'avait pas vue depuis l'époque des vacances, qu'ils avaient passées ensemble à Paris, loin de la contrainte assidue et sèchement réprimandeuse de leur commun maître, M. Cardonnet. Tous deux souffraient du joug qui pesait sur eux, et s'entendaient sur ce point sans jamais se l'être avoué. Douce, aimante et faible, madame Cardonnet sentait que son fils avait dans l'esprit une bonne partie de l'énergie et de la fermeté de son époux, avec un cœur généreux et sensible qui lui préparait de grands chagrins, lorsque ces deux caractères fortement trempés viendraient à se heurter sur les points où leurs sentiments différeraient. Aussi, avait-elle dévoré tous les chagrins de sa vie, attentive à n'en jamais rien révéler à ce fils, qui était son unique bonheur et sa plus chère consolation. Sans être bien pénétrée du droit que son mari avait de la froisser et de l'opprimer sans relâche, elle avait toujours paru accepter sa situation comme une loi de la nature et un précepte religieux. L'obéissance passive, prêchée ainsi d'exemple, était donc devenue une habitude d'instinct chez le jeune Émile, et s'il en eût été autrement, il y avait déjà longtemps que le raisonnement l'eût conduit à s'y soustraire. Mais en voyant tout plier au moindre signe de la volonté paternelle, et sa mère la première, il n'avait pas encore

Madame Cardonnet couvrait son fils de caresses et de larmes. (Page 16.)

songé que cela pût et dût être autrement. Cependant le poids de l'atmosphère despotique où il avait vécu, l'avait, dès son enfance, porté à une sorte de mélancolie et de souffrance sans nom, dont il lui arrivait rarement de rechercher la cause. Il est dans la loi de nature que les enfants prennent le contre-pied des leçons qui les froissent; aussi Émile avait-il, de bonne heure, reçu des faits extérieurs une impulsion tout opposée à celle que son père eût voulu lui donner.

Les conséquences de cet antagonisme naturel et inévitable seront suffisamment développées par les faits de cette histoire, sans qu'il soit nécessaire de les expliquer ici.

Après avoir donné à sa mère le temps de se remettre un peu des émotions qu'elle avait éprouvées, Émile suivit son père, qui l'appelait pour venir constater les effets du désastre. M. Cardonnet montrait un calme au-dessus de tous les revers, et quelque contrariété qu'il pût éprouver, il n'en témoignait rien. Il passa en silence au milieu d'une haie de paysans qui étaient venus satisfaire leur curiosité et se donner le spectacle de son malheur, les uns avec indifférence, quelques autres avec un intérêt sincère, la plupart avec cette satisfaction non avouée

mais irrésistible que le pauvre refoule prudemment, mais qu'il éprouve à coup sûr, lorsqu'il voit la colère des éléments frapper également sur le riche et sur lui. Tous ces villageois avaient perdu quelque chose à l'inondation, l'un une petite récolte de foin, l'autre un coin de potager, un troisième une brebis, quelques poules ou un tas de fagots; pertes bien minces en réalité, mais aussi graves peut-être relativement que celles du riche industriel. Cependant, lorsqu'ils virent le désordre de cette belle propriété naguère florissante, ils ne purent se défendre d'un mouvement de consternation, comme si la richesse avait quelque chose de respectable en soi-même, en dépit de la jalousie qu'elle excite.

M. Cardonnet n'attendit pas que l'eau fût complétement retirée pour faire reprendre le travail. Il envoya courir dans les prairies environnantes à la recherche des matériaux emportés par le courant. Il arma ses hommes de pelles et de pioches pour déblayer la vase et les foins entraînés qui obstruaient les abords de l'usine, et quand on put y pénétrer, il y entra le premier, afin de n'avoir point à s'émouvoir en pure perte des exagérations inspirées aux témoins par la première surprise.

VI.

JEAN LE CHARPENTIER.

« Prenez un crayon, Émile, dit l'industriel à son fils, qui le suivait dans la crainte de quelque danger pour sa personne ; ne faites pas d'erreur dans les chiffres que je vais vous dicter... Une... deux... trois roues brisées ici... La cage emportée... le grand moteur endommagé... trois mille... cinq... sept ou huit... Prenons le maximum : c'est le plus sûr en affaires... Écrivez huit mille francs... La digue rompue?... c'est étrange !... Écrivez quinze mille... Il faudra la refaire tout entière en ciment romain... Voilà un angle qui a fléchi... Écrivez, Émile... Émile, avez-vous écrit?...? »

Pendant une heure, M. Cardonnet fit ainsi le devis de ses pertes et de ses prochaines dépenses ; et quand son fils fut sommé d'en dresser le total, il haussa les épaules d'impatience en voyant que, soit distraction soit défaut d'habitude, le jeune homme ne s'en acquittait pas aussi rapidement qu'il l'eût souhaité.

« As-tu fait? dit-il au bout de deux ou trois minutes d'attente contenue.

— Oui, mon père..... cela monte à quatre-vingt mille francs environ.

— Environ? reprit M. Cardonnet en fronçant le sourcil. Qu'est-ce que ce mot-là? »

Et fixant sur lui des yeux animés par une pénétration railleuse :

« Allons, dit-il, je vois que tu es un peu engourdi pour avoir perché sur un arbre. Moi, j'ai fait mon calcul de tête, et je suis fâché d'avoir à te dire qu'il était prêt avant que tu eusses taillé ton crayon. Il y a là pour quatre-vingt-un mille cinq cents francs de déboursés à recommencer.

— C'est beaucoup ! dit Émile en s'efforçant de dissimuler son impatience sous un air sérieux.

— C'est plus de violence que je n'en aurais supposé à ce petit cours d'eau, reprit M. Cardonnet avec autant de calme que s'il eût fait l'expertise d'un dommage étranger à sa fortune... mais ça ne sera pas long à réparer. Holà ! du monde ici... Voilà un soliveau engagé entre deux grandes roues, et qu'un reste d'eau fait ballotter... Otez-moi cela bien vite, ou mes roues seront cassées. »

On s'empressa d'obéir, mais la besogne était plus difficile qu'elle ne paraissait. Toute la force de la mécanique tendait à peser sur cet obstacle, qui menaçait de se rompre le premier. Plusieurs hommes s'écorchèrent les mains en pure perte.

« Prenez donc garde de vous blesser ! » s'écriait involontairement Émile, mettant lui-même la main à l'œuvre pour alléger leur peine.

Mais M. Cardonnet criait de son côté :

« Tirez ! poussez ! allons donc, vous avez des bras de filasse ! »

La sueur coulait de tous les fronts, et on n'avançait guère.

« Otez-vous tous de là, cria tout à coup une voix qu'Émile reconnut aussitôt, et laissez-moi faire... je veux en venir à bout tout seul. »

Et Jean, armé d'un levier, dégagea lestement une pierre à laquelle personne ne faisait attention. Puis, avec une dextérité merveilleuse, il donna un mouvement vigoureux au soliveau.

« Doucement, mille diables ! cria M. Cardonnet, vous allez tout briser.

— Si je casse quelque chose je le payerai, répondit le paysan avec une brusquerie enjouée. Maintenant, ici deux bons enfants. Allons, ferme !... Courage, mon petit Pierre, c'est bien !... Encore un peu, mon vieux Guillaume !... Oh ! les bons compagnons !... Bellement ! bellement ! que je retire mon pied, ou tu me l'écraseras, fils du diable ! Ça y est... pousse... n'aie pas peur... je tiens !... »

Et en moins de deux minutes, Jean, dont la présence et la voix semblaient électriser les autres ouvriers, dégagea la machine du corps étranger qui la compromettait.

« Suivez-moi, Jean, dit alors M. Cardonnet.

— Pourquoi faire, Monsieur? répliqua le paysan. J'ai assez travaillé comme cela pour aujourd'hui.

— C'est pourquoi je veux que vous veniez boire un verre de mon meilleur vin. Venez, vous dis-je, j'ai à vous parler... Mon fils, allez dire à votre mère qu'elle fasse servir du malaga sur ma table.

— Votre fils? dit Jean en regardant Émile avec un peu d'émotion. Si c'est là votre fils, je vous suis, car il m'a l'air d'un bon garçon.

— Oui, mon fils est un bon garçon, Jean, dit M. Cardonnet au paysan, lorsqu'il le vit accepter un verre plein de la main d'Émile. Et vous aussi, vous êtes un bon garçon, et il est temps que vous le prouviez un peu mieux que vous ne faites depuis deux mois.

— Monsieur, faites excuse, répondit Jean en regardant autour de lui d'un air de méfiance ; mais je suis trop vieux pour aller à l'école, et je ne suis pas venu ici tout en sueur pour entendre de la morale froide comme du verglas. A votre santé, monsieur Cardonnet ; en vous remerciant, vous, jeune homme, à qui j'ai fait de la peine, hier soir. Vous ne m'en voulez pas?

— Attendez un instant, dit M. Cardonnet : avant de retourner à vos trous de renard, emportez ce pourboire. »

Et il lui tendit une pièce d'or.

« Gardez ça, gardez ça, dit Jean avec humeur, en repoussant la gratification par un mouvement du coude. Je ne suis pas intéressé, vous devez le savoir, et ce n'est pas pour vous faire plaisir que je viens de travailler avec vos charpentiers. C'était tout bonnement pour les empêcher de s'échiner en pure perte. Et puis, on connaît le métier, et ça m'impatiente de voir les gens s'y prendre tout de travers. J'ai le sang un peu vif, et, malgré moi, je me suis mêlé de ce qui ne me regardait pas.

— De même que vous vous êtes trouvé où vous ne deviez pas être, répondit M. Cardonnet d'un ton sévère, et avec l'intention évidente d'intimider le hardi paysan. Jean, voici une dernière occasion de nous entendre et de nous connaître ; profitez-en, ou vous vous en repentirez. Quand je suis arrivé ici, l'année dernière, j'ai remarqué votre activité, votre intelligence, l'affection que vous portaient tous les ouvriers et tous les habitants de ce village. J'ai résolu de vous mettre à la tête de mes travaux de charpente ; j'ai offert de doubler pour vous seul le salaire, soit à la journée, soit à la tâche. Vous m'avez répondu par des billevesées, et comme si vous ne me preniez pas pour un homme sérieux.

— Ce n'est pas ça, Monsieur, faites excuse ; je vous ai dit que je n'avais pas besoin de vos travaux, et que j'en avais dans le bourg plus que je n'en pouvais faire.

— Défaite et mensonge ! Vous étiez très-mal dans vos affaires, et vous y voilà pire que jamais. Poursuivi pour dettes, vous avez été forcé de quitter votre maison, d'abandonner votre atelier, et de vous cacher dans les montagnes comme un gibier traqué par les chasseurs.

— Quand on se mêle de raisonner, reprit Jean avec hauteur, il faut dire la vérité. Je ne suis pas poursuivi pour dettes, comme vous l'entendez, Monsieur. J'ai toujours été un honnête homme et rangé, et si je dois un sou dans le village ou dans les environs, que quelqu'un vienne le dire et lever la main contre moi. Cherchez, vous ne trouverez personne !

— Il y a pourtant trois mandats d'amener contre vous, et, depuis deux mois, les gendarmes sont à votre poursuite sans pouvoir vous appréhender.

— Et ils y seront tant que je le voudrai. Le grand mal, pas vrai, que ces braves gendarmes promènent leurs chevaux sur une rive de la Creuse, tandis que je promène mes jambes sur l'autre ! Voilà des gens qui sont bien malades, eux qui sont payés pour prendre l'air et rendre compte de ce qu'ils ne font pas ! Ne les plaignez pas tant, monsieur Cardonnet, c'est le gouvernement qui les paye, et le gouvernement est assez riche pour que je lui fasse banqueroute de mille francs... car c'est la vérité que je suis condamné à payer mille francs ou à aller en prison! Ça vous étonne, vous, jeune homme, qu'un pauvre diable qui a toujours obligé son prochain, au lieu de lui nuire, soit poursuivi comme un forçat évadé? Vous n'avez pas encore un mauvais cœur, quoique riche, parce que vous êtes jeune. Eh bien, sachez donc mes fautes. Pour avoir envoyé trois bouteilles de vin de ma vigne à un camarade qui était malade, j'ai été pris par les gabelous comme vendant du vin sans payer les droits, et comme je ne pouvais pas mentir et m'humilier pour obtenir une transaction, comme je soutenais la vérité qui est que je n'avais pas vendu une goutte de vin, et que, par conséquent, je ne pouvais pas être puni, j'ai été condamné à payer ce qu'ils appellent le minimum, cinq cents francs d'amende. Excusez, le minimum! cinq cents francs, le prix de mon travail de l'année pour un cadeau de trois bouteilles de vin! Sans compter que mon pauvre confrère, qui les avait reçues, a été condamné aussi, et c'est ce qui m'a mis le plus en colère. Et comme je ne pouvais pas payer une pareille somme, on a tout saisi, tout pillé, tout vendu chez moi, jusqu'à mes outils de charpentier. Alors, à quoi bon payer patente pour un métier qui ne peut plus vous nourrir? J'ai cessé de le faire, et, un jour que je travaillais en journée hors de chez moi, autre persécution, querelle avec l'adjoint, où j'ai failli m'oublier et le frapper. Que devenir? Le pain manquait dans mon bahut; j'ai pris un fusil et j'ai été tuer un lièvre dans la bruyère. Autrefois, dans ce pays-ci, le braconnage était passé à l'état de coutume et de droit : les anciens seigneurs n'y regardaient pas de près, depuis la révolution; ils braconnaient même avec nous, quand ça leur faisait plaisir.

— Témoin M. Antoine de Châteaubrun, qui le fait encore, dit M. Cardonnet d'un ton ironique.

— Pourvu qu'il n'aille pas sur vos terres, qu'est-ce que cela vous fait? reprit le paysan irrité. Tant il y a que, pour avoir tué un lièvre au fusil, et pris deux lapins au collet, j'ai été encore pincé et condamné à l'amende et à la prison. Mais je me suis échappé des pattes des gendarmes, comme ils me conduisaient à l'*auberge* du gouvernement; et, depuis ce temps-là, je vis comme je l'entends, sans vouloir aller tendre mon bras à la chaîne.

— On sait fort bien comment vous vivez, Jean, dit M. Cardonnet. Vous errez nuit et jour, braconnant en tous lieux et en toute saison, ne couchant jamais deux nuits de suite au même endroit, et le plus souvent à la belle étoile; recevant parfois l'hospitalité à Châteaubrun, dont le châtelain a été nourri par votre mère, et que je ne blâme pas de vous assister, mais qui ferait plus sagement, dans vos intérêts, de vous prêcher le travail et une vie régulière. Allons, Jean, c'est assez de paroles inutiles, et vous allez m'écouter. Je prends pitié de votre sort, et je vais vous rendre la liberté et la sécurité, en me portant caution pour vous. Vous en serez quitte pour quelques jours de prison, seulement pour la forme; je paierai toutes vos amendes, et vous pourrez alors marcher tête levée, est-ce clair?

— Oh! vous avez raison, mon père, s'écria Émile; vous êtes bon, vous êtes juste. Eh bien, Jean, vous ai-je trompé?

— Il paraît que vous vous connaissiez déjà, dit M. Cardonnet.

— Oui, mon père, répondit Émile avec feu, Jean m'a rendu personnellement service hier soir; et ce qui m'attache à lui encore plus, c'est que je l'ai vu ce matin exposer sa vie bien sérieusement pour retirer de l'eau un enfant qu'il a sauvé. Jean, acceptez les services de mon père, et que sa générosité triomphe d'un orgueil mal entendu.

— C'est bien, monsieur Émile, répondit le charpentier, vous aimez votre père, c'est bien. Moi aussi, je respectais le mien! Mais voyons, monsieur Cardonnet, à quelles conditions ferez-vous tout ça pour moi?

— Tu travailleras à mes charpentes, répondit l'industriel. Tu en auras la direction.

— Travailler pour votre établissement, qui sera la ruine de tant de gens!

— Non, mais qui fera la fortune de tous mes ouvriers et la tienne.

— Allons, dit Jean ébranlé : si ce n'est pas moi qui fais vos charpentes, d'autres les feront, et je ne pourrai rien empêcher. Je travaillerai donc pour vous, jusqu'à concurrence de mille francs. Mais qui me nourrira pendant que je vous paierai ma dette au jour le jour?

— Moi, puisque j'augmenterai d'un tiers le produit de ta journée.

— Un tiers, c'est peu, car il faudra que je m'habille. Je suis tout nu.

— Eh bien! je double; ta journée est de trente sous au prix courant du pays, je te la paie trois francs; tous les jours tu en recevras la moitié, l'autre moitié étant consacrée à t'acquitter envers moi.

— Soit; ce sera long, j'en aurai au moins pour quatre ans.

— Tu te trompes, pour deux ans juste. J'espère bien que dans deux ans je n'aurai plus rien à bâtir.

— Comment, Monsieur, je travaillerai donc chez vous tous les jours, tous les jours de l'année sans désemparer?

— Excepté le dimanche.

— Oh! le dimanche, je le crois bien! Mais je n'aurai pas un ou deux jours par semaine que je pourrai passer à ma fantaisie?

— Jean, tu es devenu paresseux, je le vois. Voilà déjà les fruits du vagabondage.

— Taisez-vous! dit fièrement le charpentier; paresseux vous-même! Jamais le Jean n'a été lâche, et ce n'est pas à soixante ans qu'il le deviendra. Mais, voyez-vous, j'ai une idée dont je veux me décider à prendre votre ouvrage. C'est celle de me bâtir une petite maison. Puisqu'on m'a vendu la mienne, j'aime autant en avoir une neuve, faite par moi tout seul, et à mon goût, à mon idée. Voilà pourquoi je veux au moins un jour par semaine.

— C'est ce que je ne souffrirai pas, répondit l'industriel avec roideur. Tu n'auras pas de maison, tu n'auras pas d'outils à toi, tu coucheras chez moi, tu mangeras chez moi, tu ne te serviras que de mes outils, tu...

— En voilà bien assez pour me faire voir que je serai votre propriété et votre esclave. Merci, Monsieur, il n'y a rien de fait. »

Et il se dirigea vers la porte.

Émile trouvait les conditions de son père bien dures; mais le sort de Jean allait le devenir bien davantage, s'il les refusait. Il essaya de le faire transiger.

« Brave Jean, dit-il en le retenant, réfléchissez, je vous en conjure. Deux ans sont bientôt passés, et grâce aux petites économies que vous pourrez faire pendant ce temps, d'autant plus, ajouta-t-il en regardant M. Cardonnet d'un air à la fois suppliant et ferme, que mon père vous nourrira en sus de son salaire convenu...

— Vrai? dit Jean ému.

— Accordé, répondit M. Cardonnet.

— Eh bien! Jean, vos vêtements sont peu de chose, et ma mère et moi nous ferons un plaisir de remonter votre garde-robe. Vous aurez donc, au bout de deux ans, mille francs nets; c'est assez pour bâtir une maison de garçon à votre usage, puisque vous êtes garçon.

— Veuf, Monsieur, dit Jean avec un soupir, et un fils mort en sort.

— Au lieu que si tu manges ton salaire chaque semaine, reprit Cardonnet père sans s'émouvoir, tu le gaspilleras, et au bout de l'année, tu n'auras rien bâti et rien conservé.

— Vous prenez trop d'intérêt à moi : qu'est-ce que ça vous fait?

— Cela me fait que mes travaux, interrompus sans cesse, iront lentement, que je ne t'aurai jamais sous la main, et que dans deux ans, lorsque tu viendras m'offrir la prolongation de tes services, je n'aurai plus besoin de toi. J'aurai été forcé de confier ton poste à un autre.

— Vous aurez toujours des travaux d'entretien! Croyez-vous que je veuille vous faire banqueroute?

— Non, mais j'aimerais mieux ta banqueroute que des retards.

— Ah! que vous êtes donc pressé de jouir! Eh bien!

voyons, vous me donnerez un seul jour par semaine, et j'aurai des outils à moi.

— Il paraît qu'il tient beaucoup à ce jour de liberté, dit Émile; accordez-le-lui, mon père.

— Je lui accorde le dimanche.

— Et moi je ne l'accepte que pour me reposer, dit Jean avec indignation; me prenez-vous pour un païen? Je ne travaille pas le dimanche, Monsieur; ça me porterait malheur, et je ferais de la mauvaise ouvrage pour vous et pour moi.

— Eh bien, mon père vous donnera le lundi...

— Taisez-vous, Émile, point de lundi! Je n'entends pas cela. Vous ne connaissez pas cet homme. Intelligent et rempli d'inventions parfois heureuses, souvent puériles, il ne s'amuse que quand il peut travailler à des niaiseries à son usage; il tranche du menuisier, de l'ébéniste, que sais-je? il est adroit de ses mains; mais quand il s'abandonne à ses fantaisies, il devient flâneur, distrait et incapable d'un travail sérieux.

— Il est artiste, mon père! dit Émile en souriant avec des larmes dans les yeux, ayez un peu de pitié pour le génie! »

M. Cardonnet regarda son fils d'un air de mépris; mais Jean, prenant la main du jeune homme : « Mon enfant, dit-il avec sa familiarité étrange et noble, je ne sais pas si tu me rends justice, ou si tu le moques de moi, mais tu as dit la vérité! j'ai trop d'esprit d'invention pour le métier qu'on veut que je fasse ici. Quand je travaille chez mes amis du village, chez M. Antoine, chez le curé, chez le maire, ou chez de pauvres gueux comme moi, ils me disent : « Fais comme tu voudras, invente à toi-même, mon vieux! suis ton idée, ça sera un peu plus long, mais ça sera bien ! » Et c'est alors que je travaille avec plaisir, oui ! avec tant de plaisir, que je ne compte pas les heures, et que j'y mets une partie des nuits. Ça me fatigue, ça me donne la fièvre, ça me tue quelquefois! mais j'aime cela, vois-tu, mon garçon, comme d'autres aiment le vin. C'est mon amusement, à moi... Ah! riez et moquez-vous, monsieur Cardonnet; eh bien, votre ricanement m'offense, et vous ne m'aurez pas, non, vous ne m'aurez pas, quand même les gendarmes seraient là, et qu'il irait de la guillotine. Me vendre à vous corps et âme pendant deux ans! Ne faire que ce qui vous plaira, vous voir inventer, et n'avoir pas mon avis! car si vous me connaissez, je vous connais aussi : je sais comment vous êtes, et qu'il ne se remue pas une cheville chez vous sans que vous l'ayez mesurée. Je serais donc un manœuvre, travaillant à la corvée comme défunt mon père travaillait pour les abbés de Gargilesse? Non, Dieu m'en punisse! je ne vendrai pas mon âme à un travail aussi ennuyeux et aussi bête. Encore si vous donniez mon jour de récréation et de dédommagement, pour contenter mes anciennes pratiques et moi-même! mais rien!

— Non, rien, dit M. Cardonnet irrité; car l'amour-propre d'artiste commençait à être en jeu de part et d'autre. Va-t'en, je ne veux pas de toi; prends ce napoléon, et va te faire pendre ailleurs.

— On ne pend plus, Monsieur, répondit Jean en jetant la pièce d'or par terre, et quand même ça se ferait encore, je ne serais pas le premier honnête homme qui aurait passé par les mains du bourreau.

— Émile, dit M. Cardonnet dès qu'il fut sorti, faites monter ici le garde champêtre, cet homme qui est là sur le perron avec une petite fourche de fer à la main.

— Mon Dieu! que voulez-vous faire? dit Émile effrayé.

— Ramener cet homme à la raison, à la bonne conduite, au travail, à la sécurité, au bonheur. Quand il aura passé une nuit en prison, il sera plus traitable, et il me bénira un jour de l'avoir délivré de son démon intérieur.

— Mais, mon père, attenter à la liberté individuelle... Vous ne pouvez pas...

— Je suis maire depuis ce matin, et mon devoir est de faire saisir les vagabonds. Obéissez, Émile, ou j'y vais moi-même. »

Émile hésitait encore. M. Cardonnet, incapable de supporter l'ombre de la résistance, le poussa brusquement de devant la porte et alla, en sa qualité de premier magistrat du lieu, donner ordre au garde champêtre d'arrêter Jean Jappeloup, natif de Gargilesse, charpentier de profession, et actuellement sans domicile avoué.

Cette mission répugnait beaucoup au fonctionnaire rustique, et M. Cardonnet lut son hésitation sur sa figure. « Caillaud, dit l'industriel d'un ton absolu, ta destitution avant huit jours, ou vingt francs de récompense ! — Suffit, Monsieur, répondit Caillaud. » Et, brandissant sa pique, il partit d'un pas dégagé.

Il rejoignit le fugitif à deux portées de fusil du village, ce qui ne fut pas difficile, car ce dernier s'en allait lentement, la tête penchée sur sa poitrine et absorbé dans une méditation douloureuse. « Sans ma mauvaise tête, se disait-il, je serais à présent sur le chemin du repos et du bien-être, au lieu qu'il me faut reprendre le collier de misère, errer comme un loup à travers les ronces et les rochers, être souvent à charge à ce pauvre Antoine, qui est bon, qui m'accueille toujours bien, mais qui est pauvre et qui me donne plus de pain et de vin que je ne peux prendre dans mes lacets de perdrix et de lièvres pour sa table... Et puis, ce qui me fend le cœur, c'est de quitter toujours ce pauvre cher village où je suis né, où j'ai passé toute ma vie, où j'ai tous mes amis et où je ne peux plus entrer que comme un chien affamé qui brave un coup de fusil pour avoir un morceau de pain. Ils sont tous bons pour moi, pourtant, les gens d'ici ; et, sans la crainte des gendarmes, ils me donneraient asile! »

En rêvant ainsi, Jean entendit la cloche qui sonnait l'angelus du soir, et des larmes involontaires coulèrent sur ses joues basanées. « Non, pensa-t-il, il n'y a pas à dix lieues à la ronde une seule cloche qui ait une aussi jolie sonnerie que celle de Gargilesse ! » Un merle chanta auprès de lui dans l'aubépine du buisson. « Tu es bien heureux, toi, lui dit-il, parlant tout haut dans sa rêverie, tu peux nicher là, voler dans tous ces jardins que je connais si bien, et te nourrir des fruits de tout le monde, sans qu'on te dresse procès-verbal.

— Procès-verbal, c'est ça, dit une voix derrière lui ; je vous arrête au nom de la loi ! »

Et Caillaud lui mit la main au collet.

VII.

L'ARRESTATION.

« Toi? toi ! Caillaud ! dit le charpentier stupéfait, avec le même accent que dut avoir César en se sentant frappé par Brutus.

— Oui, moi-même, garde champêtre. Au nom de la loi ! cria Caillaud de toutes ses forces pour être entendu aux environs, s'il se trouvait là quelque témoin ; et il ajouta tout bas : — Échappez-vous, père Jean. Allons, repoussez-moi, et jouez des jambes.

— Que je fasse de la résistance pour mieux embrouiller mes affaires ? Non, Caillaud, ça serait pire pour moi. Mais comment as-tu pu te décider à faire l'office de gendarme, pour arrêter l'ami de la famille, ton parrain, malheureux ?

— Aussi, je ne vous arrête pas, mon parrain, dit Caillaud à voix basse.... Allons, suivez-moi, que j'appelle main-forte ! cria-t-il de tous ses poumons.... Allons donc ! reprit-il à la sourdine, filez, père Jean ! faites mine de me donner un renfoncement, je vas me laisser tomber par terre.

— Non, mon pauvre Caillaud, ça te ferait perdre ton emploi, ou tout au moins tu passerais pour un capon et une poule mouillée. Puisque tu as eu le cœur d'accepter la commission, il faut aller jusqu'au bout. Je vois bien qu'on t'a menacé, qu'on t'a forcé la main ; ça m'étonne bien que M. Jarige ait pu se décider à me faire ce tort-là.

— Mais ça n'est plus M. Jarige qui est maire ; c'est M. Cardonnet.

— Alors, j'entends, et ça me donne envie de te battre pour t'apprendre à n'avoir pas donné ta démission tout de suite.

— Vous avez raison, père Jean, dit Caillaud navré,

je m'en vais la donner ; c'est le mieux. Allez vous-en !

— Qu'il s'en aille ! et toi.... garde ta place, dit Émile Cardonnet sortant de derrière un buisson. Tiens, mon camarade, tombe, puisque tu veux tomber, ajouta-t-il en lui passant adroitement la jambe à la manière des écoliers, et si l'on te demande qui est l'auteur de ce guet-apens, tu diras à mon père que c'est son fils.

— Ah ! la farce est bonne, dit Caillaud se frottant le genou, et si votre papa vous fait mettre en prison, ça ne me regarde pas. Vous m'avez fait tomber un peu durement, pas moins, et j'aurais autant aimé que ça se fût trouvé sur l'herbe. Eh bien ! est-il parti ce vieux fou de Jean ?

— Pas encore, dit Jean qui avait gravi une éminence, et qui se tenait à portée de prendre les devants. Merci, monsieur Émile, je n'oublierai pas, car je me serais soumis à mon sort, si la loi seule s'en était mêlée ; mais, depuis que je sais que c'est une trahison de votre père, j'aimerais mieux me jeter dans la rivière la tête en avant, que de céder à un homme si méchant et si faux. Quant à vous, vous méritiez de sortir d'une meilleure souche ; vous avez du cœur, et aussi longtemps que je vivrai....

— Va-t-en, répondit Émile en s'approchant de lui, et garde-toi bien de me parler mal de mon père. J'ai bien des choses à te dire, moi, mais ce n'est pas le moment. Veux-tu être à Châteaubrun demain soir ?

— Oui, Monsieur. Prenez des précautions pour ne pas vous faire suivre, et ne me demandez pas trop haut à la porte. Allons, grâce à vous, j'ai encore les étoiles sur la tête, et je n'en suis pas mécontent. »

Il partit comme un trait ; et Émile, en se retournant, vit Caillaud couché tout de son long par terre, comme s'il se fût évanoui.

« Eh bien ? qu'y a-t-il ? lui demanda le jeune homme effrayé ; vous aurais-je blessé réellement ? souffrez-vous ?

— Ça ne va pas mal, Monsieur, répondit le rusé villageois ; mais vous voyez bien qu'il faut que quelqu'un vienne me relever, pour que j'aie l'air d'avoir été battu.

— C'est inutile, je me charge de tout, dit Émile. Lève-toi, et va-t-en dire à mon père que je me suis opposé de force ouverte à l'arrestation de Jean. Je te suis de près, et le reste est mon affaire.

— Au contraire, Monsieur, passez le premier. Il faut que je m'en aille en clopant ; car si je me mets à courir pour raconter que vous m'avez cassé les deux jambes, et que j'ai supporté ça patiemment, votre papa ne me croira pas, et je serai destitué.

— Donne-moi le bras, appuie-toi sur moi, et nous arriverons ensemble, dit Émile.

— C'est ça, Monsieur. Aidez-moi un peu. Pas si vite ! Diable ! j'ai le corps tout brisé.

— Tout de bon ? mais j'en serais désespéré, mon camarade.

— Eh non, Monsieur, ça n'est rien du tout : mais c'est comme ça qu'il faut dire.

— Qu'est-ce que cela signifie ? dit sévèrement M. Cardonnet en voyant arriver le garde champêtre appuyé sur Émile. Jean a fait de la résistance ; tu t'es laissé assommer comme un imbécile, et le coupable s'est échappé.

— Faites excuse, Monsieur, le délinquant n'a rien fait, le pauvre homme ; c'est monsieur votre garçon que voilà, qui, en passant près de moi, m'a poussé sans le faire exprès, et au moment où je mettais la main sur mon homme, baoun ! voilà que j'ai roulé plus de cinquante pieds, la tête en bas, sur les rochers. Ce pauvre cher monsieur en a eu bien du chagrin, et il a couru pour m'empêcher de tomber dans la rivière, sans quoi j'allais boire un coup, bien sûr ! Mais qui a été bien content ? c'est le père Jappeloup, qui s'est ensauvé pendant que je restais là, tout essoti et ne pouvant remuer ni pieds ni pattes pour courir après lui. Si c'était un effet de votre bonté de me faire donner un doigt de vin, ça me serait rudement bon ; car je crois bien que j'ai l'estomac décroché. »

Émile, en reconnaissant que ce paysan à l'air simple et patelin avait beaucoup plus d'esprit que lui pour mentir et arranger toutes choses pour la meilleure fin, hésita s'il n'accepterait pas l'issue qu'il donnait à son aventure. Mais il lut bien vite dans les yeux perçants de son père que ce dernier ne se paierait pas d'une assertion tacite, et que, pour le persuader, il faudrait avoir la même dose d'effronterie que maître Caillaud.

« Quelle est cette sotte et incroyable histoire ! dit M. Cardonnet en fronçant le sourcil. Depuis quand mon fils est-il si fort, si brutal et si pressé de suivre le même chemin que toi ? Si tu te tiens si mal sur les jambes, qu'un coup de coude te fasse trébucher et rouler comme un sac, c'est que tu es ivre apparemment ! Dites la vérité, Émile, Jean Jappeloup a battu cet homme, peut-être l'a-t-il poussé dans le ravin, et vous, qui souriez comme un enfant que vous êtes, vous avez trouvé cela plaisant, et tout en courant à l'aide du niais que voici, vous avez consenti à prendre sur votre compte une prétendue inadvertance ! C'est cela ? n'est-ce pas ?

— Non, mon père, ce n'est pas cela, dit Émile avec résolution. Je suis un enfant, il est vrai ; c'est pour cela qu'il peut entrer un peu de malice dans ma légèreté. Que Caillaud pense ce qu'il voudra de ma manière de renverser les gens en passant trop près d'eux ; si je l'ai blessé, je suis prêt à lui en demander excuse et à l'indemniser. En attendant, permettez-moi de l'envoyer à votre femme de charge, pour qu'elle lui administre le cordial qu'il réclame ; et quand nous serons seuls, je vous dirai franchement comment il m'est arrivé de faire cette sottise.

— Allez, conduisez-le à l'office, dit M. Cardonnet, et revenez tout de suite.

— Ah ! monsieur Émile, dit Caillaud au jeune homme en descendant à l'office, je ne vous ai pas vendu, n'allez pas me trahir, au moins !

— Sois tranquille, bois sans perdre l'esprit, répondit le jeune homme, et sois sûr qu'il n'y aura que moi de compromis.

— Et pourquoi, diable, voulez-vous donc vous accuser ? ça serait, pardonnez-moi, une grande bêtise. Vous ne pensez donc pas qu'il y va de la prison, pour avoir contrarié et maltraité un fonctionnaire public dans l'exercice de ses fonctions ?

— Cela ne regarde ; soutiens ton dire, puisque tu as su très-bien arranger les choses ; moi, j'expliquerai mes intentions comme il me conviendra.

— Tenez, vous, vous avez trop bon cœur, dit Caillaud stupéfait ; vous n'aurez jamais la tête de votre père !

— Eh bien, Émile, dit M. Cardonnet, que son fils trouva marchant avec agitation dans son cabinet, m'expliquerez-vous cette inconcevable aventure ?

— Mon père, je suis le seul coupable, répondit le jeune homme avec fermeté. Que tout votre mécontentement et tous les résultats de ma faute retombent sur moi. Je vous atteste sur mon honneur que Jean Jappeloup se laissait arrêter sans la moindre résistance, lorsque j'ai poussé rudement le garde pour le faire tomber, et cela je l'ai fait exprès.

— Fort bien, dit froidement M. Cardonnet qui voulait savoir toute la vérité ; et le balourd s'est laissé choir. Il a lâché sa prise, et pourtant, quoiqu'il mente à présent, il s'est fort bien aperçu que ce n'était pas une maladresse, mais un parti pris de votre part.

— Cet homme n'a rien compris à mon action, reprit Émile ; il a été désarmé et renversé par surprise ; je crois même qu'il a été un peu meurtri en tombant.

— Et vous lui avez laissé croire que c'était une distraction de votre part, j'espère ?

— Qu'importe ce que cet homme pense de mes intentions, et ce qui se passe au fond de sa pensée ! Votre magistrature s'arrête au seuil de la conscience, mon père, et vous ne pouvez juger que les faits.

— Est-ce mon fils qui me parle de la sorte ?

— Non, mon père, c'est votre administré, le délinquant que vous avez à juger et à punir. Quand vous m'interrogerez sur mon propre compte, je vous répondrai comme je le dois. Mais il s'agit ici du pauvre diable qui vit de son modeste emploi. Il vous est soumis, il vous craint, et si vous lui ordonnez de me conduire en prison, il est prêt à le faire.

— Émile, vous me faites pitié. Laissons là ce garde champêtre et ses contusions. Je lui pardonne, et je vous autorise à lui faire un bon présent pour qu'il se taise, car je ne suis pas d'avis de vous faire débuter dans ce pays-ci par un scandale ridicule. Mais voudrez-vous bien m'expliquer pourquoi vous semblez provoquer un drame burlesque en police correctionnelle? Quelle est cette aventure où vous jouez le rôle de don Quichotte, en prenant Caillaud pour votre Sancho-Pança? Où alliez-vous si vite, lorsque vous vous êtes trouvé présent à l'arrestation du charpentier? Quelle fantaisie vous a prise de soustraire cet homme à la main de la justice et aux intentions bienveillantes que j'avais à son égard? Êtes-vous devenu fou depuis six mois que nous ne nous sommes vus? Avez-vous fait vœu de chevalerie, ou avez-vous l'intention de contrarier mes desseins et de me braver? Répondez sérieusement vous le pouvez, car c'est très-sérieusement que votre père vous interroge.

— Mon père, j'aurais beaucoup de choses à vous répondre, si vous m'interrogiez sur mes sentiments et mes idées. Mais il s'agit ici d'un petit fait particulier, et je vous dirai en peu de mots comment les choses se sont passées. Je courais après le fugitif, afin de lui éviter la honte et la douleur d'être arrêté; j'espérais devancer Caillaud, et persuader à Jean de revenir de lui-même écouter vos offres et faire ses soumissions à la loi. Arrivé trop tard, et ne pouvant dissuader loyalement le garde de faire son devoir, je l'en ai empêché en m'exposant seul à la peine du délit. J'ai agi spontanément, sans préméditation, sans réflexion, et entraîné par un mouvement irrésistible de compassion et de douleur. Si j'ai mal fait, blâmez-moi; mais si, par des moyens de douceur et de persuasion, je vous ramène Jean de bon gré et avant qu'il soit deux jours, pardonnez-moi, et avouez que les mauvaises têtes ont parfois d'heureuses inspirations.

— Émile, dit M. Cardonnet après s'être promené en silence pendant quelques instants, j'aurais de graves reproches à vous faire pour être entré en révolte ouverte, je ne dis pas contre la loi municipale, à propos de laquelle je ne ferai point le pédant, mais contre ma volonté. Il y a là de votre part un immense orgueil et un manque de respect très-grave envers l'autorité paternelle. Je ne suis pas disposé à tolérer souvent de pareils coups de tête, vous devez me connaître assez pour le savoir, ou vous m'avez étrangement oublié depuis que nous sommes éloignés l'un de l'autre; mais je vous épargnerai, pour aujourd'hui, les longues remontrances, vous ne me paraissez pas disposé à en profiter. D'ailleurs, ce que je vois de votre conduite et ce que je sais de la situation de votre esprit me prouvent que nous avons besoin de mettre de l'ordre dans une discussion sérieuse sur le fond même de vos idées et de la nature de vos projets pour l'avenir. Le désastre qui m'a frappé aujourd'hui ne me laisse pas le temps de causer avec vous davantage ce soir. Vous avez eu des émotions dans le cours de cette journée, et vous devez avoir besoin de repos; allez voir votre mère, et couchez-vous de bonne heure. Dès que l'ordre et le calme seront rétablis dans mon établissement, je vous dirai pourquoi je vous ai rappelé de ce que vous appeliez votre exil, et ce que j'attends de vous désormais.

— Et jusqu'au moment de cette explication, que je désire vivement, répondit Émile, car ce sera la première fois de ma vie, que vous ne m'aurez pas traité comme un enfant, puis-je espérer, mon père, que vous ne serez pas irrité contre moi?

— Quand je te revois après une longue séparation, il me serait difficile de n'être pas indulgent, dit M. Cardonnet en lui serrant la main.

— Le pauvre Caillaud ne sera pas destitué? reprit Émile en embrassant son père.

— Non, à condition que tu ne te mêleras jamais des affaires de la municipalité.

— Et vous ne ferez pas arrêter le pauvre Jean?

— Je n'ai rien à répondre à une telle question; j'ai eu trop de confiance en vous, Émile, je vois que nous ne pensons pas de même sur certains points, et, jusqu'à ce que nous soyons d'accord, je ne m'exposerai pas à des contestations qui ne conviennent point à mon rôle de chef de famille. C'est assez; bonsoir, mon enfant! J'ai à travailler.

— Ne puis-je donc vous aider? vous ne m'avez jamais cru propre à vous éviter quelque fatigue!

— J'espère que tu le deviendras. Mais tu ne sais pas encore faire une addition.

— Des chiffres; toujours des chiffres!

— Va donc dormir, c'est moi qui veillerai pour que tu sois riche un jour.

— Eh! ne suis-je pas déjà assez riche? pensait Émile en se retirant. Si, comme mon père me l'a dit souvent et avec raison, la richesse impose des devoirs immenses, pourquoi donc user sa vie à se créer ces devoirs, qui dépassent peut-être nos forces!»

La journée du lendemain fut consacrée à réparer un peu le désordre apporté par l'inondation. M. Cardonnet, malgré la force de son caractère, éprouvait une profonde contrariété, en constatant à chaque pas une perte imprévue dans les mille détails de son entreprise; ses ouvriers étaient démoralisés. L'eau, qui faisait marcher l'usine, et dont il était encore impossible de régler la force, imprimait aux machines un mouvement de rotation désordonné, augmentant à mesure qu'elle tendait à s'écouler par dessus les écluses. L'industriel était grave et pensif; il s'irritait secrètement contre le peu de présence d'esprit des hommes qu'il gouvernait, et qui lui semblaient plus machines que ses machines. Il les avait habitués à une obéissance passive, aveugle, et il sentait que dans les moments de crise, où la volonté d'un seul homme devient insuffisante, les esclaves sont les plus mauvais serviteurs qui se puissent trouver. Il n'appela pourtant pas Émile à son aide, et, au contraire, chaque fois que le jeune homme vint lui offrir ses services, il l'écarta sous divers prétextes, comme s'il se fût méfié de lui en effet. Cette manière de le châtier était la plus mortifiante pour un cœur ardent et généreux.

Émile essaya de se consoler auprès de sa mère; mais la bonne madame Cardonnet manquait totalement de ressort, et l'ennui qu'inspirait à tout le monde l'accablement de son esprit et l'espèce de stupeur dont son âme était à jamais frappée se traduisaient chez son fils par une invincible mélancolie, lorsqu'elle essayait de le distraire et de l'amuser. Elle aussi le traitait comme un enfant, et c'était à force de tendresse qu'elle arrivait au même résultat blessant que son mari. N'ayant pas assez de vigueur pour sonder l'abîme qui séparait ces deux hommes, et possédant pourtant assez d'intelligence pour le pressentir, elle en détournait sa pensée avec effroi et s'efforçait de jouer au bord avec son fils, comme s'il eût été possible de l'abuser lui-même.

Elle le promenait dans sa maison et ses jardins, lui faisant mille remarques puériles, et tâchant de lui prouver qu'elle n'était malheureuse que parce que la rivière avait débordé.

« Si tu étais venu un jour plus tôt, lui disait-elle, tu aurais vu comme tout cela était beau, propre et bien tenu! Je me faisais une fête de te servir le café dans un joli bosquet de jasmins qui était là, au bord de la terrasse; hélas! il n'y en a plus trace maintenant: la terre même a été emportée, et l'eau nous a donné en échange cette vilaine vase noire et des cailloux.

— Consolez-vous, chère mère, répondait Émile, nous vous aurons bientôt rendu tout cela; si les ouvriers de mon père n'ont pas le temps, je me ferai votre jardinier. Vous me direz comment c'était arrangé; d'ailleurs, je l'ai vu: ç'a été comme un beau rêve. Du haut de la colline, en face d'ici, j'ai pu admirer vos jardins enchantés, vos belles fleurs qu'un instant a ravagées et détruites sous mes yeux; mais ces pertes sont réparables: ne vous affligez pas, d'autres sont plus à plaindre!

— Et quand je pense que tu as failli être emporté toi-même par cette odieuse rivière que je déteste à présent! O mon enfant! je déplore le jour où ton père a eu la fantaisie de se fixer ici. Déjà, dans le courant de l'hiver, nous avions été inondés plus d'une fois, et il avait été forcé de recommencer tous ses travaux. Cela l'affecte et le mine plus qu'il ne veut l'avouer. Son caractère s'aigrit, et sa santé finira par en souffrir. Et tout cela à cause de cette rivière !

— Mais vous, ma mère, croyez-vous que cette habitation toute neuve, cet air humide, ne soient pas pernicieux pour votre santé ?

— Je n'en sais rien, mon enfant. Je me consolais de tout avec mes fleurs, dans l'espérance de te revoir. Mais te voilà, et tu arrives dans un cloaque, dans une grenouillère, lorsque je me flattais de te voir fumer ton cigare et lire en marchant sur des tapis de fleurs et de gazon ! Oh ! la maudite rivière ! »

Quand le soir vint, Émile s'aperçut que la journée lui avait paru démesurément longue, à entendre maudire la rivière par tout le monde et sur tous les tons. Son père seul continuait de dire que ce n'était rien et qu'une toise de glacis de plus mettrait le ruisseau à la raison une fois pour toutes ; mais son visage blême et ses dents serrées en parlant annonçaient une rage intérieure, plus pénible à voir que toutes les exclamations des autres à entendre.

Le dîner fut morne et glacial. Vingt fois interrompu, M. Cardonnet se leva vingt fois de table pour aller donner des ordres ; et comme madame Cardonnet le traitait avec un respect sans bornes, on remportait les plats pour les tenir chauds, on les rapportait trop cuits : il les trouvait détestables ; sa femme pâlissait et rougissait tour à tour, allait elle-même à l'office, se donnait mille soins, partagée entre le désir d'attendre son mari et de ne pas faire attendre son fils, qui trouvait qu'on dînait bien mal et bien longtemps dans ce riche ménage.

On sortit de table si tard, et les gués de rivière étaient encore si peu praticables dans l'obscurité, qu'Émile dut renoncer à se rendre à Châteaubrun, comme il en avait eu le projet. Il avait raconté comment il y avait été accueilli.

« Oh, j'irai leur faire une visite de remercîments ! s'était écrié madame Cardonnet. Mais son mari avait ajouté : — Vous pouvez bien vous en dispenser. Je ne me soucie pas que vous m'attiriez la société de ce vieil ivrogne, qui vit de pair à compagnon avec les paysans, et qui se griserait dans ma cuisine avec mes ouvriers.

— Sa fille est charmante, dit timidement madame Cardonnet.

— Sa fille ! reprit le maître avec hauteur. Quelle fille ? celle qu'il a eue de sa servante ?

— Il l'a reconnue.

— Il a bien fait, car la vieille Janille serait fort embarrassée de reconnaître le père de cet enfant-là. Qu'elle soit charmante ou non, j'espère qu'Émile n'ira pas, ce soir, faire une pareille course. Le temps est sombre et les chemins sont mauvais.

— Oh ! non, s'écria madame Cardonnet, il n'ira pas ce soir : mon cher enfant ne voudra pas me faire un pareil chagrin. Demain, au jour, si la rivière est tout à fait rentrée dans son lit, à la bonne heure !

— Eh bien, demain, répondit Émile, très-contrarié, mais soumis à sa mère ; car il est bien certain que je dois une visite de remercîment pour l'affectueuse hospitalité que j'ai reçue.

— Vous la devez certainement, dit M. Cardonnet ; mais là se borneront, j'espère, vos relations avec cette famille, qu'il ne me convient pas de fréquenter. Ne faites pas votre visite trop longue : c'est demain soir que j'ai l'intention de causer avec vous, Émile. »

Dès la pointe du jour suivant, Émile fit seller son cheval avant que ses parents fussent levés, et franchissant la rivière encore troublée et courroucée, il prit au galop la route de Châteaubrun.

VIII.

GILBERTE.

La matinée était superbe et le soleil se levait lorsque Émile se trouva en face de Châteaubrun. Cette ruine, qui lui était apparue si formidable à la lueur des éclairs, avait maintenant un aspect d'élégance et de splendeur qui triomphait du temps et de la dévastation. Les rayons du matin lui envoyaient un reflet blanc rosé, et la végétation dont elle était couverte s'épanouissait coquettement comme une parure digne d'être le linceul virginal d'un si beau monument.

De fait il est peu d'entrées de châteaux aussi seigneurialement disposées et aussi fièrement situées que celle de Châteaubrun. L'édifice carré qui contient la porte et le péristyle en ogive est d'une belle coupe ; la pierre de taille employée pour cette voûte et pour les encadrements de la herse est d'une blancheur inaltérable. La façade se déploie sur un tertre gazonné et planté, mais bien assis sur le roc et tombant en précipice sur un ruisseau torrentueux. Les arbres, les rochers et les pelouses qui s'en vont en désordre sur ces plans brusquement inclinés ont une grâce naturelle que les créations de l'art n'eussent jamais pu surpasser. Sur l'autre face la vue est plus étendue et plus grandiose : la Creuse, traversée par deux écluses en biais, forme, au milieu des saules et des prairies, deux cascades molles et doucement mélodieuses sur cette belle rivière, tantôt si calme, tantôt si furieuse dans son cours, partout limpide comme le cristal, et partout bordée de ravissants paysages et de ruines pittoresques. Du haut de la grande tour du château on la voit s'enfoncer en mille détours dans des profondeurs escarpées, et fuir comme une traînée de vif-argent sur la verdure sombre et parmi les roches couvertes de bruyère rose.

Lorsque Émile eut franchi le pont qui traverse de vastes fossés, comblés en partie, et dont les revers étaient remplis d'herbe touffue et de ronces en fleurs, il admira la propreté que l'écoulement des pluies d'orage avait naguère redonnée à cette vaste terrasse naturelle et à tous les abords de la ruine. Tous les plâtras avaient été entraînés ainsi que les fragments de bois épars, et l'on eût dit que quelque fée géante avait lavé avec soin les sentiers et les vieux murs, épuré les sables et débarrassé le passage de tout le déchet de démolissement que le châtelain n'aurait jamais eu le moyen de faire enlever. L'inondation, qui avait gâté, souillé et détruit toute la beauté de la nouvelle maison Cardonnet, avait donc servi à nettoyer et à rajeunir le monument dévasté de Châteaubrun. Ses vieilles murailles inébranlables bravaient les siècles et les orages, et le poste élevé qu'elles occupaient semblait destiné à dominer tous les éphémères travaux des nouvelles générations.

Quoiqu'il fût fier comme doivent, et peuvent l'être les descendants de l'antique bourgeoisie, cette race intelligente, vindicative et têtue, qui a eu de si grands jours dans l'histoire, et qui serait encore si noble si elle avait tendu la main au peuple, au lieu de le repousser du pied, Émile fut frappé de la majesté que cette demeure féodale conservait sous ses débris, et il éprouva un sentiment de pitié respectueuse en entrant, lui riche et puissant roturier, dans ce domaine où l'orgueil d'un nom pouvait seul lutter encore contre la supériorité réelle de sa position. Cette noble compassion lui était d'autant plus facile que rien, dans les sentiments et les habitudes du châtelain, ne cherchait à la provoquer ni à la repousser. Calme, insouciant et affectueux, le bon Antoine, occupé à tailler des arbres fruitiers à l'entrée de son jardin, l'accueillit d'un air paternel, accourut à sa rencontre, et lui dit en souriant :

« Soyez encore une fois le bienvenu, mon cher monsieur Émile ; car je sais qui vous êtes maintenant, et je suis content de vous connaître. Vrai ! votre figure m'a plu dès le premier coup d'œil, et depuis que vous avez détruit les préventions que l'on tâchait de me suggérer contre votre père, je sens qu'il me sera doux de vous voir souvent dans mes ruines. Allons, suivez-moi d'abord à l'écurie, je vous aiderai à attacher votre cheval, car mons Charasson est occupé à faire des greffes de rosier avec ma fille, et il ne faut pas déranger la petite d'une si importante occupation. Vous allez, cette fois, déjeuner avec nous ; car nous sommes vos créanciers pour un repas que nous vous avons volé l'autre jour.

Blanche et blonde, âgée de dix-huit ou dix-neuf ans, Gilberte de Châteaubrun..... (Page 27.)

— Je ne viens pas pour vous causer de nouveaux embarras, mon généreux hôte, dit Émile en serrant avec une sympathie irrésistible la large main calleuse du gentilhomme campagnard. Je voulais d'abord vous remercier de vos bontés pour moi, et puis rencontrer ici un homme qui est votre ami et le mien, et auquel j'avais donné rendez-vous pour hier soir.

— Je sais, je sais cela, dit M. Antoine en posant un doigt sur ses lèvres : il m'a tout dit. Seulement il m'a exagéré, comme de coutume, ses griefs contre votre père. Mais nous parlerons de cela, et j'ai à vous remercier, pour mon propre compte, de l'intérêt que vous lui portez. Il est parti à la petite pointe du jour, et je ne sais s'il pourra revenir aujourd'hui, car il est plus traqué que jamais ; mais je suis sûr que, grâce à vous, ses affaires prendront bientôt une meilleure tournure. Vous me direz ce que vous avez définitivement obtenu de monsieur votre père pour le salut et la satisfaction de mon pauvre camarade. Je suis chargé de vous entendre et de vous répondre, car j'ai ses pleins pouvoirs pour traiter avec vous de la pacification ; je suis sûr que les conditions seront honorables en passant par votre bouche ! Mais rien ne presse au point que vous n'acceptiez pas notre déjeuner de famille, et je vous déclare que je n'entrerai pas en pourparlers à jeun. Commençons par satisfaire votre cheval, car les animaux ne savent point demander ce qu'ils désirent, et il faut que les gens s'occupent d'eux avant de s'occuper d'eux-mêmes, de peur de les oublier. Ici, Janille! apportez votre tablier plein d'avoine, car cette noble bête a l'habitude d'en manger tous les jours, j'en suis certain, et je veux qu'elle hennisse en signe d'amitié toutes les fois qu'elle passera devant ma porte ; je veux même qu'elle y entre malgré son maître, s'il m'oublie. »

Janille, malgré l'économie parcimonieuse qui présidait à toutes ses actions, apporta sans hésiter un peu d'avoine qu'elle tenait en réserve pour les grandes occasions. Elle trouvait bien que c'était une superfluité ; mais, pour l'honneur de la maison de son maître, elle eût vendu son dernier casaquin, et cette fois elle se disait avec une malice généreuse que le présent qu'Émile lui avait fait à leur dernière entrevue, et celui qu'il ne manquerait pas de lui faire encore, seraient plus que suffisants pour nourrir splendidement son cheval, chaque fois qu'il lui plairait de revenir.

..... Elle remarqua qu'il était très-beau sans en être vain le moins du monde. (Page 27.)

« Mange, mon garçon, mange, » dit-elle en caressant le cheval d'un air qu'elle s'efforçait de rendre mâle et déluré; puis, faisant un bouchon de paille, elle se mit en devoir de lui frotter les flancs.

« Laissez, dame Janille, s'écria Émile en lui ôtant la paille des mains. Je ferai moi-même cet office.

— Croyez-vous donc que je ne m'en acquitterai pas aussi bien qu'un homme? dit la petite bonne femme omni-compétente. Soyez tranquille, Monsieur, je suis aussi bonne à l'écurie qu'au garde-manger et à la lingerie; et si je ne faisais pas ma visite au râtelier et à la sellerie tous les jours, ce n'est pas ce petit évaporé de *jockey* qui tiendrait convenablement la jument de monsieur le comte. Voyez comme elle est propre et grasse, cette pauvre Lanterne! Elle n'est pas belle, Monsieur, mais elle est bonne; c'est comme tout ce qu'il y a ici, excepté ma fille qui est l'une et l'autre.

— Votre fille! dit Émile frappé d'un souvenir qui ôtait quelque poésie à l'image de mademoiselle de Châteaubrun. Vous avez donc une fille ici? Je ne l'ai pas encore vue.

— Fi donc! Monsieur! que dites-vous là? s'écria Janille, dont les joues pâles et luisantes se couvrirent d'une rougeur de prude, tandis que M. Antoine souriait avec quelque embarras. Vous ignorez apparemment que je suis demoiselle.

— Pardonnez-moi, reprit Émile, je suis si nouveau dans le pays, que je peux faire beaucoup de méprises ridicules. Je vous croyais mariée ou veuve.

— Il est vrai qu'à mon âge je pourrais avoir enterré plusieurs maris, dit Janille; car les occasions ne m'ont pas manqué. Mais j'ai toujours eu de l'aversion pour le mariage, parce que j'aime à faire à ma volonté. Quand je dis *notre fille*, c'est par amitié pour une enfant que j'ai quasi vue naître, puisque je l'ai eue chez moi en sevrage, et M. le comte me permet de traiter sa fille comme si elle m'appartenait, ce qui n'ôte rien au respect que je lui dois. Mais si vous aviez vu mademoiselle, vous auriez remarqué qu'elle ne me ressemble pas plus que vous, et qu'elle n'a que du sang noble dans les veines. Jour de Dieu! si j'avais une pareille fille, où donc l'aurais-je prise? j'en serais si fière, que je le dirais à tout le monde, quand même cela ferait mal parler de moi. Hé! hé! vous riez! monsieur Antoine? riez tant que vous voudrez : j'ai quinze ans de plus que vous, et les mauvaises langues n'ont rien à dire sur mon compte.

— Comment donc, Janille! personne, que je sache, ne songe à cela, dit M. de Châteaubrun en affectant un air de gaieté. Ce serait me faire beaucoup trop d'honneur, et je ne suis pas assez fat pour m'en vanter. Quant à ma fille, tu as bien le droit de l'appeler comme tu voudras : car tu as été pour elle plus qu'une mère s'il est possible ! »

Et, en disant ces derniers mots d'un ton sérieux et pénétré, le châtelain eut tout à coup dans les yeux et dans la voix comme un nuage et un accent de tristesse profonde. Mais la durée d'un sentiment chagrin était incompatible avec son caractère, et il reprit aussitôt sa sérénité habituelle.

« Allez apprêter le déjeuner, jeune folle, dit-il avec enjouement à son petit majordome femelle; moi j'ai encore deux arbres à tailler, et monsieur Émile va venir me tenir compagnie. »

Le jardin de Châteaubrun avait été vaste et magnifique comme le reste; mais, vendu en grande partie avec le parc qui avait été converti en champ de blé, il n'occupait plus que l'espace de quelques arpents. La partie la plus voisine du château était belle de désordre et de végétation ; l'herbe et les arbres d'agrément, livrés à leur croissance vagabonde, laissaient apercevoir çà et là quelques marches d'escalier et quelques débris de murs, qui avaient été des kiosques et des labyrinthes au temps de Louis XV. Là, sans doute, des statues mythologiques, des vases, des jets d'eau, des pavillons soi-disant rustiques, avaient rappelé jadis en petit l'ornementation coquette et maniérée des maisons royales. Mais tout cela n'était plus que débris informes, couverts de pampre et de lierre, plus beaux peut-être pour les yeux d'un poëte et d'un artiste qu'ils ne l'avaient été au temps de leur splendeur.

Sur un plan plus élevé et bordé d'une haie d'épines, pour enfermer les deux chèvres qui paissaient en liberté dans l'ancien jardin, s'étendait le verger, couvert d'arbres vénérables, dont les branches noueuses et tortues, échappant à la contrainte de la taille en quenouille et en espalier, affectaient des formes bizarres et fantastiques. C'était un entrecroisement d'hydres et de dragons monstrueux qui se tordaient sous les pieds et sur la tête, si bien qu'il était difficile d'y pénétrer sans se heurter contre d'énormes racines ou sans laisser son chapeau dans les branches.

« Voilà de vieux serviteurs, dit M. Antoine en frayant un passage à Émile parmi ces ancêtres du verger; ils ne produisent plus guère que tous les cinq ou six ans; mais alors, quels fruits magnifiques et succulents sortent de cette vieille sève lente et généreuse ! Quand j'ai racheté *ma terre*, tout le monde me conseillait d'abattre ces souches antiques; ma fille a demandé grâce pour elles à cause de leur beauté, et bien m'en a pris de suivre son conseil, car cela fait un bel ombrage, et pour peu que quelques-unes produisent dans l'année sur la quantité, nous nous trouvons suffisamment approvisionnés de fruits. Voyez quel gros pommier ! Il a dû voir naître mon père, et je gage bien qu'il verra naître mes petits-enfants. Ne serait-ce pas un meurtre à d'abattre un tel patriarche ? Voilà un coignassier qui ne rapporte qu'une douzaine de coings chaque année. C'est peu pour sa taille; mais les fruits sont gros comme ma tête et jaunes comme de l'or pur : et quel parfum, Monsieur ! Vous les verrez à l'automne ! Tenez, voilà un cerisier qui n'est pas mal garni. Oui-dà, les vieux sont encore bons à quelque chose, que vous en semble ? Il ne s'agit que de savoir tailler les arbres comme il convient. Un horticulteur systématique vous dirait qu'il faut arrêter tout ce développement des branches, élaguer, rogner, afin de contraindre la sève à se convertir en bourgeons. Mais quand on est vieux soi-même, on a l'expérience qui vous conseille autrement. Quand l'arbre à fruit a vécu cinquante ans sacrifié au rapport, il faut lui donner de la liberté, et le remettre pour quelques années aux soins de la nature. Alors il se fait pour lui une seconde jeunesse : il pousse en rameaux et en feuillage; cela le repose. Et quand, au lieu d'un squelette ramassé, il est redevenu par la cime un arbre véritable, il vous remercie et vous récompense en fructifiant à souhait. Par exemple, voici une grosse branche qui paraît de trop, ajouta-t-il en ouvrant sa serpette. Eh bien, elle sera respectée : une amputation aussi considérable épuiserait l'arbre. Dans les vieux corps le sang ne se renouvelle plus assez vite pour supporter les opérations que peut subir la jeunesse. Il en est de même pour les végétaux. Je vais seulement ôter le bois mort, gratter la mousse et rafraîchir les extrémités. Voyez, c'est bien simple. »

Le sérieux naïf avec lequel M. de Châteaubrun se plongeait tout entier dans ces innocentes occupations touchait Émile, et lui offrait à chaque instant un contraste avec ce qui se passait chez lui, à propos des mêmes choses. Tandis qu'un jardinier largement rétribué et deux aides, occupés du matin à la nuit, ne suffisaient pas à rendre assez propre et assez brillant le jardin de sa mère, tandis qu'elle se tourmentait pour un bouton de rose avorté ou pour une greffe de contrebande, M. Antoine était heureux de la fière sauvagerie de ses *élèves*, et rien ne lui paraissait plus fécond et plus généreux que le vœu de la nature. Cet antique verger, avec son gazon fin et doux, taillé par la dent laborieuse de quelques patientes brebis abandonnées là sans chien et sans berger, avec ses robustes caprices de végétation, et les molles ondulations de ses pentes, était un lieu splendide où aucun souci de surveillance jalouse ne venait interrompre la rêverie.

« Maintenant que j'ai fini avec mes arbres, dit M. Antoine en remettant sa veste qu'il avait accrochée à une branche, allons chercher ma fille pour déjeuner. Vous n'avez pas encore vu ma fille, je crois ? Mais elle vous connaît déjà, car elle est initiée à tous les petits secrets de notre pauvre Jean; et même, il y a tant d'affection pour elle, qu'il prend plus souvent conseil d'elle que de moi. Marchez devant, *Monsieur*, dit-il à son chien, allez dire à votre jeune maîtresse que l'heure de se mettre à table est venue. Ah ! cela vous rend tout guilleret, vous ! Votre appétit vous dit l'heure aussi bien qu'une montre. »

Le chien de M. Antoine répondait également au nom de *Monsieur* qu'on lui donnait quand on était content de lui, et à celui de Sacripant, qui était son nom véritable, mais qui ne plaisait pas à mademoiselle de Châteaubrun, et dont son maître ne se servait plus guère avec lui qu'à la chasse, ou pour le réprimander gravement, quand il lui arrivait, chose bien rare, de commettre quelque inconvenance, comme de manger avec gloutonnerie, de ronfler en dormant, ou d'aboyer lorsqu'au milieu de la nuit Jean arrivait par-dessus les murs. Le fidèle animal sembla comprendre le discours de son maître, car il se mit à rire, expression de gaieté très-marquée chez quelques chiens, et qui donne à leur physionomie un caractère presque humain d'intelligence et d'urbanité. Puis il courut en avant et disparut en descendant la pente du côté de la rivière.

En le suivant, M. Antoine fit remarquer à Émile la beauté du site qui se déployait sous leurs yeux. « Notre Creuse aussi s'est mêlée de déborder l'autre jour, dit-il ; mais tous les foins du rivage étaient rentrés, et cela grâce au conseil de Jean, qui nous avait avertis de ne pas les laisser trop mûrir. On le croit ici comme un oracle, et il est de fait qu'il a un grand esprit d'observation et une mémoire prodigieuse. A certains signes que nul autre ne remarque, à la couleur de l'eau, à celle des nuages, et surtout à l'influence de la lune dans la première quinzaine du printemps, il peut prédire à coup sûr le temps qu'il faut espérer ou craindre tout le long de l'année. Ce serait un homme très-précieux pour votre père, s'il voulait l'écouter. Il est bon à tout, et si j'étais dans la position de M. Cardonnet, rien ne me coûterait pour essayer de m'en faire un ami : car d'en faire un serviteur assidu et discipliné, il n'y faut pas songer. C'est la nature du sauvage, qui meurt quand il s'est soumis. Jean Jappeloup ne fera jamais rien de bon que de son plein gré ; mais qu'on s'empare de son cœur, qui est le plus grand cœur que Dieu ait formé, et vous verrez comme, dans les occasions importantes, il est homme à s'élever au-dessus de ce qu'il paraît ! Que la dérive, l'incendie, un sinistre imprévu vienne frapper l'établissement de M. Cardonnet, et alors il nous dira si la tête et le bras de Jean Jappeloup peuvent être trop payés et trop protégés ! »

Émile n'écouta pas la fin de cet éloge avec l'intérêt qu'il y aurait donné en toute autre circonstance : car ses oreilles et sa pensée venaient de prendre une autre direction : une voix fraîche chantait ou plutôt murmurait à quelque distance un de ces petits airs charmants de mélancolie et de naïveté qui sont propres au pays. Et la fille du châtelain, cet enfant du célibat, dont le nom maternel était resté un problème pour tout le voisinage, parut au détour d'un massif d'églantiers, belle comme la plus belle fleur inculte de ces gracieuses solitudes.

Blanche et blonde, âgée de dix-huit ou dix-neuf ans, Gilberte de Châteaubrun avait, dans la physionomie comme dans le caractère, un mélange de raison au-dessus de son âge et de gaieté enfantine, que peu de jeunes filles eussent conservé dans une position comme la sienne ; car il lui était impossible d'ignorer sa pauvreté, et l'avenir d'isolement et de privations qui lui était réservé dans ce siècle de calculs et d'égoïsme. Elle ne paraissait pourtant pas s'en affecter plus que son père, auquel elle ressemblait trait pour trait au moral comme au physique, et la plus touchante sérénité régnait dans son regard ferme et bienveillant. Elle rougit beaucoup en apercevant Émile, mais ce fut plutôt l'effet de la surprise que du trouble ; car elle s'avança et le salua gauchement, sans cet air contraint et sournoisement pudique qu'on a trop vanté chez les jeunes filles, faute de savoir ce qu'il signifie. Il ne vint pas à la pensée de Gilberte que le jeune hôte de son père allait la dévorer du regard, et qu'elle dût prendre un air digne pour mettre un frein à l'audace de ses secrets désirs. Elle le regarda elle-même, au contraire, pour voir si sa figure lui était sympathique autant qu'à son père, et avec une perspicacité très-prompte, elle remarqua qu'il était très-beau sans en être vain, le moins du monde, qu'il suivait les modes avec modération, qu'il n'était ni guindé, ni arrogant, ni prétentieux ; enfin que sa physionomie expressive était pleine de candeur, de courage et de sensibilité. Satisfaite de cet examen, elle se sentit tout à coup aussi à l'aise que si un étranger ne s'était pas trouvé entre elle et son père.

« C'est vrai, dit-elle en achevant la phrase d'introduction de M. de Châteaubrun, mon père vous en a voulu, Monsieur, de vous être enfui l'autre jour sans avoir voulu déjeuner. Mais moi, j'ai bien compris que vous étiez impatient de revoir madame votre mère, surtout au milieu de cette inondation où chacun pouvait avoir peur pour les siens. Heureusement madame Cardonnet n'a pas été trop effrayée, à ce qu'on nous a dit, et vous n'avez perdu aucun de vos ouvriers ?

— Grâce à Dieu, personne chez nous, ni dans le village, n'a péri, répondit Émile.

— Mais il y a eu beaucoup de dommage chez vous ?

— C'est le point le moins intéressant, Mademoiselle ; les pauvres gens ont bien plus souffert à proportion. Heureusement mon père a le pouvoir et la volonté de réparer beaucoup de malheurs.

— On dit surtout..... on dit *aussi*, reprit la jeune fille en rougissant un peu du mot qui lui était échappé malgré elle, que madame votre mère est extrêmement bonne et charitable. Je parlais d'elle précisément tout à l'heure avec le petit Sylvain, qu'elle a comblé.

— Ma mère est parfaite, dit Émile ; mais, en cette occasion, il était bien simple qu'elle témoignât de l'amitié à ce pauvre enfant, sans lequel j'aurais peut-être péri par imprudence. Je suis impatient de le voir pour le remercier.

— Le voilà, reprit mademoiselle de Châteaubrun en montrant Charasson qui venait derrière elle, portant un panier et un petit pot de résine. Nous avons fait plus de cinquante écussons de greffe, et il y a même là des échantillons que Sylvain a ramassés dans le haut de votre jardin. C'était le rebut que le jardinier avait jeté après la taille de ses rosiers, et cela nous donnera encore de belles fleurs, mes greffes ne sont pas trop mal faites ; vous y regarderez, n'est ce pas, mon père ? car je n'ai pas encore beaucoup de science.

— Bah ! tu greffes mieux que moi, avec tes petites mains, dit M. Antoine en portant à ses lèvres les jolis doigts de sa fille. C'est un ouvrage de femme qui demande plus d'adresse que nous n'en pouvons avoir. Mais tu devrais mettre tes gants, ma petite ! Ces vilaines épines ne te respecteront pas.

— Et qu'est-ce que cela fait, mon père ? dit la jeune fille en souriant. Je ne suis pas une princesse, moi, et j'en suis bien aise. J'en suis plus libre et plus heureuse.»

Émile ne perdit pas un mot de cette dernière réflexion, quoiqu'elle l'eût faite à demi-voix pour son père; et que, de son côté, il eût fait quelques pas au-devant du petit Sylvain pour lui dire bonjour avec amitié.

« Oh ! moi, ça va très-bien, répondit le page de Châteaubrun ; je n'avais qu'une crainte, c'est que la jument ne *s'enrhumât*, après avoir été si bien baignée. Mais, par bonheur, elle ne s'en porte que mieux ; et moi j'ai été bien content d'entrer dans votre joli château, de voir vos belles chambres, les domestiques à votre papa, qui ont des gilets rouges et de l'or à leurs chapeaux !

— Ah ! voilà surtout ce qui lui a tourné la tête, dit Gilberte en riant de tout son cœur, et en découvrant deux rangs de petites dents blanches et serrées comme un collier de perles. M. Sylvain, tel que vous le voyez, est rempli d'ambition : il méprise profondément sa blouse neuve et son chapeau gris depuis qu'il a vu des laquais galonnés. S'il voit jamais un chasseur avec un plumet de coq et des épaulettes, il en deviendra fou.

— Pauvre enfant ! dit Émile, s'il savait combien son sort est plus libre, plus honorable et plus heureux que celui des laquais bariolés des grandes villes !

— Il ne se doute pas que la livrée soit avilissante, reprit la jeune fille, mais il ignore qu'il est le plus heureux serviteur qui ait jamais existé.

— Je ne me plains pas, répondit Sylvain ; tout le monde est bon pour moi, ici, même mademoiselle Janille, quoiqu'elle soit un peu *regardante*, et je ne voudrais pas quitter le pays, puisque j'ai mon père et ma mère à Cuzion, tout auprès de la maison ! Mais un petit bout de toilette, ça vous refait un homme !

— Tu voudrais donc être mieux mis que ton maître ? dit mademoiselle de Châteaubrun. Regarde mon père, comme il est simple. Il serait bien malheureux s'il lui fallait mettre les jours un habit noir et des gants blancs.

— Il est vrai que j'aurais de la peine à en reprendre l'habitude, dit M. Antoine. Mais entendez-vous Janille, mes enfants ? la voilà qui s'égosille après nous pour que nous allions déjeuner. »

Mes enfants était une locution générale que, dans son humeur bienveillante, M. Antoine adressait souvent, soit à Janille et à Sylvain lorsqu'ils étaient ensemble, soit aux paysans de son endroit. Gilberte rencontra donc avec étonnement le regard rapide et involontaire que le jeune Cardonnet jeta sur elle. Il avait tressailli, et un sentiment confus de sympathie, de crainte et de plaisir avait fait battre son cœur, en s'entendant confondre avec la belle Gilberte dans cette paternelle appellation du châtelain.

IX.

M. ANTOINE.

Cette fois le déjeuner fut un peu plus confortable que de coutume à Châteaubrun. Janille avait eu le temps de faire quelques préparatifs. Elle s'était procuré du laitage, du miel, des œufs, et elle avait bravement sacrifié deux poulets qui chantaient encore lorsque Émile avait paru sur le sentier, mais qui, mis tout chauds sur le gril, furent assez tendres.

Le jeune homme avait gagné de l'appétit dans le verger et trouva ce repas excellent. Les éloges qu'il y donna flattèrent beaucoup Janille, qui s'assit comme de coutume en face de son maître et fit les honneurs de la table avec une certaine distinction.

Elle fut surtout fort touchée de l'approbation que son hôte donna à des confitures de mûres sauvages confectionnées par elle.

« Petite mère, lui dit Gilberte, il faudra envoyer un échantillon de ton savoir-faire et la recette à madame Cardonnet, pour qu'elle nous accorde en échange du plant de fraises ananas.

— Ça ne vaut pas le diable, vos grosses fraises de jardin, répondit Janille; ça ne sent que l'eau. J'aime bien mieux nos petites fraises de montagne, si rouges et si parfumées. Cela ne m'empêchera pas de donner à M. Émile un grand pot de mes confitures pour *sa maman*, si elle veut bien les accepter.

— Ma mère ne voudrait pas vous en priver, ma chère demoiselle Janille, répondit Émile, touché surtout de la naïve générosité de Gilberte, et comparant dans son cœur les bonnes intentions candides de cette pauvre famille avec les dédains de la sienne.

— Oh! reprit Gilberte en souriant, cela ne nous privera pas. Nous avons et nous pouvons recommencer une ample provision de ces fruits. Ils ne sont pas rares chez nous, et si nous n'y prenions garde, les ronces qui les produisent perceraient nos murs et pousseraient jusque dans nos chambres.

— Et à qui la faute, dit Janille, si les ronces nous envahissent? N'ai-je pas voulu les couper toutes? Certainement j'en serais venue à bout sans l'aide de personne, si on m'eût laissée faire.

— Mais moi, j'ai protégé ces pauvres ronces contre toi, chère petite mère! Elles forment de si belles guirlandes autour de nos ruines, que ce serait grand dommage de les détruire.

— Je conviens que cela fait un joli effet, reprit Janille, et qu'à dix lieues à la ronde on ne trouverait pas d'aussi belles ronces, et produisant des fruits aussi gros!

— Vous l'entendez, monsieur Émile? dit à son tour M. Antoine. Voilà Janille tout entière. Il n'y a rien de beau, de bon, d'utile et de salutaire qui ne se trouve à Châteaubrun. C'est une grâce d'état.

— Pardine, Monsieur, plaignez-vous, dit Janille; oui, je vous le conseille, plaignez-vous de quelque chose!

— Je ne me plains de rien, répondit le bon gentilhomme: à Dieu ne plaise! entre ma fille et toi, que pourrais-je désirer pour mon bonheur?

— Oh! oui; vous dites comme cela quand on vous écoute, mais si on a le dos tourné, et qu'une petite mouche vous pique, vous prenez des airs de résignation tout à fait déplacés dans votre position.

— Ma position est ce que Dieu l'a faite! répondit M. Antoine avec une douceur un peu mélancolique. Si ma fille l'accepte sans regret, ce n'est ni toi, ni moi, qui accuserons la Providence.

— Moi! s'écria Gilberte; quel regret pourrais-je donc avoir? Dites-le moi, cher père; car, pour moi, je chercherais en vain ce qui me manque et ce que je puis désirer de mieux sur la terre.

— Et moi je suis de l'avis de mademoiselle, dit Émile, attendri de l'expression sincère et noblement affectueuse de ce beau visage. Je suis certain qu'elle est heureuse, parce que...

— Parce que?... Dites, monsieur Cardonnet! reprit Gilberte avec enjouement, vous alliez dire pourquoi, et vous vous êtes arrêté?

— Je serais au désespoir d'avoir l'air de vouloir dire une fadeur, répondit Émile en rougissant presque autant que la jeune fille; mais je pensais que quand on avait ces trois richesses, la beauté, la jeunesse et la bonté, on devait être heureux, parce qu'on pouvait être sûr d'être aimé.

— Je suis donc encore plus heureuse que vous ne pensez, répondit Gilberte en mettant une de ses mains dans celle de son père et l'autre dans celle de Janille; car je suis aimée sans qu'il soit question de tout cela. Si je suis belle et bonne, je n'en sais rien; mais je suis sûre que, laide et maussade, mon père et ma mère m'aimeraient encore quand même. Mon bonheur vient donc de leur bonté, de leur tendresse, et non de mon mérite.

— On vous permettra pourtant de croire, dit M. Antoine à Émile, tout en pressant sa fille sur son cœur, qu'il y a un peu de l'un et un peu de l'autre.

— Ah! monsieur Antoine! qu'avez-vous fait là? s'écria Janille; voilà encore une de vos distractions! Vous avez fait une tache avec votre œuf sur la manche de Gilberte.

— Ce n'est rien, dit M. Antoine; je vais la laver moi-même.

— Non pas! non pas! ce serait pire; vous répandriez sur elle toute la carafe, et vous noieriez ma fille. Viens ici, mon enfant, que j'enlève cette tache. J'ai horreur des taches, moi! Ne serait-ce pas dommage de gâter cette jolie robe toute neuve? »

Émile regarda pour la première fois la toilette de Gilberte. Il n'avait encore fait attention qu'à sa taille élégante et à la beauté de sa personne. Elle était vêtue d'un coutil gris très-frais, mais assez grossier, avec un petit fichu blanc comme neige, rabattu autour du cou. Gilberte remarqua cette investigation, et, loin d'en être humiliée, elle mit un peu d'orgueil à dire que sa robe lui plaisait, qu'elle était de bonne qualité, qu'elle pouvait braver les épines et les ronces, et que, Janille l'ayant choisie elle-même, aucune étoffe ne pouvait lui être plus agréable à porter.

« Cette robe est charmante, en effet, dit Émile; ma mère en a une toute pareille. »

Ce n'était pas vrai; Émile, quoique sincère, fit ce petit mensonge sans s'en apercevoir. Gilberte n'en fut pas dupe, mais elle lui sut gré d'une intention délicate.

Quant à Janille, elle fut visiblement flattée d'avoir eu bon goût, car elle tenait presque autant à ce mérite qu'à la beauté de Gilberte.

« Ma fille n'est pas coquette, dit-elle, mais moi, je le suis pour elle. Et que diriez-vous, monsieur Antoine, si votre fille n'était pas gentille et propre comme cela convient à son rang dans le monde?

— Nous n'avons rien à démêler avec le monde, ma chère Janille, répondit M. Antoine, et je ne m'en plains pas. Ne te fais donc pas d'illusions inutiles.

— Vous avez l'air chagrin en disant cela, monsieur Antoine? Moi, je vous dis que le rang ne se perd pas; mais voilà comme vous êtes: vous jetez toujours le manche après la cognée!

— Je ne jette rien du tout, reprit le châtelain; j'accepte tout, au contraire.

— Ah! vous acceptez! dit Janille qui avait toujours besoin de chercher querelle à quelqu'un, pour entretenir l'activité de sa langue et de sa pantomime animée. Vous êtes bien bon, ma foi, d'accepter un sort comme le vôtre! Ne dirait-on pas, à vous entendre, qu'il vous faut beaucoup de raison et de philosophie pour en venir là? Allons, vous n'êtes qu'un ingrat.

— A qui en as-tu, mauvaise tête? reprit M. Antoine. Je te répète que tout est bien et que je suis consolé de tout.

— Consolé! voyez un peu; consolé de quoi, s'il vous plaît? N'avez-vous pas toujours été le plus heureux des hommes?

— Non, pas toujours! Ma vie a été mêlée d'amertume comme celle de tous les hommes; mais pourquoi aurais-je été mieux traité que tant d'autres qui me valaient bien?

— Non, les autres ne vous valaient pas, je soutiens cela, moi, comme je soutiens aussi que vous avez été en tout temps mieux traité que personne. Oui, Monsieur, je vous prouverai, quand vous voudrez, que vous êtes né coiffé.

— Ah! tu me ferais plaisir si tu pouvais le prouver en effet, reprit M. Antoine en souriant.

— Eh bien, je vous prends au mot, et je commence. M. Cardonnet sera juge et témoin.

— Laissons-la dire, monsieur Émile, reprit M. Antoine. Nous sommes au dessert, et rien ne pourrait empêcher Janille de babiller à ce moment-là. Elle va dire mille folies, je vous en préviens! Mais elle a de l'entrain et de l'esprit. On ne s'ennuie pas à l'écouter.

— D'abord, dit Janille en se rengorgeant, jalouse qu'elle était de justifier cet éloge, Monsieur naît comte de Châteaubrun, ce qui n'est pas un vilain nom ni un mince honneur!

— Cet honneur-là ne signifie pas grand'chose aujourd'hui, dit M. de Châteaubrun ; et quant au nom que m'ont transmis mes ancêtres, n'ayant pu rien faire pour en augmenter l'éclat, je n'ai pas grand mérite à le porter.

— Laissez, Monsieur, laissez, repartit Janille. Je sais où vous voulez en venir, et j'y viendrai de moi-même. Laissez-moi dire ! Monsieur vint au monde ici (dans le plus beau pays du monde), et il est nourri par la plus belle et la plus fraîche villageoise des environs, mon ancienne amie, à moi, quoique je fusse plus jeune qu'elle de quelques années, la mère de ce brave Jean Jappeloup ; celui-là est toujours resté dévoué à monsieur comme le pied l'est à la jambe. Il a des peines, maintenant, mais des peines qui vont sans doute finir !...

— Grâce à vous ! dit Gilberte en regardant Émile ; et, dans ce regard ingénu et bienveillant, elle le paya du compliment qu'il avait fait à sa beauté et à sa robe.

— Si tu t'embarques dans tes parenthèses accoutumées, dit M. Antoine à Janille, nous n'en finirons jamais.

— Si fait, Monsieur, reprit Janille. Je vais me résumer, comme dit M. le curé de Cuzion au commencement de tous ses sermons. Monsieur fut doué d'une excellente constitution, et, par-dessus le marché, il était le plus bel enfant qu'on ait jamais vu. A preuve lorsqu'il fut devenu un des plus beaux cavaliers de la province, les dames de toutes conditions s'en aperçurent très-bien.

— Passons, passons, Janille, interrompit le châtelain avec un mélange de tristesse dans sa gaieté ; il n'y a pas grand'chose à dire là-dessus.

— Soyez tranquille, reprit la petite femme, je ne dirai rien qui ne soit très-bon à dire. Monsieur fut élevé à la campagne dans ce vieux château, qui était grand et riche alors... et qui est encore très-habitable aujourd'hui ! Jouant avec les marmots de son âge et avec son frère de lait le petit Jean Jappeloup, cela lui fit une santé excellente. Voyons, plaignez-vous de cette santé, Monsieur, et dites-nous si vous connaissez un homme de cinquante ans plus alerte et mieux conservé que vous ?

— C'est fort bien ; mais tu ne dis pas qu'étant né dans un temps de trouble et de révolution, mon éducation première fut fort négligée.

— Pardine, Monsieur, voudriez-vous pas être né vingt ans plus tôt, et avoir aujourd'hui soixante-dix ans ? Voilà une drôle d'idée ! Vous êtes né fort à point, puisque vous avez encore, Dieu merci, longtemps à vivre. Quant à l'éducation, rien n'y manqua : vous fûtes mis au collège à Bourges, et monsieur y travailla fort bien.

— Fort mal, au contraire. Je n'avais pas été habitué au travail de l'esprit ; je m'endormais durant les leçons. Je n'avais pas la mémoire exercée ; j'eus plus de peine à apprendre les éléments des choses qu'un autre à compléter de bonnes études.

— Eh bien donc, vous eûtes plus de mérite qu'un autre, puisque vous eûtes plus de souci. Et d'ailleurs vous en saviez bien assez pour être un gentilhomme. Vous n'étiez pas destiné à être curé ou maître d'école. Aviez-vous besoin de tant de grec et de latin ? Quand vous veniez ici en vacances, vous étiez un jeune homme accompli ; nul n'était plus adroit que vous aux exercices du corps : vous faisiez sauter votre balle jusque par-dessus la grande tour, et lorsque vous appeliez vos chiens, vous aviez la voix si forte qu'on vous entendait de Cuzion.

— Tout cela ne constitue pas de fort bonnes études, dit M. Antoine, riant de ce panégyrique.

— Quand vous fûtes en âge de quitter les écoles, c'était le temps de la guerre avec les Autrichiens, les Prussiens et les Russiens. Vous vous battîtes fort bien, à preuve que vous reçûtes plusieurs blessures.

— Peu graves, dit M. Antoine.

— Dieu merci ! reprit Janille. Voudriez-vous pas être écloppé et marcher sur des béquilles ? Vous avez cueilli le laurier, et vous êtes revenu couvert de gloire, sans trop de contusions.

— Non, non, Janille, fort peu de gloire, je t'assure. Je fis de mon mieux ; mais quoi que tu en dises, j'étais né quelques années trop tard ; mes parents avaient trop longtemps combattu mon désir de servir mon pays sous l'usurpateur, comme ils l'appelaient. J'étais à peine lancé dans la carrière, qu'il me fallut revenir au logis, *traînant l'aile et tirant le pied*, tout consterné et désespéré du désastre de Waterloo.

— Monsieur, je conviens que la chute de l'Empereur ne vous fut pas avantageuse, et que vous eûtes la bonté de vous en chagriner, bien que cet homme-là ne se fût pas fort bien conduit avec vous. Avec le nom que vous portiez, il aurait dû vous faire général tout de suite, au lieu qu'il ne fit aucune attention à votre personne.

— Je présume, dit M. de Châteaubrun en riant, qu'il était distrait de ce devoir par des affaires plus sérieuses et plus nécessaires. Enfin, tu conviens, Janille, que ma carrière militaire fut brisée, et que, grâce à ma belle éducation, je n'étais pas très-propre à m'en créer une autre ?

— Vous auriez fort bien pu servir les Bourbons, mais vous ne le voulûtes point.

— J'avais les idées de mon temps. Peut-être les aurais-je encore, si c'était à refaire.

— Eh bien, Monsieur, qui pourrait vous en blâmer ? Ce fut très-honorable, à ce qu'on disait alors dans le pays, et vos parents ont été les seuls à vous condamner.

— Mes parents furent orgueilleux et durs dans leurs opinions légitimistes. Tu ne saurais nier qu'ils m'abandonnèrent au désastre qui me menaçait, et qu'ils se soucièrent fort peu de la perte de ma fortune.

— Vous fûtes encore plus fier qu'eux, vous ne voulûtes jamais les implorer.

— Non, insouciance ou dignité, je ne leur demandai aucun appui.

— Et vous perdîtes votre fortune dans un grand procès contre la succession de votre père, on sait cela. Mais si vous l'avez perdu ce procès, c'est que vous l'avez bien voulu.

— Et c'est ce que mon père a fait de plus noble et de plus honorable dans sa vie, reprit Gilberte avec feu.

— Mes enfants, reprit M. Antoine, il ne faut pas dire que j'ai perdu ce procès, je ne l'ai pas laissé juger.

— Sans doute, sans doute, dit Janille ; car s'il eût été jugé, vous l'eussiez gagné. Il n'y avait qu'une voix là-dessus.

— Mais mon père, reconnaissant que le fait n'est pas le droit, dit Gilberte en s'adressant à Émile avec vivacité, ne voulut pas tirer avantage de sa position. Il faut que vous sachiez cette histoire, monsieur Cardonnet, car ce n'est pas mon père qui songerait à vous la raconter, et vous êtes assez nouveau dans le pays pour ne pas l'avoir apprise encore. Mon grand-père avait contracté des dettes d'honneur pendant la minorité de mon père ; il était mort sans que les circonstances lui permissent ou lui fissent un devoir pressant de s'acquitter. Les titres des créanciers n'avaient pas de valeur suffisante devant la loi ; mais mon père, en se mettant au courant de ses affaires, en trouva un dans les papiers de mon aïeul. Il eût pu l'anéantir, personne n'en connaissait l'existence. Il le produisit, au contraire, et vendit tous les biens de la famille pour payer une dette sacrée. Mon père m'a élevée dans des principes qui ne me permettent pas de penser qu'il ait fait autre chose que son devoir ; mais beaucoup de gens riches en ont jugé autrement. Quelques-uns l'ont traité de niais et de tête folle. Je suis bien aise que, quand vous entendrez dire à certains parvenus que M. Antoine de Châteaubrun s'est ruiné par sa faute, ce qui, à leurs yeux, est peut-être le plus grand déshonneur possible, vous sachiez à quoi vous en tenir sur le désordre et la mauvaise tête de mon père.

— Ah ! Mademoiselle, s'écria Émile dominé par son émotion, que vous êtes heureuse d'être sa fille, et combien je vous envie cette noble pauvreté !

— Ne faites pas de moi un héros, mon cher enfant, dit M. Antoine en pressant la main d'Émile. Il y a toujours quelque chose de vrai au fond des jugements portés par les hommes, même quand ils sont rigoureux et injustes en grande partie. Il est bien certain que j'ai toujours été un peu prodigue, que je n'entends rien à l'économie domestique, aux affaires, et que j'eus moins de mérite qu'un autre à sacrifier ma fortune, puisque j'y eus moins de regrets. »

Cette modeste apologie pénétra Émile d'une si vive affection pour M. Antoine, qu'il se pencha sur la main qui tenait la sienne, et qu'il y porta ses lèvres avec un sentiment de vénération où Gilberte entrait bien pour quelque chose. Gilberte fut plus émue qu'elle ne s'y attendait de cette soudaine effusion du jeune homme. Elle sentit une larme au bord de sa paupière, baissa les yeux pour la cacher, essaya de prendre un maintien grave, et, tout à coup emportée par un irrésistible mouvement de cœur, elle faillit tendre aussi la main à son hôte; mais elle ne céda point à cet élan et elle y donna naïvement le change en se levant pour prendre l'assiette d'Émile et lui en présenter une autre, avec toute la grâce et la simplicité d'une fille de patriarche offrant la cruche aux lèvres du voyageur.

Émile fut d'abord surpris de cet acte d'humble sympathie, si peu conforme aux convenances du monde où il avait vécu. Puis il le comprit, et son sein fut tellement agité, qu'il ne put remercier la châtelaine de Châteaubrun, sa gracieuse servante.

« D'après tout cela, reprit M. Antoine, qui ne vit rien que de très-simple dans l'action de sa fille, il faudra bien que Janille convienne qu'il y a un peu de malheur dans ma vie; car il y avait quelque temps que ce procès durait quand je découvris, au fond d'un vieux meuble abandonné, la déclaration que mon père avait laissée de sa dette. Jusque-là, je n'avais pas cru à la bonne foi des créanciers. Le malheur qu'ils avaient eu de perdre leurs titres était invraisemblable, je dormais donc sur les deux oreilles. Ma Gilberte était née, et je ne me doutais guère qu'elle lui était réservée à partager avec moi un sort tout à fait précaire. L'existence de cette chère enfant me rendit le coup un peu plus sensible qu'il ne l'eût été à mon imprévoyance naturelle. Me voyant dénué de toutes ressources, je me résolus à travailler pour vivre, et c'est là que j'eus d'abord quelques moments assez rudes.

— Oui, Monsieur, c'est vrai, dit Janille, mais vous vîntes à bout de vous astreindre au travail, et vous eûtes bientôt repris votre bonne humeur et votre franche gaieté, avouez-le!

— Grâce à toi, brave Janille, car toi, tu ne m'abandonnas point. Nous allâmes habiter Gargilesse, avec Jean Jappeloup, et le digne homme me trouva de l'ouvrage.

— Quoi, dit Émile, vous avez été ouvrier, monsieur le comte?

— Certainement, mon jeune ami. J'ai été apprenti charpentier, garçon charpentier, aide-charpentier au bout de quelques années, et il n'y a pas plus de deux ans que vous m'eussiez vu trotter au dos, une hache sur l'épaule, allant en journée avec Jappeloup.

— C'est donc pour cela, dit Émile tout troublé, que... il s'arrêta, n'osant achever.

— C'est pour cela, oui, je vous comprends, répliqua monsieur Antoine, que vous avez entendu dire : « Le vieux Antoine s'est déconsidéré grandement pendant sa misère; il a vécu avec les ouvriers, on l'a vu rire et boire avec eux dans les cabarets. » Eh bien, cela mérite un peu d'explications et je ne me ferai pas plus fort et plus pur que je ne suis. Dans les idées des nobles et des gros bourgeois de la province, j'aurais mieux fait sans doute de demeurer triste et grave, fièrement accablé sous ma disgrâce, travaillant en silence, soupirant à la dérobée, rougissant de toucher un salaire, moi qui avais eu des salariés sous mes ordres, et ne me mêlant point le dimanche à la gaieté des ouvriers qui me permettaient de joindre mon travail au leur durant la semaine. Eh bien, j'ignore si c'eût été mieux ainsi, mais je confesse que cela n'était pas du tout dans mon caractère. Je suis fait de telle sorte, qu'il m'est impossible de m'affecter de et m'effrayer longtemps de quoi que ce soit. J'avais été élevé avec Jappeloup et avec d'autres petits paysans de mon âge. J'avais traité de pair à compagnon avec eux dans les jeux de notre enfance. Je n'avais jamais fait, depuis, le maître ni le seigneur avec eux. Ils me reçurent à bras ouverts dans ma détresse, et m'offrirent leurs maisons, leur pain, leurs conseils, leurs outils et leurs pratiques. Comment ne les aurais-je pas aimés? Comment leur société eût-elle pu me paraître indigne de moi? Comment n'aurais-je pas partagé avec eux, le dimanche, le salaire de la semaine? Bah! loin de là, j'y trouvai tout à coup le plaisir et la joie comme une récompense de mon travail. Leurs chants, leurs réunions sous la treille où se balançait la branche de houx du cabaret, leur honnête familiarité avec moi, et l'amitié indissoluble de ce cher Jean, mon frère de lait, mon maître en charpenterie, mon consolateur, me firent une nouvelle vie que je ne pus pas m'empêcher de trouver fort douce, surtout quand j'eus réussi à être assez habile dans la partie pour ne point rester à leur charge.

— Il est certain que vous étiez laborieux, dit Janille, et que, bientôt, vous fûtes très-utile au pauvre Jean. Ah! je me souviens de ses colères avec vous dans les commencements, car il n'a jamais été patient, le cher homme, et vous, vous étiez si maladroit! Vrai, monsieur Émile, vous auriez ri d'entendre Jean jurer et crier après monsieur le comte, comme après un petit apprenti. Et puis, après cela, on se réconciliait et on s'embrassait, que ça donnait envie de pleurer. Mais puisque au lieu de nous quereller entre nous, comme j'en avais l'intention tout à l'heure, voilà que nous nous sommes mis à vous raconter tout bonnement notre histoire, je vas, moi, vous dire le reste; car si on se laisse faire M. Antoine, il ne me laissera pas placer une parole.

— Parle, Janille, parle! s'écria M. Antoine; je te demande pardon de t'en avoir privée si longtemps! »

X.

UNE BONNE ACTION.

« A en croire M. Antoine, dit Janille, nous aurions été absolument privés de ressources; mais, s'il en fut ainsi, cela ne dura pas trop longtemps. Au bout de quelques années, quand la terre de Châteaubrun eut été vendue en détail, les dettes soldées, et toute cette débâcle bien liquidée, on s'aperçut qu'il restait encore à monsieur un petit capital, qui, bien placé, pouvait lui assurer douze cents francs de rente. Hé! hé! cela n'était point à dédaigner. Mais avec la bonté et la générosité de monsieur, cela eût pu aller un vite; c'est alors que ma mie Janille, qui vous parle, reconnut qu'il fallait prendre les rênes du gouvernement. Ce fut elle qui se chargea du placement des fonds, et elle ne s'en acquitta pas trop mal. Puis, que dit-elle à Monsieur? Vous souvenez-vous, Monsieur, de ce que je vous dis à cette époque-là?

— Je m'en souviens fort bien, Janille, car tu me parlas sagement. Redis-le toi-même.

— Je vous dis : « Hé! hé! monsieur Antoine, voilà de quoi vivre en vous croisant les bras. Mais cela vous ennuierait, vous avez pris goût au travail, vous êtes encore jeune et bien portant: donc, vous pouvez travailler encore quelques années. Vous avez une fille, un vrai trésor, qui annonce autant d'esprit que de beauté; il faut songer à lui faire donner de l'éducation. Nous allons la conduire à Paris, la mettre en pension, et pendant quelques années vous serez encore charpentier. » M. Antoine ne demandait pas mieux; oh! pour cela il faut lui rendre justice, il ne plaignait point sa peine; mais il avait pris avec ces bons paysans des idées un peu trop rustiques à mon gré. Il disait que puisqu'il était destiné à vivre en ouvrier de campagne, il serait plus sage d'élever sa fille en vue de sa condition, d'en faire une brave villageoise, de lui apprendre à lire, à coudre, à filer, à tenir un ménage; mais au diantre si j'entendis de cette oreille-là! Pouvais-je souffrir que mademoiselle de Châteaubrun dérogeât à son rang et ne fût pas élevée comme une noble demoiselle qu'elle est? Monsieur céda, et notre Gilberte fut élevée à Paris, sans que rien fût épargné pour lui donner de l'esprit et des talents; aussi elle en a profité comme un petit ange, et quand elle eut environ dix-sept ans, je dis de rechef à monsieur :

— « Hé! hé! monsieur Antoine; voulez-vous venir faire

avec moi un petit tour de promenade du côté de Châteaubrun? » Monsieur se laissa conduire : mais quand nous fûmes au milieu des ruines, monsieur fut pris de tristesse.

— « Pourquoi m'as-tu amené ici, Janille, fit-il avec un gros soupir. Je savais bien qu'on avait détruit mon pauvre vieux nid de famille; j'avais vu cela de loin, mais je n'avais jamais voulu entrer dans l'intérieur et regarder de près ces dégâts. Je ne tenais pas à ce château par orgueil, mais je l'aimais pour y avoir passé mes jeunes années, pour y avoir été heureux, pour y avoir vu mourir mes parents. Si quelqu'un l'eût acheté pour l'habiter, si je le voyais debout et en bon entretien, je serais à demi consolé, car on aime les choses comme on doit aimer les personnes, un peu plus pour elles-mêmes que pour soi. Quel plaisir peux-tu trouver à me montrer ce que la bande noire a fait de la maison de mes pères?

— « Monsieur, répondis-je, il fallait pourtant bien venir constater le dommage, pour savoir combien nous avons à dépenser, et comment nous allons nous y prendre pour le réparer. Figurez-vous que, par une mauvaise nuit, l'orage a détruit votre domaine; avec le caractère que je vous connais, au lieu de vous lamenter, vous vous mettriez de suite à l'œuvre pour le relever.

— « Mais ta comparaison ne rime à rien, fit M. Antoine. Je n'ai pas de quoi réparer ce château, et quand je l'aurais, je n'en serais pas plus avancé, puisque cette carcasse même ne m'appartient plus.

— « Un petit moment, fis-je, combien vous en a-t-on demandé lorsque vous avez offert de racheter seulement la maison et le petit lot de terre qui y reste annexé, le verger, le jardin, la colline et le petit pré au bord de l'eau? — Je ne demandais pas cela sérieusement, Janille, mais seulement pour voir à quel bas prix était tombée une si riche demeure. On me fit dix mille francs ce qui en restait, et je me retirai, sachant que dix mille francs et moi ne passerions jamais par la même porte.

— « Eh bien, Monsieur, repris-je, il ne s'agit plus de dix mille francs, mais de quatre mille seulement à l'heure qu'il est. On pensait que vous ne pourriez pas y tenir, et que vous dépenseriez le capital qui vous reste à vous réintégrer dans les débris de votre seigneurie. Voilà pourquoi on portait à dix mille francs un bien qui n'en vaut pas la moitié et qui ne peut convenir qu'à vous seul; mais depuis qu'on vous y a vu renoncer, on a été plus modeste. J'ai fait agir en dessous main, à votre insu et sous un nom étranger. Dites-moi oui, et demain vous serez seigneur de Châteaubrun.

— « Et à quoi cela me servirait-il, ma bonne Janille, dit monsieur : que ferais-je de ce tas de pierres et de ces trois ou quatre pans de mur sans portes ni fenêtres? »

« Je fis alors observer à monsieur que le pavillon carré était encore fort sain, que les voûtes étaient bien conservées, l'intérieur des chambres parfaitement sec, et qu'il ne s'agissait que de le couvrir en tuiles, d'en refaire la menuiserie et de le meubler simplement, dépense qu'on pouvait porter à cinq cents francs tout au plus. Là-dessus monsieur se récria : — Ne me donne pas de ces idées-là, Janille, dit-il : c'est vouloir me dégoûter de ma condition présente et me jeter dans les illusions. Je n'ai ni dix, ni cinq, ni quatre mille francs, et pour les économiser il me faudrait encore dix ans de privations. Mieux vaut rester comme nous sommes.

— « Et qui vous dit, Monsieur, repris-je alors, que vous n'ayez pas six mille francs et même six mille cinq cents francs! Savez-vous ce que vous avez? Je gage que vous n'en savez rien? »

Ici, M. Antoine interrompit Janille. « Il est vrai, dit-il, que je n'en savais rien, que je n'en sais rien encore, et que je ne pourrai jamais savoir comment, avec une rente de douze cents livres, payant depuis six ans l'éducation de ma fille à Paris, et vivant à Gargilesse, en ouvrier, il est vrai, mais fort proprement, dans une petite maison que Janille dirigeait elle-même... Ajoutons encore que, tout en tenant les cordons de la bourse, elle me permettait de dépenser deux ou trois francs le dimanche avec mes amis... Non, non, je ne comprendrai jamais comment j'aurais pu avoir six mille francs d'économies!

Comme c'est tout à fait impossible, je suis forcé d'expliquer ce miracle à M. Émile Cardonnet, à moins qu'il ne l'ait déjà deviné.

— Oui, monsieur le comte, je le devine, répondit Émile; mademoiselle Janille avait fait des économies à votre service, lorsque vous étiez riche, ou bien elle avait quelque argent par devers elle, et c'est elle...

— Non, Monsieur, répondit Janille vivement, cela n'est point; vous oubliez que, comme ouvrier charpentier, monsieur gagnait de quoi vivre, et vous devez bien penser que la pension de mademoiselle n'était pas des plus chères de Paris, quoique ce fût une bonne pension, je m'en flatte.

— Allons, dit Gilberte en l'embrassant, tu mens avec aplomb, mère Janille; mais tu n'empêcheras jamais mon père et moi de croire que Châteaubrun a été racheté de tes deniers, qu'il t'appartient en réalité, et que, bien que tu aies acquis cela sous notre nom, nous ne soyons ici chez toi.

— Du tout, du tout, Mademoiselle, répondit la noble Janille, cette singulière petite femme qui aimait à se vanter à tout propos et à faire l'entendue sur toutes choses, mais qui, pour conserver à ses maîtres la dignité de leur position, dont elle était plus jalouse qu'eux-mêmes, niait énergiquement la plus belle action de sa vie; — du tout, vous dis-je, il n'y a sous pour rien. Est-ce ma faute si votre papa ne sait pas compter jusqu'à cinq, et si vous avez la même insouciance que lui? Oui dà! vous connaissez bien le compte de vos recettes et de vos dépenses, tous les deux! Qu'on vous laisse faire, et nous verrons comment vous vous en tirerez! Je vous dis que vous êtes ici chez vous, et que si je puis me vanter d'une chose, c'est d'avoir mis assez d'ordre et d'économie dans vos affaires, pour que monsieur se soit trouvé un beau matin plus riche qu'il ne pensait.

« Là-dessus, ajouta Janille, je reprends et j'achève notre histoire pour M. Émile. Nous rachetâmes le château. Jean Jappeloup et M. Antoine refirent eux-mêmes toute la charpente et toute la menuiserie de ce pavillon, et pendant qu'ils achevaient leur ouvrage, qui ne dura guère que six mois, j'allai à Paris chercher notre fille, heureuse et fière de l'amener dans le château de ses ancêtres, qu'elle se souvenait à peine d'avoir habité dans ses premières années, la pauvre enfant! Depuis ce temps-là, nous vivons fort heureux, et quand j'entends M. Antoine se plaindre de quelque chose, je ne puis me défendre de le blâmer, car enfin quel homme a jamais été plus favorisé que lui?

— Mais je ne me plains jamais de rien, répondit M. Antoine, et ton reproche est injuste.

— Oh! vous avez quelquefois l'air de vouloir dire que vous ne faites pas aussi bonne figure ici que par le passé, et en cela vous avez tort. Voyons, étiez-vous plus riche quand vous aviez trente mille livres de rente? On vous volait, on vous pillait, et vous n'en saviez rien. Aujourd'hui vous avez le nécessaire et vous ne pouvez pas craindre les filous; on sait que vous ne cachez pas des rouleaux de louis dans votre paillasse. Vous aviez dix domestiques, tous plus gourmands, plus ivrognes et plus paresseux les uns que les autres; des domestiques de Paris, c'est tout dire. Aujourd'hui, vous avez M. Sylvain Charasson, un paresseux et un gourmand aussi, j'en conviens (et en disant ces mots, Janille éleva la voix, afin que Sylvain les entendît de la cuisine); puis elle ajouta plus bas :

« Mais ses bêtises vous font rire, et quand il casse quelque chose, vous n'êtes pas fâché de ce qu'il n'est pas le plus maladroit de la maison. Vous aviez dix chevaux, toujours mal tenus, et hors de service par le manque de soins; vous avez aujourd'hui votre vieille Lanterne, la meilleure bête qu'il y ait au monde, toujours propre, courageuse, et sobre, il faut la voir! elle mange des feuilles sèches et des ajoncs comme une vraie chèvre. Parlerons-nous des chèvres? où en trouverons-nous de plus jolies? Deux vraies biches, excellentes en lait, et qui vous réjouissent par leurs jolies cabrioles, en grimpant sur les ruines pour votre comédie du soir!.... Parlerons-nous de la cave? Vous en aviez une bien garnie, mais où vos coquins de la-

Le voilà, reprit Mlle de Châteaubrun en montrant Charasson. (Page 27.)

quais baptisaient le vin à plaisir, et vous ne buviez que leurs restes. A présent, vous buvez votre petit clairet du pays, que vous avez toujours aimé, et qui est sain et rafraîchissant. Quand je m'en mêle surtout, il est clair comme de l'eau de roche et ne vous échauffe point l'estomac. Et les habits, n'en êtes-vous pas content? Autrefois vous aviez une garde-robe qui se mangeait aux vers, et vos gilets passaient de mode avant que vous les eussiez portés ; car vous n'avez jamais aimé la toilette. Aujourd'hui vous n'avez que ce qu'il vous faut pour avoir frais en été, chaud en hiver; le tailleur du village vous prend la taille à ravir, et ne vous gêne point dans les entournures. Allons, Monsieur, convenez que tout est pour le mieux, que jamais vous n'avez eu moins de souci; et que vous êtes le plus heureux des hommes ; car je n'ai point parlé de l'avantage d'avoir une fille charmante, qui se trouve heureuse avec vous...

— Et une Janille incomparable qui n'est occupée que du bonheur des autres! s'écria M. Antoine avec un attendrissement mêlé de gaieté. Eh bien ! tu as raison, Janille, et j'en étais persuadé d'avance. Vive Dieu ! tu me fais injure d'en douter, car je sens que je suis en effet l'enfant gâté de la Providence, et, sauf un secret ennui que tu sais bien, et dont tu as bien fait de ne pas me parler, il ne me manque absolument rien ! Tiens, je bois à ta santé, Janille ! tu as parlé comme un livre ! A votre santé aussi, monsieur Émile! Vous êtes riche et jeune, vous êtes instruit et bien pensant, vous n'avez donc rien à envier aux autres ; mais je vous souhaite une aussi douce vieillesse que la mienne et d'aussi tendres affections dans le cœur ! — Mais c'est assez parler de nous, ajouta M. Antoine, en posant son verre sur la table, et il ne faut pas oublier nos autres amis. Parlons du meilleur de tous après Janille ; parlons de mon vieux Jean Jappeloup et de ses affaires.

— Oui, parlons-en ! s'écria une voix forte qui fit tressaillir tout le monde ; et, en se retournant, M. Antoine vit Jean Jappeloup sur le seuil de la porte.

— Quoi ! Jean en plein jour ! s'écria le châtelain stupéfait.

— Oui, j'arrive en plein jour, et par la grande porte encore ! répondit le charpentier en s'essuyant le front. Oh ! ai-je couru ! Donnez-moi vite un verre de vin, mère Janille, car je suis étranglé de chaleur.

Il avait donc le costume d'un petit-maître de l'empire. (Page 37.)

— Pauvre Jean! s'écria Gilberte en courant vers la porte pour la fermer; tu as donc été encore poursuivi? Il faut songer à te cacher. Peut-être qu'on va venir te relancer ici?

— Non, non, dit Jean; non, ma bonne fille, laissez les portes ouvertes; on ne me suit pas. Je vous apporte une bonne nouvelle, et c'est pour cela que je me suis tant hâté. Je suis libre, je suis heureux, je suis sauvé!

— Mon Dieu! s'écria Gilberte en prenant dans ses belles mains la tête poudreuse du vieux paysan, ma prière a donc été exaucée! J'ai tant prié pour toi cette nuit!

— Chère âme du ciel, tu m'as porté bonheur, répondit Jean qui ne pouvait suffire aux caresses et aux questions d'Antoine et de Janille.

— Mais dis-nous donc qui t'a rendu la liberté et le repos? reprit Gilberte lorsque le charpentier eut avalé un grand verre de piquette.

— Oh! c'est quelqu'un dont vous ne vous doutez guère, qui me sert de caution tout de suite, et qui va me payer mes amendes. Voyons, je vous le donne en cent!

— C'est peut-être le curé de Cuzion? dit Janille; c'est un si brave homme, quoique ses sermons soient un peu embrouillés! mais il n'est pas assez riche!

— Et vous, Gilberte, reprit Jean, qui pensez-vous que ce soit?

— Je nommerais la sœur de ce bon curé, madame Rose, qui a un si grand cœur... mais elle n'est pas plus riche que son frère.

— Oui-dà! ce ne serait pas possible! Et vous, monsieur Antoine?

— Je m'y perds, répliqua le châtelain. Dis donc vite, tu nous fais languir.

— Et moi, dit Émile, je gage avoir deviné; je parie pour mon père! car j'ai causé avec lui, et je sais qu'il voulait...

— Pardon, jeune homme, dit le charpentier en l'interrompant; je ne sais pas ce que votre père voulait; mais je sais bien ce que je n'aurais jamais voulu, moi! C'eût été de lui devoir quelque chose, de recevoir un service de celui qui commençait par me faire fourrer en prison pour me forcer à accepter ses prétendus bienfaits et ses dures conditions. Merci! je vous estime, vous..... mais votre père... n'en parlons plus, n'en parlons jamais ensemble.

Allons, vous autres, vous n'avez donc pas deviné? Eh bien, que diriez-vous si on vous parlait de M. Boisguilbault? »

Ce nom, qu'Émile n'entendait pas pour la première fois, car on l'avait prononcé déjà à Gargilesse devant lui, comme celui d'un des plus riches propriétaires des environs, fit sur les habitants de Châteaubrun l'effet d'un choc électrique : Gilberte tressaillit; Antoine et Janille se regardèrent et ne purent dire un mot.

« Ça vous étonne un peu? reprit le charpentier.

— Ça me paraît impossible, répondit Janille. Vous moquez-vous? M. de Boisguilbaut, notre ennemi à tous?

— Pourquoi parler ainsi? dit M. Antoine. Ce gentilhomme n'est l'ennemi volontaire de personne ; il a toujours fait le bien, jamais le mal.

— Moi, j'étais bien sûre, dit Gilberte, qu'il était capable d'une bonne action ! Quand je te le disais, chère petite mère : c'est un homme malheureux ; cela se voit sur sa figure; mais...

— Mais vous ne le connaissez pas, dit Janille, et vous n'en pouvez rien dire. Voyons, Jean, expliquez-nous par quel miracle vous avez pu approcher de cet homme si froid, si fier et si sec?

— Le hasard ou plutôt le bon Dieu a tout fait, répondit le charpentier. Je traversais le petit bois qui longe son parc, et qui, dans cet endroit-là, n'en est séparé que par une haie et un petit fossé. Je jetais un coup d'œil par dessus le buisson pour voir comme c'était beau et propre, bien venu et bien tenu là-dedans. Je pensais un peu tristement que j'avais été dans ce parc et dans ce château comme chez moi; que j'y avais travaillé pendant vingt ans, et que j'avais même eu de l'amitié pour M. le marquis, quoiqu'il n'ait jamais été bien aimable... Mais enfin il avait ses jours de bonté dans ce temps-là ; et pourtant, depuis une autre vingtaine d'années, je n'avais pas mis le pied chez lui, et je n'aurais pas osé lui demander un asile, après ce qui s'est passé entre lui et moi.

« Comme je pensais à tout cela, voilà que j'entends le trot de deux chevaux, et presque aussitôt j'aperçois deux gendarmes qui viennent droit sur moi. Ils ne m'avaient pas encore vu ; mais si je traversais leur chemin, ils ne pouvaient manquer de me voir, et ils connaissent si bien ma figure ! Je n'avais pas le temps de la réflexion. Je m'enfonce dans la haie, je la traverse comme un renard, et je me trouve dans le parc de Boisguilbault, où je me couche tranquillement le long de la clôture, pendant que mes bons gendarmes passent leur chemin sans seulement tourner la tête de mon côté. Quand ils sont un peu loin, je me lève et je me dispose à sortir comme j'étais venu, lorsque tout d'un coup je me sens frapper sur l'épaule, et, en me retournant, je me trouve nez à nez avec M. de Boisguilbault, qui me dit avec sa figure triste et sa voix d'enterrement : « Que fais-tu ici? »

« — Ma foi, vous le voyez, monsieur le marquis, je me cache.

« — Et pourquoi te cacher?

« — Parce qu'il y a des gendarmes à deux pas d'ici.

« — Tu as donc fait un crime?

« — Oui, j'ai pris deux lapins et tué un lièvre.

« Là-dessus, comme je voyais qu'il ne me ferait pas beaucoup d'autres questions, je me mets vite à lui raconter mes mésaventures, en aussi peu de mots que possible, car vous savez que c'est un homme qui a toujours dans l'esprit quelque autre chose que celle dont on l'occupe. On ne sait point s'il vous entend : il a toujours l'air de ne pas se soucier de vous écouter. Il y a bien des années que je ne l'avais vu de près, puisqu'il vit renfermé dans son parc comme une taupe dans son trou, et que je n'ai plus accès chez lui. Il m'a paru bien vieilli, bien affaibli, quoiqu'il soit encore droit comme un peuplier ; mais il est si maigre, qu'on verrait le jour à travers, et sa barbe est blanche comme celle d'une vieille chèvre ; ça me faisait de la peine, et pourtant j'étais encore plus contrarié de voir que, pendant que je lui parlais, il s'en allait coupant devant lui toutes les mauvaises herbes de son allée, avec cette petite sarclette qu'il tient toujours dans sa main. Je le suivais pas à pas, parlant toujours, racontant mes peines, non pas pour mendier ses secours, je n'y songeais pas, mais pour voir s'il avait encore un peu d'amitié pour moi.

« Enfin, il se retourne de mon côté et me dit sans me regarder : « Et pourquoi n'as-tu pas demandé une caution à quelque personne riche de ton village?

« — Diable ! que je lui réponds, il n'y en a guère dans Gargilesse, de personnes riches.

« — N'y a-t-il pas un M. Cardonnet établi depuis peu?

« — Oui, mais il est maire, et c'est lui qui veut me faire arrêter.

« Il resta au moins trois minutes sans rien dire ; je crus qu'il avait oublié que j'étais là, et j'allais partir, quand il me dit : « Pourquoi n'es-tu pas venu me trouver?

« — Dame ! que je fis, vous savez bien pourquoi.

« — Non !

« — Comment, non? Est-ce que vous ne vous souvenez pas qu'après m'avoir employé longtemps et ne m'avoir jamais fait de reproches (il me semble que je n'en méritais point), vous m'avez appelé dans votre cabinet un beau matin, et que vous m'avez dit : « Voilà le compte de tes dernières journées, va-t'en ! » Et comme je vous demandais quel jour il fallait revenir, vous m'avez dit *jamais !* et, comme j'étais mécontent de cette façon d'agir, et que je vous demandais en quoi j'avais démérité auprès de vous, vous m'avez montré la porte du bout du doigt, sans daigner desserrer les lèvres. Il y a environ vingt ans de ça, et il se peut que vous l'ayez oublié. Mais moi, je l'ai toujours sur le cœur, et je trouve que vous avez été bien dur et bien injuste envers un pauvre ouvrier, qui travaillait de son mieux et qui n'était pas plus maladroit qu'un autre. J'ai cru d'abord que vous aviez une lubie et que vous en reviendriez ; mais j'ai eu beau attendre, vous ne m'avez jamais fait redemander. J'étais trop fier pour venir quêter votre ouvrage ; je n'en manquais pas ailleurs, j'en ai toujours eu à discrétion ; et si je n'étais pas forcé, à l'heure qu'il est, de me cacher dans les bois, je ne serais pas à court de pratiques ; mais ce qui m'a blessé, voyez-vous, c'est d'avoir été classé comme un chien, pis que cela, comme un paresseux ou un voleur, et sans qu'on daignât me mettre à même de me justifier. J'ai pensé que j'avais quelque ennemi dans votre maison, et qu'on vous avait fait de faux rapports. Mais je n'ai jamais deviné qui ce pouvait être, car je ne me suis jamais connu d'autres ennemis que les gardes champêtres et les gabelous. J'ai gardé le silence ; je ne me suis pas plaint de vous, mais je vous ai plaint d'être crédule pour le mal, et comme je vous aimais un peu, ça m'a chagriné de vous trouver des torts.

« M. de Boisguilbault avait toujours l'air de ne pas m'entendre ; mais quand j'eus tout dit :

« — De combien est ton amende? dit-il d'un ton d'indifférence.

« — Le tout réuni se monte à un millier de francs, plus les frais.

« — Eh bien, va-t'en dire au maire de ton village.... M. Cardonnet, n'est-ce pas? de m'envoyer une personne de confiance pour que je puisse régler tes affaires avec l'autorité. Tu lui diras que je ne sors pas, que je suis d'une mauvaise santé, mais que je le prie d'avoir cette obligeance.

« — Est-ce que vous consentez à me servir de caution?

« — Non, je paie ton amende. Tu peux t'en aller. — Et quand voulez-vous que je revienne travailler chez vous pour m'acquitter envers vous? — Je n'ai pas d'ouvrage, ne viens pas. — Vous voulez donc me faire l'aumône? — Non pas, mais te rendre un très-petit service qui me coûte peu. C'est assez ; laisse-moi. — Et si je ne veux pas l'accepter? — Tu auras tort. — Et vous ne voulez pas que je vous remercie? — C'est inutile. » Là-dessus il m'a bel et bien tourné le dos, et il s'en allait tout de bon, mais je l'ai suivi ; et sachant bien que les longs compliments n'étaient pas de son goût, je lui ai dit comme ça : « Monsieur de Boisguilbault, une poignée de main, s'il vous plaît ! »

— Quoi ! tu as osé lui dire cela? s'écria Janille.

— Eh bien, pourquoi n'aurais-je pas osé? que peut-on dire à un homme de plus honnête?

— Et qu'a-t-il répondu? qu'a-t-il fait? dit Gilberte.
— Il a pris ma main tout d'un coup sans hésiter, et il l'a serrée assez fort, quoique sa main fût roide et froide comme un glaçon.
— Et qu'a-t-il dit? demanda M. Antoine qui avait écouté ce récit avec une sorte d'agitation.
— Il a dit *va-t'en*, répondit le charpentier : apparemment que c'est son mot d'amitié; et il s'est quasi mis à courir pour m'éviter, autant que ses pauvres longues jambes menues pouvaient le lui permettre. De mon côté, j'ai couru pour venir vous dire tout cela.
— Et moi, dit Émile, je vais courir vers mon père pour lui annoncer les intentions de M. de Boisguilbault, afin qu'il envoie tout de suite quelqu'un chez lui, selon sa demande.
— Voilà qui ne me rassure guère, répondit le charpentier. Votre père m'en veut; il faudra bien qu'il reconnaisse que je suis quitte de l'amende, mais il ne voudra pas me tenir quitte de la prison; car, pour le fait de vagabondage, on peut me punir et m'enfermer, ne fût-ce que pendant quelques jours... et c'est déjà trop pour moi.
— Oh! certes, s'écria Gilberte, jamais Jean ne pourra se soumettre à l'humiliation d'être traîné en prison par des gendarmes; il fera quelque nouveau coup de tête. Monsieur Émile, ne souffrez pas qu'il y soit exposé; parlez à monsieur votre père, priez-le, dites-lui...
— Oh! Mademoiselle, répondit Émile avec chaleur, ne partagez pas la mauvaise opinion que Jean a de mon père : elle est injuste. Je suis certain que mon père eût fait ce soir ou demain, pour lui, ce que M. de Boisguilbault vient de faire. Et quant à le faire poursuivre comme vagabond, je répondrais sur ma tête que...
— Si vous en répondez sur votre tête, reprit Jean, que n'allez-vous tout de suite trouver M. de Boisguilbault? c'est à deux pas d'ici. Quand vous vous serez entendu avec lui, je serai plus tranquille, car j'ai confiance en vous, et je vous confesse qu'une seule nuit passée en prison me rendrait fou. L'enfant du bon Dieu vous l'a dit, ajouta-t-il en désignant Gilberte, et l'enfant me connaît!
— J'y vais tout de suite, répondit Émile en se levant, et en jetant à Gilberte un regard enflammé de zèle et de dévouement. Voulez-vous me conduire!
— Partons, dit le charpentier.
— Oui, oui, partez! » s'écrièrent à la fois Gilberte, son père et Janille. Émile comprit que Gilberte était contente de lui, et il courut chercher son cheval.
Mais comme il descendait le sentier au pas avec le charpentier, M. de Châteaubrun courut après lui, et l'arrêta pour lui dire d'un air un peu embarrassé :
« Mon cher enfant, vous êtes généreux et délicat, je puis vous confier... je dois vous avertir d'une chose... de peu d'importance peut-être... mais qu'il est nécessaire que vous sachiez. C'est que... pour un motif ou pour un autre... enfin, je suis brouillé avec M. de Boisguilbault, il est donc inutile que vous lui parliez de moi... Évitez de prononcer mon nom devant lui, et ne lui faire savoir que vous sortez de chez moi; cela pourrait lui causer quelque humeur et refroidir ses bonnes dispositions à l'égard de notre pauvre Jean. »
Émile promit de se taire, et, perdu dans ses pensées, plus occupé de la belle Gilberte que de son protégé et de sa mission, il suivit son guide dans la direction de Boisguilbault.

XI.

UNE OMBRE.

Cependant, à mesure qu'il approchait du manoir de Boisguilbault, Émile se demandait à quel homme supérieur ou bizarre il allait avoir affaire, et force lui fut de prêter l'oreille aux explications que, dans son bon sens rustique, le charpentier cherchait à lui donner sur cet énigmatique personnage. De tout ce qu'Émile put recueillir dans ces renseignements un peu contradictoires et semés de conjectures, il résulta que le marquis de Boisguilbault était immensément riche, nullement cupide, quoiqu'il eût beaucoup d'ordre; généreux autant que sa sauvagerie et sa nonchalance lui permettaient d'exercer la bienfaisance, c'est-à-dire secourant tous les pauvres qui s'adressaient à lui, mais n'allant jamais s'enquérir de leurs peines et de leurs besoins, et faisant à tous un si froid et si triste accueil, qu'à moins de motifs impérieux nul n'était tenté de l'approcher. Ce n'était pourtant pas un homme dur et insensible, et jamais il ne repoussait la plainte, ni ne révoquait en doute l'opportunité de l'aumône. Mais il était si distrait et paraissait si indifférent à toutes choses, que le cœur se resserrait et se glaçait auprès de lui. Il grondait rarement et ne punissait jamais. Jappeloup était presque le seul auquel il eût tenu rigueur, et la manière dont il venait de le dédommager faisait penser au charpentier que s'il eût été moins fier lui-même, et s'il se fût présenté plus tôt devant le marquis, ce dernier n'aurait eu aucun souvenir du caprice qui le lui avait fait bannir.

« Cependant, ajoutait Jean, il y a une autre personne à qui M. de Boisguilbault en veut encore plus qu'à moi, quoiqu'il n'ait jamais cherché à lui faire de tort. Mais c'est une brouille à n'en jamais revenir; et puisque M. Antoine vous en a touché un mot, je puis bien vous dire, monsieur Émile, que, dans cette circonstance-là, M. de Boisguilbault a fait penser à beaucoup de gens qu'il avait la cervelle détraquée. Imaginez-vous qu'après avoir été pendant vingt ans l'ami, le conseil, quasi le père de son voisin, M. Antoine de Châteaubrun, il lui a, tout d'un coup, tourné le dos et fermé la porte au nez, sans que personne, pas même M. Antoine, puisse dire à propos de quoi. Du moins le prétexte était si ridicule, qu'à moins de le croire fou, on ne peut expliquer cela. C'est pour un délit de chasse que M. Antoine aurait commis sur les terres du marquis. Et notez que, depuis qu'il était au monde, M. Antoine avait toujours chassé chez M. de Boisguilbault comme chez lui, puisqu'ils étaient camarades et bons amis; jamais M. de Boisguilbault, qui, de sa vie, n'a touché un fusil ni tiré une pièce de gibier, n'avait trouvé mauvais que ses voisins tuassent le sien; qu'enfin il n'avait nullement prévenu M. Antoine qu'il lui interdisait de chasser sur ses terres. Tant il y a que depuis ce temps-là, c'est-à-dire depuis environ vingt ans, les deux voisins ne se sont pas revus, qu'ils n'ont pas échangé une parole, et que M. de Boisguilbault ne veut pas souffrir qu'on lui prononce le nom de Châteaubrun. De son côté, M. Antoine, quoique cela l'affecte plus qu'il ne veut le dire, est obstiné à ne faire aucune démarche, et il a l'air de fuir M. de Boisguilbault tout autant qu'il en est fui. Comme mon renvoi de Boisguilbault date à peu près de la même époque, je pense que c'est un trop plein de la colère du marquis qui est retombé sur moi, ou bien que, comme il me savait dès lors très-attaché à M. Antoine, il a craint que je n'eusse la hardiesse de lui en parler et de blâmer son caprice. En cela il ne s'est guère trompé, car je n'ai pas la langue engourdie, et il est certain que j'aurais fait entendre mon mot à l'oreille de M. le marquis. Il a voulu prendre les devants; je ne peux pas expliquer autrement sa dureté envers moi.

— Cet homme a-t-il une famille? demanda Émile.
— Nenni, Monsieur. Il avait épousé une fort jolie demoiselle, trop jeune pour lui, une parente pas riche. Cela ressemblait de sa part à un mariage d'amour, mais il n'y parut guère à sa conduite; car il n'en fut ni plus gai, ni plus liant, ni plus aimable. Il ne changea rien à sa manière de vivre comme un ours, sauf le respect que je lui dois, M. Antoine continua à être à peu près le seul habitué de la maison, et madame s'y ennuya si bien, qu'un beau jour elle s'en alla habiter Paris sans que son mari songeât à l'y suivre ou à la faire revenir auprès de lui. Elle y mourut toute jeune, sans lui avoir donné d'enfants, et depuis ce temps, soit qu'un chagrin caché lui ait toqué la cervelle, soit que le plaisir d'être seul l'ait consolé de tout, il a vécu absolument seul dans son château, sans aucune compagnie, pas même celle d'un pauvre chien. Sa famille est à peu près éteinte, on ne lui connaît pas d'héritiers, pas d'amis; on ne peut donc présumer qui sera enrichi par sa mort.

— Évidemment, c'est là un monomane, dit Émile.
— Comment dites-vous ça? demanda le charpentier.
— Je veux dire que c'est un esprit frappé d'une idée fixe.
— Oui, je crois bien que vous avez raison, reprit Jean; mais quelle est cette idée? voilà ce que personne ne saurait dire. On ne lui connaît qu'un attachement. C'est ce parc que vous voyez là, qu'il a dessiné et planté lui-même, et dont il ne sort presque jamais. Je crois même qu'il y dort tout debout, en se promenant; car on l'a vu quelquefois marcher à deux heures du matin dans ses allées, comme un revenant, et cela faisait peur à ceux qui s'étaient glissés là pour essayer d'y chiper quelques fruits ou quelques fagots. »

Comme il était arrivé en face du parc et que, du sentier élevé qu'il suivait, Émile pouvait plonger dans l'intérieur et en découvrir une partie, il fut charmé de la beauté de ce lieu de plaisance, de la magnificence des ombrages, de l'heureuse disposition des massifs, de la fraîcheur des gazons et de la coupe élégante des divers plans, qui s'abaissaient mollement jusqu'aux bords d'une petite rivière, un des rapides affluents de la Gargilesse. Il pensa que ce ne pouvait pas être un idiot qui avait créé cette sorte de paradis terrestre et tiré un si heureux parti des beautés de la nature. Il lui sembla, au contraire, qu'une âme poétique devait avoir présidé à cet arrangement; mais l'aspect du château vint bientôt donner un démenti à ces conjectures. On ne pouvait rien voir de plus froid, de plus laid et de plus déplaisant que le manoir de Boisguilbault. Des réparations postérieures à sa construction lui avaient enlevé une partie de son antique caractère, et le bon état d'entretien où on le maintenait rendait ses abords encore plus maussades. Jean s'arrêta à l'extrémité du parc sur le sentier, et son jeune ami lui ayant donné quelques-uns de ses meilleurs cigares pour lui faire prendre patience, celui-ci se dirigea vers la porte du manoir, sur un chemin d'une propreté désespérante. Pas une broussaille, pas un rameau de lierre ne lui dérobait la nudité de ces grands murs peints en gris de fer, et le seul accident d'architecture qui vint frapper ses regards fut un grand écusson placé au-dessus de la grille, portant les armoiries de Boisguilbault, regrattées et rétablies plus récemment que le reste, peut-être à l'époque du retour des Bourbons; du moins, il y avait une sensible différence entre ce blason et ses lourds encadrements. Émile en tira cet indice que le marquis était fort attaché à ses titres et antiques priviléges.

Il sonna longtemps à une vaste grille avant qu'elle s'ouvrît; enfin un ressort tiré de loin la fit rouler sur ses gonds, sans que personne parût, et le jeune homme étant entré après avoir attaché son cheval dehors, la grille retomba derrière lui avec un peu de bruit et se ferma comme si une main invisible l'eût pris au piége. Un sentiment de tristesse, presque d'effroi, s'empara de lui lorsqu'il se vit comme emprisonné dans une grande cour nue et sablée, entourée de bâtiments uniformes, et silencieuse comme le cimetière d'un couvent. Quelques ifs taillés en pointe, à l'entrée des portes principales, ajoutaient à la ressemblance. Du reste, pas une fleur, pas un souffle de plante parfumée, pas une guirlande de vigne aux fenêtres, pas une toile d'araignée aux vitres, pas une vitre fêlée, pas un bruit humain, pas même le chant d'un coq ou l'aboiement d'un chien, pas un pigeon, pas un brin de mousse sur les tuiles; je crois qu'il n'y avait même pas une mouche qui se permît de voler ou de bourdonner dans le préau de Boisguilbault.

Émile regardait autour de lui, cherchant à qui parler, et ne voyant pas même la trace d'un pied sur le sable fraîchement ratissé, lorsqu'il entendit une voix grêle et cassée lui crier d'un ton peu engageant : « Que veut monsieur? »

Après s'être retourné plusieurs fois pour voir d'où partait cette voix, Émile aperçut enfin, à un soupirail de cuisine souterraine, une vieille tête blanche, bien poudrée, avec des yeux clairs et sans regard; et, s'approchant, il essaya de se faire entendre. Mais l'oreille du vieux majordome était aussi affaiblie que sa vue, et, répondant tout de travers aux questions du visiteur :

« On ne peut voir le parc que le dimanche, dit-il, prenez la peine de repasser dimanche. »

Émile lui présenta une carte de visite, et le vieillard tirant lentement ses lunettes de sa poche, sans quitter son soupirail de cave, l'étudia lentement; après quoi il disparut, et, reparaissant par une porte située au-dessus de son trou : « C'est fort bien, Monsieur, dit-il; monsieur le marquis m'a ordonné de recevoir la personne qui se présenterait de la part de M. Cardonnet; M. Cardonnet de Gargilesse, n'est-ce pas? »

Émile répondit par un signe affirmatif.

« C'est à merveille, Monsieur, reprit le vieux serviteur en s'inclinant avec courtoisie, et paraissant fort satisfait de pouvoir se montrer poli et hospitalier sans manquer à sa consigne. M. le marquis ne pensait pas que vous viendriez si tôt, il vous attendait tout au plus demain. Il est dans son parc, *je cours* l'avertir. Mais auparavant je vais avoir l'honneur de vous conduire au salon. »

En parlant de courir, le vieillard se vantait étrangement : il avait la démarche et l'agilité d'un centenaire. Il conduisit Émile à l'entrée basse et étroite d'une tourelle d'escalier, et choisissant lentement une clef dans son trousseau, il le fit monter jusqu'à une autre porte garnie de gros clous et fermée à clef comme la première. Autre clef; et, après avoir traversé un long corridor, troisième clef pour ouvrir les appartements. Émile fut introduit à travers plusieurs pièces, où l'obscurité succédant pour lui au vif éclat du soleil, il se crut dans les ténèbres. Enfin, il pénétra dans un vaste salon, et le valet lui avança un fauteuil, en disant : « Monsieur désire-t-il que j'ouvre les jalousies? »

Émile lui fit comprendre par signes que c'était inutile, et le vieillard le laissa seul.

Lorsque ses yeux se furent habitués au jour gris et sombre qui rampait dans ces appartements, il fut frappé du grand caractère de l'ameublement. Tout datait du temps de Louis XIII, et l'on eût dit qu'un amateur avait minutieusement présidé au choix des moindres détails. Rien n'y manquait; depuis l'encadrement des glaces jusqu'au moindre clou de la tenture, il n'y avait pas le moindre écart de style. Et tout cela était authentique, à demi usé, propre encore, quoique terne, riche et simple en même temps. Émile admira le bon goût et la science de M. de Boisguilbault. Il sut plus tard que l'absence de mouvement et l'horreur du changement, qui paraissaient héréditaires dans cette famille, avaient seuls contribué, de père en fils, à la conservation merveilleuse de ces richesses, que la mode actuelle cherche à réunir à grands frais dans les boutiques de *bric-à-brac*, aujourd'hui les plus somptueuses et les plus intéressantes qui soient au monde.

Mais, au plaisir que le jeune homme trouva à examiner ces raretés, succéda une impression de froid et de tristesse extraordinaire. Outre l'atmosphère glacée d'une demeure fermée en tous temps aux rayons généreux du soleil, outre le silence extérieur, il y avait quelque chose de funèbre dans la régularité de cet arrangement intérieur que personne ne troublait jamais, et dans ce luxe artiste et noble dont personne n'était appelé à jouir. Il était évident, à voir ces portes si bien fermées, dont le domestique gardait les clefs, cette propreté que n'altérait pas le moindre grain de poussière, ces lourds rideaux fermés, que jamais le châtelain n'entrait dans le salon, et que les seuls visiteurs assidus étaient un balai et un plumeau. Émile songea avec effroi à la vie que la défunte marquise de Boisguilbault, jeune et belle, avait dû mener dans cette maison immobile et muette depuis des siècles, et il lui pardonna de tout son cœur d'avoir été respirer ailleurs avant de mourir. « Qui sait, pensa-t-il, si elle n'avait pas contracté dans cette tombe une de ces lentes et profondes maladies dont on ne guérit point quand on en a cherché trop tard le remède? »

Il se confirma dans cette idée, quand la porte s'ouvrit lentement et qu'il vit paraître devant lui le châtelain en personne. Sauf l'habit, c'était la statue du commandeur descendue de son piédestal : même démarche compassée, même pâleur, même absence de regard, même face solennelle et pétrifiée.

M. de Boisguilbault n'était guère âgé que de soixante-dix ans, mais il avait une de ces organisations qui n'ont plus d'âge et qui n'en ont jamais eu. Il n'avait pas été mal fait ni d'une laide figure; ses traits étaient assez réguliers, sa taille était encore droite et son pas ferme, pourvu qu'il ne se pressât point. Mais la maigreur avait fait disparaître toute apparence de formes, et ses habits paraissaient couvrir un homme de bois. Sa figure n'était pas repoussante de dédain, et n'inspirait pas l'aversion; mais comme elle n'exprimait absolument rien, qu'on eût vainement cherché au premier abord à y surprendre une pensée ou une émotion en rapport avec les types connus dans l'humanité, elle faisait peur, et Émile songea involontairement à ce conte allemand, où un personnage fort convenable se présente à la porte du château et s'excuse de ne pas pouvoir entrer dans l'état où il est, dans la crainte d'indisposer la compagnie. « Vous me paraissez pourtant mis fort décemment, lui dit le châtelain hospitalier. Entrez, je vous prie. — Non, non, reprend l'autre, cela m'est impossible, et vous m'en feriez des reproches. Veuillez m'entendre ici, sur le seuil de votre manoir; je vous apporte des nouvelles de l'autre monde. — Qu'est-ce à dire? Entrez, il pleut et l'orage va éclater. — Regardez-moi donc bien, reprend le mystérieux visiteur, et reconnaissez que je ne puis, sans manquer à toutes les lois de la politesse, m'asseoir à votre table. Est-ce que vous ne voyez pas que je suis mort? » Le châtelain le regarde et s'aperçoit, en effet, qu'il est mort. Il laisse retomber la porte entre lui et le défunt, et rentre dans la salle du festin, où il s'évanouit. »

Émile ne s'évanouit pas lorsque M. de Boisguilbault le salua; mais si, au lieu de lui dire : « Pardonnez-moi de vous avoir fait attendre, j'étais dans mon parc », il lui eût dit : « J'étais en train de me faire enterrer », il n'eût pas été trop surpris. »

La toilette surannée du marquis ajoutait à sa physionomie de revenant. Il s'était mis à la mode une seule fois dans sa vie, le jour de son mariage. Depuis lors, il n'avait plus songé à changer rien à sa toilette, et il avait donné pour modèle invariable l'habit qu'il venait d'user, sous prétexte qu'il y était habitué, et qu'il craignait d'être gêné par une coupe nouvelle. Il avait donc le costume d'un petit-maître de l'Empire, ce qui produisait le plus étrange contraste avec sa figure triste et flétrie. Un habit vert très-court, des pantalons de nankin, un jabot très-roide, des bottes à cœur, et, pour rester fidèle à ses habitudes, une petite perruque blonde de la nuance de ses anciens cheveux et ramassée en touffe sur le milieu du front. Des cols empesés montant très-haut, et relevant jusqu'aux yeux ses longs favoris blancs comme la neige, donnaient à sa longue figure la forme d'un triangle. Il était d'une propreté scrupuleuse, et pourtant quelques brins de mousse sèche sur ses habits attestaient qu'il ne venait pas de faire toilette exprès pour recevoir son hôte, mais qu'il avait coutume de se promener dans la solitude de son parc avec cette invariable tenue de rigueur.

Il s'assit sans rien dire, salua sans rien dire et regarda Émile sans rien dire. D'abord le jeune homme fut embarrassé de ce silence, et se demanda s'il ne devait pas l'attribuer au dédain. Mais, en voyant le marquis tourner gauchement dans ses doigts une petite branche de chèvrefeuille comme pour se donner une contenance, Émile s'aperçut que ce vieillard était timide comme un enfant, soit par nature, soit par la longue absence de relations où il s'était systématiquement retranché.

Il se décida donc à prendre la parole, et voulant se rendre agréable à son hôte, afin de le maintenir dans ses bonnes dispositions pour le charpentier, il n'hésita pas à lui donner du marquis à chaque mot, s'abandonnant peut-être en secret à un sentiment ironique pour l'orgueil nobiliaire du personnage.

Mais cette railleuse déférence parut aussi indifférente au marquis que l'objet de la visite d'Émile. Il répondit par monosyllabes, pour le remercier de son empressement et lui confirmer qu'il se chargeait de payer les amendes du délinquant.

« C'est une belle et bonne action que vous faites là, monsieur le marquis, dit Émile, et votre protégé, auquel je m'intéresse de tout mon cœur, en est aussi reconnaissant qu'il en est digne. Sans doute vous ignorez que dernièrement, lors de l'inondation, il s'est jeté dans la rivière pour sauver un enfant, et qu'il y a réussi, en courant de grands dangers.
— Il a sauvé un enfant... à lui? demanda M. de Boisguilbault, qui n'avait pas paru entendre les paroles d'Émile, tant il avait montré d'indifférence et de préoccupation.
— Non; l'enfant d'un autre, du premier venu : j'ai fait la même question, j'ai appris que les parents lui étaient presque étrangers.
— Et il l'a sauvé? reprit le marquis après une minute de silence, pendant laquelle il semblait qu'un autre monde imaginaire lui eût traversé le cerveau. C'est fort heureux. »

La voix et l'accent du marquis étaient encore plus refroidissants que sa figure et sa contenance. C'était une diction lente, des mots qui paraissaient sortir de ses lèvres avec un effort extrême, un timbre sans la moindre inflexion. « Décidément il ne sort pas de chez lui et ne se montre à personne, parce qu'il sait qu'il est mort », se dit Émile, qui pensait toujours à sa légende allemande.

« Maintenant, monsieur le marquis, dit-il, aurez-vous la bonté de me dire pourquoi vous avez désiré que mon père envoyât un exprès auprès de vous? Me voici pour recevoir vos instructions.
— C'est que... répondit M. de Boisguilbault un peu troublé d'avoir à faire une réponse directe, et cherchant à rassembler ses idées, c'est que... voici. Cet homme, dont vous me parliez, voudrait ne pas aller en prison, et il faudrait empêcher cela. Dites à M. votre père d'empêcher cela.
— Cela ne regarde pas du tout mon père, monsieur le marquis! Il ne provoquera certainement pas les rigueurs de la justice contre le pauvre Jean, mais il ne saurait empêcher qu'elles aient leur cours.
— Je vous demande pardon, répondit le marquis, il peut parler ou faire parler aux autorités locales. Il a de l'influence, il doit en avoir.
— Mais pourquoi ne feriez-vous pas ces démarches vous-même, monsieur le marquis? vous êtes plus anciennement établi dans le pays que mon père, et si vous croyez à l'influence, vous devez estimer vos priviléges plus haut que les nôtres.
— Les priviléges de naissance ne sont plus de mode, répondit M. de Boisguilbault sans montrer ni dépit, ni regret. Votre père, comme industriel, doit être aujourd'hui plus considéré que moi. Et puis je ne suis plus connu de personne, je suis trop vieux; je ne sais pas même à qui m'adresser, j'ai oublié tout cela. Que M. Cardonnet veuille bien s'en donner la peine, et cet homme ne sera point recherché pour son délit de vagabondage. »

Après ce long discours, M. de Boisguilbault fit un grand soupir comme s'il eût été brisé de fatigue. Mais Émile avait déjà remarqué cette étrange habitude qu'il avait de soupirer, et qui n'était précisément ni l'étouffement d'un asthmatique, ni l'expression d'une douleur morale. C'était comme un tic nerveux, qui n'altérait pas l'impassibilité de sa figure, mais dont la fréquence réagissait sur les nerfs de l'auditeur et finissait par produire chez Émile un malaise douloureux.

« Je pense, monsieur le marquis, dit Émile qui était curieux de le tâter un peu, que vous auriez fort mauvaise opinion d'une société où un privilège quelconque, soit de naissance, soit de fortune, serait l'unique protection du pauvre ou du faible contre des lois trop rigoureuses. J'aime mieux croire que la force morale et l'influence sont à celui qui sait le mieux invoquer les lois de la clémence et de l'humanité.
— En ce cas, Monsieur, agissez à ma place, » répondit le marquis.

Il y avait de l'humilité et de l'éloge dans cette réponse laconique, et pourtant il y avait peut-être aussi de l'ironie. « Qui sait, se disait Émile, si ce vieux misanthrope n'est pas un satirique fort cruel? Eh bien, je me défendrai. »

« Je suis prêt à faire tout ce qui dépendra de moi pour votre protégé, répondit-il ; et si j'échoue, ce sera faute de talent, non faute d'activité et de volonté. »

Peut-être le marquis ne comprit-il pas le reproche ; il ne sembla frappé que d'un mot échappé, pour la seconde fois, à Émile, et il le répéta dans un accès de rêverie un peu hébétée :

« Protégé ! fit-il en soupirant à sa manière.

— J'aurais dû dire votre obligé, reprit Émile, qui se repentait déjà de sa vivacité et craignait de nuire au charpentier. De quelque nom qu'il vous plaise que je l'appelle, monsieur le marquis, cet homme est plein de gratitude pour vos bontés, et s'il eût osé, il m'eût suivi pour vous en remercier encore. »

Une légère rougeur colora instantanément les pommettes de M. de Boisguilbault, et il répondit d'une voix plus assurée :

« J'espère qu'il me laissera tranquille dorénavant. »

Émile fut blessé de ce mouvement, il ne put s'empêcher de le faire sentir :

« Si j'étais à sa place, dit-il avec un peu d'émotion, je souffrirais beaucoup d'être accablé d'un bienfait que mon dévouement, ma gratitude et mon labeur ne pourraient jamais acquitter. Vous seriez encore plus généreux que vous ne l'êtes, monsieur le marquis, si vous permettiez au brave Jean Jappeloup de vous offrir ses remercîments et ses services.

— Monsieur, dit M. de Boisguilbault en ramassant une épingle qu'il attacha sur sa manche, soit pour ne pas montrer une sorte de trouble qui s'emparait de lui, soit par une habitude invétérée d'ordre et d'arrangement, je vous avertis que je suis irascible... très-irascible. »

Sa voix était si calme et sa prononciation si lente en donnant cet avis à Émile, que celui-ci faillit éclater de rire.

« Pour le coup, pensa-t-il, nous sommes un peu toqués, comme dit Jean. Si j'ai eu le malheur de vous déplaire, monsieur le marquis, dit-il en se levant, je me retire pour ne pas aggraver mes torts, car j'aurais peut-être celui de vous demander d'être parfait, et ce serait votre faute.

— Comment cela? dit le marquis en tortillant sa branche de chèvrefeuille avec une agitation qui semblait ne pas dépasser le bout de ses doigts.

— On est exigeant envers ceux qu'on estime, je dirais presque envers ceux qu'on admire, si je ne craignais d'offenser votre modestie.

— Vous vous en allez donc? dit le marquis après un moment de silence problématique et avec un ton plus problématique encore.

— Oui, monsieur le marquis, je vous présente mon respect.

— Pourquoi ne dîneriez-vous pas avec moi?

— Cela m'est impossible, répondit Émile, étourdi et effrayé d'une semblable proposition.

— Vous vous ennuieriez trop ! reprit le marquis avec un soupir qui, cette fois, trouva, je ne sais comment, le chemin du cœur d'Émile.

— Monsieur, répondit-il avec une effusion spontanée, je reviendrai dîner avec vous quand vous voudrez.

— Demain ! dit M. de Boisguilbault d'un ton accablé, qui semblait vouloir démentir l'empressement de son offre.

— Demain, soit, répondit le jeune homme.

— Oh ! non ! pas demain, reprit le marquis : c'est lundi, c'est un mauvais jour pour moi ; mais mardi. Est-ce convenu ? »

Émile accepta avec beaucoup de grâce, mais, au fond de l'âme, il était déjà consterné à l'idée d'un tête-à-tête de quelques heures avec ce mort, et il se repentait d'un élan de compassion auquel il n'avait su se résister.

M. de Boisguilbault, néanmoins, paraissait sortir de sa peur ; il voulut reconduire son hôte jusqu'à la grille où il avait attaché son cheval. « Vous avez là une jolie petite bête, lui dit-il en examinant *Corbeau* d'un air de connaisseur. C'est un *brennoux*, bonne race, solide et sobre. Êtes-vous bon cavalier?

— J'ai plus d'habitude et de hardiesse que de science, répondit Émile ; je n'ai pas encore eu le temps d'apprendre l'équitation par principes, mais je compte le faire dès que l'occasion sera favorable.

— C'est un noble et salutaire exercice, reprit le marquis ; si vous voulez venir me voir quelquefois, je mettrai le peu que je sais à votre service. »

Émile accepta avec politesse l'offre du marquis, mais il ne put s'empêcher de jeter un coup d'œil sur le fluet personnage qui se posait devant lui en professeur.

« Cet animal est-il bien dressé? demanda M. de Boisguilbault en caressant l'encolure de *Corbeau*.

— Il est docile et généreux, mais c'est d'ailleurs un ignorant comme son maître.

— Je n'aime pas beaucoup les animaux, reprit le marquis ; pourtant je m'occupe quelquefois de ceux-là, et je vous ferai voir d'assez beaux élèves. Voulez-vous me permettre d'essayer les qualités du vôtre? »

Émile s'empressa de présenter au vieux marquis le flanc de son coursier ; mais, dans la crainte d'un accident, et voyant avec quelle lenteur et quelle difficulté le vieillard s'enlevait sur l'étrier, il ne put s'empêcher de le prévenir, au risque de lui faire injure, que *Corbeau* était un peu vif et chatouilleux.

Le marquis reçut cet avis sans orgueil, mais n'en persista pas moins dans son projet avec une gravité assez comique. Émile tremblait pour son vieux hôte, et *Corbeau* tressaillait de colère et de crainte sous cette main étrangère. Il essaya même d'entrer en révolte, et, à la douceur du marquis envers cette rébellion, on eût dit qu'il n'était pas fort tranquille lui-même. « Là, là, mon petit ami, lui disait-il en le flattant de la main, ne nous fâchons point. »

Mais ce n'était là que la conséquence de ses principes, qui lui défendaient, comme un crime de lèse-science, de maltraiter les chevaux. Peu à peu il apaisa sa monture sans la châtier, et, la faisant marcher dans sa grande cour nue et sablée comme un manége, il l'essaya dans toutes ses allures, et lui fit exécuter avec une facilité extraordinaire les divers mouvements et changements de pied qu'il aurait pu exiger d'un cheval dressé. *Corbeau* parut se soumettre sans efforts ; mais lorsque le marquis le rendit à Émile, ses naseaux enflammés et sa croupe luisante de sueur révélaient le mystérieuse contrainte que cette main ferme et ces longues jambes inflexibles lui avaient fait subir.

« Je ne le croyais pas si savant ! dit Émile en manière d'éloge au marquis.

— C'est un animal fort intelligent, » répondit celui-ci avec modestie.

Lorsque Émile fut remonté à cheval, *Corbeau* se cabra et bondit avec fureur, comme pour se venger sur un cavalier moins expérimenté de l'ennuyeuse leçon qu'il avait prise.

« Voilà un mors singulier ! se disait Émile en descendant rapidement le chemin qui le ramenait auprès de Jean Jappeloup, et en pensant à ce marquis asthmatique, qui se troublait devant un enfant et domptait un cheval fougueux. Est-ce que cette face cadavérique et cette voix éteinte appartiendraient à un caractère de fer? »

Il trouva le charpentier rempli d'impatience et d'inquiétude, et quand il lui eut rendu compte de la conférence : « C'est bien ; je vous remercie, et je vous confie mes intérêts, dit-il. Mais il faut aussi qu'on s'aide soi-même, et c'est ce que je vais faire. Pendant que vous allez écrire aux autorités, je vais les trouver, moi. Vos écritures prendront du temps, et je ne dormirai pas que je n'aie embrassé mes amis de Gargilesse en plein jour au sortir de vêpres, sous le porche de notre église. Je pars pour la ville...

— Et si on vous arrête en chemin?

— On n'arrête pas sur les chemins que je connais, et que les gendarmes ne connaissent pas. J'arriverai de nuit ; je me glisserai dans la cuisine du procureur du roi. Sa servante est ma nièce. J'ai bonne langue, je m'expliquerai ; je dirai mes raisons, et demain, avant le soir, je rentrerai tête levée dans mon village. »

Sans attendre la réponse d'Émile, le charpentier partit comme un trait, et disparut dans les broussailles.

XII.

DIPLOMATIE INDUSTRIELLE.

Lorsque Émile annonça à son père que le charpentier avait trouvé un libérateur, et qu'il lui eut rendu compte de l'emploi de sa journée, M. Cardonnet devint soucieux, et garda pendant quelques instants un silence aussi problématique que les pauses et les soupirs de M. de Boisguilbault. Mais la froideur apparente de ces deux hommes ne pouvait établir entre eux aucune ressemblance de caractère. Elle était toute d'instinct, d'habitude et d'impuissance chez le marquis, au lieu qu'elle avait été acquise par l'industriel à grand renfort de volonté. Chez le premier, elle provenait de la lenteur et de l'embarras de la pensée ; chez l'autre, au contraire, elle servait de voile et de frein à l'activité de pensées trop impétueuses. Enfin, elle était jouée chez M. Cardonnet. C'était une dignité d'emprunt, un rôle pour imposer aux autres hommes ; et, pendant qu'il paraissait se contenir ainsi, il calculait tumultueusement les effets et les moyens de sa colère près d'éclater. Aussi lorsque l'irrésolution chagrine de M. de Boisguilbault aboutissait à quelques monosyllabes mystérieux, le calme trompeur de M. Cardonnet couvait un orage dont il retardait à son gré l'explosion, mais qui s'exhalait tôt ou tard en paroles nettes et significatives. On eût pu dire que la vie de l'un s'alimentait par ses manifestations puissantes, tandis que celle de l'autre s'épuisait en émotions refoulées.

M. Cardonnet savait fort bien que son fils n'était pas facile à persuader, et que l'intimider par la violence ou la menace était impossible. Il s'était trop souvent heurté à ce caractère énergique, il avait trop éprouvé sa force de résistance, quoique ce n'eût été jusqu'alors que dans les petites occasions offertes au jeune âge, pour ne pas savoir qu'il fallait avant tout lui inspirer un respect fondé. Il ne commettait donc guère de fautes en sa présence, et s'observait, au contraire, avec un soin extrême.

« Eh bien, mon père, êtes-vous donc fâché de ce qui arrive d'heureux à ce pauvre Jean ? dit Émile, et me blâmez vous d'avoir couru au-devant des bonnes intentions de son sauveur ? Je me suis fait tort de votre concours, et il faudra bien que ce méfiant charpentier apprenne à vous connaître, à vous respecter, et même à vous aimer.

— Tout cela, dit M. Cardonnet, ce sont des paroles. Il faut de suite écrire pour lui. Mon secrétaire est occupé, mais je présume que tu voudras bien prendre quelquefois sa place dans les occasions délicates.

— Oh ! de tout mon cœur, s'écria Émile.

— Écris donc, je vais te dicter. »

Et M. Cardonnet rédigea plusieurs lettres remplies de zèle, de sollicitude pour le délinquant, et tournées avec un rare esprit de convenance et de dignité. Il allait jusqu'à offrir aussi sa caution pour Jean Jappeloup, chose impossible pourtant, disait-il, où M. de Boisguilbault, qui avait prévenu ses intentions, se désisterait de sa parole. Quand ces lettres furent signées et fermées, il dit à Émile de les faire partir de suite par un exprès, et il ajouta :

« Maintenant j'ai fait ta volonté ; j'ai interrompu mes occupations pour que ton protégé n'eût pas à souffrir du moindre retard. Je retourne à mes travaux. Nous dînerons dans une heure ; et tu tiendras ensuite compagnie à ta mère, que tu as un peu délaissée tout le jour. Mais ce soir, quand les ouvriers auront fini leur tâche, j'espère que tu seras tout à moi, et que je pourrai t'entretenir de choses sérieuses.

— Mon père, je suis à vous ce soir et toute ma vie, vous le savez bien, » dit Émile en l'embrassant.

M. Cardonnet s'applaudit de n'avoir pas cédé à un premier mouvement d'humeur ; il venait de ressaisir tout son ascendant sur Émile. Le soir, lorsque l'usine étant fermée, les ouvriers furent congédiés, il se rendit dans une partie de son jardin que l'inondation n'avait pu atteindre, et se promena longtemps seul, réfléchissant à ce qu'il allait dire à cet enfant difficile à manier, et ne voulant pas le faire appeler avant de se sentir parfaitement maître de lui-même.

La fatigue fiévreuse qui suit une journée de surveillance et de commandement, le spectacle de dévastation qu'il avait encore sous les yeux, et peut-être aussi l'état de l'atmosphère, n'étaient pas très-propres à calmer l'irritation nerveuse habituelle chez M. Cardonnet. La température avait éprouvé une révolution trop soudaine et trop violente pour n'être pas encore insolite et relâchée. L'air tiède était chargé de vapeurs, comme au mois de novembre, quoiqu'on fût en plein été. Mais ce n'étaient pas les brouillards frais et transparents de l'automne, c'était plutôt une fumée suffocante qui s'exhalait de la terre. L'allée où l'industriel marchait à grands pas était bordée, d'un côté, de buissons de rosiers et d'autres fleurs splendides. De l'autre ce n'étaient que débris, planches charriées et entassées en désordre, énormes cailloux roulés par les eaux ; et depuis cette limite où s'était arrêtée l'inondation, jusqu'au lit de la rivière, plusieurs arpents de jardin, couverts d'une vase noire rayée de sables rouges, offraient l'aspect de quelque forêt d'Amérique ravagée et entraînée à demi par les débordements de l'Ohio ou du Missouri. Les jeunes arbres renversés pêle-mêle entre-croisaient leurs troncs et leurs branches dans des flaques d'eau stagnantes, qui ne pouvaient s'écouler sous les digues fortuites. De belles plantes flétries et souillées faisaient de vains efforts pour se relever, et restaient couchées dans la boue, tandis que, chez quelques autres, la végétation, satisfaite de l'humidité, avait fait déjà éclore, sur des rameaux à demi-brisés, des fleurs superbes et triomphantes. Leur senteur délicieuse combattait l'odeur saumâtre des terres limoneuses, et lorsqu'une faible brise soulevait la brume, ces parfums et ces puanteurs étranges passaient alternativement. Une nuée de grenouilles, qui semblaient être tombées avec la pluie, croassaient dans les roseaux d'une manière épouvantable ; et le bruit de l'usine, qu'il n'était pas encore possible d'arrêter, et dont les rouages se fatiguaient en pure perte, causait à M. Cardonnet une impatience fébrile. Cependant le rossignol chantait dans les bocages restés debout, et saluait la pleine lune avec l'insouciance d'un amant ou d'un artiste. C'était partout un mélange de bonheur et de consternation, de laideur et de beauté, comme si la puissante nature se fût moquée de pertes ruineuses pour les hommes, légères pour elle qui n'avait besoin que d'une journée de soleil et d'une nuit de fraîcheur pour les réparer.

Malgré les efforts de Cardonnet pour concentrer sa réflexion sur ses intérêts de famille, il était à chaque instant troublé et distrait par le souci de ses intérêts pécuniaires. « Maudit ruisseau pensait-il, en fixant, malgré lui ses regards sur le torrent qui roulait fier et moqueur à ses pieds, quand donc renonceras-tu à une lutte impossible ? Je saurai bien t'enchaîner et te contenir. Encore de la pierre, encore du fer, et tu couleras captif dans les limites que ma main veut te tracer. Oh ! je saurai régler ta force insensée, prévoir tes caprices, stimuler tes langueurs et briser tes colères. Le génie de l'homme doit rester ici vainqueur des aveugles révoltes de la nature. Vingt ouvriers de plus, et tu sentiras le frein. De l'argent, et toujours de l'argent ! Il faut une bien petite montagne de ce métal pour arrêter des montagnes d'eau. Tout est dans la question de temps et d'opportunité. Il faut que mes produits arrivent au jour marqué, pour compenser mes dépenses. Un mois d'indifférence et de défaillance perdrait tout. Le crédit est un abîme qu'il faut creuser sans hésitation, parce qu'au fond est le trésor du bénéfice. Creusons encore ! creusons toujours ! Sot et lâche est celui qui s'arrête en chemin et qui laisse ses avances et ses projets s'engloutir dans le vide. Non, non, torrent perfide, terreurs de femmes, pronostics menteurs des envieux, vous ne m'intimiderez pas, vous ne me ferez pas renoncer à mon œuvre, quand j'y

C'était son passe-temps favori. (Page 47.)

ai fait tant de sacrifices, quand la sueur de tant d'hommes a déjà coulé en vain, quand mon cerveau a déjà dépensé tant d'efforts et mon intelligence enfanté tant de prodiges! Ou cette eau roulera mon cadavre dans la fange, ou elle portera docilement les trésors de mon industrie! ».

Et dans la tension pénible de sa volonté, M. Cardonnet frappait du pied le rivage avec une sorte d'enthousiasme furieux.

Cependant il en revint à penser que de son propre sein était sorti un obstacle plus effrayant pour l'avenir que le torrent et les tempêtes. Son fils pouvait tout contrarier ou du moins tout détruire en un jour. Quelles que soient l'âpreté et la personnalité jalouse de l'homme, il ne peut jamais se satisfaire en travaillant pour lui seul, et il n'est point de capitaliste qui ne vive dans l'avenir par les liens de la famille. Cardonnet sentait au fond de ses entrailles un amour sauvage pour son fils. Oh! s'il avait pu refondre cette âme rebelle, et identifier Émile à sa propre existence! Quel orgueil, quelle sécurité n'eût-il pas goûtés? Mais cet enfant, qui avait des facultés éminentes pour tout ce qui n'était pas le vœu de son père, semblait avoir conçu pour la richesse un mépris systématique, et il fallait trouver un joint, un point vulnérable pour faire entrer en lui cette passion terrible. Cardonnet savait bien quelles cordes il fallait faire vibrer; mais pourrait-il contrarier et changer assez la nature de son propre esprit et de son propre talent, pour ne produire aucune dissonance? L'instrument était à la fois délicat et puissant. La moindre faute d'harmonie dans le système qu'il fallait exposer trouverait un juge attentif et perspicace.

Enfin il fallait que Cardonnet, cet homme à la fois violent et habile, mais en qui les habitudes de domination l'emportaient sur celles de la ruse, se livrât à lui-même un combat terrible, étouffât toute émotion emportée, et parlât le langage d'une conviction qui n'était pas tout à fait la sienne. Enfin, se sentant plus calme et se croyant suffisamment préparé, il fit appeler Émile et retourna l'attendre à la même place où il avait été plongé dans une longue et pénible méditation.

« Eh bien, mon père, dit le jeune homme, en prenant sa main avec tendresse et très-ému, car il sentait approcher le moment où il saurait ce qui devait l'emporter dans

Mais quelle que fût sa confusion en reconnaissant sa méprise. (Page 50.)

son cœur, ou de l'amour filial ou de la terreur et du blâme, me voici bien disposé à recevoir avec respect les confidences que vous m'avez promises. J'ai vingt et un ans, et je me sens devenir un homme. Vous avez bien tardé à m'émanciper de la loi du silence et de la confiance aveugle : mon cœur s'est soumis tant qu'il a pu, mais ma raison commence à parler bien haut, et j'attends votre voix paternelle pour les mettre d'accord. Vous allez le faire, je n'en doute pas, et m'ouvrir les portes de la vie ; car jusqu'ici je n'ai fait que rêver, attendre et chercher. J'ai flotté dans des doutes étranges, et j'ai déjà bien souffert sans oser vous le dire. A présent vous me guérirez, vous me donnerez la clef de ce labyrinthe où je m'égare ; vous me tracerez, vers l'avenir, une route que j'aimerai à suivre. Heureux et fier si j'y peux marcher avec vous !

— Mon enfant, répondit M. Cardonnet un peu troublé de ce début plein d'effusion, tu as pris, là-bas, l'habitude d'un langage emphatique que je ne peux pas imiter. Ces manières de dire sont mauvaises, en ce que l'esprit s'échauffe et s'exalte, puis bientôt s'égare dans un exercice de sensibilité exagérée. Je sais que tu m'aimes et que tu crois en moi. Tu sais que je te chéris uniquement, et que ton avenir est mon seul but, ma seule pensée. Parlons donc raisonnablement, froidement, s'il est possible. Récapitulons d'abord un peu ta courte et heureuse existence. Tu es né dans l'aisance, et, comme je travaillais assidûment, la richesse est venue se placer sous tes pas, si vite et si naturellement en apparence, que tu ne t'en es guère aperçu. Chaque année augmentait la puissance d'extension de ta carrière future, et tu étais à peine sorti de l'enfance que j'avais songé à ta vieillesse et à l'avenir de tes enfants. Tu montrais d'heureuses dispositions ; mais ce n'était encore que pour des arts futiles, des choses d'agrément, le dessin, la musique, la poésie... J'ai dû combattre et j'ai combattu le développement de ces instincts d'artiste, quand j'ai vu qu'ils menaçaient d'envahir des facultés plus nécessaires et plus sérieuses.

« En créant ta fortune, je créais tes devoirs. Les beaux arts sont la bénédiction et la richesse du pauvre ; mais la richesse exige des forces mieux trempées pour supporter le poids des obligations qu'elle impose. Je me suis interrogé moi-même ; j'ai vu ce qui avait manqué à mon éducation, et j'ai pensé que nous devions nous compléter l'un par l'autre, puisque nous étions, par la loi du sang, solidaires de la même entreprise. J'avais l'intelligence des théories industrielles auxquelles je me suis voué ; mais, n'ayant pas été rompu à la pratique d'assez bonne heure, n'ayant pas étudié la spécialité de ma vocation, n'arrivant que par l'instinct et une sorte de divination aux solutions de la géométrie et de la mécanique, j'étais exposé à faire des fautes, à m'engager dans de fausses voies, à me laisser égarer par mes rêves ou ceux des autres, enfin à perdre, outre des sommes d'argent, des jours, des semaines, des années, le temps enfin, qui est le plus précieux de tous les capitaux. J'ai donc voulu que tu fusses instruit dans ces sciences au sortir du collége, et tu t'es astreint, malgré ton jeune âge, à des travaux ardus. Mais ton esprit a voulu bientôt prendre un essor qui t'éloignait de mon but.

« L'étude des sciences exactes te conduisait, malgré moi, malgré toi-même, à la passion des sciences naturelles, et, prenant des chemins de rencontre, tu ne songeais qu'à l'astronomie et aux rêveries des mondes où nous ne pouvons pénétrer. Après une lutte où je ne fus pas le plus fort, je te fis abandonner ces sciences, faute de pouvoir te ramener à une saine et utile application ; et renonçant à faire de toi un mécanicien, je cherchai en quoi tu pourrais m'être utile. Quand je dis m'être utile, j'imagine que tu ne te méprends pas sur le sens des mots. Ma fortune étant la tienne, je devais te former pour cette œuvre qui bientôt aura probablement usé ma vie à ton profit ; c'est dans l'ordre. Je suis heureux de faire mon devoir, et j'y persisterai malgré toi, s'il le faut. Mais la raison et l'amour paternel ne devaient-ils pas me pousser à te rendre propre, sinon au développement, du moins à la conservation et à la défense de cette fortune ? L'ignorance où j'étais de la législation m'avait mis cent fois à la merci des conseils ignares ou perfides ; j'avais été la proie de ces parasites de la chicane, qui, n'ayant ni vrai savoir, ni saine intelligence des affaires, exigent une soumission aveugle de leurs clients, et compromettent leurs plus graves intérêts par sottise, entêtement, présomption, fausse tactique, vaines subtilités et le reste. Je me suis dit alors qu'avec une intelligence claire et prompte comme la tienne, tu pouvais, en peu d'années, apprendre le droit, et te faire une assez juste idée des détails de la procédure, pour n'avoir jamais besoin d'autre guide, d'autre conseil, d'autre confident, surtout, que toi-même. Je n'ai jamais voulu faire de toi un rhéteur, un avocat, un comédien de cour d'assises ; mais je t'ai demandé de prendre tes inscriptions et de passer tes examens... Tu me l'avais promis !

— Eh bien, mon père, me suis-je révolté, ai-je manqué à ma parole ? dit Émile, surpris d'entendre M. Cardonnet parler avec un mépris superbe et quasi insolent de ces professions, dont il avait essayé de faire ressortir l'honneur et l'éclat, lorsqu'il s'était agi de décider son fils à les étudier.

— Émile, reprit l'industriel, je ne veux pas te faire de reproches ; mais tu as une manière passive et apathique de te résigner, cent fois pire que la résistance. Si j'avais pu prévoir que tu perdrais ton temps, j'aurais vite songé à quelque autre chose ; car, je te l'ai dit, le temps est le capital des capitaux, et voilà deux années de ton existence qui n'ont rien produit pour le développement de tes moyens, et par conséquent pour ton avenir.

— Je me flatte pourtant du contraire, dit Émile en souriant avec un mélange de douceur et de fierté, et je puis vous assurer, mon père, que j'ai beaucoup travaillé, beaucoup lu, beaucoup pensé, je n'ose pas dire beaucoup acquis, durant mon séjour à Poitiers.

— Oh ! je sais fort bien ce que tu as lu et appris, Émile ! je m'en suis aperçu de reste à tes lettres, quand même je ne l'aurais pas su par mon correspondant ; et je te déclare que toute cette belle science philosophico-métaphysico-politico-économique est ce qu'il y a, à mon sens, de plus creux, de plus faux, de plus chimérique et de plus ridicule, pour ne pas dire de plus dangereux, pour la jeunesse. C'est à tel point que tes dernières lettres m'auraient fait pâmer de rire, juge, si, comme père, je n'en avais éprouvé un chagrin mortel ; et c'est précisément en voyant que tu étais monté sur un nouveau dada, et que tu allais encore une fois prendre ton vol à travers les espaces, que j'ai résolu de te rappeler auprès de moi, soit pour un temps, soit pour toujours, si je ne réussis pas à te remettre l'esprit.

— Votre raillerie et votre dédain sont bien cruels, mon père, et affligent plus mon cœur qu'ils ne blessent mon amour-propre. Que je ne sois pas d'accord avec vous, c'est possible : je suis prêt à vous entendre refuser toutes mes croyances ; mais que, lorsque pour la première fois de ma vie, j'éprouvais le besoin et j'avais le courage de verser dans votre sein toutes mes pensées et toutes mes émotions, vous me repoussiez avec ironie... c'est bien amer, et cela me fait plus de mal que vous ne pensez.

— Il y a plus d'orgueil que tu ne le penses, toi, dans cette douceur puérile. Ne suis-je pas ton père, ton meilleur ami ? Ne dois-je pas te faire entendre la vérité quand tu t'abuses et te ramener quand tu t'égares ? Allons ! arrière la vanité entre nous ! Je fais de ton intelligence plus de cas que toi-même, puisque je ne veux pas la laisser se détériorer par de mauvais aliments. Écoute-moi, Émile ! je sais fort bien que c'est la mode chez les jeunes gens d'aujourd'hui de se poser en législateurs, de philosopher sur toutes choses, de réformer des institutions qui durèrent plus longtemps qu'eux, d'inventer des religions, des sociétés, une morale nouvelle. L'imagination se plaît à ces chimères, et elles sont fort innocentes quand elles ne durent pas trop longtemps. Mais il faut laisser cela sur les bancs de l'école, et avant de la détruire, connaître et pratiquer la société : on s'aperçoit bientôt qu'elle vaut encore mieux que nous, et que le plus sage est de s'y soumettre avec adresse et tolérance. Te voilà trop grand garçon pour gaspiller tes désirs et tes réflexions sur un sujet sans fond. Je désire que tu t'attaches à la vie réelle, positive ; qu'au lieu de t'épuiser en critiques sur les lois qui nous gouvernent, tu en étudies le sens et l'application. Si cette étude, au contraire, te porte à un esprit de réaction et de dépit contre la vérité, il faut l'abandonner, et aviser à trouver quelque chose d'utile à faire et à quoi tu te sentes propre. Voyons, nous sommes ici pour nous entendre et pour conclure : pas de vaines déclamations, pas de dithyrambes poétiques contre le ciel et les hommes ! Pauvres créatures d'un jour, nous n'avons pas de temps à perdre à interroger notre destinée avant et après notre courte apparition sur la terre. Nous ne résoudrons jamais cette énigme. Nous avons pour devoir religieux de travailler ici-bas sans relâche et de nous en aller sans murmure. Nous devons compte de notre labeur à la génération qui nous précède et qui nous forme, et à celle qui nous suit et que nous formons. C'est pourquoi les liens de famille sont sacrés, et l'héritage inaliénable, malgré vos belles théories communistes auxquelles je n'ai jamais pu rien comprendre, parce qu'elles ne sont pas mûres, et qu'il faut encore des siècles au genre humain pour les admettre. Réponds-moi, que veux-tu faire ?

— Je n'en sais absolument rien, répondit Émile accablé sous l'étroitesse et la froideur de tant de lieux communs, débités avec une facilité hautaine et brutale. Vous tranchez si fièrement des questions qu'il me faudra peut-être toute ma vie pour résoudre, que je ne saurais vous suivre dans cette course ardente vers un but inconnu. Je suis trop faible et trop borné apparemment pour trouver dans ma propre activité la récompense ou le motif de tant d'efforts. Mes goûts ne m'y portent nullement. J'aime le travail de l'esprit, et j'aimerais celui du corps, si l'un devenait le serviteur de l'autre pour conquérir les satisfactions du cœur ; mais travailler pour acquérir et acquérir pour conserver, et pour acquérir encore, jusqu'à ce que la mort mette un terme à cette soif aveugle, voilà ce qui n'a ni sens ni attrait pour moi. Il n'est en moi aucune faculté que vous puissiez employer à cet usage ; je ne suis pas né joueur, et les chances passionnées de la hausse et de la baisse d'une fortune ne me causeront jamais la moindre émotion.

« Si mes aspirations et mes enthousiasmes sont des chimères indignes d'un esprit sérieux, s'il n'y a pas une vérité éternelle, une raison divine des choses, un idéal qu'on puisse porter dans l'âme, pour se soutenir et se diriger à travers les maux et les injustices du présent, je n'existe plus, je ne crois plus à rien; je consens à mourir pour vous, mon père; mais vivre et combattre comme vous et avec vous, je n'ai ni cœur, ni bras, ni tête pour ce genre de travail. »

M. Cardonnet se sentit frémir de colère, mais il se contint. Ce n'était pas sans dessein qu'il avait provoqué si maladroitement l'indignation et la résistance de son fils. Il avait voulu l'amener à dire toute sa pensée, et tâter, pour ainsi dire, son enthousiasme. Quand il vit, au ton amer et à l'expression désespérée du jeune homme, que cela était aussi sérieux qu'il l'avait craint, il résolut de tourner l'obstacle, et de manœuvrer de manière à ressaisir son influence.

XIII.

LA LUTTE.

« Émile, reprit l'industriel avec un calme bien joué, je vois que nous parlons depuis quelques instants sans nous comprendre, et quoi, si nous continuons sur ce ton-là, tu vas me chercher querelle et me traiter comme si tu étais un jeune saint et moi un vieux païen. A qui en as-tu? J'avais bien raison, en commençant, de vouloir te mettre en garde contre l'enthousiasme. Toute cette chaleur de cerveau n'est qu'une effervescence de jeunesse, et tu ne comprendras plus à mon âge, quand tu auras un peu l'expérience et l'habitude du devoir, qu'il soit nécessaire de se battre les flancs pour être honnête et de faire sonner si haut ses convictions. Prends garde à l'emphase, qui n'est que le langage de la vanité satisfaite. Voyons, enfant, crois-tu, par hasard, que la loyauté, la moralité, la bonne foi dans les engagements, les sentiments d'humanité, la pitié pour les malheureux, le dévouement à son pays, le respect des droits d'autrui, les vertus de famille et l'amour du prochain, soient des vertus bien rares, et quasi impossibles dans le temps et le monde où nous vivons?

— Oui, mon père, je le crois fermement.

— Moi, je ne le pense pas. Je suis moins misanthrope à cinquante ans que toi à vingt et un : j'ai moins mauvaise opinion de mes semblables, apparemment faute de posséder tes lumières et la sûreté de ton coup d'œil!....

— Au nom du ciel! ne me raillez pas, mon père, vous me déchirez le cœur.

— Eh bien, parlons sérieusement. Je veux bien supposer avec toi que ces vertus soient la religion et la règle d'un petit nombre. Me feras-tu au moins l'honneur de supposer qu'elles ne sont pas absolument inconnues à ton père?

— Mon père, la plupart de vos actions m'ont prouvé que faire le bien était votre unique ambition. Pourquoi donc vos paroles semblent-elles prendre à tâche de me prouver que vous avez un but moins noble?

— Voilà où j'en veux venir précisément. Tu m'accordes d'avoir une conduite irréprochable, et pourtant tu te scandalises de m'entendre invoquer le calme de la raison et les conseils de la saine logique. Dis-moi, que penserais-tu de ton père si, à toute heure, tu l'entendais déclamer contre ceux qui n'imitent pas son exemple? Si, se posant en modèle, et tout gonflé de l'amour et de l'admiration de lui-même, il te fatiguait à tout propos de son propre éloge et d'anathèmes lancés au reste du genre humain? Tu garderais le silence et tu jetterais un voile sur ce ridicule travers; mais, malgré toi, tu penserais que ton brave homme de père a une faiblesse déplorable et que sa vanité nuit à son mérite.

— Sans doute, mon père, j'aime mieux votre réserve et le bon goût de votre modestie; mais lorsque nous sommes seuls ensemble, et dans les rares et solennelles occasions où, comme aujourd'hui, vous daigneriez m'ouvrir votre cœur, je suis bien heureux de pouvoir entendre exalter les grandes idées et me verser un saint enthousiasme, au lieu de vous voir dénigrer et refouler mes aspirations avec mépris?

— Ce ne sont ni les grandes idées que je méprise, ni les bons désirs que je raille. Ce que je repousse et veux étouffer en toi, ce sont les déclamations et les forfanteries des nouvelles écoles humanitaires. Je ne puis souffrir qu'on érige en vérités inconnues jusqu'à ce jour des principes aussi vieux que le monde. Je voudrais que tu aimasses le devoir avec un calme inébranlable, et te le voir pratiquer avec le silence stoïque de la vraie conviction. Crois-moi, ce n'est pas d'hier que nous connaissons le bien et le mal, et, pour aimer la justice, je n'ai pas attendu que tu allasses sucer la manne céleste en fumant des cigares sur le pavé de Poitiers.

— Tout cela peut être vrai en général, mon père, dit Émile ranimé par l'ironie obstinée de M. Cardonnet. Il y a de vieux citoyens qui, comme vous, pratiquent la vertu sans ostentation, et il peut y avoir d'impertinents écoliers qui la prêchent sans l'aimer et quasi sans la connaître. Mais ce dernier trait de satire, je ne saurais le prendre pour moi, ni pour mes jeunes amis. Je ne crois pas être autre chose qu'un enfant et ne me pique d'aucune expérience. Au contraire, je viens avec respect et confiance, rempli seulement de bons instincts et de bonnes intentions, vous demander la vérité, le conseil, l'exemple, l'aide et les moyens. Je n'ai pour moi que mes jeunes idées et je vous en fais hommage.

« Révolté des effrayantes contradictions que les lois de la société connaissent et sanctionnent, je vous supplie de me dire comment vous avez pu les accepter sans protestations et rester honnête homme. Je m'avoue faible et ignorant, puisque je n'en aperçois pas la possibilité. Dites-moi donc enfin, au lieu de me couvrir de sarcasmes glacés. Suis-je coupable de demander la lumière? suis-je insolent et fou parce que je veux savoir les lois de ma conscience et le but de ma vie? Oui, votre caractère est digne, et votre tenue sage et mesurée; oui, votre cœur est bon et votre main libérale. Oui, vous secourez le pauvre et vous récompensez son labeur.

« Mais où allez-vous par ce chemin si droit et si sûr? Je trouve que parfois vous manquez d'indulgence, et votre sévérité m'a effrayé souvent.

« Je me suis toujours dit que vous aviez la vue plus claire et l'esprit plus prévoyant que les natures tendres et timides, que le mal momentané que vous faisiez souffrir était en vue d'un bien durable et d'un talent essentiel; aussi, malgré mes répugnances pour les études que vous m'imposiez, malgré mes goûts sacrifiés à vos vues cachées, mes désirs souvent froissés et étouffés en naissant, je me suis imposé la loi de vous suivre et de vous obéir en tout.

« Mais le moment est venu où il faut que vous m'ouvriez les yeux, si vous voulez que je puisse accomplir cet effort surhumain; car l'étude du droit ne satisfait pas ma conscience : je ne conçois pas que je puisse jamais m'engager dans les luttes de la procédure, encore moins que je m'astreigne comme vous à presser le travail des hommes à mon profit, si je ne vois clairement où je vais et quel sacrifice utile à l'humanité j'aurai accompli au prix de mon bonheur.

— Ton bonheur serait donc de ne rien faire et de vivre les bras croisés, à regarder les astres? Il semble que tout travail t'irrite ou te fatigue, même le droit, que tous les jeunes gens apprennent en se jouant?

— Mon père, vous savez bien le contraire; vous m'avez vu me passionner pour des études plus abstraites, et vous m'avez arrêté comme si j'avais couru à ma perte. Vous savez bien, pourtant, quel était mon vœu, lorsque vous me pressiez de chercher une application matérielle des sciences que je préférais. Vous ne vouliez pas que je fusse artiste et poëte : peut-être aviez-vous raison; mais j'aurais pu être naturaliste, tout au moins agriculteur, et vous m'en avez empêché. C'était pourtant une application réelle et pratique.

« L'amour de la nature m'entraînait à la vie des champs. Le plaisir infini que je trouvais à sonder ses lois et ses mystères, me conduisait naturellement à pénétrer ses forces cachées, et à vouloir les diriger et les féconder par un travail intelligent.

« Oui, là était ma vocation, n'en doutez pas. L'agriculture est en enfance ; le paysan s'épuise aux travaux grossiers de la routine ; des terres immenses sont incultes. La science décuplerait les richesses territoriales et allégerait la fatigue de l'homme.

« Mes idés sur la société s'accordaient avec le rêve de cet avenir. Je vous demandais de m'envoyer étudier dans quelque ferme-modèle. J'aurais été heureux de me faire paysan, de travailler d'esprit et de corps, d'être en contact perpétuel avec les hommes et les choses de la nature. Je me serais instruit avec ardeur, j'aurais creusé plus avant que d'autres peut-être le champ des découvertes ! Et, un jour, sur quelque lande déserte et nue transformée par mes soins, j'aurais fondé une colonie d'hommes libres, vivant en frères et m'aimant comme un frère.

« C'était là toute mon ambition, toute ma soif de fortune et de gloire. Était-ce donc insensé ? et pourquoi avez-vous exigé que j'allasse apprendre servilement un code qui ne sera jamais le mien ?

— Voilà, voilà ! dit M. Cardonnet en haussant les épaules ; voilà l'utopie du frère Émile, frère morave, quaker, néo-chrétien, néo-platonicien, que sais-je ? C'est superbe, mais c'est absurde.

— Eh bien, dites donc pourquoi, mon père ; car vous prononcez toujours la sentence sans la motiver.

— Parce que, mêlant tes utopies de socialiste à tes spéculations creuses de savant, tu aurais versé des trésors sur la pierre, tu n'aurais fait pousser ni froment sur le sol stérile, ni hommes capables de vivre en frères sur la terre commune. Tu aurais dépensé follement d'une main ce que j'aurais amassé de l'autre ; et à quarante ans, épuisé de fantaisies, à bout de génie et de confiance, dégoûté de l'imbécillité ou de la perversité de tes disciples, fou peut-être, car c'est ainsi que finissent les âmes sensibles et romanesques, lorsqu'elles veulent appliquer leurs rêves, tu me serais revenu accablé de ton impuissance, irrité contre l'humanité, et trop vieux pour reprendre le bon chemin. Au lieu que, si tu m'écoutes et me suis, nous marcherons ensemble sur une route droite et sûre, et avant qu'il soit dix ans, nous aurons fait une fortune dont je n'ose te dire le chiffre, tu n'y croirais pas.

— Admettons que ce ne soit pas un rêve aussi, mon père, et peu m'importe jusqu'à présent ; que ferons-nous de cette fortune ?

— Tout ce que tu voudras, tout le bien que tu rêveras alors ; car je ne suis pas inquiet pour la raison et la prudence, si tu laisses venir l'expérience de la vie, et mûrir paisiblement ta cervelle.

— Eh quoi ! nous ferons le bien ? oui, c'est de cela qu'il faut me parler, mon père, et je suis tout oreilles ! Quel sera ce bonheur dont nous doterons les hommes ?

— Tu le demandes ! Quel mystère divin cherches-tu donc ailleurs que dans les choses humaines ? Nous aurons procuré à toute une province les bienfaits de l'industrie ! Et ne sommes-nous pas déjà sur la voie ? Le travail n'est-il pas la source et l'aliment du travail ? ne faisons-nous pas travailler déjà ici plus d'hommes en un jour que l'agriculture et les petites industries barbares que je tends à supprimer n'en occupaient dans un mois ? Leurs salaires ne sont-ils pas augmentés ? Ne sont-ils pas à même d'acquérir l'esprit d'ordre, la prévoyance, la sobriété, toutes les vertus qui leur manquent ? Où donc sont cachées ces vertus, seul bonheur du pauvre ? dans le travail absorbant, dans la fatigue salutaire et dans le salaire proportionné. Le bon ouvrier a l'esprit de famille, le respect de la propriété, la soumission aux lois, l'économie, l'habitude et les trésors de l'épargne. C'est l'oisiveté de tous les mauvais raisonnements qu'elle engendre qui le perdent. Occupez-le, écrasez-le de besogne ; il est robuste, il le deviendra davantage ; il ne rêvera plus le bouleversement de la société. Il mettra de la règle dans sa conduite, de la propreté dans sa maison, il y apportera le bien-être et la sécurité. Et s'il devient vieux et infirme, quelque bonne volonté que vous ayez de le secourir, ce ne sera plus nécessaire. Il aura songé lui-même à l'avenir ; il n'aura pas besoin d'aumônes et de protections comme votre ami Jappeloup le vagabond ; il sera véritablement un homme libre. Il n'y a pas d'autre moyen de sauver le peuple, Émile. Je suis fâché de te dire que ce sera plus long à réaliser qu'une utopie à concevoir ; mais si l'entreprise est rude et longue, elle est digne d'un philosophe comme toi, et je ne la trouve pas au-dessus des forces d'un travailleur de mon espèce.

— Quoi ! c'est là tout l'idéal de l'industrie, dit Émile, écrasé sous cette conclusion. Le peuple n'a pas d'autre avenir que le travail incessant, au profit d'une classe qui ne travaillera jamais ?

— Telle n'est pas ma pensée, reprit M. Cardonnet. Je hais et méprise les oisifs : c'est pour cela que je n'aime pas les poëtes et les métaphysiciens. Je veux que tout le monde travaille suivant ses facultés, et mon idéal, puisque ce mot te plaît, ne serait pas éloigné de celui des saint-simoniens : *A chacun suivant sa capacité*, la récompense proportionnée au mérite. Mais, dans le temps où nous vivons, l'industrie n'a pas encore assez pris son essor pour qu'on puisse songer à un système moral de répartition. Il faut voir ce qui est et n'envisager que le possible. Tout le mouvement du siècle tourne à l'industrie. Que l'industrie règne donc et triomphe ; que tous les hommes travaillent : qui du bras, qui de la tête ; c'est à celui qui a plus de tête que de bras à diriger les autres ; il a le droit et le devoir de faire fortune. Sa richesse devient sacrée, puisqu'elle est destinée à s'accroître, afin d'accroître le travail et le salaire. Que la société concoure donc, par tous les moyens, à asseoir la puissance de l'homme capable ! sa capacité est un bienfait public ; et que lui-même s'efforce d'augmenter sans cesse son activité : c'est son devoir personnel, sa religion, sa philosophie. En somme, il faut être riche pour devenir toujours plus riche, vous l'avez dit, Émile, sans comprendre que vous disiez la plus excellente des vérités.

— Ainsi, mon père, vous ne donnez à l'homme qu'autant qu'il travaille ? Mais comptez-vous donc pour rien celui qui ne peut pas travailler ?

— Je trouve, dans la richesse, les moyens de pouvoir secourir l'infirme et l'idiot.

— Mais le paresseux ?

— J'essaie de le corriger ; et, si je ne réussis pas, je l'abandonne aux lois de répression, vu qu'il ne tarde pas à être nuisible et à encourir leur rigueur.

— Dans une société parfaite, cela pourrait être juste, parce que les paresseux deviendraient une monstrueuse exception ; mais, dans l'exercice d'une autorité aussi sévère que la vôtre, lorsque vous demandez au travailleur toute sa force, tout son temps, toute sa pensée, toute sa vie, oh ! que de paresseux seraient chassés et abandonnés.

— Avec les bienfaits de l'industrie, on arriverait dans peu à augmenter tellement le bien-être des classes pauvres, qu'il serait facile de fonder des écoles presque gratuites, où leurs enfants apprendraient l'amour du travail.

— Je crois que vous vous trompez, mon père ; mais quand il serait vrai que les enrichis songeront à l'éducation du pauvre, l'amour du travail sans relâche, et sans autre compensation qu'un peu de sécurité pour la vieillesse, est si contraire à la nature, qu'on ne l'inspirera jamais à l'enfance. Quelques natures exceptionnelles, dévorées d'activité ou d'ambition, feront le sacrifice de leur jeunesse ; mais quiconque sera simple, aimant, porté à la rêverie, à d'innocents et légitimes plaisirs, et soumis à ces besoins d'affection et de calme qui sont le bien-être légitime de l'espèce humaine, fuira cette geôle du travail exclusif où vous voulez l'enfermer, et préférera encore les hasards de la misère à la sécurité de l'esclavage. Ah ! mon père, par votre rude organisation, par votre puissance infatigable, par votre sobriété stoïque et votre habitude de labeur effréné, vous êtes un homme d'exception, et vous concevez une société faite à votre image, vous ne vous apercevez pas qu'il n'y trouve pas de place avantageuse que pour des hommes d'exception. Ah ! permettez-moi de vous le dire, c'est là une utopie plus effrayante que les miennes.

— Eh bien, Émile, puisses-tu l'avoir, cette utopie, dit

M. Cardonnet avec chaleur; elle est une source de force et un stimulant précieux pour cette société de rêveurs, d'oisifs et d'apathiques où je me consume d'impatience. Sois pareil à moi, et si nous trouvions en France, à l'heure qu'il est, cent hommes semblables à nous, je te réponds que dans cent ans ce ne seraient plus des exceptions. L'activité est contagieuse, entraînante, prestigieuse! c'est par elle que Napoléon a dominé l'Europe : il l'eût possédée, si, au lieu d'être guerrier, il eût été industriel. Oh! puisque tu es enthousiaste, sois-le donc à ma manière! secoue ta langueur et partage ma fièvre! Si nous n'entraînons pas encore l'humanité, nous aurons ouvert de larges tranchées où nos descendants la verront se remuer avec un sainte fureur.

— Non, mon père, non, jamais, s'écria Émile épouvanté de l'énergie terrible de M. Cardonnet: car ce n'est pas la route de l'humanité. Il n'y a là ni amour, ni pitié, ni tendresse. L'homme n'est pas né pour ne connaître que la souffrance et n'étendre ses conquêtes que sur la matière. Les conquêtes de l'intelligence dans le domaine des idées, les jouissances et les délicatesses du cœur, dont vous ne faites que des accessoires bien gouvernés dans la vie du travailleur, seront toujours le plus noble et le plus doux besoin de l'humanité bien organisé. Vous ne voyez donc pas que vous retranchez tout un côté des intentions et des bienfaits de la Divinité? que vous ne laissez pas à l'esclavage du travail le temps de respirer et de se reconnaître? que l'éducation dirigée vers le gain ne fera que des machines brutales, et non des hommes complets? Vous dites que vous concevez un temps dans la suite des siècles, qu'un temps peut venir où chacun sera rétribué suivant sa capacité? Eh bien, cette formule est fausse parce qu'elle est incomplète, et si l'on n'y ajoute celle-ci : « à chacun suivant ses besoins, » c'est l'injustice, c'est le droit du plus fort par l'intelligence et par la volonté, c'est l'aristocratie et le privilège sous d'autres formes.

« O mon père, au lieu de lutter avec les forts contre les faibles, luttons avec les faibles contre les forts. Essayons ! mais alors ne songeons point à faire fortune, renonçons à capitaliser pour notre compte. Consentez-y, puisque j'y consens, moi, pour qui vous travaillez aujourd'hui. Tâchons de nous identifier l'un à l'autre de cette façon, et renonçons au gain personnel en embrassant le travail. Puisque nous ne pouvons à nous seuls créer une société où tous seraient solidaires des autres, soyons comme ouvriers de l'avenir, dévoués aux faibles et aux incapables d'à présent.

« Si le génie de Napoléon eût été formé à cette doctrine, peut-être eût-elle converti le monde; mais qu'on trouve cent hommes semblables à nous, et que cette fièvre d'acquérir soit, un zèle divin, que la soif de la charité nous dévore, associons tous nos travailleurs à tous nos bénéfices, que notre grande fortune ne soit pas votre propriété et mon héritage, mais la richesse de quiconque nous aura aidés suivant ses moyens et ses forces à la fonder; que le manœuvre puisse apporter sa pierre soit mis à même de connaître autant de jouissances matérielles que vous qui apportez votre génie; qu'il puisse, lui aussi, habiter une belle maison, respirer un air pur, se nourrir d'aliments sains, se reposer après la fatigue, et donner l'éducation à ses enfants; que notre récompense ne soit pas dans le vain luxe dont nous pouvons nous entourer, vous et moi, dans la joie d'avoir fait des heureux, je comprendrai cette ambition et j'en serai dévoré. Et alors, mon père, mon bon père, votre œuvre sera bénie.

« Cette paresse, cette apathie qui vous irritent et qui ne sont que le résultat d'une lutte où quelques-uns triomphent au détriment d'un grand nombre qui succombe et se décourage, disparaîtront d'elles-mêmes par la force des choses ! Alors vous trouverez tant de zèle et d'amour autour de vous, que vous ne serez plus obligé de vous épuiser seul pour stimuler tous les autres. Comment pourrait-il en être autrement aujourd'hui, et de quoi vous plaignez-vous?

« Sous la loi de l'égoïsme, chacun donne sa force et sa volonté en proportion de ce qu'il en retire de profits. Belle merveille, que vous, qui recueillez tout, vous soyez le seul ardent et assidu, tandis que le salarié, qui ne recueillera chez vous qu'une aumône un peu plus libérale qu'ailleurs, ne vous apporte qu'un peu plus de son zèle.

« Vous augmentez le salaire, c'est beau sans doute, et vous valez mieux que la plupart de vos concurrents qui voudraient le diminuer; mais vous pouvez décupler, centupler le zèle, faire éclore comme par miracle le feu du dévouement, l'intelligence du cœur dans ces âmes engourdies et affaissées, et vous ne le voudriez pas!

« Et pourquoi donc, mon père? Ce ne sont pas les jouissances du luxe que vous aimez, puisque vous ne jouissez de rien, si ce n'est de l'ivresse de vos projets et de vos conquêtes. Eh bien, supprimez le bénéfice personnel: vous n'en avez que faire, et moi j'y renonce avec transport. Soyons seulement les dépositaires et les gérants de la conquête commune. Cette fortune rêvée, dont vous n'osez pas dire le chiffre, dépassera tellement vos prévisions et vos espérances, que bientôt vous aurez acquis de quoi donner à vos travailleurs des jouissances morales, intellectuelles et physiques, qui en feront des hommes nouveaux, des hommes complets, de vrais hommes, enfin! car jusqu'ici je n'en vois nulle part. Tout équilibre est rompu; je ne vois que des fourbes et des brutes, des tyrans et des serfs, des aigles puissants et voraces, des passereaux stupides et poltrons destinés à leur servir de pâture. Nous vivons suivant la loi aveugle de la nature sauvage; le code de l'instinct farouche qui régit la brute est encore l'âme de notre prétendue civilisation, et nous osons dire que l'industrie va sauver le monde sans sortir de cette voie! Non, non, mon père, erreur et mensonge que toutes ces déclamations de l'économie politique à l'ordre du jour! Si vous me forcez à être riche et puissant, comme vous me l'avez dit tant de fois, et si, en raison de la grossière influence de l'argent, les adorateurs de l'argent m'envoient représenter leurs intérêts aux conseils de la nation, je dirai ce que j'ai dans l'âme; je parlerai, et je le parlerai qu'une fois sans doute : car on m'imposera silence ou on me fera sortir de l'enceinte; mais ce que je dirai, on s'en souviendra; et ceux qui m'auront élu se repentiront de leur choix ! ».

Cette discussion se prolongea fort avant dans la nuit, et on peut bien penser qu'Émile ne convertit pas son père. M. Cardonnet n'était ni méchant, ni impie, ni coupable volontairement envers Dieu ou les hommes. Il avait même bien réellement certaines vertus pratiques et une grande capacité spéciale. Mais son caractère de fer était le résultat d'une âme absolument vide d'idéal.

Il aimait son fils et ne pouvait le comprendre. Il soignait et protégeait sa femme, mais il n'avait jamais songé qu'à étouffer en elle toute initiative qui eût pu embarrasser sa marche journalière. Il eût voulu pouvoir réduire Émile de la même façon; mais, reconnaissant que cela était impossible, il en éprouva un violent chagrin, et même des larmes de dépit mouillèrent ses paupières brûlantes dans cette veillée orageuse. Il croyait sincèrement être dans la logique, dans la seule véritable admissible et praticable.

Il se demandait par quelle fatalité il avait pour fils un rêveur et un utopiste, et plus d'une fois il éleva vers le ciel ses bras d'athlète, demandant avec une angoisse inexprimable, quel crime il avait commis, pour être frappé d'un tel malheur.

Émile, épuisé de fatigue et de chagrin, finit par avoir pitié de cette âme blessée et de cet incurable aveuglement.

« Ne parlons donc plus jamais de ces choses-là, mon père, dit-il en essuyant aussi des larmes qui prenaient leur source plus avant dans son cœur : nous ne pouvons nous identifier l'un à l'autre. Il ne s'agit plus que de continuer à faire acte de soumission et d'amour filial, sans me préoccuper davantage de moi-même et d'un bonheur que je vous sacrifie. Que m'ordonnez-vous?

« Dois-je retourner à Poitiers et y terminer mes études jusqu'à ce que je passe mes examens? Dois-je rester ici et vous servir de secrétaire ou de régisseur? Je fermerai les yeux, et je travaillerai comme une machine tant qu'il me sera possible! Je ne considérerai comme votre employé, je serai à votre service... »

— Et tu ne me regarderas plus comme ton père? dit M. Cardonnet. Non, Émile, reste auprès de moi, sois libre, je te donne trois mois, pendant lesquels, vivant dans le sein de ta famille, loin des déclamations des philosophes imberbes qui t'ont perdu, tu reviendras toi-même à la raison. Tu es doué d'un tempérament robuste, et le travail absorbant de la pensée t'a peut-être trop échauffé le cerveau. Je te considère comme un enfant malade et te reprends à la campagne pour te guérir. Promène-toi, chasse, monte à cheval, distrais-toi, en un mot, afin de rétablir ton équilibre qui me paraît plus dérangé que celui de la société. J'espère que tu adouciras ton intolérance, en voyant que ton intérieur n'est pas un foyer de scélératesse et de corruption. Dans quelque temps, peut-être, tu me diras que les rêveries creuses t'ennuient et que tu sens le besoin de m'aider volontairement.

Émile courba la tête sans répliquer, et quitta son père en le pressant dans ses bras avec un sentiment de douleur profonde. M. Cardonnet, n'ayant rien trouvé de mieux que de temporiser, s'agita longtemps dans son lit, et finit par s'endormir en se disant, contre son habitude, qu'il fallait parfois compter sur la Providence plus que sur soi-même.

XIV.

PREMIER AMOUR.

L'énergique Cardonnet, tout entier à ses occupations journalières, ou assez maître de lui-même pour ne pas laisser voir la moindre trace de sa souffrance intérieure, avait repris dès le lendemain sa glaciale dignité.

Émile, accablé d'effroi et de tristesse, s'efforçait de sourire à sa mère, qui s'inquiétait de son air distrait et de sa figure altérée. Mais, à force de timidité, cette femme n'avait plus même la pénétration qui appartient à son sexe. Toutes ses facultés étaient émoussées, et à quarante ans elle était déjà octogénaire au moral. Elle aimait pourtant encore son mari, par suite d'un besoin d'aimer qui n'avait jamais été satisfait. Elle n'avait pas de reproche bien formulé à lui faire; car il ne l'avait jamais froissée ni asservie ostensiblement; mais tout élan de cœur ou d'imagination avait toujours été refoulé en elle par l'ironie ou une sorte de pitié dédaigneuse, et elle s'était habituée à n'avoir pas une pensée, pas une volonté en dehors du cercle tracé autour d'elle par une main rigide.

Veiller à tous les détails du ménage était devenu pour elle plus qu'une occupation sage et volontaire; on lui en avait fait une loi si sérieuse et si sacrée, qu'une matrone romaine eût pu lui être tout au plus comparée pour la solennité puérile du labeur domestique.

Elle offrait donc dans sa personne l'étrange anachronisme d'une femme de nos jours, capable de raisonner et de sentir, mais ayant fait sur elle-même l'effort insensé de rétrograder de quelques milliers d'années pour se rendre toute semblable à une de ces femmes de l'antiquité qui mettaient leur gloire à proclamer l'infériorité de leur sexe.

Ce qu'il y avait de bizarre et de triste en ceci, c'est qu'elle n'en avait point la conviction, et qu'elle agissait ainsi, disait-elle tout bas, pour avoir la paix. Et elle ne l'avait point! Plus elle s'immolait, plus son maître s'ennuyait d'elle.

Rien n'efface et ne détruit rapidement l'intelligence comme la soumission aveugle.

Madame Cardonnet en était un exemple.

Son cerveau s'était amoindri dans l'esclavage, et son époux, ne comprenant pas que c'était là l'ouvrage de sa domination, en était venu à la dédaigner secrètement.

Quelques années auparavant, Cardonnet avait été effroyablement jaloux, et sa femme, quoique usée et flétrie, tremblait encore à l'idée qu'il pût lui supposer une pensée légère. Elle avait pris l'habitude de ne pas entendre et de ne pas voir, afin de pouvoir dire avec assurance, quand on lui parlait d'un homme quelconque : « Je ne l'ai pas regardé, je ne sais pas ce qu'il a dit, je n'ai fait aucune attention à lui. » C'est tout au plus si elle osait examiner et interroger son fils; car, pour son mari, si elle s'inquiétait d'un redoublement de pâleur sur son visage ou de sévérité dans son regard, il la forçait bien vite à baisser les yeux en lui disant : « Qu'ai-je donc d'extraordinaire, que vous me contemplez comme si vous ne me connaissiez pas? » Quelquefois, le soir, il s'apercevait qu'elle avait pleuré, et il redevenait tendre à sa manière : « Voyons, qu'y a-t-il? la pauvre petite femme a quelque ennui? Avez-vous envie d'un cachemire? Voulez-vous que je vous mène promener en voiture? Non? Alors ce sont les camélias qui ont gelé? On vous en fera venir de Paris qui auront une meilleure santé et qui seront si beaux, que vous ne regretterez pas les anciens. » Et, en effet, il ne manquait pas une occasion de satisfaire, à quelque prix que ce fût, les goûts innocents de sa compagne. Il exigeait même qu'elle fût plus richement parée qu'elle n'en avait le désir. Il pensait que les femmes sont des enfants qu'il faut récompenser de leur sagesse par des jouets et des futilités. « Il est certain, se disait alors madame Cardonnet, que mon mari m'aime beaucoup et qu'il est rempli d'attentions pour moi. De quoi puis-je me plaindre et d'où vient que je me sens toujours triste ? »

Elle vit Émile sombre et abattu, et ne sut pas lui arracher le secret de sa douleur. Elle l'interrogea fastidieusement sur sa santé, et lui conseilla de se coucher de bonne heure. Elle pressentait bien quelque chose de plus sérieux que les suites d'une insomnie; mais elle se disait qu'il valait mieux laisser un chagrin s'endormir dans le silence que de l'entretenir par l'épanchement.

Le soir, Émile, en se promenant à l'entrée du village, rencontra Jean Jappeloup, qui, revenu depuis quelques heures, fêtait joyeusement son arrivée avec plusieurs amis, sur le seuil d'une habitation rustique.

« Eh bien, lui dit le jeune homme en lui tendant la main, vos affaires sont-elles arrangées?...

— Avec la justice, oui, Monsieur; mais pas encore avec la misère. J'ai fait mes soumissions, j'ai raisonné de mon mieux avec le procureur du roi, il m'a écouté avec patience : il m'a bien dit quelques bêtises en manière de sermon ; mais ce n'est pas un mauvais homme, et il allait me renvoyer, en me disant qu'il ferait son possible pour m'épargner les poursuites, lorsque vos lettres sont arrivées. Il les a lues sans faire semblant de rien ; mais il y a eu égard, car il m'a dit : « Eh bien, tenez-vous en repos, fixez-vous quelque part, ne braconnez plus, travaillez, et tout s'arrangera. » Me voilà donc; mes amis m'ont bien reçu, comme vous voyez, puisque déjà cette maison s'ouvre pour me loger en attendant. Mais il faut que je songe au plus pressé, qui est de gagner de quoi me vêtir, et, avant la nuit, je vas faire le tour du village, pour avoir de l'ouvrage chez les braves gens.

— Écoutez, Jean, lui dit Émile en s'attachant à ses pas : je ne dispose pas de grandes ressources; mon père me fait une pension, je ne sais point s'il me la continuera, maintenant que je vais vivre près de lui; mais il me reste quelques centaines de francs dont je n'ai pas besoin, et que je vous prie d'accepter pour vous vêtir et pourvoir à vos premiers besoins. Vous me ferez beaucoup de peine si vous me refusez. Dans quelques jours, votre rancune mal fondée contre mon père sera passée, et vous viendrez lui demander de l'ouvrage ; ou bien, autorisez-moi à lui en demander pour vous : il vous paiera mieux que vous ne serez payé partout ailleurs, et se relâchera, j'en suis certain, de la sévérité de ses premières conditions; ainsi...

— Non, monsieur Émile, répondit le charpentier. Rien de tout cela, ni votre argent, ni l'ouvrage de votre père. Je ne sais pas comment M. Cardonnet vous traite et vous entretient, mais je sais qu'un jeune homme comme vous est fort gêné quand il n'a pas dans sa poche une pièce d'or ou d'argent pour s'en faire honneur dans l'occasion. Vous m'avez rendu assez de services, je suis content de vous, et, si je trouve l'occasion, vous verrez que vous n'avez pas tendu la main à un ingrat. Quant à servir votre père d'une manière ou de l'autre, jamais ! j'ai failli faire cette sottise, et

Dieu ne l'a pas permis. Je lui pardonne la manière dont il m'a fait arrêter par Caillaud, c'est une mauvaise action ! Mais comme il ne savait peut-être pas que ce pauvre garçon est mon filleul, et comme depuis il a écrit du bien de moi au procureur du roi pour me faire pardonner, je ne dois plus penser à ma rancune. D'ailleurs, à cause de vous, maintenant je la mettrais sous mes pieds. Mais travailler à bâtir vos usines? Non ! vous n'avez pas besoin de mes bras ; vous en trouverez assez d'autres, et vous savez mes raisons. Ce que vous faites là est mauvais et ruinera bien des gens, si cela ne ruine pas tout le monde un jour.

« Déjà vos digues et vos réservoirs font *patouiller* tous les petits moulins au-dessus de vous sur le courant. Déjà tous vos amas de pierre et de terre ont gâté les prés d'alentour, quand l'eau a emporté tout cela chez les voisins. Toujours, voyez-vous, même contre son gré, le riche fait tort au pauvre. Je ne veux pas qu'il soit dit que Jean Jappeloup a mis la main à la ruine de son endroit. Ne m'en parlez plus. Je veux reprendre mon petit travail, et il ne me manquera pas.

« A présent que vos grands travaux absorbent tous mes confrères, personne, dans le bourg, ne peut plus trouver d'ouvriers. J'hériterai de la clientèle des autres, sauf à la leur rendre quand la vôtre leur manquera. Car, je vous le dis, votre père graisse sa roue en payant cher aujourd'hui la sueur de l'ouvrier ; mais il ne pourra pas continuer longtemps sur ce pied-là, autrement ses dépenses l'emporteraient sur ses profits. Un jour viendra... un jour qui n'est peut-être pas loin ! où il fera travailler au rabais, et alors malheur à ceux qui auront sacrifié leur position à de belles promesses ! Ils seront forcés d'en passer par où votre père voudra, et le moment sera venu de rendre gorge.

« Vous ne le croyez pas ? Tant mieux pour vous ! ça prouve que vous ne serez pas de moitié dans le mal qui se prépare ; mais vous n'empêcherez rien. Bonsoir donc, mon brave enfant ! ne parlez pas pour moi à votre père ; je vous ferais mentir. Le bon Dieu m'a tiré de peine ; je veux le contenter en tout maintenant et ne faire que ce que ma conscience ne me reprochera pas. Pauvre, je serai plus utile aux pauvres que votre père avec toute sa richesse. Je bâtirai pour mes pareils, et ils auront plus de profit à me payer peu qu'ils n'en auront à gagner gros chez vous. Vous verrez ça, monsieur Émile, et tout le monde dira que j'avais raison ; mais il sera trop tard pour se repentir d'avoir passé la tête dans le licou ! »

Émile ne put vaincre l'obstination du charpentier et rentra chez lui encore plus triste qu'il n'en était sorti.

Les prédications de cet ouvrier incorruptible lui causaient un vague effroi.

Il rencontra aux abords de l'usine le secrétaire de son père, M. Galuchet, un gros jeune homme, très-capable de faire des chiffres, très-borné à tous autres égards.

C'était l'heure du repos ; Galuchet se mettait à profit en pêchant des goujons. C'était son passe-temps favori ; et quand il en avait beaucoup dans son panier, il les comptait, et les additionnant au chiffre de ses précédentes conquêtes, il était heureux de dire, en retirant sa ligne :

« Voici les sept cent quatre-vingt-douzième goujon que j'ai pris avec cet hameçon-ci depuis deux mois. Je suis bien fâché de n'avoir pas compté ceux de l'année dernière.

Émile s'appuya contre un arbre, pour le regarder pêcher. L'attention flegmatique et la patience puérile de ce garçon le révoltaient. Il ne concevait pas qu'il pût se trouver parfaitement heureux, par la seule raison qu'il avait des appointements qui le mettaient à l'abri du besoin. Il essaya de le faire causer, se disant qu'il découvrirait peut-être, sous cette épaisse enveloppe, quelque trait de flamme, quelque motif de sympathie, qui lui ferait de la société de ce jeune homme une ressource morale dans sa détresse. Mais M. Cardonnet choisissait ses fonctionnaires d'un œil et d'une main sûrs. Constant Galuchet était un crétin ; il ne comprenait rien, il ne savait rien en dehors de l'arithmétique et de la tenue des livres. Quand il avait fait des chiffres pendant douze heures, il lui restait à peine assez de raisonnement pour attraper des goujons.

Cependant Émile lui fit dire, par hasard, quelques paroles qui jetèrent une clarté sinistre dans son esprit. Cette machine humaine était capable de supputer les profits et les pertes, et d'établir la balance au bas d'une feuille de papier. Tout en montrant la plus parfaite ignorance des projets et des ressources de M. Cardonnet, Constant fit l'observation que la paie des ouvriers était exorbitante, et que si, dans deux mois, on ne la réduisait de moitié, les fonds engagés dans l'affaire seraient insuffisants.

— Mais cela ne peut pas inquiéter monsieur votre père, ajouta-t-il ; on paie l'ouvrier comme on nourrit le cheval à proportion du travail qu'on exige. Quand on veut doubler l'ouvrage on double le salaire, comme on double l'avoine. Puis, quand on n'est plus si pressé, on baisse et on rationne à l'avenant.

— Mon père n'agira pas ainsi, dit Émile : pour des chevaux peut-être, mais non pour des hommes.

— Ne dites pas cela, Monsieur, reprit Galuchet ; monsieur votre père est une forte tête, il ne fera pas de sottises, soyez tranquille. »

Et il emporta ses goujons, charmé d'avoir rassuré le fils sur les apparentes imprudences du père.

« Oh ! s'il en était ainsi ! pensait Émile en marchant avec agitation au bord de la rivière ; s'il y avait un calcul inhumain dans cette générosité momentanée ! si Jean avait deviné juste ! si mon père, tout en suivant les doctrines aveugles de la société, n'avait pas des vertus et des lumières supérieures à celles des autres spéculateurs, pour atténuer les effets désastreux de son ambition !... Mais, non, c'est impossible ! mon père est bon, il aime ses semblables... »

Émile avait pourtant la mort dans l'âme ; toute cette activité, toute cette vie dépensée au profit de son avenir, le faisaient reculer de dégoût et d'effroi. Il se demandait comment tous ces ouvriers de sa fortune ne le haïssaient pas, et il était prêt à se haïr lui-même pour rétablir la justice.

Un profond ennui pesa encore sur lui le lendemain ; mais il vit arriver avec une sorte de joie le jour qu'il devait consacrer en partie à M. de Boisguilbault, parce qu'il s'était promis d'aller, sans rien dire à personne, passer la journée à Châteaubrun. Au moment où il montait à cheval, M. Cardonnet vint lui adresser quelques railleries :

« Tu t'y prends de bonne heure, pour aller à Boisguilbault ! il paraît que l'entretien de cet aimable marquis a des charmes pour toi ; je ne m'en serais jamais douté, et je ne sais quel secret tu possèdes pour ne pas t'endormir entre chacune de ses phrases.

— Mon père, si c'est une manière de me faire savoir que ma démarche vous déplaît, dit Émile en faisant avec dépit le mouvement de descendre de cheval, je suis prêt à y renoncer, bien que j'aie accepté une invitation pour aujourd'hui.

— Moi ! reprit l'industriel, il m'est absolument indifférent que tu t'ennuies là ou ailleurs. Puisque la maison paternelle est celle où tu te déplais le plus, je désire celle des nobles personnages que tu fréquentes te dédommage un peu. »

En toute autre circonstance, Émile eût retardé son départ, pour montrer ou du moins pour faire croire que le reproche n'était pas mérité ; mais il commençait à comprendre que la tactique de son père était de le railler quand il voulait le faire parler ; et comme il sentait un attrait invincible le pousser vers Châteaubrun, il résolut de ne pas se laisser surprendre.

Quoique rien au monde ne lui fût plus sensible que la moquerie des êtres qu'il aimait, il fit un effort pour affecter de la prendre cette fois en bonne part.

« Je me promets tant de plaisir, en effet, chez M. de Boisguilbault, dit-il, que je vais prendre le plus long pour m'y rendre, et que mon école buissonnière sera probablement de cinq ou six lieues, à moins que vous n'ayez besoin de moi, mon père, auquel cas je vous sacrifierais volontiers les délices d'une promenade en plein soleil dans des chemins à pic. »

Mais M. Cardonnet ne fut pas dupe de son stratagème, et il lui répondit avec un regard clair et pénétrant :

Penché sur la table auprès de Gilberte. (Page 51.)

« Va où le démon de la jeunesse te pousse! je ne m'en inquiète pas, et pour cause.

— Eh bien, se dit Émile en prenant le galop, si vous ne vous en inquiétez pas, je ne m'inquiéterai pas davantage de vos menaces! »

Et, sentant malgré lui le feu de la colère bouillonner dans son sein, il fournit une course violente pour se calmer.

« Mon Dieu, pensait-il peu de moments après, pardonnez-moi ces mouvements de dépit que je ne puis réprimer. Vous savez pourtant que mon cœur est plein d'amour, et qu'il ne demande qu'à respecter et à chérir ce père qui prend à tâche de refouler tous ses élans et de glacer toutes ses tendresses. »

Soit hésitation, soit prudence, il fit un assez long détour avant de se diriger sur Châteaubrun; et quand, du haut d'une colline, il se vit très-éloigné des ruines qui se dessinaient à l'horizon, il sentit un si vif regret du temps perdu, qu'il mit les éperons dans le ventre de son cheval pour y arriver plus vite.

Il y arriva en effet du côté de la Creuse en moins d'une demi-heure, presque à vol d'oiseau, après avoir mis cent fois sa vie en péril à franchir les fossés et à galoper sur le bord des précipices. Un désir violent, dont il ne voulait pourtant pas se rendre compte, lui donnait des ailes.

« Je ne l'aime pas, se disait-il, je la connais à peine, je ne peux pas l'aimer! D'ailleurs, je l'aimerais en vain! Ce n'est pas *elle* qui m'attire plus que son excellent père, son château romantique, son entourage de repos, de bonheur et d'insouciance; j'ai besoin de voir des gens heureux pour oublier que je ne le suis pas, que je ne le serai jamais! »

Il rencontra Sylvain Charasson, occupé à tendre une vergée dans la Creuse. L'enfant courut vers lui d'un air joyeux et empressé:

« Vous ne trouverez pas M. Antoine, lui dit-il; il est allé vendre six moutons à la foire; mais mademoiselle Janille est à la maison, et mademoiselle Gilberte aussi.

— Crois-tu que je ne les dérangerai pas?

— Oh! du tout, du tout, monsieur Émile; elles seront bien contentes de vous voir, car elles parlent bien souvent de vous à dîner avec M. Antoine. Elles disent qu'elles font grand cas de vous.

Ils ne descendirent ainsi qu'une douzaine de marches. (Page 52.)

— Prends donc mon cheval, dit Émile : j'irai plus vite à pied.
— Oui, oui, reprit l'enfant. Tenez, là, derrière l'ancienne terrasse. Vous attraperez la brèche, vous sauterez un peu, et vous serez dans la cour. C'est le chemin au Jean. »

Émile sauta sur l'herbe qui amortit le bruit, et approcha du pavillon carré, sans avoir effrayé les deux chèvres qui semblaient déjà le connaître.

Monsieur Sacripant, qui n'était pas plus fier que son maître et ne dédaignait pas de faire, au besoin, l'office de chien de berger, quoiqu'il appartînt à la race plus noble des chasseurs, avait conduit les moutons à la foire.

Au moment d'entrer, Émile s'aperçut que le cœur lui battait si fort, émotion qu'il attribua à son ascension rapide sur le flanc du rocher, qu'il s'arrêta un peu pour se remettre et faire convenablement son entrée. Il entendait dans l'intérieur le bruit d'un rouet, et jamais aucune musique n'avait retenti plus agréablement à son oreille. Puis le sifflement sourd du petit instrument de travail s'arrêta, et il reconnut la voix de Gilberte qui disait :

« Eh bien, c'est vrai, Janille, je ne m'amuse pas les jours où mon père est absent. Si je n'étais pas avec toi, je m'ennuierais peut-être tout à fait.
— Travaille, ma fille, travaille, répondit Janille : c'est le moyen de ne jamais s'ennuyer.
— Mais je travaille et je ne m'amuse pourtant pas. Je sais bien qu'il n'y a pas de nécessité à s'amuser ; mais moi, je m'amuse toujours, je suis toujours prête à rire et à sauter, quand mon père est avec nous. Conviens, petite mère, que s'il nous fallait vivre longtemps séparées de lui, nous perdrions toute notre gaieté et tout notre bonheur ! Oh ! vivre sans mon père, ce serait impossible ! j'aimerais autant mourir tout de suite.
— Eh bien, voilà de jolies idées ! reprit Janille ; à quoi diantre allez-vous penser, petite tête ? Ton père est encore jeune et bien portant, grâce à Dieu ! d'où te vient donc cette folie depuis deux ou trois jours ?
— Comment, depuis deux ou trois jours ?
— Mais oui, depuis trois ou quatre jours, même ! il t'est arrivé plusieurs fois de te tourmenter de ce que nous deviendrions si, ce qu'à Dieu ne plaise, nous perdrions ton bon père.

— Si nous le perdions! s'écria Gilberte. Oh! ne dis pas un mot pareil, cela fait frémir, et je n'y ai jamais pensé. Oh! non, je ne pourrais pas penser à cela!
— Eh bien, ne voilà-t-il pas que vous êtes tout en larmes? Fi! Mademoiselle! voulez-vous faire pleurer aussi votre mère Janille? oui-da, M. Antoine serait content s'il vous voyait les yeux rouges en rentrant! Il serait capable de pleurer aussi, le cher homme! Allons, tu n'as pas assez promené aujourd'hui, mon enfant, serre la tête, et allons faire manger nos poules. Ça te distraira de voir les jolis perdreaux que ta petite Blanche a couvés. »

Émile entendit un baiser maternel de Janille clore ce discours, et comme ces deux femmes allaient le trouver à la porte, il s'éloigna et toussa un peu pour les avertir de son arrivée.

« Ah! s'écria Gilberte, quelqu'un dans la cour! Je me sens toute en joie, je suis sûre que c'est mon père! »

Et elle s'élança étourdiment à la rencontre d'Émile, si vite, qu'en se trouvant avec lui sur le seuil de la porte, elle faillit tomber dans ses bras. Mais quelle que fût sa confusion en reconnaissant sa méprise, elle fut moindre que le trouble d'Émile; car, dans sa candeur, elle en sortit par un éclat de rire, tandis qu'à l'idée d'une accolade qui ne lui était pas destinée, mais qu'il avait été bien près de recevoir, le jeune homme perdit tout à fait contenance. Gilberte était si belle avec ses yeux encore humides de larmes et son rire enfantin et frais, qu'il en eut comme un éblouissement, et se demanda plus si c'était le bon Antoine, les belles ruines ou la charmante Gilberte qu'il s'était tant hâté de revoir.

« Eh bien, eh bien, dit Janille, vous nous avez fait quasi peur; mais soyez le bienvenu, monsieur Émile, comme dit notre maître; M. Antoine ne tardera pas beaucoup à rentrer. En attendant, vous allez vous rafraîchir; j'irai tirer du vin à la cave. »

Émile s'y opposa, et, la retenant par sa manche:
« Si vous allez à la cave, j'irai avec vous, dit-il, non pour boire votre vin; mais pour voir ce caveau que vous m'avez dit si curieux, si profond et si sombre.
— Vous n'irez pas maintenant, répondit Janille; il y fait trop froid et vous avez trop chaud. Oui, vous avez chaud! vous êtes rouge comme une fraise. Vous allez vous reposer un brin, et puis, en attendant M. Antoine, nous vous ferons voir les caveaux, les souterrains, et tout le château, que vous n'avez pas encore bien examiné, quoiqu'il en vaille la peine. Ah mais! il y a des gens qui viennent de bien loin pour le voir; ça nous ennuie bien un peu, et ma fille s'en va lire dans sa chambre tandis qu'ils sont là; mais M. Antoine dit qu'on ne peut pas refuser l'entrée, surtout à des voyageurs qui ont fait beaucoup de chemin, et que, quand on est propriétaire d'un endroit curieux et intéressant, on n'a pas le droit d'empêcher les autres d'en jouir. »

Janille prêtait un peu à son maître le raisonnement qu'elle lui avait mis dans l'esprit et dans la bouche. Le fait est qu'elle retirait de l'exhibition de ses ruines un certain pécule qu'elle employait, comme tout ce qui lui appartenait, à augmenter secrètement le bien-être de la famille.

Émile, pressé d'accepter un rafraîchissement quelconque, consentit à prendre un verre d'eau, et, comme Janille voulut courir elle-même remplir sa cruche à la fontaine, il resta seul avec mademoiselle de Châteaubrun.

XV.

L'ESCALIER.

Si un roué peut s'applaudir du hasard inespéré qui lui procure un tête-à-tête avec l'objet de ses entreprises, un jeune homme pur et sincèrement épris se trouve plutôt confus, et presque effrayé, lorsqu'une telle bonne fortune lui arrive pour la première fois.

Il en fut ainsi d'Émile Cardonnet: le respect que lui inspirait mademoiselle de Châteaubrun était si profond, qu'il eût craint de lever les yeux sur elle en cet instant, et de se montrer, en quoi que ce soit, indigne de la confiance qu'on lui témoignait.

Gilberte, plus naïve encore, n'éprouva point le même embarras. La pensée qu'Émile pût abuser, même par une parole légère, de son isolement et de son inexpérience, ne pouvait trouver place dans un esprit aussi noble et aussi candide que le sien, et sa sainte ignorance la préservait de tout soupçon de ce genre. Elle rompit donc le silence la première, et sa voix ramena, comme par enchantement, le calme dans le sein agité du jeune visiteur. Il est des voix si sympathiques et si pénétrantes, qu'il suffirait de les entendre articuler quelques mots, pour prendre en affection, même sans les voir, les personnes dont elles expriment le caractère. Celle de Gilberte était de ce nombre. On sentait, à l'écouter parler, rire ou chanter, qu'il n'y avait jamais eu dans son âme une pensée mauvaise, ou seulement chagrine.

Ce qui nous touche et nous charme dans le chant des oiseaux, ce n'est pas tant cette mélodie étrangère à nos conventions musicales, et la puissance extraordinaire de ce timbre flexible, qu'un certain accent d'innocence primitive, dont rien ne peut donner l'idée dans la langue des hommes. Il semblait, en écoutant Gilberte, qu'on pût lui appliquer cette comparaison, et que les choses les plus indifférentes, en passant par sa bouche, eussent un sens supérieur à celui qu'elles exprimaient par elles-mêmes.

« Nous avons vu notre ami Jean ce matin, dit-elle; il est venu avec le jour, et il a emporté tous les outils de mon père, pour commencer sa première journée de travail; car il a déjà trouvé de l'ouvrage, et nous espérons bien qu'il n'en manquera pas. Il nous a raconté tout ce que vous aviez fait et voulu faire pour lui, encore hier soir, et je vous assure, Monsieur, que, malgré la fierté et peut-être la rudesse de ses refus, il en est reconnaissant comme il doit l'être.

— Ce que j'ai pu faire pour lui est si peu de chose, que je suis honteux d'en entendre parler, dit Émile. Je suis triste surtout de voir son obstination le priver de ressources assurées, car il me semble que sa position est encore bien précaire. Recommencer avec rien, à soixante ans, toute une vie de travail, et n'avoir ni maisons, ni habits, ni même les outils nécessaires, c'est effrayant, n'est-ce pas, Mademoiselle?

— Eh bien, je ne m'en effraie pourtant pas, répondit Gilberte, élevée dans l'incertain et quasi au jour le jour, j'ai peut-être pris moi-même l'habitude de cette heureuse insouciance de la pauvreté. Ou mon caractère est fait ainsi naturellement, ou l'insouciance de Jean me rassure; mais il est certain que, dans nos félicitations de ce matin, aucun de nous n'a ressenti la moindre inquiétude. Il faut si peu de chose à Jean pour le satisfaire! Il a une sobriété et une santé de sauvage. Jamais il ne s'est mieux porté que pendant deux mois qu'il a vécu dans les bois, marchant tout le jour, et dormant en plein air le plus souvent [1]. Il prétend que sa vue s'est éclaircie, que sa jeunesse est revenue, et que, si l'été avait pu durer toujours, il n'aurait jamais eu besoin de retourner vivre au village. Mais, au fond du cœur, il a pour son pays natal une tendresse invincible, et d'ailleurs, l'inaction ne peut lui plaire longtemps. Nous l'avons pressé ce matin de s'établir chez nous, et d'y vivre comme nous, sans souci du lendemain.

« Il y a bien assez de place ici, et bien assez de matériaux, lui disait mon père, pour que tu te bâtisses une habitation. J'ai assez de pierres et de vieux arbres pour te fournir le bois de construction. Je t'aiderai à élever ta demeure comme tu m'as aidé à relever la mienne. »

Mais Jean ne pouvait entendre à cela.

« Eh bien, disait-il, que ferai-je donc pour tuer le temps, quand vous m'aurez établi en seigneur? Je ne

[1] Il y a une manière de coucher sainement à la belle étoile, malgré la fraîcheur du climat, qui est bien connue de tous les bouviers, mais dont probablement peu de nos lecteurs parisiens s'aviseraient. C'est d'entrer dans un pâturage, de faire lever un des bœufs qui y sont couchés, et de s'étendre à sa place. Lorsqu'on se sent refroidir et gagner par l'humidité, il s'agit de faire lever un autre bœuf. La place occupée pendant quelques heures par le corps de ces animaux est toujours parfaitement séchée, et d'une chaleur agréable et salutaire.

peux pas vivre de mes rentes, et je ne veux pas être à votre charge pendant trente ans que j'ai peut-être encore à exister... Quand même vous seriez assez riche pour cela, moi je périrais d'ennui. C'est bon pour vous, monsieur Antoine, qui avez été élevé pour ne rien faire. Quoique vous ne soyez pas fainéant, et vous l'avez prouvé! il ne vous en a rien coûté de reprendre l'habitude de vivre en *Monsieur*; mais moi, je ne dois plus ni courir ni chasser : j'aurais donc les bras croisés? Je deviendrais fou au bout de la première semaine.

— Ainsi, dit Émile qui pensait à la théorie de son père sur le travail incessant et la vieillesse sans repos, Jean n'éprouvera jamais le besoin d'être libre, quoiqu'il fasse tant de sacrifices à sa prétendue liberté.

— Mais, Mademoiselle, est-ce un peu surprise, est-ce que la liberté et l'oisiveté sont la même chose? Je ne crois pas. Jean aime passionnément le travail, et toute sa liberté consiste à choisir celui qui lui plaît; quand il travaille pour satisfaire son goût et son invention naturelle, il ne le fait qu'avec plus d'ardeur.

— Oui, Mademoiselle, vous avez raison ! dit Émile avec une mélancolie soudaine, et tout est là. L'homme est né pour travailler toujours, mais conformément à ses aptitudes, et dans la mesure du plaisir qu'il y trouve ! Ah ! que ne suis-je un habile charpentier! avec quelle joie n'irais-je pas travailler avec Jean Jappeloup, et au profit d'un homme si sage et si désintéressé !

— Eh bien, Monsieur, dit Janille qui rentrait, portant avec prétention son amphore de grès sur la tête, pour se donner un air robuste, voilà que vous dites comme M. Antoine. Ne voulait-il pas, ce matin, partir pour Gargilesse avec Jean, afin de travailler avec lui à la journée, comme autrefois? Pauvre cher homme ! son bon cœur l'emportait jusque-là.

« — Tu m'as fait gagner ma vie assez longtemps, disait-il ; je veux t'aider à gagner la tienne. Tu ne veux pas partager ma table et ma maison : reçois au moins le prix de mon travail, puisque ce sera du superflu pour moi.

« Et M. Antoine le ferait comme il le dit. À son âge et avec son rang, il irait encore cogner comme un sourd sur ces grandes pièces de bois !

— Et pourquoi l'en as-tu empêché, mère Janille? dit Gilberte avec émotion. Pourquoi Jean s'y est-il obstinément refusé? Mon père ne s'en fût pas plus mal porté, et ce serait conforme à tous les nobles mouvements de sa vie ! Ah ! que ne puis-je, moi aussi, soulever une hache, et me faire l'apprenti de l'homme qui a si longtemps nourri mon père, tandis que, sans rien comprendre à mon existence, j'apprenais à chanter et à dessiner pour vous obéir! Ah ! vraiment, les femmes ne sont bonnes à rien en ce monde !

— Comment, comment, les femmes ne sont bonnes à rien! s'écria Janille : eh bien, donc, partons toutes les deux, montons sur les toits, équarrissons des poutres et enfonçons des chevilles. Vrai, je m'en tirerais encore mieux que vous, toute vieille et petite que je suis; mais pendant ce temps-là, votre papa, qui est adroit de ses mains comme une grenouille de sa queue, filera nos quenouilles et Jean repassera nos bavolets.

— Tu as raison, mère, répondit Gilberte; mon rouet est chargé et je n'ai rien fait d'aujourd'hui. Si nous hâtons, nous aurons bien de quoi faire des habits de drap pour Jean avant que l'hiver vienne. Je vais travailler et réparer le temps perdu ; mais il n'en est pas moins vrai que tu es une aristocrate, toi, qui ne veux pas que mon père redevienne ouvrier quand il lui plaît.

— Sachez donc la vérité, dit Janille d'un air de confidence solennelle : M. Antoine n'a jamais pu être un bon ouvrier. Il avait plus de courage que d'habileté, et si je l'ai laissé travailler, c'était pour l'empêcher de s'ennuyer et de se décourager. Demandez à Jean s'il n'avait pas deux fois plus de peine à réparer les erreurs de Monsieur, que s'il eût opéré tout seul? Mais Monsieur avait l'air de faire beaucoup d'ouvrage, ça contentait les pratiques, et il était bien payé. Mais il n'en est pas moins vrai que je n'étais jamais tranquille dans ce temps-là, et que je ne le regrette pas. Je frémissais toujours que M. Antoine ne s'abattît un bras ou une jambe en croyant frapper sur une solive, ou qu'il ne se laissât choir du haut de son échelle, quand, avec ses distractions, il s'installait là-dessus comme au coin de son feu.

— Tu me fais peur, Janille, dit Gilberte. Oh! en ce cas, tu fais bien de le dégoûter par tes railleries de recommencer, et, en cela comme en tout, tu es notre Providence ! »

Mademoiselle de Châteaubrun disait encore plus vrai qu'elle ne croyait. Janille avait été le bon ange attaché à l'existence d'Antoine de Châteaubrun. Sans sa prudence, sa domination maternelle et la finesse de son jugement, cet homme excellent n'eût pas traversé la misère sans s'y amoindrir un peu au moral. Il n'eût pas sauvé, du moins, sa dignité extérieure aussi bien que la candeur de ses instincts généreux. Il eût péché souvent par trop de résignation et d'abandon de lui-même. Porté à l'épanchement et à la prodigalité, il fût devenu intempérant; il eût pris autant des défauts du peuple que de ses qualités, et peut-être eût-il fini par mériter par quelque endroit le dédain que de sottes gens et de vaniteux parvenus se croyaient en droit d'avoir pour lui, quand même.

Mais, grâce à Janille, qui, sans le contrarier ouvertement, avait toujours maintenu l'équilibre et ramené la modération, il était sorti de l'épreuve avec honneur, et il n'avait point cessé de mériter l'estime et le respect des gens sages.

Le bruit du rouet de Gilberte interrompit la conversation, ou du moins la rendit moins suivie. Elle ne voulait plus s'interrompre qu'elle n'eût fini sa tâche; et pourtant elle y mettait encore plus d'ardeur que le motif apparent de son activité n'en comportait. Elle pressait Émile de ne pas s'ennuyer à entendre ce sifflement monotone, et d'aller explorer les ruines avec Janille ; mais, comme Janille aussi voulait achever sa quenouille, Gilberte se hâtait doublement, sans s'en rendre compte, afin d'avoir terminé aussitôt qu'elle, et de pouvoir être de la promenade.

« J'ai honte de mon inaction, dit Émile, qui n'osait pas trop regarder les beaux bras et les mouvements de la jeune fileuse, de peur de rencontrer les petits yeux perçants de Janille; n'avez-vous donc pas quelque ouvrage à me donner aussi?

— Et que savez-vous faire? dit Gilberte en souriant.

— Tout ce que sait faire Sylvain Charasson, je m'en flatte, répondit-il.

— Je vous enverrais bien arroser mes laitues, dit Janille en riant tout à fait, mais cela nous priverait de votre compagnie. Si vous remontiez la pendule qui est arrêtée?

— Oh ! elle est arrêtée depuis trois jours, dit Gilberte, et je n'ai pu la faire marcher. Je crois bien qu'il y a quelque chose de cassé.

— Eh! c'est mon affaire, s'écria Émile ; j'ai étudié, à mon corps défendant, il est vrai, un peu de mécanique, et je ne crois pas que ce coucou soit bien compliqué.

— Et si vous me cassez tout à fait mon horloge? dit Janille.

— Eh! laisse-la-lui casser, si ça l'amuse, dit Gilberte, avec un air de bonté où l'on retrouvait la libérale insouciance de son père.

— Je demande à la casser, reprit Émile, si tel est son destin, pourvu qu'on me permette de la remplacer.

— Oh! oui-da! s'il en arrive ainsi, dit Janille, je la veux toute pareille, ni plus belle ni plus grande; celle-là nous est commode : elle sonne clair et ne nous casse pas la tête.

Émile se mit à l'œuvre; il démonta le coucou d'Allemagne, et, l'ayant examiné, il n'y trouva qu'un peu de poussière à faire disparaître de l'intérieur. Penché sur la table auprès de Gilberte, il nettoya et rétablit avec soin la machine rustique, tout en échangeant avec les deux femmes quelques paroles où l'enjouement amena une sorte de douce familiarité.

On dit qu'on s'épanche et se livre en mangeant ensemble, mais c'est bien plutôt en travaillant ensemble qu'on sent et laisse venir la bienveillante intimité.

Tous trois l'éprouvèrent; lorsqu'ils eurent fini leur mutuelle tâche, ils étaient presque membres de la même famille.

« C'est affaire à vous, dit Janille, en voyant marcher son coucou; et vous feriez presque un horloger. Ah çà, allons nous promener maintenant; je vais d'abord allumer ma lanterne pour vous conduire dans les caveaux.

— Monsieur, dit Gilberte lorsque Janille fut sortie, vous avez dit tout à l'heure que vous comptiez dîner chez M. de Boisguilbault : ne puis-je vous demander quelle impression vous a faite cet homme-là?

— J'aurais de la peine à la définir, répondit Émile. C'est un mélange d'éloignement et de sympathie si étrange, que j'ai besoin de le voir encore et de l'examiner beaucoup et d'y réfléchir encore après, pour me bien rendre compte d'un caractère si bizarre. Ne le connaissez-vous pas, Mademoiselle, et ne pouvez-vous m'aider à le comprendre?

— Je ne le connais pas du tout; je l'ai entrevu une ou deux fois dans ma vie, quoique nous demeurions bien près de chez lui, et, d'après ce que j'en avais entendu dire, j'avais une grande envie de le regarder ; mais il passait à cheval sur le même chemin que nous, et, du plus loin qu'il nous apercevait, mon père et moi, il prenait le grand trot, nous faisait un salut sans nous regarder, sans paraître même savoir qui nous étions, et disparaissait au plus vite; on eût dit qu'il voulait se cacher dans la poussière que soulevaient les pieds de son cheval.

— Quoique si proche voisin, M. de Châteaubrun n'a plus la moindre relation avec lui?

— Oh! ceci est fort étrange, dit Gilberte en baissant la voix d'un air de confidence naïve; mais je peux bien vous en parler, monsieur Émile, parce qu'il me semble que vous devez éclaircir quelque chose dans ce mystère. Mon père a été intimement lié dans sa jeunesse avec M. de Boisguilbault. Je sais cela, bien qu'il n'en parle jamais, et que Janille évite de me répondre quand je l'interroge; mais Jean, qui n'en sait pas plus long que moi sur les causes de leur rupture, m'a souvent dit qu'il les avait vus inséparables. C'est ce qui m'a toujours fait penser que M. de Boisguilbault n'est ni si fier ni si froid qu'il le paraît; car l'enjouement et la vivacité de mon père n'eussent pu s'accommoder d'un caractère hautain et d'un cœur sec. Je dois vous confier aussi que j'ai surpris quelques réflexions échangées entre mon père et Janille à propos de lui, dans des moments où ils croyaient que je ne les entendais pas. Mon père disait que le seul malheur irréparable de sa vie était d'avoir perdu l'amitié de M. de Boisguilbault, qu'il ne s'en consolerait jamais, et que s'il pouvait donner un œil, un bras et une jambe pour la reconquérir, il n'hésiterait pas. Janille traitait ces plaintes de folies et lui conseillait de ne jamais faire la moindre démarche, parce qu'elle connaissait bien l'homme, et qu'il n'oublierait jamais ce qui les avait brouillés.

« — Eh bien, disait alors mon père, j'aimerais mieux une explication, des reproches; j'aurais mieux aimé un duel, alors que nous étions encore à peu près d'égale force pour nous mesurer, que ce silence implacable et cette persistance glacée qui me percent le cœur. Non, Janille, non, je n'en prendrai jamais mon parti, et si je meurs sans qu'il m'ait serré la main, je ne mourrai pas content d'avoir vécu.

« Janille essayait de le distraire, et elle en venait à bout, parce que mon père est mobile, et trop affectueux pour vouloir affliger les autres de sa tristesse. Mais vous, monsieur Émile, qui aimez tant vos parents, vous comprenez bien que ce chagrin secret de mon père a toujours pesé sur mon âme, depuis le jour où je l'ai pénétré. Aussi, je ne sais pas ce que je n'entreprendrais pas pour le lui ôter. Depuis un an, j'y pense sans cesse, et vingt fois j'ai rêvé que j'allais à Boisguilbault, que je me jetais aux pieds de cet homme sévère, et que je lui disais :

« — Mon père est le meilleur des hommes et le plus fidèle de vos amis. Ses vertus l'ont rendu heureux en dépit de sa mauvaise fortune; il n'a qu'un seul chagrin, mais il est profond, et d'un mot vous pouvez le faire cesser.

« Mais il me repoussait et me chassait de chez lui avec fureur. Je m'éveillais tout effrayée, et une nuit que je criai en prononçant son nom, Janille se releva, et me pressant dans ses bras :

« — Pourquoi penses-tu à ce vilain homme? me dit-elle ; il n'a aucun pouvoir sur toi, et il n'oserait s'attaquer à ton père.

« J'ai vu par là que Janille le haïssait; mais quand il lui arrive de dire un mot contre lui, mon père prend chaudement sa défense. Qu'y a-t-il entre eux? Presque rien, peut-être. Une susceptibilité puérile, un différend à propos de chasse, à ce que prétend Jean Jappeloup. Si cela était certain, ne serait-il pas possible de les réconcilier? Mon père, aussi, rêve de M. de Boisguilbault, et quelquefois, lorsqu'il s'assoupit sur sa chaise après souper, il prononce son nom avec une angoisse profonde. Monsieur Émile, je m'en rapporte à votre générosité et à votre prudence pour faire parler, s'il est possible, M. de Boisguilbault. Je me suis toujours promis de saisir la première occasion qui se présenterait pour tâcher de rapprocher deux hommes qui se sont tant aimés, et si Jean avait pu entrer tout à fait en grâce auprès du marquis, j'aurais espéré beaucoup de sa hardiesse et de son esprit naturel. Mais lui aussi est victime d'une bizarrerie de ce personnage, et je ne vois que vous qui puissiez venir à mon aide.

— Vous ne doutez pas que ce ne soit désormais ma plus constante résolution, » répondit Émile avec feu. Et comme il entendait revenir Janille, dont les petits sabots résonnaient sur les dalles, il monta sur une chaise comme pour consolider la pendule, mais en effet pour cacher le trouble délicieux que faisait naître en lui la confiance de Gilberte.

Gilberte aussi était émue ; elle avait fait un grand effort de courage pour ouvrir son cœur à un jeune homme qu'elle connaissait à peine ; et elle n'était ni assez enfant, ni assez campagnarde, pour ne pas savoir qu'elle avait agi en dehors des convenances.

Cette loyale fille souffrait déjà un peu d'avoir un petit secret pour Janille; mais elle se rassurait en pensant à la pureté de ses intentions, et il lui était impossible de croire Émile capable d'en abuser. Pour la première fois de sa vie, elle eut un instinct de ruse féminine en voyant rentrer sa gouvernante. Elle sentait qu'elle avait le visage en feu, et elle se baissa comme pour chercher une aiguille qu'elle avait fait tomber à dessein.

La pénétration de Janille fut donc mise en défaut par deux enfants fort peu habiles à tous égards, et on entreprit gaiement l'exploration des souterrains.

Celui qui était placé immédiatement au-dessous du pavillon carré donnait entrée à un escalier rapide, qui s'enfonçait à une profondeur effrayante dans le roc. Janille marchait devant, d'un pas délibéré, et avec l'habitude que lui avaient donnée ses fonctions de *cicerone* auprès des voyageurs. Émile la suivait pour frayer le chemin à Gilberte, qui n'était ni maladroite ni pusillanime, mais pour laquelle Janille tremblait sans cesse.

« Prends garde, ma petite, lui criait-elle à chaque instant. Monsieur Émile, retenez-la si elle tombe! Mademoiselle est distraite comme son cher père : c'est de famille. Ce sont des enfants qui se seraient tués cent fois, si je n'avais pas eu toujours l'œil sur eux. »

Émile était heureux de pouvoir prendre un peu du rôle de Janille. Il écartait les décombres, et, comme l'escalier devenait de plus en plus difficile et dégradé, il se crut autorisé à offrir sa main, qui fut refusée d'abord, et enfin acceptée comme assez nécessaire.

Qui peut dépeindre la violence et l'ivresse d'un premier amour dans une âme énergique? Émile trembla si fort en recevant la main de Gilberte dans la sienne, qu'il ne pouvait plus ni parler ni plaisanter avec Janille, ni répondre à Gilberte, qui plaisantait encore, et qui peu à peu se sentit toute troublée et ne trouva plus rien à dire.

Ils ne descendirent ainsi qu'une douzaine de marches; mais, pendant cette minute, le temps s'arrêta pour Émile, et, quand il passa toute la nuit suivante à se la retracer, il lui sembla qu'il avait vécu un siècle.

Sa vie précédente lui apparut dès lors comme un songe, et son individualité fut comme transformée. Se rappelait-il les jours de l'enfance, les années du collége, les ennuis ou les joies de l'étude, ce n'était plus l'être passif et enchaîné qu'il s'était senti être jusque-là ; c'était l'amant de Gilberte qui venait de traverser cette vie, désormais radieuse, éclairée d'un jour nouveau. Il se voyait petit enfant, il se voyait écolier impétueux, puis étudiant rêveur et agité ; et ces personnages, qui lui avaient paru différer comme les phases de sa vie, redevenaient à ses yeux un seul être, un être privilégié qui marchait triomphalement vers le jour où la main de Gilberte devait se poser dans la sienne.

L'escalier souterrain aboutissait au bas de la colline rocheuse que couronnait le château. C'était un passage de sortie réservé en cas de siège, et Janille ne tarissait pas d'éloges sur cette construction difficile et savante.

Malgré l'égalité absolue dans laquelle elle vivait avec ses maîtres et dont elle n'eût voulu se départir à aucun prix, tant elle avait conscience de son droit, la petite femme avait des idées étrangement féodales ; et, à force de s'identifier avec les ruines de Châteaubrun, elle en était venue à tout admirer dans ce passé dont elle se faisait, à la vérité, une idée fort confuse. Peut-être aussi croyait-elle devoir rabattre l'orgueil présumé de la richesse bourgeoise, en faisant sonner bien haut devant Émile l'antique puissance des ancêtres de Gilberte.

« Tenez, Monsieur, lui disait-elle en le promenant de geôle en geôle, voilà où l'on mettait les gens à la raison. Vous pouvez voir encore ici les anneaux de fer pour attacher les prisonniers enchaînés. Voici un caveau où l'on dit que trois rebelles ont été dévorés par un serpent énorme. Les seigneurs d'autrefois en avaient comme cela à leur disposition. Nous vous ferons voir tantôt les oubliettes : c'était cela qui ne plaisantait pas ! Ah ! mais si vous étiez passé par là avant la révolution, vous auriez peut-être bien fait le signe de la croix au lieu de rire !

— Heureusement on peut rire ici maintenant, dit Gilberte, et penser à autre chose qu'à ces abominables légendes. Je remercie le bon Dieu de m'avoir fait naître dans un temps où l'on peut à peine y croire, et j'aime notre vieux nid, je le voilà, inoffensif et renversé à jamais. Tu sais bien, Janille, ce que mon père dit toujours aux gens de Cuzion, quand ils viennent lui demander de nos pierres pour bâtir des maisons : « Prenez, mes enfants, prenez, ce sera la première fois qu'elles auront servi à quelque chose de bon ! »

— C'est égal, reprit Janille, c'est quelque chose que d'avoir été les premiers dans son pays, et les maîtres à tout le monde !

— On sent d'autant mieux, dit la jeune fille, le plaisir d'être l'égal de tout le monde et de ne plus faire peur à personne.

— Oh ! c'est une gloire et un bonheur que j'envie ! » s'écria Émile.

XVI

LE TALISMAN.

Si l'on eût dit, huit jours auparavant, à Gilberte, qu'un jour allait arriver où le calme de son cœur serait agité de commotions étranges, où le cercle de ses affections allait non pas seulement s'étendre pour admettre un inconnu à la suite de son père, de Janille et du charpentier, mais briser soudainement pour placer un nouveau nom au milieu de ces noms chéris, elle n'eût pu croire à un tel miracle, et elle s'en fût effrayée.

Et pourtant elle sentit vaguement que désormais l'image de ce jeune homme aux cheveux noirs, à l'œil de feu, à la taille élancée, allait s'attacher à tous ses pas et la poursuivre jusque dans son sommeil.

Elle repoussait une telle fatalité, mais sans pouvoir s'y soustraire. Son âme douce et chaste n'allait point au-devant de l'ivresse qui venait la chercher ; mais elle devait la subir, et elle la subissait déjà depuis que la main d'Émile avait frémi et tremblé en touchant la sienne.

Puissance inouïe et mystérieuse d'un attrait que rien ne peut conjurer, et qui dispose de la jeunesse avant qu'elle ait eu le temps de se reconnaître et de se préparer à l'attaque ou à la défense !

Un peu excitée par les premières atteintes de cette flamme secrète, Gilberte les reçut d'abord en jouant. Sa sérénité n'en fut pas troublée à la surface, et tandis qu'Émile était déjà forcé de se faire violence pour cacher son émotion, elle souriait encore et parlait librement, en attendant que le regret de son départ et l'impatience de son retour lui fissent comprendre que sa présence allait devenir souverainement nécessaire.

Janille ne les quitta plus ; mais insensiblement leur conversation se porta sur des sujets où, malgré sa vive pénétration, Janille ne comprenait pas grand'chose.

Gilberte était instruite aussi solidement que peut l'être une jeune fille élevée dans un pensionnat de Paris, et il est vrai de dire que l'éducation des femmes a fait, depuis vingt ans, de notables progrès dans la plupart de ces établissements. L'instruction, le bon sens et la tenue des femmes chargées de les diriger ont subi les mêmes améliorations, et des hommes de mérite n'ont pas trouvé au-dessous d'eux de faire des cours d'histoire, de littérature et de science élémentaire pour cette moitié intelligente et perspicace du genre humain.

Gilberte avait reçu quelques notions de ce qu'on appelle les arts d'agrément ; mais, tout en obéissant en ceci à la volonté de son père, elle avait donné plus d'attention au développement de ses facultés sérieuses.

Elle s'était dit de bonne heure que les beaux arts lui seraient d'une faible ressource dans une vie pauvre et retirée, que le labeur domestique lui prendrait trop de temps, et que, destinée au travail des mains, elle devait former son esprit pour ne pas souffrir du vide de la pensée et du déréglement de l'imagination.

Une sous-maîtresse, femme de mérite, dont elle avait fait son amie et la confidente de son sort précaire, avait ainsi réglé l'emploi de ses facultés, et la jeune fille, pénétrée de la sagesse de ses conseils, s'y était docilement résolue.

Cependant ce plaisir d'apprendre et de retenir les choses de l'esprit avait créé à l'enfant une certaine souffrance depuis qu'elle était privée de livres au milieu des ruines de Châteaubrun. M. Antoine eût fait tous les sacrifices pour lui en procurer, s'il eût pu se rendre compte de son désir ; mais Gilberte, qui voyait leurs ressources si restreintes, et qui voulait, avant tout, que le bien-être de son père ne souffrît d'aucune privation, se gardait bien d'en parler.

Janille s'était dit, une fois pour toutes, que *sa fille* était assez *savante*, et, la jugeant d'après elle-même, qui était encore coquette d'ajustements au milieu de sa parcimonieuse économie, elle employait ses petites épargnes à lui procurer de temps en temps une robe d'indienne ou un bout de dentelle.

Gilberte affectait de recevoir ces petits présents avec un plaisir extrême, pour ne rien diminuer de celui que sa gouvernante mettait à les lui apporter. Mais elle soupirait tout bas en songeant qu'avec le prix modique de ces chiffons on eût pu lui donner un bon livre d'histoire ou de poésie.

Elle consacrait ses heures de loisir à relire sans cesse le petit nombre de ceux qu'elle avait rapportés de sa pension, et elle les savait presque par cœur.

Une fois ou deux, sans rien dire de son projet, elle avait déterminé Janille, qui tenait les cordons de la bourse commune, à lui donner l'argent destiné à une parure nouvelle. Mais alors il s'était trouvé que Jean avait eu besoin de souliers, ou que de pauvres gens du voisinage avaient manqué de linge pour leurs enfants ; et Gilberte avait été à ce qu'elle appelait le plus pressé, remettant à des jours meilleurs l'acquisition de ses livres.

Le curé de Cuzion lui avait prêté un Abrégé de quelques Pères de l'Église, et la *Vie des Saints*, dont elle avait fait longtemps ses délices ; car, lorsqu'on n'a pas de quoi choisir, on force son esprit à se complaire aux choses sérieuses, en dépit de la jeunesse qui vous pousserait à des occupations moins austères.

Ces nécessités sont parfois salutaires aux bons esprits, et lorsque Gilberte se plaignait naïvement à Émile de son ignorance, il s'étonna au contraire de la voir si éclairée sur certaines choses de fonds qu'il avait jugées sur la foi d'autrui sans les approfondir.

L'amour et l'enthousiasme aidant, il ne tarda pas à trouver Gilberte accomplie, et à la proclamer, en lui-même, la plus intelligente et la plus parfaite des créatures humaines ; et cela était relativement vrai.

Le plus grand et le meilleur des êtres, c'est celui qui sympathise le plus avec nous, qui nous comprend le mieux, qui sait le mieux développer et alimenter ce que nous avons de meilleur dans l'âme ; enfin, c'est celui qui nous ferait l'existence la plus douce et la plus complète, s'il nous était donné de fondre entièrement la sienne avec la nôtre.

« Ah ! j'ai bien fait de conserver jusqu'ici mon cœur vierge et ma vie pure, se disait Émile, et je vous remercie, mon Dieu, de m'y avoir aidé ! car voici bien véritablement celle qui m'était destinée, et sans laquelle je n'aurais fait que végéter et souffrir. »

Tout en causant d'une manière générale, Gilberte laissa percer son regret d'être privée de livres, et Émile devina bien vite que ce regret était plus profond qu'on ne voulait le faire connaître à Janille.

Il pensa avec douleur que, hormis des traités de commerce et d'industrie spéciale, il n'y avait pas un seul volume dans la maison de son père, et que, croyant retourner à Poitiers, il y avait laissé le peu d'ouvrages littéraires qu'il possédait.

Mais Gilberte insinua qu'il y avait une bibliothèque très-étendue à Boisguilbault.

Jean avait autrefois travaillé dans une grande chambre pleine de livres, et il était bien regrettable qu'on ne se vît point, car on aurait pu profiter d'un si utile voisinage.

Ici Janille, qui tricotait toujours en marchant, releva la tête.

« Ça doit être un tas de vieux bouquins fort ennuyeux, dit-elle, et je serais bien fâchée, pour mon compte, d'y mettre le nez ; je craindrais que ça ne me rendît maniaque comme celui qui en fait sa nourriture.

— M. de Boisguilbault lit donc beaucoup ? demanda Gilberte ; sans doute il est fort instruit.

— Et à quoi cela lui a-t-il servi de tant lire et de devenir si savant ? Il n'en a jamais fait part à personne, et ça n'a réussi à le rendre ni aimant, ni aimable. »

Janille ne voulant pas s'exposer plus longtemps à parler d'un homme qu'elle haïssait, sans pouvoir ou sans vouloir dire pourquoi, fit quelques pas dans le préau vers ses chèvres, comme pour les empêcher de brouter une vigne qui tapissait l'entrée du pavillon carré.

Émile profita de cet instant pour dire à Gilberte que s'il y avait, en effet, tant de livres à Boisguilbault, elle en aurait bientôt à discrétion, dût-il les emprunter à la dérobée.

Gilberte ne put le remercier que par un sourire, n'osant y joindre un regard : elle commençait à se sentir embarrassée avec lui lorsque Janille n'était pas entre eux.

« Ah ça ! dit Janille en se rapprochant, M. Antoine ne se presse guère de revenir. Je le connais : il babille à cette heure ! Il a rencontré d'anciens amis ; il les régale sous la ramée ; il oublie l'heure et dépense son argent ! Et puis, si quelque pleurard demande à emprunter dix ou quinze francs, pour acheter une mauvaise chèvre, ou quelques paires d'oies maigres, il va se laisser aller ! Il donnerait bien tout ce qu'il a sur lui, s'il n'avait pas peur d'être grondé en rentrant. Ah mais ! il a emmené six moutons, et s'il n'en rapporte que cinq dans sa bourse, comme ça arrive trop souvent, gare à ma mie Janille ; il n'ira plus sans moi à la foire ! Tenez, voilà quatre heures qui sonnent à l'horloge (grâce à M. Émile qui l'a si bien fait parler), et je gage que ton père est tout au plus en route pour revenir.

— Quatre heures ! s'écria Émile, c'est juste l'heure où M. de Boisguilbault se met à table. Je n'ai pas un instant à perdre.

— Partez donc vite, dit Gilberte, car il ne faut pas l'indisposer contre nous plus qu'il ne l'est déjà.

— Et qu'est-ce que cela nous fait qu'il nous en veuille ? dit Janille. Allons, vous voulez donc partir absolument sans voir M. Antoine ?

— Il le faut à mon grand regret !

— Où est ce bandit de Charasson ? cria Janille. Je gage qu'il dort dans un coin, et qu'il ne songe pas à vous amener votre cheval ! Oh ! quand monsieur est absent, Sylvain disparaît. Ici, méchant drôle, où êtes-vous caché ?

— Que ne pouvez-vous me munir d'un charme ! dit Émile à Gilberte, tandis que Janille cherchait Sylvain et l'appelait d'une voix plus retentissante que réellement courroucée. Je m'en vais, comme un chevalier errant, pénétrer dans l'antre du vieux magicien pour essayer de lui ravir ses secrets et les paroles qui doivent mettre fin à ses peines.

— Tenez, dit Gilberte en riant, et détachant une fleur de sa ceinture, voici la plus belle rose de mon jardin : il y aura peut-être dans son parfum une vertu salutaire pour endormir la prudence et adoucir la férocité de son ennemi. Laissez-la sur sa table, tâchez de la lui faire admirer et respirer. Il est horticulteur et n'a peut-être pas, dans son grand parterre, un aussi bel échantillon que se produit de mes greffes de l'an passé. Si j'étais une châtelaine de ce bon temps que regrette Janille, je saurais peut-être faire une conjuration pour attacher un pouvoir magique à cette fleur. Mais, pauvre fille, je ne sais que prier Dieu, et je lui demande de répandre la grâce dans ce cœur farouche, comme il a fait descendre la rosée pour ouvrir ce bouton de rose.

— Serai-je donc vraiment forcé de lui laisser mon talisman ? dit Émile en cachant la rose dans son sein ; et ne dois-je pas le garder pour qu'il me serve une autre fois ? »

Le ton dont il fit cette demande et l'émotion répandue sur son visage causèrent à Gilberte un instant de surprise ingénue.

Elle le regarda d'un air incertain, ne pouvant pas encore comprendre le prix qu'il attachait à la fleur détachée de son sein.

Elle essaya de sourire comme à une plaisanterie, puis elle se sentit rougir ; et Janille reparaissant, elle ne répondit rien.

Émile, enivré d'amour, descendit avec une audacieuse rapidité le sentier dangereux de la colline. Quand il fut au bas, il osa se retourner, et vit Gilberte, qui, de sa terrasse plantée de rosiers, le suivait des yeux, bien qu'elle eût les mains occupées, en apparence, à tailler ses plantes favorites.

Elle n'était pas mise avec recherche, à coup sûr, ce jour-là plus que les autres. Sa robe était propre, comme tout ce qui avait passé par les mains scrupuleuses de Janille ; mais elle avait été si souvent lavée et repassée que, de lilas, elle était devenue d'une teinte indéfinissable, comme celles que prennent les hortensias au moment de se flétrir.

Sa splendide chevelure blonde, rebelle aux torsades qu'on lui imposait, s'échappait de cette contrainte, et formait comme une auréole d'or autour de sa tête.

Une chemisette bien blanche et bien serrée encadrait son beau cou et laissait deviner le contour élégant de ses épaules. Émile la trouva resplendissante, aux rayons du soleil qui tombaient d'aplomb sur elle, sans qu'elle songeât à s'en préserver. Le hâle n'avait pu flétrir une si riche carnation, et elle paraissait d'autant plus fraîche que sa toilette était plus pâle et plus effacée.

D'ailleurs, l'imagination d'un amoureux de vingt ans est trop riche pour s'embarrasser d'un peu plus ou moins de parure. Cette petite robe fanée prit aux yeux d'Émile une teinte plus riche que toutes les étoffes de l'Orient, et il se demanda pourquoi les peintres de la renaissance n'avaient jamais su vêtir aussi magnifiquement leurs riantes madones et leurs saintes triomphantes.

Il resta cloué à sa place quelques instants, ne pouvant s'éloigner, et, sans l'ardeur de son cheval qui rongeait le frein et frappait du pied, il eût complétement oublié que M. de Boisguilbault avait encore une heure à l'attendre.

Il avait fallu faire plusieurs détours pour arriver au bas de cette colline, et cependant la distance verticale n'était pas assez grande pour que les deux jeunes gens ne se vissent pas fort bien.

Gilberte reconnut l'irrésolution du cavalier, qui ne pouvait se résoudre à la perdre de vue; elle rentra sous les buissons de roses pour s'y cacher; mais elle le regarda encore longtemps à travers les branches.

Janille avait été sur le sentier opposé à la rencontre de son maître. Ce ne fut qu'en entendant la voix de son père que Gilberte s'arracha au charme qui la retenait. C'était la première fois qu'elle se laissait devancer par Janille pour le recevoir et le débarrasser de sa gibecière et de son bâton.

A mesure qu'il se rapprochait de Boisguilbault, Émile faisait son plan et le refaisait cent fois pour attaquer la forteresse où ce personnage incompréhensible se tenait retranché.

Entraîné par son esprit romanesque, il croyait pressentir la destinée de Gilberte, et la sienne par conséquent, écrites en chiffres mystérieux dans quelque recoin ignoré de ce vieux manoir, dont il voyait les hautes murailles grises se dresser devant lui.

Grande, morne, triste et fermée comme son vieux seigneur, cette résidence isolée semblait défier l'audace de la curiosité. Mais Émile était stimulé désormais par une volonté passionnée. Confident et mandataire de Gilberte, il pressait contre ses lèvres la rose déjà flétrie, et se disait qu'il aurait le courage et l'habileté nécessaires pour triompher de tous les obstacles.

Il trouva M. de Boisguilbault, seul sur le perron, inoccupé et impassible comme à l'ordinaire. Il se hâta de s'excuser du retard apporté au dîner du vieux gentilhomme, en prétendant qu'il avait perdu son chemin, et que, ne connaissant pas encore le pays, il avait mis près de deux heures à se retrouver.

M. de Boisguilbault ne lui fit point de questions sur l'itinéraire qu'il avait suivi; on eût dit qu'il craignît d'entendre prononcer le nom de Châteaubrun: mais par un raffinement de politesse, il assura qu'il ne savait point l'heure, et qu'il n'avait point songé à s'impatienter.

Cependant, il avait ressenti quelque agitation, comme Émile s'en aperçut bientôt à certaines paroles embarrassées, et le jeune homme crut comprendre, qu'au milieu du profond ennui de son isolement, la susceptibilité du marquis eût vivement souffert d'un manque de parole.

Le dîner fut excellent et servi avec une ponctualité minutieuse par le vieux domestique. C'était le seul serviteur visible du château. Les autres, enfouis dans la cuisine, qui était située dans un caveau, ne paraissaient point. Il semblait qu'il y eût à cet égard une sorte de consigne, et que leur doyen eût seul le don de ne pas choquer les regards du maître.

Ce vieillard était infirme, mais il était si bien habitué à son service que le marquis n'avait presque jamais rien à lui dire, et quand, par hasard, il ne devinait pas ses volontés, il lui suffisait d'un signe pour les comprendre.

Cette surdité paraissait servir le laconisme de M. de Boisguilbault, et peut-être aussi n'était-il pas fâché d'avoir près de lui un homme dont la vue affaiblie ne pouvait plus chercher à lire dans sa physionomie : c'était une machine plus qu'un serviteur qu'il avait à ses côtés, et qui, privés par ses infirmités du pouvoir de communiquer avec la pensée de ses semblables, en avait perdu le désir et le besoin.

On concevait aisément que ces deux vieillards fussent seuls capables de vivre ensemble, sans songer à s'ennuyer l'un de l'autre, tant il y avait en eux peu de vie apparente.

Le service ne se faisait pas vite, mais avec ordre. Les deux convives restèrent deux heures à table. Émile remarqua que son hôte mangeait à peine, et seulement pour l'exciter à goûter tous les plats, qui étaient recherchés et succulents.

Les vins furent exquis, et le vieux Martin présentait horizontalement, sans leur imprimer la moindre secousse, des bouteilles couvertes d'une antique et vénérable poussière.

Le marquis mouillait à peine ses lèvres, et faisait signe à son vieux serviteur de remplir le verre d'Émile qui, habitué à une grande sobriété, s'observait pour ne pas laisser sa raison succomber à tant d'expériences réitérées sur les nombreux échantillons de cette cave seigneuriale.

« Est-ce là votre ordinaire, monsieur le marquis? lui demanda-t-il émerveillé de la coquetterie d'un tel repas pour deux personnes.

— Je... je n'en sais rien, répondit le marquis; je ne m'en mêle pas, c'est Martin qui dirige mon intérieur. Je n'ai jamais d'appétit; et ne m'aperçois pas de ce que je mange. Trouvez-vous que ce soit bon?

— Parfait; et si j'avais souvent l'honneur d'être admis à votre table, je prierais Martin de me traiter moins splendidement, car je craindrais de devenir gourmet.

— Pourquoi non? c'est une jouissance comme une autre. Hereux ceux qui en ont beaucoup!

— Mais il en est de plus nobles et de moins dispendieuses, reprit Émile; tant de gens manquent du nécessaire que j'aurais honte de me faire un besoin du superflu.

— Vous avez raison, dit M. de Boisguilbault, avec son soupir accoutumé. Eh bien, je dirai à Martin de vous servir plus simplement une autre fois. Il a jugé qu'à votre âge on avait grand appétit; mais il me semble que vous mangez comme quelqu'un qui a fini de grandir. Quel âge avez-vous?

— Vingt et un ans.

— Je vous aurais cru moins jeune.

— D'après ma figure?

— Non, d'après vos idées.

— Je voudrais que mon père entendît votre opinion, monsieur le marquis, et qu'il voulût bien s'en pénétrer, répondit Émile en souriant; car il me traite toujours comme un enfant.

— Quel homme est-ce que votre père? dit M. de Boisguilbault avec une ingénuité de préoccupation qui était à cette question ce qu'elle eût pu avoir d'impertinent au premier abord.

— Mon père, répondit Émile, est pour moi un ami dont je désire l'estime et dont je redoute le blâme. C'est ce que je puis dire de mieux pour vous peindre un caractère énergique, sévère et juste.

— J'ai ouï dire qu'il était fort capable, fort riche, et jaloux de son influence. Ce n'est pas mal s'il s'en sert bien.

— Et quel est, suivant vous, monsieur le marquis, le meilleur usage qu'il en puisse faire?

— Ah! ce serait bien long à dire! répondit le marquis en soupirant; vous devez savoir cela aussi bien que moi. »

Et, entraîné un instant par la confiance qu'Émile lui avait témoignée à dessein, pour provoquer la sienne, il retomba dans sa torpeur, comme s'il eût craint de faire un effort pour en sortir.

« Il faut absolument rompre cette glace séculaire, pensa Émile. Ce n'est peut-être pas si difficile qu'on le croit. Peut-être serai-je le premier qui l'ait essayé! »

Et tout en gardant, comme il le devait, le silence sur les craintes que lui inspirait l'ambition de son père, ou sur la lutte pénible de leurs opinions respectives, il parla avec abandon et chaleur de ses croyances, de ses sympathies, et même de ses rêves pour l'avenir de la famille humaine.

Il pensa que le marquis allait le prendre pour un fou, et il se plut à provoquer des contradictions qui lui permettraient enfin de pénétrer dans cette âme mystérieuse.

« Que ne puis-je amener une explosion de dédain ou d'indignation! se disait-il; c'est alors que je verrais le fort et le faible de la place. »

Et, sans s'en douter, il suivait avec le marquis la même tactique que son père avait suivie naguère avec lui; il affectait de fronder et de démolir tout ce qu'il supposait devoir être plus ou moins sacré aux yeux du vieux légitimiste; « la noblesse aussi bien que l'argent, la grande propriété, la puissance des individus, l'esclavage

Tenez, dit Gilberte en riant, et détachant une fleur de sa ceinture, voici la plus belle rose de mon jardin. (Page 54.)

des masses, le catholicisme jésuitique, le prétendu droit divin, l'inégalité des droits et des jouissances, base des sociétés constituées, la domination de l'homme sur la femme, considérée comme marchandise dans le contrat de mariage, et comme propriété dans le contrat de la morale publique; enfin, toutes ces lois païennes que l'Évangile n'a pu détruire dans les institutions, et que la politique de l'Église a consacrées. »

M. de Boisguilbault paraissait écouter mieux qu'à l'ordinaire; ses grands yeux bleus s'étaient arrondis comme si, à défaut du vin qu'il ne buvait pas, la surprise d'une telle déclaration des droits de l'homme l'eût jeté dans une stupeur accablante.

Émile regardait son verre, rempli d'un tokai de cent ans, et se promettait d'y avoir recours pour se donner *du montant*, si la chaleur naturelle de son jeune enthousiasme ne suffisait pas à conjurer l'avalanche de neige près de rouler sur lui.

Mais il n'eut pas besoin de ce topique, et, soit que la neige eût trop durci pour se détacher du glacier, soit qu'en ayant l'air d'écouter, M. de Boisguilbault n'eût rien entendu, la téméraire profession de foi de l'enfant du siècle ne fut pas interrompue et s'acheva dans le plus profond silence.

« Eh bien, monsieur le marquis, dit Émile, étonné de cette tolérance apathique, acceptez-vous donc mes opinions, ou vous semblent-elles indignes d'être combattues? »

M. de Boisguilbault ne répondit pas; un pâle sourire erra sur ses lèvres, qui firent le mouvement de répondre et ne laissèrent échapper que le soupir problématique. Mais il posa la main sur celle d'Émile, et il sembla à ce dernier qu'une moiteur froide donnait cette fois quelque symptôme de vie à cette main de pierre.

Enfin il se leva et dit :

« Nous allons prendre le café dans mon parc. »

Et, après une pause, il ajouta, comme s'il achevait tout haut une phrase commencée tout bas :

« Car je suis complétement de votre avis.

— Vraiment? s'écria Émile en passant résolument son bras sous celui du grand seigneur.

— Et pourquoi donc pas? reprit celui-ci tranquillement.

— C'est-à-dire que toutes ces choses vous sont indifférentes?

Oh! non, mon père! je n'en aurai jamais, s'écria Gilberte. (Page 67.)

— Plût à Dieu ! » répondit M. de Boisguilbault avec un soupir plus accentué que les autres.

XVII.

DÉGEL.

Émile n'avait encore admiré le parc de Boisguilbault que par-dessus les haies et à travers les grilles. Il fut encore plus frappé de la beauté de ce lieu de plaisance, de la vigueur des plantes et de leur heureuse disposition.

La nature avait fait beaucoup, mais l'art l'avait secondée avec une grande intelligence. Le terrain en pente offrait mille incidents pittoresques, et une source abondante, s'échappant du milieu des rochers, courait dans tous les sens, entretenant la fraîcheur sous ces magnifiques ombrages.

Le fond et le revers du ravin, qui appartenaient aussi au marquis, étaient couverts d'une végétation serrée qui cachait une partie des murs et des buissons de clôture, si bien que, de toutes les hauteurs ménagées pour jouir de la vue d'un immense et splendide paysage, on pouvait croire que le parc s'étendait jusqu'à l'horizon.

« Voici un lieu enchanté, dit Émile, et il suffit de le voir pour être certain que vous êtes un grand poëte.

— Il y a beaucoup de grands poëtes de mon espèce, répondit le marquis, c'est-à-dire des gens qui sentent la poésie sans pouvoir la manifester.

— La parole parlée ou écrite est-elle donc la seule manifestation intéressante? reprit Émile. Le peintre qui interprète grandement la nature n'est-il pas poëte aussi? Et si cela est incontestable, l'artiste qui crée sur la nature elle-même, et qui la modifie pour développer toute sa beauté, n'a-t-il pas produit une grande manifestation poétique?

— Vous arrangez cela pour le mieux, » dit M. de Boisguilbault d'un ton de complaisance paresseuse, qui n'était pourtant pas sans bienveillance. Mais Émile aurait mieux aimé la discussion que cette adhésion nonchalante à tout propos, et il craignait d'avoir manqué sa principale attaque. « Que trouverai-je donc pour l'impatienter et le faire sortir de lui-même? so disait-il. Il n'est point de siége fameux dans l'histoire qui soit comparable à celui-ci. »

Le café était servi dans un joli chalet suisse, dont l'exactitude et la propreté charmèrent Émile un instant. Mais l'absence d'êtres humains et d'animaux domestiques, dans cette retraite champêtre, se fit trop vite remarquer pour qu'il fût possible d'entretenir la moindre illusion.

Rien n'y manquait pourtant : ni la colline couverte de mousse et plantée de sapins, ni le filet d'eau cristallin tombant à la porte dans une auge de pierre, et s'en échappant avec un doux murmure; la maisonnette tout entière en bois résineux coquettement découpé en balustrades, et adossée à des blocs granitiques; le joli toit à grands rebords, l'intérieur meublé à l'allemande, et jusqu'au service en poterie bleue : tout cela neuf, propre, brillant, silencieux et désert, ressemblait à un beau joujou de Fribourg plus qu'à une habitation rustique.

Il n'y avait pas jusqu'aux figures ternes et raides du vieux marquis et de son vieux majordome qui ne donnassent l'idée de personnages en bois peint, adaptés là pour compléter la ressemblance.

« Vous avez été en Suisse, monsieur le marquis? lui dit Émile, et ceci est un souvenir de prédilection.

— J'ai peu voyagé, répondit M. de Boisguilbault, quoique je fusse parti un jour avec l'intention de faire le tour du monde. La Suisse se trouva sur mon chemin; le pays me plut, et je n'allai pas plus loin, me disant que je me donnerais sans doute beaucoup de peine pour ne rien trouver de mieux.

— Je vois que vous préférez ce pays-ci à tous les autres, et que vous y êtes revenu pour toujours?

— Pour toujours, assurément.

— C'est la Suisse en petit, et si l'imagination y est moins excitée par des spectacles grandioses, les fatigues et les dangers de la promenade y sont moindres.

— J'avais d'autres raisons pour me fixer dans ma propriété.

— Est-ce une indiscrétion de vous les demander?

— En seriez-vous vraiment curieux? dit le marquis avec un sourire équivoque.

— Curieux! non; je ne le suis pas dans le sens impertinent et ridicule du mot; mais à mon âge, la destinée des autres, la nôtre propre, est une énigme, et l'on s'imagine toujours qu'on trouvera dans l'expérience et la sagesse de certains êtres un utile enseignement.

— Pourquoi dites-vous de *certains êtres* ? Ne suis-je pas semblable à tout le monde?

— Oh! nullement, monsieur le marquis!

— Vous m'étonnez beaucoup, reprit M. de Boisguilbault, absolument du même ton dont il avait dit quelques instants auparavant : *Je suis tout à fait de votre avis*, et il ajouta : — Mettez donc du sucre dans votre café.

— Je m'étonne davantage, dit Émile en prenant machinalement du sucre, que vous ne vous aperceviez pas de ce que votre solitude, votre gravité, et j'oserai dire aussi votre mélancolie, ont de frappant et de solennel pour un enfant comme moi.

— Est-ce que je vous fais peur? dit M. de Boisguilbault avec un profond soupir.

— Vous me faites très-peur, monsieur le marquis, je l'avoue franchement; mais ne prenez pas cette naïveté en mauvaise part : car il est tout aussi certain que je suis poussé à vaincre ce sentiment-là par un sentiment tout opposé d'irrésistible sympathie.

— C'est singulier, dit le marquis, très-singulier ; expliquez-moi donc ça.

— C'est bien simple. Comme, à mon âge, on va chercher le mot de son propre avenir dans le présent des hommes faits ou dans le passé des hommes mûrs, on s'effraie de voir une tristesse invincible, et comme un dégoût muet et profond de la vie, sur des fronts austères.

— Oui, voilà pourquoi mon extérieur vous repousse. Ne craignez pas de le dire. Vous n'êtes pas le premier, et je m'y attendais.

— Repousser n'est pas le mot, puisqu'en dépit de l'es-pèce de stupeur magnétique où vous me jetez, je suis entraîné vers vous par un attrait bizarre.

— Bizarre!... oui, très-bizarre, et c'est vous qui êtes le plus excentrique de nous deux. J'ai été frappé, dès le premier instant où je vous ai vu, de ce qu'il y avait en vous de dissemblance aux caractères des gens que j'ai connus dans ma jeunesse.

— Et cette impression m'a-t-elle été défavorable, monsieur le marquis?

— Bien au contraire, répondit M. de Boisguilbault de cette voix sans inflexion qui ne laissait jamais apprécier la portée de ses réponses. Martin, ajouta-t-il en se penchant vers son vieux serviteur qui se pliait en deux pour l'entendre, vous pouvez remporter tout cela. Y a-t-il encore des ouvriers dans le parc?

— Non, monsieur le marquis, plus personne.

— En ce cas, fermez la porte en vous retirant. »

Émile resta seul avec son hôte dans la solitude de ce grand parc. Le marquis lui prit le bras et l'emmena s'asseoir sur les rochers, au-dessus du chalet, dans une situation admirable.

Le soleil, en s'abaissant sur l'horizon, projetait de grandes ombres des peupliers, comme un rideau coupé de chaudes clartés, d'un travers à l'autre des collines. Les horizons violets montaient dans un ciel nuancé comme l'opale, au-dessus d'un océan de sombre verdure, et les bruits du travail dans la campagne, en s'affaiblissant peu à peu, laissaient entendre plus distinctement la voix des torrents et le chant plaintif des tourterelles.

C'était une magnifique soirée, et le jeune Cardonnet, reportant ses yeux et sa pensée sur les collines lointaines de Châteaubrun, tomba dans une douce rêverie.

Il croyait pouvoir se permettre ce repos de l'âme, avant d'entreprendre de nouvelles attaques, lorsque, tout à coup, son adversaire fit une sortie imprévue en rompant le premier le silence :

« Monsieur Cardonnet, dit-il, si ce n'est pas par forme de politesse ou de plaisanterie que vous m'avez dit avoir une espèce de sympathie pour moi, en dépit de l'ennui que je vous cause d'ailleurs, en voici la cause : c'est que nous professons les mêmes principes, et que nous sommes tous les deux communistes.

— Serait-il vrai? s'écria Émile étourdi de cette déclaration et croyant rêver. J'ai pensé tantôt que c'était vous qui me répondiez précisément par forme de politesse ou de plaisanterie; mais aurais-je donc réellement le bonheur de trouver chez vous la sanction de mes désirs et de mes rêves?

— Qu'y a-t-il donc là d'étonnant? reprit le marquis avec calme. La vérité ne peut-elle se révéler dans la solitude aussi bien que dans le tumulte, et n'ai-je pas assez vécu pour arriver à distinguer le bien du mal, le vrai du faux? Vous me prenez pour un homme très-positif et très-froid. Il est possible que je sois ainsi; à mon âge, on est trop las de soi-même pour aimer à s'examiner; mais, en dehors de notre personnalité, il y a des réalités générales qui sont assez dignes d'intérêt pour nous distraire de nos ennuis.

« J'ai eu longtemps les opinions et les préjugés dont on m'avait nourri; mon indolence s'arrangeait assez bien de n'y pas regarder de trop près, et puis j'avais des soucis intérieurs qui m'en ôtaient la pensée. Mais depuis que la vieillesse m'a délivré de toute prétention au bonheur et de toute espèce de regret ou d'intérêt particulier, j'ai senti le besoin de me rendre compte de la vie générale des êtres, et, par conséquent, du sens des lois divines appliquées à l'humanité.

« Quelques brochures saint-simoniennes m'étaient arrivées par hasard, je les lisais par désœuvrement, ne pensant point encore qu'on pût dépasser les hardiesses de Jean-Jacques et de Voltaire, avec lesquelles l'examen m'avait réconcilié.

« Je voulais connaître davantage les principes de cette nouvelle école, de là je passai à l'étude de Fourier. J'admis toutes ces choses, mais sans voir bien clair dans leurs contradictions, et sentant encore quelque tristesse à voir l'ancien monde s'écrouler sous le poids de théories invincibles dans leur système de critique, confuses et incomplètes dans leurs principes d'organisation.

« C'est depuis cinq ou six ans seulement que j'ai accepté, avec un parfait désintéressement et une grande satisfaction d'esprit, le principe d'une révolution sociale.

« Les tentatives du communisme m'avaient paru d'abord monstrueuses, sur la foi de ceux qui les combattaient. Je lisais les journaux et les publications de toutes les écoles, et je m'égarais lentement dans ce labyrinthe sans me rebuter de la fatigue.

« Peu à peu l'hypothèse communiste se dégagea de ses nuages; de bons écrits vinrent porter la lumière dans mon esprit. Je sentis la nécessité de me reporter aux enseignements de l'histoire et à la tradition du genre humain.

« J'avais une bibliothèque assez bien choisie des meilleurs documents et des plus sérieuses productions du passé.

« Mon père avait aimé la lecture, et moi je l'avais haïe si longtemps, que je ne savais pas même ce qu'il m'avait laissé de précieuses ressources pour mes vieux jours. Je me remis tout seul à l'ouvrage.

« Je rappris les langues mortes que j'avais oubliées, je lus pour la première fois, dans les sources mêmes, l'histoire des religions et des philosophies, et, un jour enfin, les grands hommes, les saints, les prophètes, les poëtes, les martyrs, les hérétiques, les savants, les orthodoxes éclairés, les novateurs, les artistes, les réformateurs de tous les temps, de tous les pays, de toutes les révolutions et de tous les cultes m'apparurent d'accord, proclamant, sous toutes les formes, et jusque par leurs contradictions apparentes, une vérité éternelle, une logique aussi claire que la lumière du jour: savoir, l'égalité des droits et la nécessité inévitable de l'égalité des jouissances, comme conséquence rigoureuse de la première.

« Depuis ce moment, je ne me suis plus étonné que d'une chose, c'est qu'au temps où nous vivons, avec tant de ressources, de découvertes, d'activité, d'intelligence et de liberté d'opinions, le monde soit encore plongé dans une si profonde ignorance de la logique des faits et des idées qui le forcent à se transformer; c'est qu'il y ait tant de prétendus savants et tant de soi-disant théologiens encouragés et entretenus par l'État et par l'Église, et qu'aucun d'eux n'ait su employer sa vie à faire le travail bien simple qui m'a conduit à la certitude; c'est enfin que, tout en se précipitant vers la catastrophe de sa dissolution, le monde du passé croie se préserver par la force et la colère de la destinée qui le presse et l'engloutit, tandis que les initiés à la loi de l'avenir n'ont pas encore assez de calme et de raison pour rire des outrages, et proclamer, tête levée, qu'ils sont communistes et non autre chose.

« Tenez, monsieur Cardonnet, vous qui parlez de rêves et d'utopies avec l'éloquence de l'enthousiasme, je vous pardonne de vous servir de ces expressions-là, parce qu'à votre âge la vérité passionne, et qu'on s'en fait un idéal qu'on aime à placer un peu haut et un peu loin, pour avoir le plaisir de l'atteindre en combattant. Mais je ne peux pas m'émouvoir comme vous pour cette vérité qui me paraît, à moi, aussi positive, aussi évidente, aussi incontestable qu'elle vous semble neuve, hardie et romanesque.

« C'est chez moi le résultat d'une étude plus approfondie et d'une certitude mieux assise. Je ne hais pas votre vivacité, mais je ne me ferais pas un reproche de la combattre un peu pour vous empêcher de compromettre la doctrine par trop de pétulance.

« Prenez-y garde: vous êtes trop heureusement doué pour devenir jamais ridicule, et vous plairez quand même aux gens qui vous combattront; mais craignez qu'en parlant trop vite et à trop de gens rebelles, de choses si graves et aussi respectables, vous ne fassiez naître en eux des contradictions systématiques et une défense de mauvaise foi.

« Que diriez-vous d'un jeune prêtre qui ferait des sermons en dînant? Vous trouveriez qu'il compromet la majesté de ses textes. La vérité communiste est tout aussi respectable que la vérité évangélique; puisqu'au fond c'est la même vérité. N'en parlons donc pas à la légère et par manière de dispute politique.

« Si vous êtes exalté, il faut vous sentir bien maître de vous-même pour la proclamer; si vous êtes flegmatique, comme moi, il faut attendre qu'un peu de confiance et de liberté d'esprit vous vienne pour ouvrir votre cœur aux hommes sur un pareil sujet.

« Voyez-vous, monsieur Cardonnet, il ne faut pas qu'on dise que ce sont là des folies, des songes creux, une fièvre de déclamation où une extase de mysticisme. On l'a assez dit, et assez de têtes faibles ont donné le droit de le dire.

« Nous avons vu le saint-simonisme avoir sa phase de transports et de visions fiévreuses et désordonnées: cela n'a pas empêché de vivre ce qui était viable dans le saint-simonisme.

« Les aberrations de Fourier ne font pas que la partie lucide de son système ne subsiste et ne souffre un examen sérieux. La vérité triomphe et fait son chemin, à travers quelque prisme qu'on la regarde et quelque déguisement qu'on lui prête. Mais il serait pourtant meilleur que, dans le temps de raison où nous sommes arrivés, les formes ridicules d'un enthousiasme aveugle disparussent entièrement.

« N'est-ce pas votre avis? L'heure n'a-t-elle pas sonné où les gens sérieux doivent s'emparer de leur véritable domaine, et où ce qui est prouvé aux yeux de la logique soit professé par les logiciens?

« Qu'importe qu'on dise que c'est inapplicable? De ce que la plupart des hommes ne connaissent et ne pratiquent encore que l'erreur et le mensonge, s'ensuit-il que l'homme clairvoyant soit forcé de suivre les aveugles dans le précipice?

« On aura beau me démontrer la nécessité d'obéir à des lois mauvaises et à des préjugés coupables, si mes actions s'y soumettent par force, mon esprit n'en sera que plus convaincu de la nécessité de protester contre.

« Jésus-Christ était-il dans l'erreur, parce que, pendant dix-huit siècles encore, la vérité démontrée par lui devait germer lentement et ne point éclore dans les législations?

« Et maintenant que les problèmes soulevés par son idéal commencent à s'éclaircir pour plusieurs d'entre nous, d'où vient que nous serions taxés de folie pour voir et pour croire ce qui sera vu et cru de tous dans cent ans peut-être?

« Reconnaissez donc qu'il n'est pas besoin d'être un poëte ni un devin pour être parfaitement convaincu de ce qu'il vous plaît d'appeler des rêves sublimes.

« Oui, la vérité est sublime, et sublimes sont aussi les hommes qui la découvrent. Mais ceux qui, l'ayant reçue et palpée, s'en accommodent comme d'une très-bonne chose, n'ont véritablement pas le droit de s'enorgueillir; car si, l'ayant comprise, ils la rejetaient, ils ne seraient rien moins que des idiots ou des fous. »

M. de Boisguilbault parlait ainsi avec une facilité prodigieuse pour lui, et il eût pu parler longtemps encore sans qu'Émile, frappé de stupeur, songeât à l'interrompre.

Ce dernier n'aurait jamais cru que ce qu'il appelait sa foi et son idéal pût éclore dans une âme si froide, et il se demandait d'abord s'il n'allait pas s'en dégoûter lui-même, en se voyant solidaire d'un pareil adepte. Mais peu à peu, malgré la lenteur de sa diction, la monotonie de son accent et l'immobilité de ses traits, M. de Boisguilbault exerça sur lui un ascendant extraordinaire.

Cet homme impassible lui apparut comme la loi vivante, comme une voix de la destinée prononçant ses arrêts sur l'abîme de l'éternité.

La solitude de ce lieu splendide, la pureté du ciel qui, en perdant les clartés du soleil, semblait élever sa voûte bleue toujours plus haut vers l'empyrée, la nuit qui se faisait sous les grands arbres, et le murmure de cette eau courante, qui semblait, dans sa continuité placide, être l'accompagnement naturel de cette voix unie et calme: tout concourait à plonger Émile dans une émotion profonde, semblable à la mystérieuse terreur que devait produire sur de jeunes adeptes la réponse de l'oracle dans l'obscurité des chênes sacrés.

« Monsieur de Boisguilbault, dit le jeune homme, vivement pénétré de ce qu'il venait d'entendre, je ne puis mieux me soumettre à vos enseignements qu'en vous demandant pardon, du fond de mon cœur, de la manière dont je vous les ai arrachés. J'étais loin de croire que vous eussiez de telles idées, et j'étais attiré vers vous par la curiosité plus que par le respect. Mais désormais comptez que vous trouverez en moi un dévouement filial, si vous me jugez digne de vous le témoigner.

— Je n'ai jamais eu d'enfants, répondit le marquis en prenant la main d'Émile dans la sienne, où il la garda quelques instants ; car il sembla être ranimé, et une sorte de chaleur vitale s'était communiquée à sa peau sèche et douce. Peut-être n'étais-je pas digne d'en avoir. Peut-être les eussé-je mal élevés ! Néanmoins j'ai beaucoup regretté de n'avoir pas ce bonheur. A présent, je suis résigné à mourir tout entier ; mais si un peu d'affection étrangère me vient du dehors, je l'accepterai avec reconnaissance. Je ne suis pas très-confiant. La solitude rend poltron. Mais je ferai pour vous quelque effort sur mon caractère, afin que vous n'ayez pas à souffrir de mes défauts, et surtout de ma maussaderie, qui fait horreur à tout le monde.

— C'est que le monde ne vous connaît pas, reprit Émile ; on vous juge bien différent de ce que vous êtes. On vous croit orgueilleux et obstinément attaché à la chimère des antiques priviléges. Vous avez pris, sans doute, un soin cruel envers vous-même à ne vous laisser deviner par personne.

— Et pourquoi me serais-je expliqué ? Qu'importe ce qu'on pense de moi, puisque, dans le milieu où je végète, mes vraies opinions paraîtraient encore plus ridicules que celles qu'on me suppose ?

« S'il y avait quelque profit, pour la cause que mon esprit a embrassée, à lui apporter publiquement mon hommage ou mon adhésion, aucune moquerie ne m'en détournerait : mais cette adhésion, de la part d'un homme aussi peu aimé que je le suis, serait plus nuisible qu'utile au progrès de la vérité.

« Je ne sais pas mentir, et si quelqu'un se fût donné la peine de venir m'interroger, depuis ces dernières années que mon esprit s'est fixé, il est probable que je lui eusse dit ce que je viens de vous dire ; mais le cercle de la solitude s'agrandit chaque jour autour de moi, et je n'ai pas le droit de m'en plaindre.

« Pour plaire, il faut être aimable, et je ne sais point me rendre tel, Dieu m'ayant refusé certains dons qui sont impossibles à feindre. »

Émile sut trouver des paroles affectueuses et vraies, pour adoucir, autant qu'il était en lui, l'amertume secrète qui se cachait sous la résignation de M. de Boisguilbault.

« Il m'est bien facile de me contenter du présent, lui dit le vieillard avec un triste sourire. J'ai peu d'années à vivre ; quoique je ne sois ni très-vieux ni très-malade, ma vie est usée, je le sens, et chaque jour, mon sang se refroidit et se congèle. Je pourrais me plaindre peut-être de n'avoir point eu de joies dans le passé ; mais quand le passé a fui devant nous, qu'importe ce qu'il a été ? ivresse ou désespoir, vigueur ou faiblesse, tout a disparu comme un songe.

— Mais non pas sans laisser de traces, reprit Émile. Quand même le souvenir lui-même s'effacerait, les émotions douces ou pénibles ont déposé en nous leur baume ou leur poison, et notre cœur est calme ou brisé, selon ce qui l'a affecté. Jadis, je crois que vous avez beaucoup souffert, quoique votre courage ne veuille pas descendre à la plainte, et cette souffrance, que vous cachez avec trop de fierté peut-être, augmente mon respect et ma sympathie pour vous.

— J'ai plus souffert par l'absence du bonheur que par ce qu'on est convenu d'appeler le malheur même. Une certaine fierté m'a toujours empêché, j'en conviens, de chercher un remède dans la sympathie des autres. Il eût fallu que l'amitié fût venue me chercher, je ne savais pas courir après elle.

— Mais, alors, l'eussiez-vous acceptée ?

— Oh ! certainement, dit M. de Boisguilbault toujours d'un ton froid, mais avec un soupir qui pénétra dans le cœur d'Émile.

— Et maintenant, est-ce qu'il est trop tard ? dit le jeune homme avec un profond sentiment de pitié respectueuse.

— Maintenant... il faudrait pouvoir y croire, reprit le marquis, ou oser la demander... et à qui, d'ailleurs ?

— Et pourquoi donc pas à celui qui vous écoute et vous comprend aujourd'hui ? C'est peut-être le premier depuis bien longtemps !

— Il est vrai !

— Eh bien, méprisez-vous ma jeunesse ? Me jugez-vous incapable d'un sentiment sérieux, et craignez-vous de rajeunir en accordant quelque affection à un enfant ?

— Et si j'allais vous vieillir, Émile ?

— Eh bien, comme, de mon côté, j'essaierai de vous faire revenir sur vos pas, ce sera une lutte avantageuse pour tous deux. J'y gagnerai en sagesse, à coup sûr, et peut-être y trouverez-vous quelque allégement à vos austères ennuis. Croyez en moi, monsieur de Boisguilbault : à mon âge, on ne sait pas feindre ; si j'ose vous offrir ma respectueuse amitié, c'est que je me sens capable d'en remplir les devoirs et d'apprécier les bienfaits de la vôtre. »

M. de Boisguilbault prit encore la main d'Émile et la serra, cette fois, bien franchement, sans rien répondre.

A la clarté de la lune qui montait dans le firmament, le jeune homme vit une grosse larme briller un instant sur la joue flétrie du vieillard et se perdre dans ses favoris argentés.

Émile avait vaincu ; il en était heureux et fier.

La jeunesse d'aujourd'hui professe un dédain odieux pour la vieillesse, et notre héros, tout au contraire, mettait un légitime orgueil à triompher de la réserve et de la méfiance de cet homme malheureux et respectable.

Il se sentait flatté d'apporter quelque consolation à ce patriarche abandonné, et de réparer envers lui l'oubli ou l'injustice des autres.

Il se promena longtemps avec lui dans son beau parc, et lui fit encore des questions dont l'ingénuité confiante ne déplut point au marquis.

Il s'étonnait, par exemple, que, riche et indépendant de tout lien de famille, M. de Boisguilbault n'eût pas essayé d'aborder la pratique, et de fonder quelque établissement d'association.

« Cela me serait impossible, répondit le vieillard. Je n'ai aucune initiative dans l'esprit et le caractère ; ma paresse est invincible, et de ma vie, je n'ai pu agir sur les autres. J'y serais moins propre que jamais, d'autant plus qu'il ne s'agirait pas seulement d'avoir un plan d'organisation simple et applicable au présent, il faudrait encore des formules religieuses et morales, une prédication de principes et de sentiment.

« Je reconnais la nécessité du sentiment pour convaincre les âmes ; mais ceci n'est pas de mon ressort. Je n'ai pas la faculté de me livrer et de m'épancher, et mon cœur n'a plus assez de vie pour communiquer l'éloquence à ma parole.

« Je crois aussi que le temps n'est pas venu... vous ne le croyez pas, vous ? Eh bien, je ne veux pas vous ôter cette confiance ; vous êtes taillé pour les entreprises difficiles, et puissiez-vous trouver l'occasion d'agir !

« Quant à moi, j'ai des projets pour plus tard... pour après ma mort. Je vous les dirai peut-être quelque jour... Regardez ce beau jardin que j'ai créé... ce n'est pas sans intention... mais je veux vous connaître mieux avant de m'expliquer ; me le pardonnez-vous ?

— Je m'y soumets, et je suis certain d'avance que votre prédilection pour ce paradis terrestre n'est pas une pure manie de propriétaire oisif.

— J'ai pourtant commencé par là. Ma maison m'était devenue antipathique ; rien ne sert la paresse et le dégoût comme l'ordre immuable. C'est pourquoi vous avez vu cette maison si bien entretenue et si bien rangée. Mais je ne tiens à rien de ce qu'elle renferme, et je puis bien vous confier que je n'y ai pas dormi depuis quinze ans.

« Le chalet où nous avons pris le café est ma véritable demeure. Il y a une chambre à coucher et un cabinet de travail que je ne vous ai point ouverts, et où personne n'est entré depuis qu'ils sont construits, pas même Martin.

« Ne parlez de cela à personne, la curiosité m'y poursuivrait peut-être. Elle assiége déjà bien assez le parc le dimanche.

« Les oisifs des environs y restent jusqu'à onze heures du soir, et je n'y rentre que lorsque la fermeture des grilles les force à se retirer.

« Je me lève fort tard le lundi, afin que les ouvriers aient eu le temps de faire disparaître toutes les traces de l'invasion, avant que je les aie vues, Martin veille à cela.

« Ne m'accusez pas de misanthropie, quoique je mérite bien un peu de l'être. Tâchez plutôt d'expliquer cette anomalie d'un homme pénétré de la nécessité de la vie en commun, et cependant forcé par ses instincts de fuir la présence de ses semblables.

« J'appartiens à cette génération d'égoïsme individuel, et ce qui est vice chez elle est maladie chez moi... Il y a des causes à cela... Mais j'aime mieux ne pas m'en rendre compte, afin de ne point avoir à me les rappeler. »

Émile n'osa pas faire de questions directes, quoiqu'il se promît de découvrir peu à peu tous les secrets de M. de Boisguilbault, ou du moins tous ceux où la famille de Châteaubrun devait se trouver intéressée. Mais il jugea que c'était bien assez de victoires pour un jour, et qu'avant d'obtenir toute confiance, il fallait se faire estimer et chérir, s'il était possible.

Il voulut obtenir seulement de pénétrer dans la bibliothèque, et le marquis lui promit de la lui ouvrir à leur prochaine entrevue, pour laquelle ils ne prirent cependant pas de jour. M. de Boisguilbault sentant peut-être revenir ses méfiances, voulait voir si Émile reviendrait bientôt de lui-même.

XVIII.

ORAGE.

A partir de ce jour, Émile ne vécut plus chez ses parents. Il y était bien de sa personne la nuit, et durant quelques heures de la journée; mais son esprit était plus souvent à Boisguilbault, et son cœur presque toujours à Châteaubrun.

Il retourna fréquemment à Boisguilbault, plus fréquemment qu'il n'y eût été, peut-être, sans le voisinage de Châteaubrun et les prétextes que lui fournissait la première visite.

D'abord ce furent des livres à porter, et, quoique le marquis lui eût permis de puiser à discrétion dans sa bibliothèque, il avait soin de ne les remettre à Gilberte qu'un à un, afin d'avoir toujours un motif pour paraître devant elle.

Ni Janille ni M. Antoine ne songèrent à s'étonner du plaisir que Gilberte prenait à la lecture, ni à en surveiller le choix : la première, parce qu'elle ne savait pas lire; le second, parce que la prévoyance n'était pas son fait. Mais l'ange gardien de la jeune fille n'était pas plus soigneux de la pureté de ses pensées que ne le fut Émile. Son amour enveloppait Gilberte d'un respect inviolable, et la sainte candeur de cette enfant était un trésor dont il se fût montré plus jaloux que son père, à qui, suivant l'expression de Janille, le bien était toujours venu en dormant.

Aussi, avec quelle attention, avant de lui remettre un volume, quel qu'il fût, histoire, morale, poésie ou roman, il le feuilletait, dans la crainte qu'il ne s'y trouvât un mot qui pût la faire rougir!

Si, dans son ignorance confiante, elle lui demandait à connaître quelque livre sérieux où il se souvenait que certains détails ne dussent pas être mis sous les yeux d'une jeune vierge, il lui répondait qu'il l'avait en vain cherché dans la collection de Boisguilbault, et qu'il ne s'y trouvait point.

Une mère n'eût pas mieux agi en pareil cas que ne le fit le jeune amant de Gilberte, et plus l'incurie affectueuse du père et de la fille eût favorisé, sans le savoir, des tentatives de corruption, plus Émile se faisait un devoir cher et sacré de justifier l'abandon de ces âmes naïves.

Les occasions où Émile pouvait entretenir Gilberte de ce qui se passait entre lui et M. de Boisguilbault étaient bien courtes et bien rares, car Janille ne les quittait presque jamais; et lorsqu'ils étaient avec M. Antoine, Gilberte s'attachait d'habitude et d'instinct, à tous les pas de son père.

Cependant elle sut bientôt que l'amitié du jeune Cardonnet et du vieux marquis avait fait de grands progrès, et qu'elle était fondée sur une remarquable conformité de principes et d'idées.

Mais Émile lui cachait le plus possible le peu de succès de ses tentatives de rapprochement entre les deux maisons : nous dirons, en son lieu, quel fut à cet égard le résultat de ses efforts.

Espérant toujours réussir avec le temps, Émile dissimulait ses fréquentes défaites; et Gilberte, devinant les embarras et la délicatesse de la mission qu'il avait acceptée, n'insistait guère, crainte de montrer trop d'empressement et d'exigence.

Et puis, il est vrai de dire que, peu à peu, Gilberte se passionna moins pour le succès de l'entreprise, tandis que, de son côté, Émile sentait s'opérer en lui une résolution encore plus complète.

L'amour absorbe toute autre pensée; et ces deux jeunes gens, à force de songer l'un à l'autre, n'eurent bientôt plus le loisir de penser à quoi que ce fût.

Tout leur être devint sentiment, c'est-à-dire passion, et les heures s'envolèrent dans l'ivresse de se voir, ou se traînèrent dans l'attente du moment qui devait les réunir.

Chose étrange pour M. Cardonnet, qui observait son fils avec soin, et pour Émile, qui ne se rendait plus compte de ce qui se passait en lui-même, mais chose bien naturelle pourtant et bien inévitable! la passion qui avait absorbé toute cette première jeunesse de notre héros, c'est-à-dire le désir de s'instruire, de connaître et de prendre part à la vie générale, fit place à un doux sommeil de l'intelligence et à une sorte d'oubli de ses théories favorites.

Dans une société où tout serait en harmonie, l'amour deviendrait, à coup sûr, un stimulant au patriotisme et au dévouement social. Mais lorsque les intentions hardies et généreuses sont condamnées à une lutte pénible avec les hommes et les choses qui nous entourent, les affections personnelles nous captivent et nous dominent jusqu'à produire l'engourdissement des autres facultés.

Le peuple cherche dans l'ivresse du vin l'oubli de ses autres privations, et l'amant dans celle des regards de sa maîtresse trouve comme un philtre d'oubli pour tout le reste. Émile était trop jeune pour savoir et vouloir souffrir, et pourtant il avait déjà beaucoup souffert.

Maintenant que le bonheur venait le chercher, comment eût-il pu s'y soustraire? Avouons-le, sans trop de honte pour ce pauvre enfant, il ne pensait plus ni aux lois, ni aux faits, ni à l'avenir, ni au passé du monde, ni aux moyens de les sauver, ni aux sociétés, ni aux misères humaines, ni aux volontés divines, ni au ciel, ni à la terre.

La terre, le ciel, la loi de Dieu, la destinée, le monde, c'était son amour; et pourvu qu'il vît Gilberte et qu'il lût son sort dans ses yeux, peu lui importait que l'univers s'écroulât autour de lui.

Il ne pouvait plus ouvrir un livre ni soutenir une discussion. Quand il s'était fatigué à courir sur tous les sentiers qui conduisaient vers l'objet aimé, il s'assoupissait auprès de sa mère, ou lui lisait les journaux sans comprendre un mot de ce que prononçait sa bouche; et quand il se retrouvait seul dans sa chambre, il se couchait bien vite pour éteindre sa lumière, et n'avoir plus le spectacle des objets extérieurs.

Alors les ténèbres s'illuminaient du feu intérieur qui l'animait, et sa vision radieuse venait se placer devant lui. Dans cette extase, il n'avait plus le sentiment du sommeil ou de la veille. Il rêvait les yeux ouverts, il voyait les yeux fermés.

Un mot d'affection enjouée, un sourire de Gilberte, sa robe qui l'avait effleuré en passant, un brin d'herbe qu'elle avait brisé, et dont il s'était emparé, c'en était bien assez pour l'occuper toute la nuit; et le jour avait à peine paru, qu'il courait préparer son cheval lui-même afin de partir plus vite. Il oubliait de manger, et ne s'étonnait même pas de vivre ainsi de la rosée du matin et de la brise qui soufflait de Châteaubrun.

Il n'osait pas y aller tous les jours, quoiqu'il l'eût pu sans que M. Antoine le reçût moins bien. Mais il y a dans la passion une pudeur craintive qui s'effraie du bonheur au moment de le saisir. Il errait alors dans toutes les directions, et se cachait dans les bois pour regarder les ruines de Châteaubrun à travers les branches, comme s'il eût craint d'être surpris en flagrant délit d'adoration.

Le soir, quand Jean Jappeloup avait fini sa journée, comme il n'avait pas encore de quoi payer un loyer, qu'il ne voulait pas gêner ses amis, et que les nuits étaient chaudes et sereines, il se retirait dans une petite chapelle abandonnée, sur les hauteurs qui forment le centre du village, et, avant de s'étendre sur la paille dont il s'était fait un lit, il allait dire sa prière dans la jolie église de Gargilesse.

Il descendait par préférence dans la crypte romane qui porte encore les traces de curieuses fresques du XVe siècle. De la fenêtre élégante de ce souterrain, on domine encore des murailles de rochers et les vertes ravines où coule la Gargilesse.

Le charpentier avait été privé trop longtemps à son gré de la vue de son cher *endroit*, et il interrompait souvent sa prière paisible et rêveuse pour regarder le paysage, toujours demi-priant, demi-rêvant, plongé dans cet état particulier de l'âme que connaissent les gens simples, les paysans, surtout après la fatigue du jour.

C'est alors qu'Émile, lorsqu'il avait dîné et promené quelque temps avec sa mère, venait chercher le charpentier, admirer avec lui le joli monument et causer ensuite sur le sommet de la colline, de tout ce dont on ne parlait point dans la maison Cardonnet, c'est-à-dire de Châteaubrun, de M. Antoine, de Janille, et, finalement, de Gilberte.

Il y avait quelqu'un qui aimait Gilberte presque autant qu'Émile, quoique ce fût d'un tout autre amour : c'était Jean.

Il ne la considérait pas précisément comme sa fille, car il se mêlait à son sentiment paternel une sorte de respect pour une nature si choisie, et une manière de rude enthousiasme qu'il n'eût point eu pour ses propres enfants. Mais il était vain de sa beauté, de sa bonté, de sa raison et de son courage, comme un homme qui sait le prix de ces dons, et qui sent vivement l'honneur d'une noble amitié.

La familiarité avec laquelle il s'exprimait sur son compte, retranchant le titre de mademoiselle, selon son habitude d'appeler chacun par son nom, n'était rien à la vénération instinctive qu'il avait pour elle, et les oreilles d'Émile n'en étaient pas blessées quoique, pour son compte, il n'eût pas osé en faire autant.

Le jeune homme se plaisait à entendre raconter les jeux et les gentillesses de l'enfance de Gilberte, ses élans de bonté, ses attentions généreuses et délicates pour l'ami vagabond qui, sans asile, eût manqué de tout.

« Quand je courais par la montagne, tout dernièrement, disait Jappeloup, j'étais quelquefois serré de si près, que je n'osais sortir d'un trou de rocher, ou du faîte d'un arbre bien branchu où je m'étais caché le matin.

« La faim se faisait sentir alors, et un soir que je n'en pouvais plus de faiblesse et de fatigue, je tournais la montagne, me disant avec souci qu'il y avait bien loin de là à Châteaubrun, et que, si j'étais rencontré en chemin par les gendarmes, je n'aurais pas la force de courir; mais voilà que j'aperçois sur le chemin une petite charrette avec quelques bottes de paille, et, tout à côté, Gilberte qui me faisait signe.

« Elle était venue jusque-là avec Sylvain Charasson, me cherchant de tous côtés, et guettant comme une petite caille au coin d'un buisson. Alors je me suis couché et caché dans la paille ; Gilberte s'est assise auprès de moi, et Sylvain nous a ramenés à Châteaubrun, où j'ai fait mon entrée sous le nez des gendarmes qui m'épiaient à deux pas de là.

« Une autre fois nous étions convenus que Sylvain m'apporterait à manger dans le creux d'un vieux saule, à une lieue environ de Châteaubrun ; il faisait un mauvais temps, une pluie battante, et je me doutais bien que le drôle, qui aime ses aises, ferait semblant de m'oublier ou mangerait mon dîner en route.

« Cependant j'y passai à l'heure dite, et je trouvai le petit panier bien rempli et bien abrité. Et puis devinez ce que j'aperçus auprès du saule ?

« La trace d'un pied mignon sur le sable mouillé, et j'ai pu suivre ce pauvre petit pied sur le terrain d'alentour où il avait enfoncé plus d'une fois jusqu'au dessus de la cheville.

« Cette chère enfant s'était mouillée, crottée, fatiguée, ne voulant se fier qu'à elle-même du soin d'assister son vieux ami.

« Et puis encore un autre jour, elle vit les limiers qui marchaient droit sur une vieille ruine, où, me croyant bien en sûreté, je faisais tranquillement un somme en plein midi. Il faisait cruellement chaud ce jour-là ! c'était le même jour où vous êtes arrivé dans le pays. Eh bien, Gilberte prit le sentier de traverse, sentier bien dur et bien dangereux, où les cavaliers n'auraient pu la suivre, et arriva un quart d'heure avant eux, toute rouge, toute essoufflée, pour me réveiller et me dire de gagner au large.

« Elle en a été malade, la pauvre chère âme, et ses parents n'en ont rien su. Voilà surtout ce qui me rendait soucieux le soir, quand nous avons soupé à Châteaubrun, et que Janille nous a dit qu'elle était couchée. Oh oui! cette petite-là a toujours été d'un grand cœur.

« Si le roi de France savait ce qu'elle vaut, il serait trop honoré de l'obtenir en mariage pour le meilleur de ses fils.

« Elle n'était pas plus grosse que mon poing, qu'on voyait déjà que ça serait joli et aimable comme tout.

« Vous aurez beau chercher dans les grandes dames et dans les plus riches, mon garçon, jamais vous ne trouverez par là une Gilberte comme celle de Châteaubrun. »

Émile l'écoutait avec délices, lui adressant mille questions, et lui faisait raconter dix fois les mêmes histoires.

M. Cardonnet ne fut pas longtemps sans découvrir la cause du changement survenu chez Émile. Plus de tristesse, plus de réticences pénibles, plus de reproches détournés.

Il semblait qu'Émile n'eût jamais été en opposition avec lui sur quoi que ce soit, ou du moins qu'il n'eût jamais remarqué que son père avait d'autres vues que les siennes.

Il était redevenu enfant à beaucoup d'égards ; il ne soupirait point à tel ou tel projet d'études ; il ne voyait plus les choses qui eussent pu blesser ses principes : il ne rêvait que belles matinées de soleil, longues promenades, précipices à franchir, solitudes à explorer ; et pourtant il ne rapportait point de croquis, ni plantes, ni échantillons de minéralogie, comme il l'eût fait en tout autre temps.

La vie de campagne lui plaisait pardessus tout ; le pays était le plus beau du monde ; le grand air et l'exercice du cheval lui faisaient un bien extrême ; enfin, tout était pour le mieux, pourvu qu'on le laissât courir ; et s'il tombait dans la rêverie, il en sortait par un sourire qui semblait dire :

« J'ai en moi de quoi m'occuper, et ce que vous me dites n'est rien auprès de ce que je pense. »

Si, par quelque artifice, M. Cardonnet réussissait à le retenir, il paraissait brisé un instant, et puis tout à coup résigné, comme un homme qui, sentant impossible de déposséder de son fonds de bonheur, il se hâtait d'obéir et se mettait à la tâche pour avoir plus tôt fini.

« Il y a une jolie fille au fond de tout cela ! se dit M. Cardonnet, et l'amour rend docile cette âme rebelle. C'est fort bon à savoir. La fièvre philosophique et raisonneuse peut donc faire place à une soif de plaisir ou à des rêveries sentimentales! J'étais bien fou de ne pas compter sur la jeunesse et sur les passions! Laissons souffler cet orage, il emportera l'obstacle auquel je me serais brisé ; et quand il sera temps d'arrêter l'orage, j'y aviserai. Dépêche-toi de courir et d'aimer, mon pauvre Émile! Il en est de toi comme du torrent qui me fait la guerre : tous deux vous vous soumettrez quand vous sentirez la main du maître! »

M. Cardonnet n'avait pas la conscience de sa cruauté. Il ne croyait pas à la force et à la durée de l'amour, et n'attachait pas plus d'importance à un désespoir de jeune homme qu'à des larmes d'enfant.

S'il eût pensé que mademoiselle de Châteaubrun pouvait devenir victime de son plan d'attente, il s'en fût fait conscience peut-être. Mais ici l'esprit de propriété et le *chacun pour soi* l'empêchaient de prévoir le mal d'autrui.

« C'est l'affaire du vieux Antoine de garder sa fille, pensait-il ; si l'ivrogne s'endort sur ses propres dangers, il a du moins une servante-maîtresse qui n'a rien de mieux à faire qu'à mettre, le soir, dans sa poche la clef du fameux pavillon. On peut, quand il en sera temps, ouvrir les yeux de la duègne. »

Dans cette persuasion, il laissa Émile à peu près libre de son temps et de ses démarches. Il se bornait à le railler et à dénigrer amèrement la famille de Châteaubrun dans l'occasion, pour se mettre à l'abri du reproche d'avoir ouvertement encouragé les poursuites de son fils.

Dans son opinion, Antoine de Châteaubrun était véritablement un pauvre sire, un homme déconsidéré, que la misère avait avili et que l'oisiveté abrutissait.

Il voyait avec un plaisir superbe les anciens maîtres de la terre, déchus ainsi, se réfugier dans les bras du peuple, sans oser recourir à la protection et à la société des nouveaux riches.

M. de Boisguilbault ne trouvait pas grâce devant lui, quoiqu'il fût difficile de lui reprocher le désordre et le manque de tenue.

La richesse qu'il avait su conserver portait bien plus d'ombrage à Cardonnet que le nom de Châteaubrun, et s'il avait du mépris pour le comte, il avait une sorte de haine pour le marquis. Il le déclarait bon pour les Petites-Maisons, et rougissait pour lui, disait-il, de l'emploi stupide qu'un homme si long et d'une si lourde fortune.

Émile prenait soin de défendre M. de Boisguilbault, sans cependant avouer qu'il le voyait deux ou trois fois par semaine....

Il eût craint qu'en lui intimant de rendre ses visites plus rares, son père ne lui ôtât le prétexte qu'il avait auprès des habitants de Châteaubrun pour aller leur rendre une petite visite en passant.

Il avait besoin surtout de ce prétexte auprès de Gilberte, car il voyait bien qu'aucune observation ne viendrait de la part de M. Antoine, mais il craignait que Janille ne fît comprendre à mademoiselle de Châteaubrun qu'il y allait de sa dignité de tenir à distance un jeune homme trop riche pour l'épouser, suivant les idées du monde.

Il prévoyait bien que le jour viendrait où ses assiduités seraient remarquées.

« Mais alors, se disait-il, peut-être que je serai aimé, et que je pourrai m'expliquer sur le sérieux de mes intentions. »

Cette idée le conduisait naturellement à prévoir une opposition violente et longue de la part de M. Cardonnet ; mais alors il s'élevait en lui comme un bouillonnement d'audace et de volonté ; son cœur palpitait comme celui du guerrier qui s'élance à l'assaut, et qui brûle de planter lui-même son drapeau sur la brèche ; il se sentait frémir comme le cheval de combat que l'odeur de la poudre enivre.

Il lui arrivait quelquefois, lorsque son père accablait de sa froide et profonde colère un de ses subordonnés, de se croiser les bras, et de le mesurer involontairement des yeux :

« Nous verrons, se disait-il alors en lui-même, si ces choses m'effraieront, et si cet ouragan me fera plier, quand on portera la main sur l'arche sainte de mon amour.

O mon père! vous avez pu me détourner des études que je chérissais, refouler toutes mes aspirations dans mon sein, blesser impunément mon amour-propre et froisser mes sympathies... Si vous voulez le sacrifice de mon intelligence et de mes goûts, eh bien, je me soumettrai encore; mais celui de mon amour!... Oh! vous avez trop de prudence et de pénétration pour l'essayer, car alors vous verriez que si je suis votre fils pour vous aimer, je suis aussi votre sang pour vous résister... Nous nous briserons l'un contre l'autre, comme deux instruments d'égale force, et il vous faudrait devenir parricide pour rester vainqueur. »

En attendant ce jour terrible qu'Émile s'habituait à contempler, il laissait le dépit secret de son père s'exhaler en vaines paroles contre le bon Antoine et sa fidèle Janille. Il lui était même devenu indifférent qu'il fît allusion à la naissance équivoque de sa fille.

Il lui importait fort peu qu'elle eût du sang plébéien dans les veines, et il entendait à peine ce que M. Cardonnet disait là-dessus.

Il lui semblait d'ailleurs que c'eût été faire injure au père de Gilberte que d'essayer de le défendre contre les autres accusations. Il souriait presque comme un martyr qui reçoit une blessure et défie la douleur.

Malgré toute sa force d'esprit, Cardonnet était donc dans l'erreur, et se précipitait avec son fils dans l'abîme, en se flattant de le retenir aisément lorsqu'il en aurait touché le bord. Il croyait connaître le cœur humain, parce qu'il savait le secret des faiblesses humaines ; mais qui ne sait que le côté faible et misérable des choses et des hommes, ne sait que la moitié de la vérité.

« Je l'ai fait plier en des occasions plus importantes, et une amourette est bien peu de chose, » se disait-il.

Il avait raison en fait d'amourettes : il pouvait s'y connaître ; mais un grand amour était pour lui un idéal inaccessible, et il ne prévoyait rien de ce qu'il peut inspirer de résolutions sublimes ou funestes.

Peut-être M. de Boisguilbault contribua-t-il aussi peu pour sa part à calmer l'ardeur ombrageuse d'Émile à l'endroit des questions sociales ; parfois sa sécurité glaciale avait impatienté le bouillant jeune homme ; mais le plus souvent, il reconnaissait que ce tranquille prophète avait raison de subir le présent avec patience en vue d'un avenir certain.

Lorsqu'il lui parlait au nom de la logique des idées, souveraine des mondes et mère des destinées humaines, au lieu de l'irriter, comme il était arrivé à M. Cardonnet de le faire, en invoquant la fausse et grossière logique du fait, il réussissait à l'apaiser et à le convaincre.

Si le contraste de leurs caractères causait au plus impatient des deux une sorte de généreux dépit, bientôt le plus calme reprenait son empire, et découvrait cette force cachée qui était en lui, et qui le rendait, pour ainsi dire, supérieur à lui-même.

Les railleries de M. Cardonnet avaient vivement froissé Émile, et l'eussent presque poussé à l'exagération du fanatisme. La haute raison de M. de Boisguilbault le réconciliait avec lui-même, et il se sentait fier d'avoir la sanction d'un vieillard aussi éclairé et aussi rigide dans ses déductions.

Comme ils étaient grandement d'accord sur le fond des choses, les discussions ne pouvaient durer longtemps, et comme le communisme était le seul sujet qui pût faire départir le marquis de son laconisme habituel, il leur arrivait bien souvent de tomber dans le silence d'une rêverie à deux.

Pourtant Émile ne s'ennuyait jamais à Boisguilbault. La beauté du parc, la bibliothèque, et surtout le plaisir réservé mais certain que le marquis trouvait à le voir, lui faisaient de ces visites un repos agréable et précieux, au sortir d'émotions plus ardentes.

Il se créait là, pour lui, sans qu'il y prît garde, un intérieur nouveau, bien plus conforme à ses goûts que l'usine bruyante et la maison militairement gouvernée de son père. Châteaubrun eût été encore plus la retraite selon son cœur.

Là, il aimait tout sans réserve : les habitants, les ruines

O mon Dieu, voyez comme il l'aime encore ! (Page 67.)

et jusqu'aux plantes et aux animaux domestiques. Mais le bonheur d'y passer sa vie, c'était le ciel à escalader ; comme il fallait, après ce rêve, retomber sur la terre, Émile tombait moins bas à Boisguilbault qu'à Gargilesse.

C'était comme une station entre l'abîme et le ciel, les limbes entre le paradis et le purgatoire. Il s'habituait, tant il y était bien reçu et jalousement gardé, à se croire chez lui. Il s'occupait du parc, rangeait les livres et prenait des leçons d'équitation dans la grande cour.

Peu à peu le vieux marquis se laissait aller aux douceurs de la société, et parfois son sourire ressemblait à un véritable enjouement.

Il ne le savait pas, ou ne voulait pas le dire : mais ce jeune homme lui devenait nécessaire et lui apportait la vie. Pendant des heures entières il semblait accepter nonchalamment cette douceur, mais lorsque Émile était au moment de partir, il voyait s'altérer insensiblement ce pâle visage, et le soupir d'asthme devenait un soupir de tendresse et de regret, lorsque le jeune homme s'élançait sur son cheval impatient de redescendre la colline.

Enfin il devint évident pour Émile lui-même, qui apprenait chaque jour à déchiffrer ce livre mystérieux, que l'âme du vieillard était affectueuse et sympathique, qu'il avait un regret sourd et continu de s'être voué à la solitude, et qu'il avait eu pour s'y déterminer d'autres motifs qu'une disposition maladive.

Il crut que le moment était venu de sonder cette blessure et d'en proposer le remède.

Le nom d'Antoine de Châteaubrun, prononcé déjà maintes fois sans succès, et qui s'était perdu sans écho dans le silence du parc, vint sur ses lèvres, et s'y attacha plus obstinément. Le marquis fut obligé de l'entendre et d'y répondre :

« Mon cher Émile, lui dit-il du ton le plus solennel qu'il eût encore pris avec lui, vous pouvez me faire beaucoup de peine, et, si telle est votre intention, je vais vous en donner le moyen : c'est de me parler de la personne que vous venez de nommer.

— Je sais bien, répondit le jeune homme, mais...

— Vous le savez ! dit M. de Boisguilbault ; que savez-vous ? ».

Et, en faisant cette interrogation, il parut si courroucé, et ses yeux éteints se remplirent d'un feu si sombre, qu'Émile, stupéfait, se rappela ce qu'il lui avait été dit à

Émile s'élança à leur rencontre, sans se demander si Janille avait parlé. (Page 73.)

leur première entrevue de sa prétendue irascibilité, quoique ce fût alors d'un ton qui ne lui eût pas permis de voir là autre chose qu'une vanterie fort plaisante.

« Mais répondez donc! reprit M. de Boisguilbault d'une voix moins âpre, mais avec un sourire amer. Si vous savez les causes de mon ressentiment, comment osez-vous me les rappeler?

— Si elles sont graves, répondit Émile, apparemment je les ignore ; car ce qu'on m'en a dit est si frivole, que je ne peux plus y croire en vous voyant irrité à ce point contre moi.

— Frivole! frivole!... Et qu'est-ce donc qu'on vous a dit? Soyez sincère, n'espérez pas me tromper!

— Et quand donc vous ai-je donné le droit de me soupçonner d'une bassesse telle que le mensonge? reprit Émile un peu animé à son tour.

— Monsieur Cardonnet, dit le marquis en prenant le bras du jeune homme d'une main tremblante comme la feuille près de se détacher au vent de l'automne ; vous ne voudriez pas vous faire un jeu de ma souffrance, je le crois. Parlez donc, et dites ce que vous savez, puisqu'il faut que je l'entende.

— Je sais ce qu'on dit, et rien de plus. On prétend que c'est à propos d'un chevreuil, que vous avez rompu une amitié de vingt ans. Un de ces animaux, que vous apprivoisiez pour votre amusement, se serait échappé de votre garenne, et M. de Châteaubrun l'ayant rencontré à peu de distance de chez vous, aurait commis l'étourderie de le tuer. C'eût été une grande étourderie, il est vrai, puisqu'il n'y a point de chevreuils dans ce pays-ci, et qu'il devait supposer que celui-là était un de vos favoris; mais M. de Châteaubrun a toujours été fort distrait, et vraiment ce n'est pas là un défaut qu'on ne puisse pardonner à un ami.

— Et qui vous a raconté cette histoire? Lui, sans doute?

— Il ne s'est jamais expliqué avec moi ni devant moi : c'est Jean, le charpentier, encore un homme dont vous ne voulez pas entendre parler, quoique vous ayez été généreux envers lui, qui m'a dit n'avoir jamais connu entre vous deux d'autre motif de mésintelligence.

— Et de qui tenait-il cette belle explication? de la servante de la maison, sans doute?

— Non, monsieur le marquis. La servante ne parle pas

plus de vous que le maître. Ce que je viens de vous dire est une histoire accréditée parmi les paysans.

— Et le fond de l'histoire est vrai, reprit M. de Boisguilbault après une longue pause, qui parut le calmer entièrement. Pourquoi vous en étonneriez-vous, Émile? Ne savez-vous pas qu'il ne faut qu'une goutte d'eau pour faire déborder un lac?

— Et si votre lac d'amertume n'était rempli que de pareilles gouttes d'eau, comment ne voulez-vous pas que je m'étonne de votre susceptibilité? Je ne vois chez M. de Châteaubrun d'autre défaut qu'une sorte d'inertie et d'irréflexion continuelle. Si c'est une suite de distractions et de gaucheries qui vous a rendu sa présence insupportable, je ne retrouve pas là votre haute sagesse et votre tolérance accoutumées. Je serais donc plus patient que vous, moi, que vous traitez souvent de volcan en éruption, car les distractions de M. Antoine me divertissent plus qu'elles ne m'irritent, et j'y vois une preuve de l'abandon de son âme et de la naïveté de son esprit.

— Émile, Émile, vous ne pouvez pas juger ces choses-là! reprit M. de Boisguilbault, embarrassé. Je suis fort distrait moi-même, et je souffre de mes propres méprises. Celles des autres me sont apparemment insupportables... L'affection ne vit, dit-on, que de contrastes. Deux sourds, ou deux aveugles s'ennuient ensemble. Bref, j'étais las de cet homme-là! ne m'en parlez pas davantage.

— Je ne saurais croire que cette injonction soit sérieuse. O mon noble ami, tournez votre déplaisir contre moi seul, si j'insiste; mais il m'est impossible de ne pas voir que cette rupture fâcheuse est un de vos principaux sujets de tristesse. Vous vous la reprochez au fond de l'âme, comme une injustice; et qui sait si ce n'est pas l'unique source de votre misanthropie de fait? Nous tolérons difficilement les autres, quand il y a au fond de nos pensées quelque chose dont nous ne pouvons nous absoudre nous-mêmes. Moi, je crois, et j'ose vous dire que vous seriez consolé si vous aviez réparé le mal que vous faites depuis si longtemps à un de vos semblables.

— Le mal que je lui fais? Et quel mal lui ai-je donc fait? Quelle vengeance ai-je donc exercée contre lui? à qui en ai-je dit du mal? à qui me suis-je plaint? que savez-vous vous même de mes sentiments secrets envers lui? Qu'il se taise, ce malheureux! ou il commettra une grande iniquité en se plaignant de ma conduite.

— Monsieur le marquis, il ne s'en plaint pas, mais il déplore la perte de votre amitié. Ce regret trouble son sommeil, et obscurcit parfois la sérénité de son âme douce et résignée. Il ne prononce pas volontiers votre nom, lui non plus; mais si on le prononce devant lui, il le couvre d'éloges, et ses yeux se remplissent de larmes. Et puis il y a quelqu'un auprès de lui qui souffre plus encore de sa douleur que lui-même; quelqu'un qui vous respecte, qui vous craint, et qui n'ose pas vous implorer; quelqu'un pourtant dont l'affection et la reconnaissance seraient un bienfait dans votre solitude et un appui dans votre vieillesse...

— Que voulez-vous dire, Émile? dit le marquis péniblement ému. Est-ce de vous que vous parlez? Mettez-vous votre amitié pour moi à cette condition? Ce serait bien cruel de votre part!

— Il n'est pas question de moi ici, répondit Émile. Mon dévouement pour vous est trop profond, et ma sympathie trop involontaire, pour être mise à aucun prix. Je vous parle de. quelqu'un qui ne vous connaît que par moi, mais qui vous avait déjà deviné, et qui rend juste ce à vos grandes qualités; d'une personne qui vaut mille fois mieux que moi, et que vous aimeriez d'une affection paternelle, si vous pouviez la connaître; en un mot, je vous parle d'un ange, de mademoiselle Gilberte de Châteaubrun. »

A peine Émile avait-il prononcé ce nom, dont il espérait comme d'un charme magique, qu'il vit la figure de son hôte se décomposer d'une manière effrayante. Les pommettes de ses joues maigres et blêmes devinrent pourpres; ses yeux sortirent de leurs orbites; ses bras et ses jambes s'agitèrent de mouvements convulsifs. Il voulut parler et bégaya des paroles inintelligibles. Enfin, il réussit à faire entendre ces mots :

« Assez, Monsieur... c'est assez, c'est trop. . N'ayez jamais le malheur de me parler de *cette demoiselle!* »

Et, quittant les rochers du parc, où cette scène se passait, il entra dans le chalet, dont il tira la porte avec violence derrière lui.

XIX.

LE PORTRAIT.

Émile demeura quelques jours sans retourner à Boisguilbault : sa peine était profonde. Il s'était d'abord irrité et dépité contre les caprices fâcheux et incompréhensibles du marquis. Mais bientôt, réfléchissant à cet incident bizarre, il se prit d'une grande compassion pour cette âme malade, qui, au milieu de conceptions si lucides et d'instincts si affectueux, nourrissait une sorte de folie désastreuse, certains accès de haine ou de ressentiment, voisins de l'aliénation mentale.

C'était la seule explication que le jeune homme pût se donner à lui-même de l'effet violent produit sur son vieux ami par le nom adoré de Gilberte. Il fut si consterné de cette découverte, qu'il ne se sentit plus le courage de poursuivre une entreprise désormais inutile, et qu'il résolut d'en faire part loyalement à mademoiselle de Châteaubrun.

Il s'achemina un soir vers les ruines, avec les sentiments de sa défaite, et, pour la première fois, il arriva triste. Mais l'amour est un magicien qui, par des faveurs ou des cruautés inattendues, déjoue toutes nos prévisions.

Gilberte était seule. Certes, Janille n'était pas loin; mais, comme elle s'était écartée de la maison à la recherche d'une de ses chèvres, et qu'on ne savait pas précisément de quel côté elle pouvait être, soit qu'on l'attendît, soit qu'on se mît en route pour aller la rejoindre, on avait bien vis-à-vis de soi-même une excuse plausible pour affronter le tête-à-tête. Gilberte aussi paraissait un peu triste. Elle eût été fort embarrassée de dire pourquoi, ni comment il se fit qu'après avoir passé cinq minutes avec Émile, elle ne se souvint plus d'avoir eu quelques idées sombres en l'attendant.

On avait dîné depuis longtemps à Châteaubrun : suivant une antique habitude, on mangeait aux mêmes heures que les paysans, c'est-à-dire le matin, au milieu du jour, et après la fin des travaux, ce qui est logique pour ceux qui ne font pas de la nuit le jour.

Le soleil était à son déclin lorsque Émile arriva : c'est l'heure où toutes choses sont belles, graves et souriantes à la fois. Émile s'imagina que jusque-là il n'avait pas encore compris la beauté de Gilberte, tant il en fut frappé : comme si c'était pour la première fois, comme si, depuis six semaines, il n'avait pas vécu dans une extase de contemplation.

N'importe, il se persuada qu'il n'avait encore aperçu que la moitié de ses cheveux, et la centième partie de ce que son sourire renfermait de charmes, ses mouvements de grâce, et son regard de trésors inappréciables.

Il avait bien des choses importantes à lui dire, mais il ne se souvenait plus de rien. Il ne pouvait plus songer qu'à la regarder et à l'écouter. Tout ce qu'elle disait était si frappant, si nouveau pour lui!

Comme elle sentait la richesse de la nature, comme elle lui faisait comprendre la perfection des moindres détails! Si elle lui montrait une fleur, il y découvrait des nuances dont il n'avait jamais encore apprécié la délicatesse ou la splendeur; si elle admirait le ciel, il s'apercevait que jamais il n'avait vu un si beau ciel. Le paysage qu'elle regardait prenait un aspect magique, et il ne savait dire autre chose, sinon :

« Oh! oui, comme c'est beau, en effet!... Oh! vous avez raison... C'est vrai, comme c'est vrai, ce que vous voyez et ce que vous dites là! »

Il y a une délicieuse stupidité dans l'âme des amants : tout signifie, *je vous aime!* et on chercherait vainement ur autre sens à la monotonie de leur adhésion sur tous les points.

Cependant, quoique plus inexpérimentée encore qu'Émile, Gilberte, en qualité de femme, se rendait un peu plus compte de ce qu'elle éprouvait elle-même, tandis qu'Émile aimait comme on respire, sans songer qu'il y a là, à chaque minute de notre existence, un problème ou un prodige.

Gilberte s'interrogeait davantage, et se sentait envahir avec plus d'étonnement. Elle fit bientôt un effort pour rompre cette manière de causer, où, à force de ne se rien dire, on se disait beaucoup trop.

Elle parla de M. de Boisguilbault, et force lui fut à Émile de dire qu'il n'espérait plus rien. Tout son chagrin se réveilla à cet aveu, et il se plaignit amèrement de la destinée qui lui enlevait la seule occasion d'être utile à M. de Châteaubrun et de complaire à Gilberte.

« Eh bien, consolez-vous, dit la jeune fille avec candeur, je ne vous en aurai pas moins d'obligations : car, grâce à votre zèle et à votre courage, j'ai du moins l'esprit en repos sur le point principal. Sachez ce qui me tourmentait le plus.

« A voir l'obstination hautaine du marquis et l'humilité généreuse de mon père, il me venait à l'esprit un doute insupportable. Je me figurais que mon bon père pouvait avoir eu, sans le vouloir assurément, quelque tort grave, et j'aurais voulu en surprendre le secret pour me charger de le réparer. Oh! je l'aurais fait au prix de ma vie!... Mais maintenant...

— Mais maintenant! Eh bien! maintenant, dit M. Antoine en paraissant tout à coup au détour d'un massif d'arbustes sauvages, et en souriant avec son air de confiance et de franchise accoutumé, que diable racontez-vous là de si sérieux, et qu'est-ce que tu réparerais au prix de ta vie, ma pauvre petite? Je vois, Émile, qu'elle vous prend pour son confesseur, et qu'elle s'accuse d'avoir tué une mouche avec trop de colère. Qu'est-ce? allons, parlez donc! car votre air embarrassé me donne envie de rire. Est-ce que par hasard on aurait des secrets pour le vieux père?

— Oh non, mon père! je n'en aurai jamais, s'écria Gilberte en jetant son bras sur l'épaule d'Antoine, et en appuyant sa joue rose contre son visage cuivré. Et puisque vous écoutez aux portes en plein air, vous allez être forcé d'apprendre ce dont il s'agit. Si vous y trouvez quelque chose à blâmer, songez que vous en avez perdu le droit, en surprenant ma pensée et en commentant mes paroles. Tenez, je vais tout lui dire, monsieur Émile; car il vaut mieux qu'il le sache. Mon bon père, vous vous affligez de la rancune injuste de M. de Boisguilbault, à propos d'une misère...

— Ah diantre! tu vas me parler de ça, toi! A quoi bon? Tu sais bien que ce sujet-là me chagrine! dit M. Antoine, dont la figure enjouée s'altéra tout à coup.

— Il faut bien en parler, puisque c'est pour la dernière fois, reprit Gilberte. Ce que j'ai à vous en dire vous fera de la peine, et pourtant cela vous ôtera, j'en suis sûre, un grand poids de dessus le cœur.

« Allons, père chéri, ne détournez pas la tête, et ne prenez pas l'air soucieux qui fait tant de mal à votre Gilberte.

« Je sais fort bien que vous ne voulez pas que je prononce devant vous le nom du marquis; vous dites que cela ne me regarde pas, et que je ne peux rien comprendre à vos différends. Mais c'est aussi trop me traiter en petite fille, et je suis bien d'âge à deviner un peu vos peines, afin d'apprendre à vous en consoler.

« Eh bien, je m'informais auprès de M. Cardonnet, qui voit fort souvent M. de Boisguilbault, et qui a eu part à sa confiance sur les points importants, des dispositions présentes de ce gentilhomme à notre égard. Je lui disais que, pour vous ôter le chagrin que vous conserviez de l'avoir involontairement blessé, je donnerais ma vie... C'est bien là ce que je disais?

— Et puis? dit M. de Châteaubrun en passant sur ses lèvres la jolie main de sa fille, d'un air préoccupé.

— Et puis? reprit-elle, M. Émile avait déjà répondu à

ce que je voulais savoir, c'est-à-dire que M. de Boisguilbault nous garde une terrible rancune; mais qu'il n'y a plus à s'en occuper, parce que cette rancune n'est fondée sur rien, et que vous n'avez, grâce à Dieu, aucun reproche à vous faire! Au reste, j'en étais bien sûre, cher père; je ne craignais qu'une de vos distractions. Eh bien, consolez-vous... quoique pourtant vous allez vous affecter, j'en suis sûre, de l'état fâcheux de votre ancien ami... M. de Boisguilbault est bien réellement ce qu'il passe pour être, et il faut que vous le reconnaissiez comme les autres... ce pauvre gentilhomme est fou.

— Fou! s'écria M. Antoine frappé d'effroi et de douleur, réellement fou? Vous l'avez entendu divaguer, Émile? Est-ce qu'il souffre beaucoup? est-ce qu'il se plaint? est-ce que sa folie est constatée par les médecins? Oh! voilà une affreuse nouvelle pour moi! »

Et le bon Antoine, se laissant tomber sur un banc, refoula en vain de gros soupirs. Sa robuste poitrine semblait se soulever pour se briser.

« O mon Dieu, voyez comme il l'aime encore! s'écria Gilberte en se jetant à genoux près de son père et le couvrant de caresses. Oh! pardon, pardon, mon père! je vous ai fait du mal, j'ai parlé trop vite! Mais aidez-moi donc à le consoler, Émile? »

Émile tressaillit de ce que Gilberte, dans son émotion, oubliait pour la première fois de l'appeler *monsieur*. Il semblait qu'elle le traitait comme un frère, et, dans un transport d'attendrissement, il s'agenouilla aussi auprès du bon Antoine, qui paraissait comme menacé d'un coup de sang, tant il était rouge et oppressé.

« Rassurez-vous, dit Émile, les choses n'en sont pas à ce point, et n'y en viendront jamais, j'espère. M. de Boisguilbault n'est pas malade, il jouit de toutes ses facultés; sa monomanie, si l'on peut appeler ainsi l'éloignement qu'il professe pour votre famille, n'est pas un mal nouveau; seulement, à voir cette bizarrerie chez un homme si calme et si tolérant à tous autres égards, j'ai cru longtemps qu'il y avait là des motifs graves, et je suis forcé de constater maintenant qu'il n'y en a aucun; que c'est un trait de folie passagère qu'il oubliera si on ne le réveille plus, et que vous n'en êtes pas le seul objet, puisque d'autres personnes, dont il n'a jamais eu à se plaindre, et qu'il ne connaît pas du tout, lui inspirent le même sentiment d'effroi et de répulsion maladive.

— Expliquez-vous donc, dit M. Antoine, qui commençait à respirer. Quelles sont ces autres personnes?...

— Mais... Jean d'abord, répondit Émile. Vous savez bien qu'il n'a aucun motif de craindre sa présence comme il le fait, et que ce brave homme lui-même ignore absolument ce qu'il peut jamais avoir eu à lui reprocher.

— Il n'a rien à lui reprocher en effet, ni lui, ni personne, mais je sais fort bien ce qu'il suppose... Passons! s'il n'est question que de Jean, le marquis n'est pas fou le moins du monde, il n'est qu'injuste ou dans l'erreur sur le compte de notre ami le charpentier. Mais le faire revenir de cette erreur-là est aussi impossible que de fermer la plaie qui saigne dans son cœur. Pauvre Boisguilbault! Ah! c'est moi, Gilberte, qui donnerais volontiers ma vie pour lui procurer l'oubli du passé! N'en parlons plus.

— Encore un mot pourtant, dit Gilberte, car ce mot vous éclaircira, mon bon père. Ce n'est pas seulement à Jean Jappeloup que le marquis en veut si fort, c'est à moi-même, à moi qu'il n'a jamais vue, qui ne lui ai jamais parlé, et, dont, à coup sûr, il ne peut avoir à se plaindre en aucune façon. Pour lui avoir prononcé mon nom, avec l'intention de le calmer, M. Cardonnet, que voici pour vous le dire, a vu se rallumer toute sa colère. Il a jeté les portes en criant, comme si on lui parlait d'une mortelle ennemie :

« Malheur à vous, si vous me parlez jamais de cette demoiselle!! »

M. de Châteaubrun baissa la tête et resta quelques instants sans parler. Il essuya à plusieurs reprises, avec un gros mouchoir à carreaux bleus, son large front baigné de sueur. Puis enfin il prit la main de Gilberte et celle d'Émile dans les siennes, et les fit se toucher sans en avoir conscience, tant il était occupé d'autre chose que de la possibilité de leur amour.

« Mes enfants, dit-il, vous avez cru me faire du bien, et vous avez augmenté ma peine ; je ne vous remercie pas moins de vos bonnes intentions, mais je veux que vous me donniez tous deux votre parole de ne plus revenir avec moi, ni entre vous, ni en présence de Janille ou de Jean, ni vous, Émile, avec M. de Boisguilbault, sur ce sujet-là. Jamais, jamais, entendez-vous? » ajouta-t-il du ton le plus solennel et le plus absolu dont il fût capable ; et, s'adressant plus particulièrement à Émile, en serrant avec force sa main contre celle de Gilberte avec un redoublement de distraction :

« Mon cher monsieur Émile, dit-il avec attendrissement, vous avez été emporté à une grave imprudence par votre amitié pour moi. Souvenez-vous que la première fois que vous allâtes à Boisguilbault, je vous dis : « Ne prononcez pas mon nom dans cette maison, si vous voulez ne pas nuire à mon ami Jean ! » Eh bien, vous avez fini par me nuire à moi-même en oubliant ma recommandation.

« Tout ce que je puis vous dire, c'est que M. de Boisguilbault n'est pas plus fou qu'aucun de nous trois, et que s'il est injuste envers Jean et envers ma fille, qui sont bien innocents de mes torts, c'est parce que l'on enveloppe assez naturellement les amis et les proches d'un ennemi dans le ressentiment qu'il inspire.

« M. de Boisguilbault serait bien cruel de ne pas me pardonner s'il pouvait lire au fond de mon cœur ; mais sa souffrance est trop grande pour le lui permettre. Respectez donc cette douleur, Émile, et ne traitez pas de fou un homme dont l'infortune mérite les consolations de votre amitié et tous les égards dont vous êtes capable... Allons! promettez-moi de ne plus conspirer ensemble pour mon repos; car quelque chose que vous fassiez, ce sera conspirer contre. »

Émile et Gilberte promirent en tremblant, et Antoine leur dit : « C'est bien, mes enfants, il est des maux incurables et des châtiments qu'il faut savoir subir en silence. Maintenant, allons voir si Janille a retrouvé sa chèvre. J'ai là, dans un panier, des abricots que j'ai été cueillir pour vous deux ; car j'avais vu Émile monter le sentier, et je tiens à le régaler des primeurs de mes vieux arbres. »

Après quelques efforts, Antoine reprit son enjouement avec plus de facilité que Gilberte et qu'Émile lui-même. Ce dernier n'osait plus faire de commentaires et de recherches ; car tout ce qui tenait à Gilberte lui était sacré, et il suffisait qu'Antoine lui eût enjoint de ne plus penser à cette affaire pour qu'il s'efforçât de l'éloigner de son esprit. Mais il y avait bien d'autres sujets de trouble dans son cœur, et l'amour y jetait de telles racines, qu'il tombait dans des distractions pires que celles de M. de Châteaubrun.

Quand il se retrouva seul sur le chemin de Gargilesse, à l'endroit où celui de Boisguilbault vient bifurquer, son cheval, qui aimait et connaissait également l'un et l'autre gîtes, prit la direction de Boisguilbault.

Émile ne s'en aperçut pas d'abord, et quand il s'en aperçut, il se dit que la Providence le voulait ainsi ; qu'il avait laissé seul, pendant bien des jours, le triste vieillard qu'il avait promis d'aimer comme un père ; et que, dût-il être mal reçu, il fallait, sans différer, aller obtenir son pardon.

On n'avait pas encore fermé définitivement les grilles du parc lorsqu'il arriva au bas de la colline. Il y entra et se dirigea vers le chalet, comptant que s'il n'y trouvait pas le marquis, il l'y verrait arriver dès que la nuit serait close.

Ayant attaché *Corbeau* à la galerie extérieure du rez-de-chaussée, il frappa doucement à la porte de la chaumière suisse, et, comme un peu de vent venait de s'élever avec le coucher du soleil, il lui sembla entendre quelque bruit dans l'intérieur et la voix faible du marquis, qui lui disait d'entrer. Mais c'était une pure illusion, car lorsqu'il eut poussé la porte, il s'aperçut que l'intérieur était vide.

Cependant M. de Boisguilbault pouvait être au fond de l'habitation, dans une chambre invisible où il avait coutume de se retirer le soir. Émile toussa, fit craquer le plancher pour l'avertir de sa présence, bien décidé à s'en aller sans le voir, plutôt que de franchir la porte interdite à tout le monde sans exception.

Comme aucun bruit ne répondit à celui qu'il faisait, il jugea que le marquis était encore au château, et il allait se diriger de ce côté lorsqu'un coup de vent fit ouvrir en même temps avec violence une fenêtre et la porte située au fond de l'appartement. Il se tourna vers cette porte, croyant voir arriver par là M. de Boisguilbault ; mais personne ne parut, et Émile distingua l'intérieur d'un petit cabinet de travail aussi mal rangé que les appartements du château l'étaient avec soin.

Il eût craint de commettre une indiscrétion en y pénétrant, et même en examinant de loin les meubles pauvres et grossiers, et le pêle-mêle de vieux livres et de paperasses qu'il vit confusément au premier coup d'œil. Mais ce qui captiva son attention, en dépit de lui-même, ce fut un portrait de femme de grandeur naturelle, placé au fond de ce réduit, juste en face de lui, si bien qu'il lui était impossible de ne pas le voir, outre qu'il était difficile de ne pas regarder une peinture si belle et une image si charmante.

La dame était vêtue à la mode de l'empire ; mais un cachemire bleu d'azur richement brodé, et jeté en draperie sur ses épaules, cachait ce que la taille courte eût pu avoir de disgracieux. La coiffure en boucles, dites naturelles, était assez heureuse, et les cheveux d'un blond doré magnifique.

Rien n'était plus délicat et plus charmant que ce jeune visage ; sans doute c'était là madame de Boisguilbault, et notre héros s'oubliait à interroger curieusement la physionomie de cette femme, dont la vie et la mort devaient avoir eu une si grande influence sur la destinée du solitaire.

Mais il est bien rare qu'un portrait nous donne une idée juste du caractère de l'original, et, dans la plupart des cas, on peut peut bien dire que ce qui ressemble le moins à la personne, c'est son image.

Émile s'était représenté la marquise pâle et triste ; il voyait une belle élégante, au fier et doux sourire, à la pose noble et triomphante. Avait-ce été ainsi avant ou après son mariage? Ou bien était-ce une nature toute différente de ce qu'il avait supposé?

Ce qu'il y avait de certain, c'est qu'il voyait là une figure ravissante, et que, comme il lui était impossible de rencontrer l'image de la jeunesse et de la beauté sans se représenter aussitôt Gilberte, il se mit à comparer ces deux types, qui peu à peu lui parurent avoir des affinités.

Le jour baissait rapidement, et, n'osant faire un pas pour se rapprocher du mystérieux cabinet, Émile ne vit bientôt plus la peinture que d'une manière vague.

La peau fraîche et les cheveux dorés qui ressortaient encore lui firent bientôt une illusion si forte, qu'il crut avoir devant les yeux le portrait de Gilberte, et que, quand il n'eut plus dans la vue qu'un brouillard rempli d'étincelles fugitives, il eut besoin de faire un effort de volonté pour se rappeler que sa première impression, la seule juste en pareil cas, ne lui avait offert aucun trait précis de ressemblance entre la figure de madame de Boisguilbault et celle de mademoiselle de Châteaubrun.

Il sortit du chalet, et ne rencontrant personne dans le parc, il se dirigea vers le château.

Le même silence, la même solitude régnaient dans la cour. Il monta l'escalier de la tourelle, sans que Martin vînt à sa rencontre, pour lui annoncer avec ce ton de cérémonie dont il ne se départait jamais, même envers l'unique habitué de la maison.

Enfin, il pénétra jusque dans le salon, où les jalousies, fermées jour et nuit, entretenaient une obscurité profonde ; et saisi d'un vague effroi, comme si la mort était entrée dans cette maison déjà si peu vivante, il courut dans les autres pièces et trouva enfin M. de Boisguilbault étendu sur un lit.

Il avait la pâleur et l'immobilité d'un cadavre. Les dernières clartés du jour jetaient un reflet vague et triste sur cette chambre, et le vieux Martin, que sa surdité empêcha d'entendre l'approche d'Émile, assis au chevet de son maître, avait l'apparence d'une statue.

Émile s'élança vers le lit et saisit la main du marquis. Elle était brûlante; et les deux vieillards se réveillant, l'un du sommeil de la fièvre, l'autre de la somnolence de la fatigue ou de l'inaction, le jeune homme s'assura bientôt qu'il n'y avait là qu'une indisposition peu grave en elle-même. Cependant les ravages que deux jours de malaise avaient produits sur ce corps débile et usé étaient assez inquiétants pour l'avenir.

« Ah! vous avez bien fait de venir! dit M. de Boisguilbault en serrant faiblement la main d'Émile; l'ennui m'eût vite consumé si vous m'eussiez abandonné! »

Et Martin, qui n'avait pas entendu les paroles de son maître, mais qui semblait recevoir le contre-coup de ses pensées, répéta d'une voix plus haute qu'il ne le croyait :

« Ah! monsieur Émile, vous avez bien fait de venir! M. le marquis s'ennuyait beaucoup de ne pas vous voir. »

Il raconta ensuite comme quoi l'avant-veille, au moment de se retirer dans le parc, M. le marquis s'était senti pris de fièvre, et s'était imaginé *tout tranquillement* qu'il allait mourir. Il avait voulu se mettre au lit dans cette même chambre, où il n'avait pourtant pas l'habitude de coucher, et il lui avait donné des instructions comme s'il ne devait plus se relever. La nuit avait été assez agitée, et, le lendemain, le marquis avait dit :

« Je me sens mieux, ce ne sera rien; mais je suis fatigué comme si j'avais fait une longue route, et j'ai besoin de me reposer quelque temps. Du silence, Martin; peu de jour, peu de soins et pas de médecin : voilà ce que je t'ordonne. Ne sois pas inquiet. »

« Et comme je ne pouvais pas m'empêcher d'avoir peur, continua le vieux familier, M. le marquis m'a dit :

« — Sois tranquille, brave homme, ce ne sera pas encore pour cette fois-ci. »

— Est-ce que M. le marquis est sujet à de telles indispositions? demanda Émile; sont-elles graves? durent-elles longtemps? »

Mais il avait oublié que Martin n'entendait d'autre parler que celui de son maître, et, sur un geste de ce dernier, Martin était déjà sorti de l'appartement.

« J'ai laissé parler ce pauvre sourd, dit M. de Boisguilbault; rien n'eût servi de l'interrompre. Mais, d'après son récit, ne me prenez pas pour un poltron.

« Je ne crains point la mort, Émile; je l'ai beaucoup désirée autrefois : désormais, je l'attends avec calme. Il y a déjà longtemps que je sens ses approches; elle vient lentement, et je mourrai comme j'ai vécu, sans me presser.

« Je suis sujet à des fièvres intermittentes qui m'ôtent l'appétit et le sommeil, mais dont personne ne s'aperçoit, parce qu'elles me laissent assez de forces pour le peu qu'il m'en faut.

« Je ne crois pas à la médecine; jusqu'ici, elle n'a trouvé le moyen d'enlever le mal qu'en attaquant la vie dans son principe. Sous quelque forme que ce soit, c'est de l'empirisme, et j'aime mieux plier sous la main de Dieu que sous celle d'un homme.

« Cette fois j'ai été plus accablé que de coutume; je me suis senti plus faible d'esprit, et, je vous l'avouerai sans honte, Émile, j'ai reconnu que je ne pouvais plus vivre seul.

« Les vieillards sont des enfants pour s'éprendre d'un bonheur nouveau; mais quand il s'agit de le perdre, ils ne se consolent pas comme les enfants. Ils redeviennent vieillards, et ils meurent.

« Ne vous embarrassez pas de ce que je vous dis là : c'est la fièvre qui me donne cette expansion. Quand je serai guéri, je ne le dirai plus, je ne le penserai même plus; mais je le sentirai toujours à l'état d'instinct à travers mon apathie.

« Ne vous croyez pas enchaîné pour cela à ma triste vieillesse. Il est fort indifférent que je vive un an de plus ou de moins, et qu'une main amie ferme les yeux de celui qui a vécu seul. Mais puisque vous voilà revenu, merci ! ne parlons plus de moi, mais de vous. Qu'avez-vous fait durant tous ces tristes jours?

— J'ai été triste moi-même de les passer loin de vous, répondit Émile.

— C'est possible ! Telle est la vie, tel est l'homme. Se faire souffrir soi-même en faisant souffrir les autres ! C'est là une grande preuve de la solidarité des âmes ! »

Émile passa deux heures auprès du marquis, et le trouva plus expansif et plus affectueux qu'il ne l'avait encore été. Il sentit augmenter son attachement pour lui et se promit de ne plus le faire souffrir. Et comme, en le quittant, il s'inquiétait de l'avoir laissé parler avec animation :

« Soyez tranquille, lui dit le marquis. Revenez demain, et vous me trouverez debout. Ce n'est pas cela qui fatigue, c'est l'absence d'expansion qui dessèche et qui tue. »

XX.

LA FORTERESSE DE CROZANT.

Le marquis fut à peu près guéri en effet le lendemain, et déjeuna avec Émile. Rien ne vint plus troubler cette amitié singulière d'un vieillard et d'un tout jeune homme, et grâce aux dernières affirmations de M. de Châteaubrun, la douloureuse appréhension de la folie ne vint plus troubler l'attrait qu'Émile trouvait dans la compagnie de M. de Boisguilbault.

Il s'abstint, ainsi qu'il l'avait promis à Antoine, de jamais parler de lui, et s'en dédommagea en ouvrant son cœur au marquis sur tous ses autres secrets; car il lui eût été impossible de ne pas lui raconter son passé, de ne pas lui communiquer ses idées pour son avenir, et, par suite, ses souffrances, un instant assoupies, mais fatalement interminables, que l'opposition de son père lui avait suscitées et devait lui apporter encore à la première occasion.

M. de Boisguilbault encouragea Émile dans les projets de respect et de soumission; mais il s'étonna du soin qu'avait toujours pris M. Cardonnet d'étouffer les instincts légitimes d'un fils aussi enclin au travail et aussi heureusement doué.

Le goût et l'intelligence qu'Émile montrait pour l'agriculture lui paraissaient caractériser une noble et généreuse vocation, et il se disait que s'il avait eu le bonheur de posséder un fils tel que lui, il eût pu utiliser, de son vivant, l'immense fortune qu'il destinait aux pauvres, mais dont il n'avait pas su faire usage dans le présent.

Il ne pouvait s'empêcher de dire en soupirant qu'on était béni du ciel quand on trouvait dans un fils, dans un ami, dans un autre soi-même, une initiative féconde et les moyens de compléter sérieusement l'œuvre de sa destinée.

Enfin, il accusait Cardonnet, au fond de sa pensée, de vouloir consacrer au mal les forces et les moyens que Dieu lui avait donnés pour l'aider à faire le bien, et il voyait en lui un tyran aveugle et opiniâtre, qui mettait l'argent au-dessus du bonheur d'autrui et du sien propre, comme si l'homme était l'esclave des choses matérielles et non le serviteur de la vérité avant tout.

M. de Boisguilbault n'était pourtant pas un esprit essentiellement religieux. Émile le trouvait toujours trop froid sous ce rapport. Quand le marquis avait dit : « Je crois en Dieu, » il se croyait dispensé de dire : « J'adore. » Quand ses pensées, prenant le plus puissant essor dont il était capable, s'élevaient jusqu'à une sorte d'invocation, qui n'était pas précisément la prière, mais l'hommage, il disait à Dieu : « Ton nom est sagesse ! » Émile ajoutait : « Ton nom est amour ! » Alors le vieillard reprenait : « C'est la même chose, » et il avait raison.

Émile ne pouvait guère le contredire ; mais, dans cette disposition à insister sur le caractère grandiose de la logique et de la rectitude divines, on sentait bien, chez le marquis, l'absence de cette passion exaltée qu'Émile portait dans son sein pour l'inépuisable bonté de la Toute-Puissance. Mais aussi, quand les faits extérieurs, les misères, la faiblesse humaine et tout le mal d'ici-bas donnaient un démenti apparent à cette miséricordieuse Providence et qu'Émile tombait dans une sorte de découragement, le vieux logicien reprenait la supériorité de sa foi.

Il ne doutait jamais, lui, il ne pouvait pas douter. Il n'avait pas besoin de voir pour savoir, disait-il ; et le passage des fléaux de ce monde ne troublait pas plus à ses yeux l'ordre moral des choses éternelles que celui des nuées sur le soleil n'en altérait l'ordre physique.

Sa résignation ne partait pas d'un sentiment d'humilité ou de tendresse : car pour ses propres chagrins, il avouait n'avoir jamais pu se soumettre qu'extérieurement ; mais il croyait pour l'univers à une source de fatalisme optimiste qui contrastait avec son pessimisme personnel, et qui formait le trait le plus original de son esprit et de son caractère.

« Voyez, disait-il, la logique est partout! Elle est infinie dans l'œuvre de Dieu ; mais elle est incomplète et insaisissable dans chaque chose, parce que chaque chose est finie ; l'homme lui-même, bien qu'il soit le reflet le plus frappant de l'infini sur ce petit monde. Nul homme ne peut comprendre la sagesse infinie, si ce n'est à l'état d'abstraction : car, s'il cherche en lui-même et autour de lui, il ne la peut saisir et constater en aucune façon. Vous me traitez souvent de logicien ; j'y consens : j'aime et je cherche la logique. J'en ai un besoin énorme, et ne me complais à rien qui lui soit étranger. Mais suis-je logique dans mes actions et dans mes instincts? Moins que qui que ce soit au monde. Plus je me tâte, plus je trouve en moi l'abîme des contradictions, le désordre du chaos. Eh bien, je suis un exemple particulier de ce qu'est l'homme en général ; et plus je suis illogique à mes propres yeux, plus je sens la logique de Dieu planer sur ma faible tête, qui s'égarerait sans cette boussole céleste, et rendrait follement l'univers complice responsable de sa propre infirmité. »

Une fois il emmena Émile dans la campagne, et ils firent à cheval l'exploration des vastes propriétés du marquis. Émile fut frappé du peu de rapport d'une telle richesse territoriale.

« Toutes ces fermes sont au plus bas prix possible, répondit le marquis ; quand on ne sait pas sortir des données de l'économie actuelle, le mieux qu'on ait à faire, c'est de grever le moins qu'on peut le cultivateur laborieux. Ces gens-là me remercient, vous le voyez, et me souhaitent une longue vie. Je le crois bien ! Ils me croient très-bon, quoique ma figure ne leur plaise guère. Ils ne savent pas que je ne les aime point comme ils l'entendent, et que je ne vois en eux que des victimes que je ne puis sauver, mais dont je ne veux pas être le bourreau. Je sais fort bien que, sous une législation logique, cette propriété doit arriver à centupler ses produits. Je suis soulagé de mon ennui quand j'y songe ; mais pour y songer et me nourrir de la certitude qu'elle sera un jour l'instrument du libre travail d'hommes nombreux et sages, il ne faut pas que je la voie à l'état où elle est : car ce spectacle me glace et m'attriste ; aussi je m'y expose bien rarement. »

Il y avait en effet deux ans environ que M. de Boisguilbault n'était entré dans ses fermes, et n'avait fait le tour de ses domaines. Il ne s'y décidait que dans les cas d'absolue nécessité. Partout il était reçu avec des démonstrations de respect et d'affection qui n'étaient pas sans un mélange de terreur superstitieuse ; car ses habitudes de solitude et ses excentricités lui avaient donné, dans l'esprit de plusieurs paysans, la réputation de sorcier.

Plus d'une fois, durant l'orage, on avait dit tristement : « Ah ! si M. de Boisguilbault voulait empêcher la grêle, il ne tiendrait qu'à lui! mais au lieu de faire ce qu'il peut, il cherche quelque autre chose que personne ne sait et qu'il ne trouvera peut-être jamais ! »

« Eh bien, Émile, que feriez-vous de tout cela, si c'était à vous? dit le marquis en rentrant ; car je ne vous ai pas fait faire cette assommante visite de propriétaire à d'autres fins que de vous interroger.

— J'essaierais ! répondit Émile avec vivacité.

— Sans doute, reprit le marquis, j'essaierais de fonder une vraie *commune* si je pouvais. Mais j'essaierais en vain, j'échouerais. Et vous aussi, peut-être !

— Qu'importe?

— Voici le cri généreux et insensé de la jeunesse : qu'importe de succomber pourvu qu'on agisse, n'est-ce pas? On cède à un besoin d'activité, et l'on ne voit pas les obstacles. Il y en a pourtant, et savez-vous le pire? c'est qu'il n'y a point d'hommes. En ce sens, votre père a raison d'invoquer un fait brutal, mais encore tout puissant. Les esprits ne sont pas mûrs, les cœurs ne sont pas disposés ; je vois bien de la terre et des bras, je ne vois pas une âme détachée du *moi* qui gouverne le monde. Encore quelque temps, Émile, pour que l'idée éclose se répande : ce ne sera pas si long qu'on le croit ; je ne le verrai pas, mais vous le verrez. Patience donc !

— Eh quoi! le temps fait-il quelque chose sans nous?

— Non, mais il ne fera rien sans nous tous. Il est des époques où l'on doit se consoler de ne pas pratiquer, pourvu qu'on instruise ; puis vient le temps où l'on peut faire à la fois l'un et l'autre. Vous sentez-vous de la force?

— Beaucoup!

— Tant mieux !... Je le crois aussi !... Eh bien, Émile, nous causerons un jour... bientôt peut-être, à ma première fièvre, quand mon pouls battra un peu plus vite qu'aujourd'hui. »

C'est dans de tels entretiens qu'Émile trouvait la force de subir les heures qu'il ne pouvait passer auprès de Gilberte. Il manquait bien quelque chose à son amitié pour M. de Boisguilbault : c'était de pouvoir lui parler d'elle et de lui dire son amour. Mais l'amour heureux a quelque chose de superbe, qui se passe assez bien de l'avis des autres, et le temps où Émile sentirait le besoin de se plaindre et de chercher un appui contre le désespoir n'était pas encore venu pour lui.

En quoi donc consistait son bonheur? Vous le demandez? D'abord il aimait, cela suffit presque à qui aime bien. Et puis, il savait qu'il était aimé, quoiqu'il n'eût jamais osé le demander et qu'on eût encore moins osé le lui dire.

Le nuage, cependant, se formait à l'horizon, et bientôt Émile devait sentir l'approche de l'orage. Un jour Janille lui dit, comme il quittait Châteaubrun : « Ne venez pas de trois ou quatre jours ; nous avons affaire dans les environs, et nous serons absents. » Émile pâlit : il crut recevoir son arrêt, et il eut à peine la force de demander quel jour la famille serait de retour dans ses pénates. « Eh mais ! dit Janille, vers la fin de la semaine, peut-être. D'ailleurs il est probable que je resterai ici : je ne suis plus d'âge à courir les montagnes, et vous saurez bien venir me demander en passant si M. Antoine et sa fille sont de retour.

— Vous me permettriez donc bien de vous rendre ma visite? dit Émile, en s'efforçant de sourire, pour cacher sa mortelle angoisse.

— Pourquoi non, si le cœur vous en dit? reprit la petite vieille, en se rengorgeant d'un air où l'ombrageux Émile crut voir percer un peu de malice. Je ne crains pas que cela me compromette, moi ! »

« C'en est fait, pensa Émile. Mes assiduités ont été remarquées, et quoique M. Antoine ni sa fille ne s'avisent encore de rien, Janille s'est promis de m'expulser. Elle a ici un pouvoir absolu, et le moment de la crise est arrivé.

— Eh bien, mademoiselle Janille, reprit-il, je viendrai vous voir demain, j'aurai grand plaisir à causer avec vous.

— Comme ça se trouve, dit Janille : moi aussi, j'ai envie de causer ! Mais demain j'ai du chanvre à cueillir, je compte sur vous après-demain seulement. C'est entendu, je serai ici toute la journée, n'y manquez pas ! Bonsoir, monsieur Émile, nous causerons de bonne amitié. Ah ! mais ! c'est que moi aussi je vous aime bien ! »

Plus de doutes pour Émile ; la maîtresse femme de Châteaubrun avait ouvert les yeux sur son amour. Quelque voisin officieux commençait à s'étonner de le voir si souvent sur le chemin des ruines. Antoine ne savait rien encore, Gilberte non plus ; car, en lui annonçant une petite absence de son père, cette dernière n'avait pas paru prévoir que Janille le ferait partir avec lui. L'adroite gouvernante avait bien fait son plan : d'abord écarter Émile, et puis organiser le départ de Gilberte à l'improviste, afin de se ménager quelques jours pour conjurer le petit orage qu'elle prévoyait de la part du jeune homme.

« Il faudra donc parler, se disait Émile ; et pourquoi reculerais-je devant ce terme inévitable de mes secrètes aspirations ? Je dirai à sa fidèle gouvernante, à son excellent père, que je l'aime et que j'aspire à sa main... Je demanderai quelque temps pour m'en ouvrir à mon père et pour m'entendre avec lui sur le choix d'une carrière, car je n'en ai point encore, et il faut bien que mon sort se décide. Il y aura une lutte assez violente, mais je serai fort, j'aime. Il ne s'agit pas de moi seul ; j'aurai le courage invincible, j'aurai le don de la persuasion, je l'emporterai ! »

Malgré cette confiance, Émile passa la nuit dans d'affreuses perplexités. Il se représentait l'entretien qu'il allait avoir avec Janille, et il eût pu écrire les questions et les réponses, tant il connaissait l'aplomb et la franchise de la petite femme.

« Ah mais, Monsieur (devait-elle lui dire à coup sûr), parlez à votre père avant tout, et arrangez-vous avec lui ; car il est fort inutile de troubler l'esprit de M. Antoine par une demande conditionnelle, des projets incertains En attendant, ne revenez plus, ou revenez fort peu, car personne n'est obligé de savoir vos intentions, et Gilberte n'est pas fille à vous écouter sans être sûre de pouvoir être votre femme. »

Et puis il craignait aussi que Janille, qui avait l'esprit fort positif, ne traitât d'illusion la possibilité du consentement de M. Cardonnet, et ne lui interdît les visites fréquentes, à moins qu'il n'apportât une belle et bonne preuve de la liberté de son choix.

Il était donc plus que prouvé qu'Émile devait entamer le combat avec son père d'abord, et agir ensuite en conséquence ; à savoir : aller rarement à Châteaubrun avant d'avoir conçu un certain espoir de vaincre, ou, s'il n'y avait aucun motif d'espoir, s'abstenir de jamais troubler le bonheur de la famille de Châteaubrun par d'inutiles ouvertures, s'éloigner enfin, renoncer à Gilberte...

Mais voilà ce qu'il était impossible à Émile de comprendre au nombre des choses probables. L'idée de la mort entrerait plus facilement dans la tête d'un enfant que celle de renoncer à la femme aimée dans celle d'un jeune homme fortement épris.

Aussi Émile concevait-il plus volontiers la chance de se brûler la cervelle avec son père que celle de plier sous sa volonté. « Eh bien ! se disait-il, je lui parlerai, dès demain, à ce maître terrible ; et je lui parlerai de telle manière que je pourrai ensuite me présenter le front levé à Châteaubrun. »

Et pourtant, quand vint le lendemain, Émile, au lieu de se sentir investi de toute la force de sa volonté, se trouva si épuisé par l'insomnie et si navré de tristesse, qu'il craignit d'être faible, et ne parla point.

Quoi de plus douloureux, en effet, lorsque l'âme s'est épanouie dans un rêve délicieux, que de se voir jeté tout à coup dans une cruelle réalité ?

Quand on s'est fait un adorable secret à soi-même d'un amour chastement voilé, d'aller le révéler froidement à des êtres qui ne le comprennent pas, ou qui le méprisent !

Soit qu'Émile fît cet aveu à son père ou à Janille, il fallait donc livrer son cœur, rempli d'une langueur pudique et d'une sainte ivresse, à des cœurs étrangers ou fermés depuis longtemps à des sympathies de ce genre ? Et il avait rêvé un dénoûment si autrement sublime ! N'était-ce pas Gilberte qui, la première, et seule au monde avec lui sous l'œil de Dieu, devait recueillir dans son âme le mot sacré d'amour lorsqu'il s'échapperait de ses lèvres ?

Le monde et les lois de l'honneur, si froides en pareil cas, étaient donc là pour ôter à la virginité de sa passion ce qu'elle avait de plus pur et de plus idéal ! Il souffrait profondément, et déjà il lui semblait qu'un siècle d'amertume avait passé entre ses songes de la veille et cette sombre journée qui commençait pour lui.

Il monta à cheval, résolu d'aller chercher au loin, dans quelque solitude, le calme et la résignation nécessaires pour affronter le premier choc.

Il voulait fuir Châteaubrun ; mais il se trouva auprès sans savoir comment. Il passa outre sans détourner la tête, remonta le rude chemin où, battu par l'orage, il avait vu pour la première fois les ruines à la lueur des éclairs.

Il reconnut les roches où il s'était abrité avec Jean Jappeloup, et il ne put comprendre qu'il n'y eût pas plus de deux mois qu'il s'était trouvé là, si léger d'esprit, si maître de lui-même, si différent de ce qu'il était devenu depuis.

Il alla vers Éguzon, afin de revoir tout le chemin qu'il avait fait alors, et où il n'avait point encore repassé.

Mais, dès les premières maisons, la vue des habitants qui l'examinaient lui causa le même sentiment d'effroi et de misanthropie qui eût pu venir à M. de Boisguilbault en pareil cas Il prit brusquement un chemin sombre et couvert qui s'ouvrait sur sa gauche, et s'enfonça sans but dans la campagne.

Ce chemin inégal, mais charmant, passant tantôt sur de larges rochers, tantôt sur de frais gazons, tantôt sur un sable fin, et bordé d'antiques châtaigniers au tronc crevassé, aux racines formidables, le conduisit à de vastes landes où il avança lentement, satisfait enfin d'être seul dans un site désolé.

Le chemin s'en allait devant lui, tantôt en zigzag, tantôt en montagnes russes, à travers les espaces couverts de genêts et de bruyères, et les tertres sablonneux coupés de ruisseaux sans lit déterminé et sans direction suivie.

De temps en temps une perdrix rasait l'herbe à ses pieds, un martin-pêcheur traçait une ligne d'azur et de feu, effleurant un marécage avec la rapidité d'une flèche.

Après une heure de marche, toujours perdu dans ses pensées, il vit le sentier se resserrer, s'enfoncer dans des buissons, puis disparaître sous ses pieds. Il leva les yeux, et vit devant lui, au delà de précipices et de ravins profonds, les ruines de Crozant s'élever en flèche aiguë sur des cimes étrangement déchiquetées, et parsemées sur un espace qu'on peut à peine embrasser d'un seul coup d'œil.

Émile était déjà venu visiter cette curieuse forteresse, mais par un chemin plus direct, et sa préoccupation l'ayant empêché cette fois de s'orienter, il resta un instant avant de se reconnaître.

Rien ne convenait mieux à l'état de son âme que ce site sauvage et ces ruines désolées. Il laissa son cheval dans une chaumière et descendit à pied le sentier étroit qui, par des gradins de rochers, conduit au lit du torrent. Puis il en remonta un semblable, et s'enfonça dans les décombres où il resta plusieurs heures en proie à une douleur que l'aspect d'un lieu si horrible, et sublime en même temps, portait par instant jusqu'au délire.

Les premiers siècles de la féodalité ont vu construire peu de forteresses aussi bien assises que celle de Crozant. La montagne qui la porte tombe à pic de chaque côté, dans deux torrents, la Creuse et la Sédelle, qui se réunissent avec fracas à l'extrémité de la presqu'île, et y entretiennent, en bondissant sur d'énormes blocs de rochers, un mugissement continuel. Les flancs de la montagne sont bizarres et partout hérissés de longues roches grises qui se dressent du fond de l'abîme des géants, ou pendent comme des stalactites sur le torrent qu'elles surplombent.

Les débris de constructions ont tellement pris la couleur et la forme des rochers, qu'on a peine, en beaucoup d'endroits, à les en distinguer de loin.

On ne sait donc qui a été plus hardi et plus tragiquement inspiré, en ce lieu, de la nature ou des hommes, et l'on ne saurait imaginer, sur un pareil théâtre, que des scènes de rage implacable et d'éternelle désolation.

Un pont levis, de sombres poternes et un double mur d'enceinte, flanqué de tours et de bastions, dont on voit encore les vestiges, rendaient cette forteresse imprenable avant l'usage du canon. Et cependant l'histoire d'une place

Le déjeuner champêtre fut bientôt étalé sur l'herbe. (Page 74.)

si importante dans les guerres du moyen âge est à peu près ignorée.

Une vague tradition attribue sa fondation à des chefs sarrasins qui s'y seraient maintenus longtemps. La gelée, qui est rude et longue dans cette région, achève de détruire chaque année ces fortifications que les boulets ont brisées et que le temps a réduites en poussière.

Cependant le grand donjon carré, dont l'aspect est sarrasin en effet, se dresse encore au milieu, et, miné par la base, menace de s'abîmer à chaque instant comme le reste.

Des tours, dont un seul pan est resté debout, et plantées sur des cimes coniques, présentent l'aspect de rochers aigus, autour desquels glapissent incessamment des nuées d'oiseaux de proie.

On ne peut faire sans danger le tour de la forteresse. En beaucoup d'endroits, tout sentier disparaît, et le pied vacille sur le bord des gouffres où l'eau se précipite avec fureur.

Ce n'est que du haut des tours d'observation qu'on pouvait voir l'approche de l'ennemi ; car, de plain-pied avec la base des édifices et les sommets de la montagne, la vue était bornée par d'autres montagnes arides. Mais leurs flancs calcaires s'entr'ouvrent aujourd'hui pour laisser couler des terres fertiles et pousser en liberté de beaux arbres souvent déracinés par le passage des eaux, quand ils ont atteint une certaine élévation.

Quelques chèvres, moins sauvages que les enfants misérables qui les gardent, se pendent aux ruines et courent hardiment sur les précipices.

Tout cela est d'une désolation si pompeuse et si riche d'accidents que le peintre ne sait où s'arrêter. L'imagination du décorateur ne trouverait qu'à retrancher dans ce luxe d'épouvante et de menace.

Émile passa là plusieurs heures, plongé dans le chaos de ses incertitudes et de ses projets. Parti avec le jour, il était dévoré par la faim et ne se rendait pas compte de la souffrance physique qui aggravait sa détresse morale. Étendu sur un rocher, il voyait les vautours planer sur sa tête et songeait aux tortures de Prométhée, lorsque les sons lointains d'une voix mâle, qui ne lui paraissait pas inconnue, le firent tressaillir. Il se releva et courut au bord du précipice. Alors, sur le ravin opposé, il vit trois personnes descendre le sentier.

s'agenouilla auprès de Gilberte et prit dans sa main tremblante une poignée de ses cheveux rebelles. (Page 74.)

Un homme en blouse et en chapeau gris à larges bords marchait le premier, et se retournait de temps en temps pour avertir ceux qui le suivaient de prendre garde à eux; après lui venait un paysan conduisant un âne par la bride, et, sur cet âne, une femme en robe lilas bien pâle, en chapeau de paille bien modeste.

Émile s'élança à leur rencontre, sans se demander si Janille avait parlé, si l'on se tenait en garde contre lui, si on allait l'accueillir froidement.

Il courait et bondissait comme une pierre lancée sur le flanc escarpé de l'abîme. Il partit à vol d'oiseau, franchit le torrent qui bondissait avec de vaines menaces sur les roches glissantes, et arriva sur l'autre versant, pour recevoir l'accolade joyeuse du bon Antoine, et prendre des mains de Sylvain Charasson la bride de la modeste monture qui portait Gilberte et son doux sourire, et sa vive rougeur et son air de joie vainement contenue. Janille n'était pas là, Janille n'avait point parlé!

Comme le bonheur paraît plus doux après la peine, et comme l'amour répare vite le temps perdu à souffrir! Émile ne se souvenait plus de la veille et ne songeait plus au lendemain.

Quand il se retrouva dans les ruines de Crozant, conduisant en triomphe sa bien-aimée, il brisa toutes les branches de broussailles qu'il put atteindre, et les jeta sous les pieds de l'âne, comme autrefois les Hébreux semaient de perles les traces de l'humble monture du divin maître.

Puis il prit Gilberte dans ses bras pour la poser sur le plus beau gazon qu'il put choisir, quoiqu'elle n'eût aucun besoin d'un pareil secours pour descendre d'un âne si petit et si tranquille. Émile n'était plus timide, car il était fou; et si Antoine n'eût pas été le moins clairvoyant des hommes, il eût compris qu'il ne fallait pas plus songer à réprimer cette passion exaltée qu'à empêcher la Creuse ou la Sédelle de courir ou de gronder.

« Çà, je meurs de faim, dit M. Antoine, et, avant de savoir comment nous nous rencontrons si à point, je veux qu'on ne me parle que de déjeuner. Un convive de plus ne nous fait pas peur, car Janille nous a bourrés de provisions. Ouvrez votre gibecière, petit drôle, dit-il à Charasson, tandis que je vais faire une entaille au sac que ma fille portait en croupe. Et puis, Émile courra aux maisons qui sont là-bas, et nous trouvera un renfort de pain bis. Restons près de la rivière, c'est de l'eau de roche excellente, prise en petite quantité avec beaucoup de vin. »

Le déjeuner champêtre fut bientôt étalé sur l'herbe, Gilberte se fit une assiette avec une grande feuille de lotus, et son père découpa les portions avec une espèce de sabre qu'on appelait eustache de poche. Émile apporta, outre le pain, du lait pour Gilberte et des cerises sauvages qui furent déclarées excellentes, et dont l'amertume a du moins l'avantage d'exciter l'appétit. Sylvain, assis comme un singe sur le tronc penché d'un arbre, n'eut pas une part moins copieuse que les autres, et mangea avec d'autant plus de plaisir, disait-il, qu'il n'avait pas là les yeux de mademoiselle Janille pour compter les morceaux d'un air de reproche. Émile fut rassasié au bout d'un instant. Bien qu'on se moque des héros de roman qui ne mangent jamais, il est bien certain que les amoureux ont peu d'appétit, et qu'en cela les romans sont aussi vrais que la vie.

Quel transport pour Émile, après avoir cru qu'il ne reverrait plus Gilberte que sévère et méfiante, de la retrouver telle qu'il l'avait laissée la veille, pleine d'abandon et de noble imprévoyance ! Et comme il aimait Antoine d'être incapable d'un soupçon, et de conserver une si expansive gaieté !

Jamais il ne s'était senti si gai lui-même ; jamais il n'avait vu un plus beau jour que cette pâle journée de septembre, un site plus riant et plus enchanté que cette sombre forteresse de Crozant ! Et justement Gilberte avait ce jour-là sa robe lilas, qu'il ne lui avait pas vue depuis longtemps, et qui lui rappelait le jour et l'heure où il était devenu éperdument amoureux !

Il apprit qu'on s'était mis en route pour aller voir un parent à la Clavière, avant les deux jours qu'on devait aller passer à Argenton, et que, n'ayant trouvé personne dans ce château, on avait résolu de faire une promenade à Crozant, où l'on resterait jusqu'au soir ; et il n'était guère que midi ! Émile s'imagina avoir l'éternité devant lui. M. Antoine s'étendit à l'ombre après le déjeuner, et s'endormit d'un profond sommeil. Les deux amants, suivis de Charasson, entreprirent de faire le tour de la forteresse.

XXI.

LE PETIT COUCHER DE M. ANTOINE.

Le page de Châteaubrun réjouit un instant le jeune couple par ses naïvetés ; mais, emporté bientôt par le besoin de courir, il s'écarta à la poursuite des chèvres, faillit se faire un mauvais parti avec les chevriers, et finit par s'endormir avec eux, en jouant aux palets sur le bord de la Creuse, pendant qu'Émile et Gilberte entreprenaient de longer la Sédelle sur l'autre flanc de la montagne.

Comme, en bien des endroits, le torrent a rongé la base du roc, il leur fallut tantôt grimper, tantôt redescendre, tantôt mettre le pied sur des blocs à fleur d'eau, et tout cela non sans peine et sans danger. Mais la jeunesse est aventureuse, et l'amour ne doute de rien.

Une providence particulière protégea l'un et l'autre, et nos amoureux se tirèrent bravement de tous les périls, Émile tremblant d'une toute autre émotion que la peur lorsqu'il soulevait ou retenait Gilberte dans ses bras ; Gilberte riant pour cacher son trouble ou pour s'en distraire.

Gilberte était forte, agile et courageuse comme une enfant de la montagne ; et pourtant, à franchir ainsi des obstacles continuels, elle se sentit bientôt essoufflée et se laissa tomber sur la mousse au bord de l'eau bondissante, jeta son chapeau sur le gazon, forcée de relever ses cheveux dénoués qui pendaient sur ses épaules.

« Allez donc me cueillir cette belle digitale que je vois là-bas, » dit-elle à Émile pensant qu'elle aurait le temps de se recoiffer avant qu'il fût de retour.

Mais il y alla et revint si vite, qu'il la trouva encore tout inondée de ses cheveux d'or, que ses petites mains avaient peine à ramasser en une seule tresse.

Debout auprès d'elle, il admirait ces trésors qu'elle rejetait derrière sa tête avec plus d'impatience que d'orgueil, et qu'elle eût coupés depuis longtemps comme un fardeau gênant, si Antoine et Janille ne s'y fussent jalousement opposés.

En ce moment, néanmoins, elle leur sut gré de ne l'avoir pas souffert ; car, malgré son peu de coquetterie, elle vit bien qu'Émile était éperdu d'admiration, et elle n'avait rien fait pour la provoquer !

Si la beauté a de certains triomphes, dont l'amour ne peut se refuser à jouir, c'est surtout lorsqu'ils sont imprévus et involontaires. Cette belle chevelure eût été, en effet, un véritable dédommagement pour une femme laide, et chez Gilberte c'était comme une prodigalité de la nature ajoutée à tous ses autres dons.

Il faut bien dire que, comme son père, Gilberte était plus laborieuse qu'adroite de ses mains, et, d'ailleurs, elle avait perdu en courant toutes ses épingles, et par deux fois, la lourde torsade roulée sur sa nuque avec précipitation se défit et retomba jusqu'à ses pieds.

Le regard d'Émile plana toujours sur elle ; Gilberte ne le voyait pas, mais elle le sentait comme si le feu de ce regard passionné eût rempli l'atmosphère. Elle en fut bientôt si confuse, qu'elle oublia d'en être joyeuse, et enfin, comme à l'ordinaire, elle s'efforça de rompre, par une plaisanterie, leur mutuelle émotion.

« Je voudrais que ces cheveux fussent à moi, dit-elle, je les couperais, et je les enverrais au fond de la rivière. »

C'était l'occasion pour Émile de faire un beau compliment ; mais il s'en garda bien. Qu'eût-il dit sur ces cheveux-là, qui exprimât l'amour qu'il leur portait ? Il ne les avait jamais touchés, et il en mourait d'envie. Il regarda furtivement autour de lui.

Un cercle de rochers et d'arbrisseaux isolait Gilberte et lui du monde entier. Il n'y avait aucun point de la montagne d'où on pût les voir. On eût dit qu'elle avait choisi cet abri pour le tenter, et pourtant l'innocente fille n'y avait point songé et ne songeait pas encore qu'il y eût là quelque danger pour elle.

Émile n'avait plus sa raison. L'insomnie, l'épouvante, la douleur et la joie, avaient allumé la fièvre dans son sang.

Il s'agenouilla auprès de Gilberte, et prit dans sa main tremblante une poignée de ses cheveux rebelles ; puis, comme elle tressaillait, il la laissa retomber en disant :

« J'ai cru que c'était une guêpe, mais ce n'est qu'un brin de mousse.

— Vous m'avez fait peur, reprit Gilberte en secouant la tête : j'ai cru que c'était un serpent. »

Cependant la main d'Émile s'attachait à cette chevelure et ne pouvait l'abandonner.

Sous prétexte d'aider Gilberte à en rassembler les mèches éparses que lui disputait la brise, il les toucha cent fois, et finit par y porter ses lèvres à la dérobée. Gilberte parut ne point s'en apercevoir, et, remettant précipitamment son chapeau sur la coiffure mal assurée, elle se leva en disant, d'un air qu'elle voulait rendre dégagé :

« Allons voir si mon père est réveillé. »

Mais elle tremblait ; une pâleur subite avait effacé les brillantes couleurs de ses joues ; son cœur était prêt à se rompre ; elle fléchit et s'appuya sur le rocher pour ne pas tomber. Émile était à ses pieds.

Que lui disait-il ? Il ne le savait pas lui-même, et les échos de Crozant n'ont pas gardé ses paroles. Gilberte ne les entendit pas distinctement ; elle avait le bruit du torrent dans les oreilles, mais centuplé par le battement de ses artères, et il lui semblait que la montagne, prise de convulsions, oscillait au-dessus de sa tête.

Elle n'avait plus de jambes pour fuir, et d'ailleurs elle n'y songeait point. On fuirait en vain l'amour ; quand il s'est insinué dans l'âme, il s'y attache et la suit partout. Gilberte ne savait pas qu'il y eût d'autre péril dans l'amour que celui de laisser surprendre son cœur, et il n'y en avait pas d'autres en effet pour elle auprès d'Émile. Celui-là était bien assez grand, et le vertige qu'il causait était plein d'irrésistibles délices.

Tout ce que Gilberte sut dire, ce fut de répéter avec un effroi plein de regret et de douleur :

« Non, non ! il ne faut pas m'aimer.

— C'est donc que vous me haïssez ! » reprenait Émile ; et Gilberte, détournant la tête, n'avait pas le courage de mentir. Eh bien, si vous ne m'aimez pas, disait Émile, que vous importe de savoir que je vous aime? Laissez-moi vous le dire, puisque je ne peux plus le cacher. Cela vous est indifférent, et on ne craint pas ce qu'on dédaigne. Sachez-le donc; et si je vous quitte, si je ne vais plus vous voir, apprenez au moins pourquoi : c'est que je meurs d'amour pour vous, c'est que je ne dors plus, que je ne travaille plus, que je perds l'esprit, et qu'il m'arriverait peut-être bientôt de dire à votre père ce que je vous dis maintenant. J'aime mieux être chassé par vous que par les autres. Chassez-moi donc; mais vous m'entendrez ici, parce que mon secret m'étouffe ; je vous aime, Gilberte, je vous aime à en mourir ! » Et le cœur d'Émile était si plein qu'il déborda en sanglots.

Gilberte voulut s'éloigner; mais elle s'assit à trois pas de là et se prit à pleurer. Il y avait plus de bonheur que d'amertume au fond de toutes ces larmes. Aussi Émile se fut-il bientôt rapproché pour consoler Gilberte, et fut-il bientôt consolé à son tour; car dans l'effroi qu'elle exprimait, il n'y avait que tendresse et regret.

« Je suis une pauvre fille, lui disait-elle, vous êtes riche, et votre père ne songe, à ce qu'on dit, qu'à augmenter sa fortune. Vous ne pouvez pas m'épouser, et moi je ne dois pas songer à me marier dans la position où je suis.

« Ce serait un hasard de rencontrer un homme aussi pauvre que moi, qui eût reçu un peu d'éducation, et je n'ai jamais compté sur ce hasard-là. Je me suis dit de bonne heure que je devais tirer bon parti de mon sort, pour m'habituer à la dignité des sentiments, qui consiste à ne point porter envie aux autres, et à se créer des goûts simples, des occupations honnêtes.

« Je ne pense donc pas du tout au mariage, puisqu'il me faudrait peut-être, pour trouver un mari, changer quelque chose à ma manière de penser. Tenez, si vous voulez que je vous le dise, Janille s'est mis dans la tête, depuis quelques jours, une idée qui me chagrine beaucoup. Elle veut que mon père me cherche un mari. Chercher un mari ! n'est-ce pas honteux et humiliant ? et peut-on rien imaginer de plus répulsif?

« Cette excellente amie ne comprend pourtant rien à ma résistance, et comme mon père devait aller toucher à Argenton le terme de sa petite pension, elle a exigé tout à coup ce matin qu'il m'emmenât pour me présenter à quelques personnes de sa connaissance.

« Nous ne savons pas résister à Janille, et nous sommes partis; mais mon père, grâce au ciel, ne s'entend pas à trouver des maris, et je saurai si bien l'aider à n'y point penser, que cette promenade n'aura aucun but.

« Vous voyez bien, monsieur Émile, qu'il ne faut point faire la cour à une fille qui n'a pas d'illusion, et qui se destine au célibat sans regret et sans honte. Je pensais que vous l'aviez compris, et que votre amitié ne chercherait jamais à troubler mon repos.

« Oubliez donc cette folie qui vient de vous passer par l'esprit, et ne voyez en moi qu'une sœur qui ne s'en souviendra pas, si vous lui promettez de l'aimer tranquillement et saintement. Pourquoi nous quitteriez-vous ? cela ferait bien de la peine à mon père et à moi !

— Cela vous ferait bien de la peine, Gilberte? reprit Émile; d'où vient que vous pleurez en me disant des choses si froides? Ou je ne vous comprends pas, ou vous me cachez quelque chose. Et voulez-vous savoir ce que je crois deviner? c'est que vous n'avez pas assez d'estime pour moi, pour m'écouter avec confiance. Vous me prenez pour un jeune fou, qui parle d'amour sans religion et sans conscience, et vous croyez pouvoir me traiter comme un enfant à qui l'on dit : Ne recommencez pas, je vous pardonne. Ou bien, si vous croyez qu'avec quelques paroles de froide raison on peut étouffer un amour sérieux, vous êtes êtes un enfant vous-même, Gilberte, et vous ne sentez rien du tout pour moi au fond de votre cœur. O mon Dieu, serait-il possible, et ces yeux qui m'évitent, cette main qui me repousse, est-ce là le dédain ou l'incrédulité?

— N'est-ce pas assez? Croyez-vous que je puisse consentir à vous aimer avec la certitude que vous devez tôt ou tard appartenir à une autre? Il me semble que l'amour, c'est l'éternité d'une vie à deux : c'est pourquoi, en renonçant à me marier, j'ai dû renoncer à aimer.

— Et je l'entends bien ainsi, Gilberte ! l'amour, c'est l'éternité d'une vie à deux ! Je ne comprends même pas que la mort puisse y mettre un terme; ne vous ai-je pas dit tout cela en vous disant : « Je vous aime ! » Ah ! cruelle Gilberte, vous ne m'avez pas compris, ou vous ne voulez pas me comprendre : mais si vous m'aimiez vous ne douteriez pas. Vous ne me diriez pas que vous êtes pauvre, vous ne vous en souviendriez pas plus que moi-même.

— O mon Dieu ! Émile, je ne doute pas de vous : je vous sais aussi incapable que moi d'un calcul intéressé. Mais, encore une fois, sommes-nous donc plus forts que la destinée, que la volonté de votre père, par exemple ?

— Oui, Gilberte, oui, plus forts que tout le monde, si... nous nous aimons? »

Il est fort inutile de rapporter la suite de cet entretien. Nous ne pourrions résumer certaines intermittences de peur et de découragement, où Gilberte, redevenant raisonnable, c'est-à-dire désolée, montrait les obstacles et laissait percer une fierté sans emphase, mais assez sentie pour préférer l'éternelle solitude à l'humiliation d'une lutte contre l'orgueil de la richesse.

Nous pourrions dire par quels arguments d'honneur et de loyauté Émile cherchait à lui rendre la confiance. Mais les plus forts arguments, ceux auxquels Gilberte ne trouvait pas de réplique, ce sont ceux-là que nous ne pourrions transcrire, car ils étaient tout d'enthousiasme et de naïve pantomime.

Les amants ne sont pas éloquents à la manière des rhéteurs, et leur parole écrite n'a jamais rien signifié pour ceux auxquels elle ne s'adresse point.

Si l'on pouvait se rappeler froidement quel mot insignifiant a fait perdre l'esprit, on n'y comprendrait plus rien et on se raillerait soi-même.

Mais l'accent, mais le regard, trouvent dans la passion des ressources magiques, et bientôt Émile sut persuader à Gilberte ce qu'il croyait lui-même à ce moment-là : à savoir que rien n'était plus simple et plus facile que de se marier ensemble, partant, qu'il n'y avait rien de plus légitime et de plus nécessaire que de s'aimer de toutes ses forces.

La noble fille aimait trop pour s'arrêter à l'idée qu'Émile fût un présomptueux et un téméraire. Il disait qu'il vaincrait la résistance possible de son père, et Gilberte ne connaissait M. Cardonnet que par des bruits vagues.

Émile garantissait l'adhésion de sa tendre mère, et ce point rassurait la conscience de la jeune fille. Elle partagea bientôt toutes les illusions d'Émile, et il fut convenu qu'il parlerait à son père avant de s'adresser à celui de Gilberte.

Une fille égoïste ou ambitieuse eût été plus prudente. Elle eût mis l'aveu de ses sentiments à des conditions plus rigides. Elle n'eût consenti à revoir son amant que le jour où il serait revenu accomplir toutes les formalités de la demande en mariage. Mais Gilberte ne s'avisa point de toutes ces précautions.

Elle sentit dans son cœur quelque chose de l'infini, une foi et un respect pour la parole de son amant, qui n'avaient pas de bornes. Elle ne se tourmenta plus que d'une chose : c'était d'être une cause de trouble et d'afflictio pour la famille d'Émile, le jour où il parlerait.

Elle ne pouvait plus douter de la victoire qu'il se faisait fort de remporter; mais l'idée du combat la faisait souffrir, et elle eût voulu éloigner ce moment terrible.

« Écoutez, lui dit-elle avec une naïveté angélique, rien

ne nous presse; nous sommes heureux ainsi, et assez jeunes pour attendre. Je crains que la principale et la meilleure objection de votre père ne soit précisément celle-là; vous n'avez que vingt et un ans, et on peut craindre que vous n'ayez pas encore assez pesé votre choix, assez examiné le caractère de votre fiancée. Si l'on vous parle d'attendre et si on vous demande le temps de réfléchir, soumettez-vous à toutes les épreuves. Quand même nous ne serions unis que dans quelques années, qu'importe, pourvu que nous puissions nous voir, et puisque nous ne pouvons pas douter l'un de l'autre?

— Oh! vous êtes une sainte! répondit Émile en baisant le bord de son écharpe, et je serai digne de vous. »

Quand ils retournèrent vers le lieu où ils avaient laissé Antoine, ils le virent bien loin de là, causant avec un meunier de sa connaissance, et ils allèrent l'attendre au pied de la grande tour.

Les heures passèrent pour eux comme des secondes, et cependant elles étaient remplies comme des siècles. Combien de choses ils se dirent, et combien plus ils ne se dirent pas! Puis le bonheur de se voir, de se comprendre et de s'aimer devint si vif et si violent, qu'ils furent saisis d'une gaieté folle, et bondissant comme deux chevreuils, ils se prirent par la main et se mirent à courir sur les pentes abruptes, faisant rouler les pierres au fond du précipice, et si transportés d'un délire inconnu, qu'ils n'avaient pas plus le sentiment du danger que des enfants.

Émile poussait devant lui des décombres, ou les franchissait avec ardeur; on eût dit qu'il se croyait aux prises avec les obstacles de sa destinée. Gilberte n'avait peur ni pour lui, ni pour elle-même; elle riait aux éclats, elle criait et chantait comme une alouette au milieu des airs, et ne pensait plus à renouer sa chevelure qui flottait au vent, et quelquefois l'enveloppait tout entière comme un voile de feu.

Quand son père vint la surprendre au milieu de ce transport, elle s'élança vers lui et l'étreignit dans ses bras avec passion, comme si elle voulait lui communiquer tout le bonheur dont son âme était inondée. Le chapeau gris du bon homme tomba dans cette brusque accolade et alla rouler au fond du ravin. Gilberte partit comme un trait pour le rattraper, et Antoine, effrayé de cette pétulance, courut aussi pour rattraper sa fille.

Tous deux étaient en grand danger, lorsque Émile les devança à la course, saisit au vol le chapeau fugitif, et, en le replaçant sur la tête d'Antoine, serra à son tour ce tendre père dans ses bras.

« Eh! vive Dieu! s'écria Antoine, en les ramenant d'autorité sur une plate-forme moins dangereuse, vous me faites bien fête tous deux, mais vous me faites encore plus de peur! Ah çà, vous avez donc rencontré par là la chèvre du Diable, qui fait courir et sauter comme des fous ceux qu'elle ensorcelle avec son regard? Est-ce l'air de ces montagnes qui te rend si folle, petite fille? Allons, tant mieux, mais pourtant ne t'expose pas comme cela. Quelles couleurs! quel œil brillant! Je vois qu'il faut te mener souvent promener, et tu ne fais pas assez d'exercice à la maison. Ces jours-ci, elle m'inquiétait, savez-vous, Émile? Elle ne mangeait plus, elle lisait trop, et je me proposais de jeter tous ses livres par la fenêtre, si cela eût continué. Heureusement il n'y paraît point aujourd'hui, et puisqu'il en est ainsi, j'ai envie de la mener jusqu'à Saint-Germain-Beaupré. C'est beau à voir, nous y passerons la journée de demain, et si vous voulez venir avec nous, nous nous amuserons on ne peut mieux. Allons, Émile, qu'en dites-vous? qu'importe que nous allions à Argenton un jour plus tard? n'est-ce pas Gilberte? Et quand nous n'y passerions qu'un jour?

— Et quand nous n'irions pas du tout! dit Gilberte en sautant de joie; allons à Saint-Germain, mon père, je n'y ai jamais été; oh! la bonne idée!

— Nous sommes sur le chemin, reprit M. de Châteaubrun, et pourtant il nous faut aller coucher à Fresselines; car ici il n'y a pas à y songer. Au reste, Fresselines et Confolens valent la peine d'être vus. Les chemins ne sont pas beaux : il faudra nous mettre en route avant la nuit. Monsieur Charasson, allez donner l'avoine à cette pauvre Lanterne, qui aime assez les voyages, puisque ce sont les seules occasions pour elle de se régaler; vous reconduirez cet âne à ceux qui nous l'ont prêté, là-haut à Vitra, et puis vous irez nous attendre avec la brouette et le cheval de monsieur Émile, de l'autre côté de la rivière. Nous y serons dans deux heures.

— Et moi, dit Émile, je vais écrire un mot au crayon pour ma mère, afin qu'elle n'ait point à s'inquiéter de mon absence, et je trouverai bien un enfant pour lui porter ma lettre.

— Envoyer si loin un de ces petits sauvages? ce ne sera pas facile. Eh! vrai Dieu! nous sommes servis à point, car voici quelqu'un de chez vous, si je ne me trompe! »

Émile, en se retournant, vit Constant Galuchet, le secrétaire de son père, qui venait de jeter son habit sur l'herbe, et qui, après avoir enveloppé sa tête d'un mouchoir de poche, se mettait en devoir d'amorcer sa ligne.

« Quoi! Constant, vous venez pêcher des goujons jusqu'ici? lui dit Émile.

— Oh! non, vraiment, Monsieur, répondit Galuchet d'un air grave : je nourris l'espoir de prendre ici une truite!

— Mais vous comptez retourner ce soir à Gargilesse?

— Bien certainement, Monsieur. Monsieur votre père n'ayant pas besoin de moi aujourd'hui, m'a permis de disposer de la journée tout entière; mais dès que j'aurai pris ma truite, s'il plaît à Dieu, je quitterai ce vilain endroit.

— Et si vous ne prenez rien?

— Je maudirai encore plus l'idée que j'ai eue de venir si loin pour voir une pareille masure. Quelle horreur, Monsieur! Peut-on voir un plus triste pays et un château en plus mauvais état? Croyez donc, après cela, les voyageurs qui vous disent que c'est superbe, et qu'on ne peut pas vivre aux bords de la Creuse sans avoir vu Crozant! A moins qu'il n'y ait du poisson dans cette rivière, je veux être pendu si l'on m'y rattrape. Mais je n'y crois pas à leur rivière; cette eau transparente est détestable pour pêcher à la ligne, et ce bruit continuel vous casse la tête. J'en ai la migraine.

— Je vois que vous avez fait une promenade peu agréable, dit Gilberte, qui voyait pour la première fois la ridicule figure de Galuchet, et à qui ses dédains prosaïques donnaient une forte envie de rire. Cependant ces ruines font un grand effet, convenez-en; elles sont singulières au moins! Êtes-vous monté jusqu'à la grande tour?

— Dieu m'en préserve, Mademoiselle! répondit Galuchet, flatté de l'interpellation de Gilberte, qu'il regardait de toute la largeur de ses yeux ronds, remarquablement écartés, et séparés par un petit bouquet de sourcils fauves assez bizarre. Je vois d'ici l'intérieur de la baraque; puisqu'elle est tout à jour comme un réverbère, et je ne crois pas que cela vaille la peine de se casser le cou. »

Puis, prenant le sourire de Gilberte pour une approbation de cette mordante satire, il ajouta d'un ton qu'il crut plaisant et spirituel : « Beau pays, ma foi! il n'y pousse pas même du chiendent! Si les rois maures n'étaient pas mieux logés que ça, je leur en fais mon compliment; ces gens-là avaient un drôle de goût, et ça devait faire de singuliers pistolets! Sans doute qu'ils portaient des sabots et qu'ils mangeaient avec leurs doigts!

— Ceci est un commentaire historique fort judicieux, dit Émile à Gilberte, qui mordait le bout de son mouchoir pour ne pas rire tout haut du ton capable et de la physionomie baroque de M. Galuchet.

— Oh! je vois bien que monsieur est très-moqueur, reprit-elle. Il en a le droit, il vient de Paris, où tout le monde a de l'esprit et de belles manières, et se trouve ici parmi les sauvages.

— Je ne peux pas dire ça dans ce moment-ci, répliqua Galuchet, en lançant un regard assassin à la belle Gilberte, qu'il trouvait fort de son goût; mais, franchement, le pays est bien un peu arriéré. Les gens y sont fort malpropres. Voyez ces enfants pieds nus et tout déchirés! A Paris, tout le monde a des souliers, et ceux qui n'en ont pas ne sortent pas le dimanche. J'ai voulu aujourd'hui entrer dans une maison pour demander à manger : il n'y avait rien que du pain noir dont un chien n'aurait pas voulu, et du lait de chèvre qui sentait le bouc. Ces gens-là n'ont pas de honte de vivre si chichement !

— Ne serait-ce pas par hasard qu'ils sont trop pauvres pour mieux faire? dit Gilberte, révoltée du ton aristocratique de M. Galuchet.

— C'est plutôt qu'ils sont trop paresseux, répondit-il un peu étourdi de cette observation qui ne lui était pas venue.

— Et qu'en savez-vous? reprit Gilberte avec une indignation qu'il ne comprit pas. »

« Cette demoiselle est fort taquine, pensa-t-il, et son petit air résolu me plaît fort. Si je causais longtemps avec elle, je lui ferais bien voir que je ne suis pas un niais de provincial. »

« Eh bien, dit Émile à Gilberte, pendant que Constant cherchait des vers sous les pierres du rivage, pour amorcer sa ligne, vous venez de voir la figure d'un parfait imbécile.

— Je crains qu'il ne soit encore plus sot que simple, répondit Gilberte.

— Allons, mes enfants, vous n'êtes pas indulgents, observa le bon Antoine. Ce garçon-là n'est pas beau, j'en conviens, mais il paraît que c'est un bon sujet, et que M. Cardonnet en est fort content. Il est plein d'obligeance, et deux ou trois fois il m'a offert ses petits services. Il m'avait même fait cadeau d'une ligne très-bonne, et comme on n'en trouve point ici : malheureusement je l'ai perdue avant de rentrer à la maison ; à telles enseignes que Janille m'a grondé ce jour-là presque autant que le jour où j'ai perdu mon chapeau. Dites donc, monsieur Galuchet, ajouta-t-il en élevant la voix, vous m'aviez promis de venir pêcher de notre côté; je ne tourmente pas beaucoup mon poisson; je n'ai pas votre patience, c'est pour cela que vous en trouverez. Ainsi je compte sur vous un de ces jours; vous viendrez déjeuner à la maison, et ensuite je vous conduirai aux bons endroits : le barbillon abonde par là, et c'est un joli coup de ligne.

— Monsieur, vous êtes trop honnête, répondit Galuchet; j'irai certainement un dimanche, puisque vous voulez bien me combler de vos civilités. »

Et, enchanté d'avoir trouvé cette phrase, Galuchet salua le plus gracieusement qu'il put, et s'éloigna, après s'être chargé du message d'Émile pour ses parents.

Gilberte eut quelque envie de quereller un peu son père pour cet excès de bienveillance envers un personnage si lourd et si déplaisant; mais elle était trop bienveillante elle-même pour ne pas lui sacrifier bien vite ses répugnances, et, au bout d'un instant, elle y songea d'autant moins, que ce jour-là, il lui était impossible de ressentir une contrariété.

Grâce à la disposition de leurs âmes, nos amoureux trouvèrent agréables et plaisants tous les incidents qui remplirent le reste du voyage. La vieille jument de M. Antoine, attelée à une sorte de boguet découvert qu'il avait bien raison d'appeler sa brouette, fit des merveilles d'adresse et de bon-vouloir, dans les chemins effrayants qu'ils eurent à suivre pour gagner leur gîte.

Ce véhicule avait place pour trois personnes, et Sylvain Charasson, installé au milieu, conduisait crânement (c'était son expression) la pacifique Lanterne.

Les cahots épouvantables qu'on recevait dans une voiture si mal suspendue n'inquiétaient nullement Gilberte et son père, habitués le ne pas se donner toutes leurs aises, et à ne se laisser arrêter par aucun temps ni aucun chemin.

Émile les devançait à cheval, pour les avertir et les aider à mettre pied à terre, quand la route était trop dangereuse. Puis, quand on se retrouvait sur le sable doux des landes, il passait derrière eux pour causer et surtout pour regarder Gilberte.

Jamais élégant du bois de Boulogne, en plongeant du regard dans la calèche brillante de sa triomphante maîtresse, n'a été si ravi et si fier que ne l'était Émile en suivant la belle campagnarde qu'il adorait, dans les vagues sentiers de ce désert, à la clarté des premières étoiles.

Que lui importait qu'elle fût assise sur une espèce de brancard traîné par une harridelle, ou dans un carrosse superbe ? qu'elle fût vêtue de moire et de velours, ou d'une petite indienne fanée? Elle avait des gants déchirés qui laissaient voir le bout de ses doigts roses, appuyés sur le dossier de la voiture. Pour ménager son écharpe des dimanches, elle l'avait pliée et mise sur ses genoux. Sa belle taille svelte et souple n'en ressortait que mieux. Le vent tiède du soir semblait caresser avec ardeur sa nuque blanche comme l'albâtre. Le souffle d'Émile se mêlait à la brise, et il était attaché là comme l'esclave derrière le char du vainqueur.

Il y eut un moment où, grâce au peu de précaution de Sylvain, la brouette s'arrêta tout court et faillit heurter la tête du cheval d'Émile.

Monsieur Sacripant avait mis une patte sur le marchepied, pour avertir qu'il était fatigué et qu'on eût à le prendre en voiture. M. Antoine descendit pour le saisir par la peau du cou et le jeter sur le tablier du boguet, car le pauvre animal n'avait plus les jarrets assez souples pour s'élancer si haut.

Pendant ce temps-là, Gilberte caressait les naseaux de Corbeau et passait sa petite main dans les flots de sa noire crinière. Émile sentit battre son cœur comme si un courant magnétique lui apportait ces caresses. Il faillit faire, sur le bonheur de Corbeau, quelque réflexion aussi ingénue que celle dont Galuchet eût été capable en pareil cas ; mais il se contenta d'être bête en silence. On est si heureux quand, avec de l'esprit, on se sent pris de cette bêtise-là !

Il faisait tout à fait sombre quand ils arrivèrent à Fresselines. Les arbres et les rochers ne présentaient plus que des masses noires d'où sortait le grondement majestueux et solennel de la rivière.

Une fatigue délicieuse et la fraîcheur de la nuit jetaient Émile et Gilberte dans une sorte d'assoupissement délicieux. Ils avaient devant eux tout le lendemain, tout un siècle de bonheur.

L'auberge où l'on s'arrêta, et qui était la meilleure du hameau, n'avait que deux lits dans deux chambres séparées. On décida que Gilberte aurait la meilleure, que M. Antoine s'arrangerait de l'autre avec Émile, en prenant chacun un matelas. Mais quand on en fut à vérifier le mobilier, il se trouva qu'il n'y avait qu'un matelas dans chaque lit, et Émile se fit un plaisir d'enfant de coucher sur la paille de la grange.

Cet arrangement, qui menaçait Charasson d'un sort pareil, sembla beaucoup contrarier le page de Châteaubrun. Ce jeune gars aimait ses aises, surtout en voyage.

Habitué à suivre son maître dans ses courses, il se dédommageait de l'austérité à laquelle le condamnait Janille à Châteaubrun, en mangeant et dormant dehors à discrétion.

M. Antoine, tout en le persiflant avec une rude gaieté, lui passait toutes ses fantaisies, et se faisait son esclave tout en lui parlant comme à un nègre. Ainsi, tandis que Sylvain faisait mine de panser le cheval et d'atteler la voiture, c'était bien vraiment son maître qui maniait l'étrille et le brancard.

Si l'enfant s'endormait en conduisant, Antoine se frottait les yeux, ramassait les guides, et luttait contre le sommeil plutôt que de réveiller son page.

S'il n'y avait qu'une portion de viande à souper : « Vous partagerez les os avec monsieur Sacripant, » disait M. Antoine à Charasson, qui couvait des yeux cette victuaille; mais sans trop s'en rendre compte, le bonhomme rongeait les os et laissait le meilleur morceau à Sylvain. Aussi le rusé gamin connaissait les allures de son maître, et plus il était menacé de jeûner, de veiller et de travailler, plus il comptait sur sa bonne étoile.

Cependant, lorsqu'il vit que M. Antoine ne donnait nulle attention à son coucher, et qu'Émile se contentait de la crèche, il commença, en servant le souper, à bâiller, à tirer ses bras, et à dire que la route avait été longue, que ce maudit pays était au bout du monde, et qu'il avait bien cru n'y arriver jamais.

Antoine fit la sourde oreille, et bien que le souper fût peu délicat, il mangea de grand appétit.

« Voilà comme j'aime à voyager, disait-il en choquant à chaque instant son verre contre celui d'Émile, par suite de l'habitude qu'il avait prise avec Jean Jappeloup : c'est quand j'ai toutes mes aises et toutes mes affections avec moi. Ne me parlez pas d'aller au loin, dans une chaise de poste ou sur un navire, courir seul tristement après la fortune. Il fait bon à jouir du peu qu'on a, en parcourant un beau pays où l'on connaît tous les passants par leur nom, toutes les maisons, tous les arbres, toutes les ornières ! Voyez si je ne suis pas ici comme chez moi ? Si j'avais Jean et Janille au bout de la table, je me croirais à Châteaubrun, car j'ai ma fille d'abord et un de mes meilleurs amis ; et puis mon chien, et même M. Charasson, qui est content comme un roi de voir le monde et d'être hébergé selon son mérite.

— Ça vous plaît à dire, Monsieur, reprit Charasson, qui, au lieu de servir, était assis au coin de la cheminée, cette auberge-ci est abominable et l'on y couche avec les chiens.

— Eh bien, vaurien que vous êtes, n'est-ce pas trop bon pour vous? reprit M. Antoine en faisant sa grosse voix ; vous êtes bien heureux qu'on ne vous envoie pas percher avec les poules ! Comment diable, Sybarite, vous avez de la paille, et vous craignez de mourir de faim pendant la nuit ?

— Faites excuse, Monsieur, la paille ici c'est du foin, et le foin fait mal à la tête.

— S'il en est ainsi, vous coucherez sur le carreau, au pied de mon lit, pour vous apprendre à murmurer. Vous vous tenez comme un bossu, ce lit orthopédique vous fera grand bien. Allez préparer le lit de votre maître, et montez la couverture du cheval pour monsieur Sacripant. »

Émile se demandait quelle serait la fin de cette plaisanterie que M. Antoine soutint gravement jusqu'au bout, et, lorsque Gilberte se fut retirée dans sa chambre, il suivit M. Antoine dans la sienne, pour savoir s'il saurait persuader à son page de se contenter de la paille.

Le châtelain se divertit à se faire servir comme un homme de qualité. « Ça, disait-il, qu'on me tire mes bottes, qu'on me présente mon foulard, et qu'on éteigne les lumières. Vous allez vous étendre sur ces briques, et gare à vous, si vous avez le malheur de ronfler ! Bonsoir, Émile, allez vous coucher ; vous ne serez pas affligé de la société de ce drôle, qui vous empêcherait de dormir. Il dormira par terre, lui, en punition de ses plaintes ridicules. »

Au bout de deux heures de sommeil, Émile fut réveillé en sursaut par la chute d'un gros corps qui se laissait tomber sur la paille à côté de lui. « Ce n'est rien, c'est moi, dit M. Antoine ; ne vous dérangez pas. J'ai voulu partager mon lit avec ce vaurien ; mais monsieur, sous prétexte qu'il grandit, a des inquiétudes dans les jambes, et j'ai reçu tant de coups de pied, que je lui cède la place. Qu'il dorme dans un lit, puisqu'il y tient si fort ! quant à moi, je serai beaucoup mieux ici. »

Tel fut le châtiment exemplaire que subit à Fresselines le page de Châteaubrun.

XXII.

INTRIGUE.

Nous laisserons Émile oublier le rendez-vous que lui avait donné Janille, et courir par monts et par vaux avec l'objet de ses pensées. C'est à l'usine Cardonnet que nous irons reprendre le fil des événements qui enlacent sa destinée.

M. Cardonnet commençait à prendre sérieusement ombrage des continuelles absences d'Émile, et à se dire que le moment viendrait bientôt de surveiller et de régler ses démarches. « Le voilà distrait de son socialisme, se disait-il ; il est temps qu'il se prenne à quelque réalité utile. Le raisonnement aura peu d'effet sur un esprit aussi porté à l'ergotage. Il paraît que ce dada est à l'écurie pour quelque temps, ne l'en faisons point sortir ; mais voyons si, par la pratique, on ne peut pas remplacer les théories. A cet âge, on est mené par des instincts plus que par des idées, bien qu'on s'imagine fièrement le contraire ; enchaînons-le d'abord au travail matériel, et qu'il s'y prête, malgré lui s'il le faut. Il est trop laborieux et trop intelligent pour ne pas faire bien ce qu'il se verra forcé de faire. Peu à peu l'occupation quelconque que je lui aurai créée deviendra un besoin pour lui. N'en a-t-il pas toujours été ainsi ? Même en étudiant le droit qu'il abhorrait, n'apprenait-il pas le droit ? Eh bien, qu'il achève son droit, quand même il devrait le haïr de plus en plus et le renfermer dans les aberrations qui m'ont inquiété. Je sais maintenant qu'il ne faudra pas beaucoup de temps, ni une coquette fort habile, pour le débarrasser de l'enduit pédagogique des jeunes écoles. »

Mais on était en pleines vacances, et M. Cardonnet n'avait pas de motifs immédiats pour renvoyer Émile à Poitiers. D'ailleurs, il espérait beaucoup de son séjour à Gargilesse ; car, insensiblement, Émile acceptait sans répugnance les occupations que, de temps en temps, son père lui traçait, et paraissait ne plus se préoccuper du but qu'il avait tant combattu. Tout travail accompli par Émile l'était avec supériorité, et M. Cardonnet se flattait de le débarrasser de l'amour quand il voudrait, sans lui voir perdre cette soumission et cette capacité dont il recueillait parfois les fruits.

Rien n'était plus contraire aux intentions de madame Cardonnet que de faire remarquer à son mari la conduite singulière d'Émile. Si elle eût pu deviner le bonheur que goûtait son fils à s'absenter ainsi, et le secret de ce bonheur, elle l'eût aidé à sauver les apparences, et se fût faite sa complice avec plus de tendresse encore que de prudence. Mais elle s'imaginait que le ton souvent froid et railleur de M. Cardonnet était la seule cause du malaise qu'éprouvait Émile dans la maison paternelle, et, s'en prenant secrètement à son maître, elle souffrait amèrement de jouir si peu de la société de son fils. Lorsque Galuchet rentra, annonçant que M. Émile ne reviendrait que le lendemain ou le surlendemain au soir, elle ne put retenir ses larmes, et dit à demi-voix : « Le voilà qui découche à présent ! Il ne veut plus même dormir ici : il y est donc bien malheureux !

— Eh bien, ne voilà-t-il pas un beau sujet de douleurs ? dit M. Cardonnet en haussant les épaules. Votre fils est-il une demoiselle, pour que vous soyez effrayée de le voir passer une nuit dehors ? Si vous commencez ainsi, vous n'êtes pas au bout de vos peines ; car ce n'est que le début des petites escapades que peut se permettre un jeune homme.

« Constant, dit-il à son secrétaire lorsqu'il fut seul avec lui, quelles sont les personnes en compagnie desquelles vous avez rencontré mon fils ?

— Ah ! Monsieur, répondit Galuchet, une compagnie fort agréable ! M. Antoine de Châteaubrun, qui est un bon vivant, un gros réjoui, tout à fait honnête dans ses manières ; et sa fille, une femme superbe, faite au tour, et d'une mine on ne peut plus avenante.

— Je vois que vous êtes connaisseur, Galuchet, et que vous n'avez rien perdu des appas de la demoiselle.

— Dame ! Monsieur, on a des yeux et on s'en sert, dit Galuchet avec un gros rire de contentement, car il était bien rare que son patron lui fît l'honneur de causer avec lui sur un sujet étranger à ses fonctions.

— Et c'est sans doute avec ces personnes-là que mon fils continue ses excursions romanesques ?

— Je le pense, Monsieur ; car je l'ai vu de loin passer à cheval, comme il s'en allait avec elles.

— Avez-vous été quelquefois à Châteaubrun, Galuchet ?

— Oui, Monsieur. Il y a une fois que les maîtres étaient absents, et si j'avais su que je n'y trouverais que la vieille servante, je n'aurais pas été si sot.

— Pourquoi ?

— Parce que j'aurais sans doute vu le château gratis, au lieu que cette sorcière, après m'avoir promené dans son taudis, m'a bien demandé cinquante centimes, Monsieur, pour le prix de sa complaisance ! C'est indigne de rançonner les gens pour leur montrer une pareille ruine !

— Je croyais que le vieux Antoine avait fait faire quelques réparations depuis que je n'y suis entré ?

— Quelles réparations, Monsieur ? cela fait pitié ! Ils ont rebâti un coin grand comme la main, et ils n'ont pas seulement eu le moyen de faire coller des papiers dans leurs chambres. Le maître n'est pas moitié si bien logé que je suis chez vous. C'est triste, là dedans ! Des tas de pierres dans la cour à se casser les jambes, des orties, des ronces, pas de porte à une grande arcade qui ressemble à l'entrée du château de Vincennes, et qui serait assez jolie si on y donnait une couche de badigeon ; mais le reste est dans un état ! Pas un mur qui tienne, pas un escalier qui ne remue, des crevasses à s'y fourrer tout entier, du lierre qu'on ne se donne pas seulement la peine d'arracher : ce ne serait pas bien difficile, pourtant ! et des chambres qui n'ont ni plancher, ni plafond ! Ma foi, les gens de ce pays-ci sont de vrais Gascons de vous vanter leurs vieux châteaux, et de vous envoyer courir dans des chemins perdus, pour trouver quoi ? des décombres et des chardons ! En vérité, Crozant est une fameuse mystification, et Châteaubrun ne vaut guère mieux que Crozant !

— Vous n'êtes donc pas charmé non plus de Crozant ? Mon fils pourtant paraissait beaucoup s'y plaire, je parie ?..

— M. Émile pouvait bien s'y plaire, donnant le bras à un si beau brin de fille ! A sa place, je ne me serais pas trop plaint du pays ; mais moi, qui espérais y prendre des truites, et qui n'y ai pas seulement attrapé un goujon, je ne suis pas fort content de ma promenade, d'autant plus que vingt kilomètres pour aller et autant pour revenir, ça fait quatre myriamètres à pied.

— Vous êtes fatigué, Galuchet ?

— Oui, Monsieur, très-fatigué, très-mécontent ! on ne m'y reprendra plus, dans leur forteresse des rois maures. »

Et, satisfait de la plaisanterie qu'il avait faite le matin, Galuchet répéta complaisamment et avec un sourire narquois :

« Ces rois-là devaient faire de drôles de pistolets ! sans doute qu'ils portaient des sabots et mangeaient avec leurs doigts.

— Vous avez beaucoup d'esprit ce soir, Galuchet, répondit M. Cardonnet sans daigner sourire ; mais si vous en aviez davantage, épris comme vous voilà, vous trouveriez quelque prétexte pour aller rendre, de temps en temps, visite au vieux Châteaubrun.

— Je n'ai pas besoin de prétextes, Monsieur, répondit Galuchet d'un ton important. Je le connais beaucoup ; il m'a souvent invité à aller pêcher dans sa rivière, et encore aujourd'hui, il m'a sollicité de déjeuner avec lui un dimanche.

— Eh bien ! pourquoi n'iriez-vous pas ? Je vous permettrais bien une petite récréation de temps en temps.

— Monsieur, vous êtes trop honnête : si je ne vous suis pas nécessaire, j'irai dimanche prochain, car j'aime beaucoup la pêche.

— Galuchet, mon ami, vous êtes un imbécile.

— Comment, Monsieur ? dit Galuchet déconcerté.

— Je vous dis, mon cher, reprit tranquillement Cardonnet, que vous êtes un imbécile. Vous ne pensez qu'à prendre des goujons quand vous pourriez faire la cour à une jolie fille.

— Oh ! pour cela, Monsieur, je ne dis pas, dit Galuchet en se grattant l'oreille d'un air agréable : j'aimerais assez la fille, vrai ! c'est un bijou ! des yeux bleus comme ça, des cheveux blonds qui ont, je parie, un mètre cinquante centimètres de longueur, des dents superbes et un petit air malin. J'en serais bien amoureux, si je voulais !

— Et pourquoi ne voulez-vous pas ?

— Ah dame ! si j'avais seulement la propriété de dix mille francs, je pourrais bien lui plaire ! mais quand on n'a rien, on ne peut pas plaire à une fille qui n'a rien.

— Vos appointements égalent peut-être son revenu ?

— Mais c'est de l'éventuel, et la vieille Janille qui passe pour sa mère (ce qui me répugnerait un peu, j'en conviens, de devenir le gendre d'une servante), la vieille Janille voudrait certainement un petit fonds pour commencer l'établissement.

— Et vous pensez que dix mille francs suffiraient ?

— Je n'en sais rien ; mais il me semble que ces gens-là n'ont pas le droit d'avoir une grande ambition. Leur masure ne vaut pas quatre mille francs ; la montagne, le jardin et un bout de pré qui est là, au bord de l'eau, tout rempli de joncs, le verger où les arbres fruitiers ne sont bons qu'à faire du feu, tout cela réuni ne doit pas rapporter cent francs de rente. On dit que M. Antoine a un petit capital placé sur l'État. Cela ne doit pas être grand'chose, à voir la vie qu'ils mènent. Mais enfin, s'il y avait là un millier de francs de rente assuré, je m'arrangerais bien de la fille. Elle me plaît, et je suis en âge de m'établir.

— M. Antoine a douze cents francs de rente, je le sais.

— Réversibles sur la tête de sa fille, Monsieur ?

— J'en suis certain.

— Mais bien qu'il l'ait reconnue, c'est une fille naturelle, et elle n'a droit qu'à la moitié.

— Eh bien, dès à présent vous pourriez donc prétendre à elle ?

— Merci, Monsieur ! Et avec quoi vivre ? élever des enfants ?

— Sans doute ! il vous faudrait un petit capital. On pourrait vous trouver ça, Galuchet, si votre bonheur en dépendait absolument.

— Monsieur, je ne sais comment répondre à vos civilités, mais...

— Mais quoi ? allons, ne vous grattez pas tant l'oreille, et répondez.

— Monsieur, je n'ose pas.

— Pourquoi donc ? est-ce que nous ne causons pas de bonne amitié ?

— J'en suis sensiblement touché, reprit Galuchet, mais...

— Mais enfin, vous m'impatientez. Parlez donc !

— Eh bien, Monsieur, quand vous devriez encore me traiter d'imbécile, je vous dirai mon sentiment. C'est que M. Émile fait la cour à cette demoiselle.

— Vous croyez ? dit M. Cardonnet feignant la surprise.

— Si monsieur n'en a pas connaissance, je serais fâché d'occasionner du désagrément entre lui et son fils.

— C'est donc un bruit qui court ?

— Je ne suis pas si on en parle, je ne m'arrête guère à écouter les propos ; mais moi, j'ai très-bien remarqué que M. Émile allait fort souvent à Châteaubrun.

— Qu'est-ce que cela prouve ?

— C'est comme monsieur voudra, et cela m'est fort égal. C'était seulement pour dire que si j'avais quelque idée d'épouser une demoiselle, je ne serais pas bien aise d'arriver en second.

— Je le conçois. Mais il y a peu d'apparence que mon fils fasse sérieusement là cour à une jeune personne qu'il ne voudrait ni ne pourrait épouser. Mon fils a des sentiments élevés, il ne descendrait jamais à un mensonge, à de fausses promesses. Si cette fille est honnête, soyez certain que ses relations avec Émile sont tout à fait innocentes. N'est-ce pas votre opinion ?

— J'aurai là-dessus l'opinion que monsieur voudra.

— C'est être aussi par trop accommodant ! Si vous étiez amoureux de mademoiselle de Châteaubrun, ne chercheriez-vous pas à vous assurer par vous-même de la vérité ?

— Certainement, Monsieur ; mais je n'en suis guère amoureux, pour l'avoir vue une fois.

— Eh bien, écoutez, Galuchet : vous pouvez me rendre un service. Ce que vous venez de m'apprendre me cause un peu plus d'inquiétude qu'à vous, et tout ce que nous venons de dire, par forme de supposition et de plaisanterie, aura au moins le résultat sérieux de m'avoir averti de certains dangers. Je vous répète que mon fils est trop honnête homme pour séduire une fille sans fortune et sans expérience ; mais il pourrait lui arriver, en la voyant souvent, de prendre pour elle un sentiment un peu trop

Ma foi, c'est bien fait, dit Jappeloup. (Page 85.)

vif, qui exposerait l'un et l'autre à des chagrins passagers, mais inutiles. Il me serait bien facile de couper court à tout cela en éloignant Émile sur-le-champ; mais cela contrarierait le projet que j'ai de le former à la pratique de mes occupations, et je regretterais qu'un motif si peu important me forçât à me séparer de lui dans les circonstances présentes. Consentez donc à me servir. Vous êtes sûr d'être bien accueilli à Châteaubrun : allez-y souvent, aussi souvent que mon fils; faites-vous l'ami de la maison. Le caractère facile du père Antoine vous y aidera. Voyez, observez, et rapportez-moi tout ce qui s'y passe. Si votre présence contrarie mon fils, il sera démontré que le danger existe; s'il cherche à vous faire éconduire, tenez bon, et posez-vous sans hésitation en prétendant à la main de la demoiselle.

— Et si l'on m'accepte?
— Tant mieux pour vous!
— C'est selon, Monsieur, jusqu'où auront été les choses entre elle et votre fils.
— Il faudrait que vous fussiez bien simple pour ne pas avoir le temps et l'adresse de savoir à quoi vous en tenir, puisque vous allez là en observateur.

— Et si je m'aperçois que j'arrive trop tard?
— Vous vous retirerez.
— J'aurai fait là une drôle de campagne, et M. Émile m'en voudra.
— Galuchet, je ne demande rien pour rien. Certes, tout cela ne se fera pas sans quelque ennui et quelque désagrément pour vous; mais il y a une bonne gratification au bout de tous les sacrifices que je vous demande.
— Ça suffit, Monsieur, et je n'ai plus qu'un mot à dire : c'est que, dans le cas où la fille me conviendrait, et si je venais à lui convenir aussi, je serais trop pauvre, à l'heure qu'il est, pour entrer en ménage.
— Nous avons déjà prévu ce cas. Je vous aiderais à vous faire une position. Par exemple, vous vous engageriez à me servir pendant un temps donné, et je vous ferais une avance de cinq mille francs sur vos honoraires, plus un don de cinq mille francs, si c'était nécessaire.
— Ce n'est plus une plaisanterie, une supposition, ça? dit Galuchet en se grattant la tête plus fort que jamais.
— Je ne plaisante pas souvent, vous devez le savoir, et cette fois-ci je ne plaisante plus du tout.
— C'est entendu, Monsieur; vous avez trop d'honnê-

Et toi, bourreau, cria-t-il à Jean Jappeloup. (Page 104.)

tetés pour moi. Je vas me planter en faction à côté de M. Émile, et il sera bien fin si je le perds de vue! »

« Il sera plus fin que toi, et ce ne sera pas difficile, pensa M. Cardonnet dès que Galuchet se fut retiré; mais il suffira qu'il ait un rival de ton espèce pour se sentir bientôt humilié de son choix; et si l'on préfère un lourdaud d'épouseur comme toi à un beau soupirant de rencontre comme lui, il aura reçu une assez bonne leçon. Dans ce cas-là, un petit sacrifice pour l'établissement de M. Galuchet ne serait pas la mer à boire, d'autant plus que cela le retiendrait à mon service et couperait court à l'ambition de me quitter. Mais c'est là le pis-aller de mon projet, et Galuchet a vingt chances contre une d'être mis à la porte dans quelque temps. Jusque-là, j'aurai eu celui d'aviser à quelque chose de mieux, et j'aurai du moins réussi à tourmenter Émile, à le désenchanter, à attacher à ses flancs un ennemi qu'il ne sait guère combattre, l'ennui sous la forme de Constant Galuchet. »

L'idée de Cardonnet ne manquait pas de profondeur, et s'il n'eût pas été trop tard ou trop tôt pour qu'Émile renonçât à ses illusions, cette idée eût pu réussir. Une rivalité quelconque stimule les âmes vulgaires, mais un esprit délicat souffre d'une indigne concurrence. Une nature élevée se dégoûtera infailliblement de l'être qui prend plaisir aux hommages de la sottise; il suffira peut-être même que l'objet de son culte les souffre avec trop de patience, pour qu'il rougisse et s'éloigne. Mais Cardonnet comptait sans la fierté de Gilberte.

Émile revint de son excursion plus enflammé que jamais, et dans un tel état d'enthousiasme et de bonheur, qu'il ne lui paraissait plus possible de ne pas triompher de tout. La généreuse Gilberte avait puissamment aidé à son illusion en la partageant, et en cela elle s'était montrée, par son imprévoyance et son abandon de cœur, la digne fille d'Antoine. Émile aurait pourtant pu se faire quelque reproche de s'être avancé à ce point auprès d'elle, sans avoir commencé par s'assurer du consentement de M. Cardonnet. C'était là une terrible imprudence, et même une coupable témérité; car, à moins d'un miracle, il pouvait bien compter sur le refus de son père. Mais Émile était dans ce délire d'exaltation où l'on compte sur les miracles, et où l'on se croit presque dieu parce qu'on est aimé.

Pourtant il revint à Gargilesse sans avoir fixé le moment où il déclarerait ses sentiments à sa famille; car

Gilberte avait exigé qu'il ne brusquerait rien, et avait reçu la promesse qu'il commencerait par disposer peu à peu l'esprit de ses parents à la tendresse, par une conduite selon leurs vœux. Ainsi Émile devait réparer une absence qui leur avait, sans doute, causé quelque souci, en restant auprès d'eux tout le reste de la semaine, et en travaillant avec assiduité à tout ce qu'il plairait à son père de lui tracer. « Vous ne reviendrez chez nous que dimanche prochain, avait dit Gilberte en le quittant, et alors nous aviserons ensemble au plan de la semaine suivante. » La pauvre enfant sentait le besoin de vivre au jour le jour, et, comme Émile, elle trouvait une douceur infinie à caresser dans sa pensée le mystère d'un amour dont eux seuls pouvaient comprendre le charme et la profondeur.

Émile tint parole ; il ne s'absenta pas de la semaine, et se contenta d'écrire à M. de Boisguilbault une lettre affectueuse pour le rassurer sur ses sentiments, au cas où l'ombrageux vieillard s'alarmerait de ne pas le voir. Il s'attacha aux pas de son père, lui demanda même de l'occupation, et s'appliqua à la construction de l'usine, comme un homme qui aurait pris grand intérêt à la réussite de l'entreprise. Mais comme on ne fait pas longtemps violence à son propre cœur, il lui fut impossible de pousser au travail les ouvriers indolents. Rien ne servait à M. Cardonnet de mettre à la tâche les hommes de cette catégorie. Ils manquaient de force, et la concurrence des plus actifs produisait en eux le découragement au lieu de l'émulation. La tâche était bien payée ; mais comme les travailleurs voyaient, au mécontentement du maître, qu'ils ne seraient pas gardés longtemps, ils voulaient s'assurer tout le profit possible dans le présent, et faisaient de l'économie sur leur nourriture. Quand Émile les voyait s'asseoir sur une pierre humide, les pieds dans la vase, pour manger un morceau de pain noir et quelques oignons crus, comme les Hébreux esclaves employés à la construction des pyramides, il se sentait épris d'une telle pitié, qu'il eût voulu leur donner son propre sang à boire plutôt que de les abandonner à cette mort lente du travail et de l'abstinence.

Alors il essayait de persuader son père, puisqu'il ne pouvait sauver ces existences nombreuses, de leur procurer au moins, quelque soulagement passager, en les nourrissant mieux qu'ils ne se nourrissaient eux-mêmes, en leur donnant au moins du vin. Mais M. Cardonnet lui prouvait, avec trop de raison, que les vignes ayant gelé l'année précédente, on ne pouvait se procurer du vin dans le pays qu'à un prix très-élevé, et pour la table des bourgeois seulement. Là où l'économie générale n'intervient pas, il était facile de prouver que l'économie particulière est impuissante à effectuer de notables améliorations, et d'établir, par l'invincible démonstration des chiffres, qu'il fallait renoncer à construire ou faire passer le travailleur par les nécessités fâcheuses de sa condition. M. Cardonnet faisait son possible pour adoucir le mal, mais ce possible avait de sévères limites. Émile courbait la tête et soupirait ; il ne pouvait pas donner à Gilberte une plus forte preuve d'amour que de se taire.

« Allons, lui disait alors M. Cardonnet, je vois bien que tu ne seras jamais fort sur l'article de la surveillance ; mais quand je ne serai plus de ce monde, il suffira que tu aies senti la nécessité d'avoir un bon surveillant en ton lieu et place. La partie matérielle est la moins poétique. C'est au point de vue de l'art et de la science, qui sont dans l'industrie comme dans tout, que tu pourras agir. Viens donc dans mon cabinet, aide-moi à comprendre ce qui m'échappe, et mets un peu ton génie au service de mon courage. »

Durant cette semaine, Émile eut à lire, à comprendre, à étudier et à résumer plusieurs ouvrages sur l'hydrostatique. M. Cardonnet ne pensait pas avoir précisément besoin de ce travail, mais c'était une manière d'éprouver Émile, et il fut ravi de la rapidité et de la clarté qu'il y apporta. Une pareille étude ne pouvait causer de dégoût à un esprit occupé de théories. Tout ce qui appartient à la science peut avoir dans l'avenir une bienfaisante application ; et quand on n'a pas sous les yeux les déplorables conditions par lesquelles l'inégalité fait passer les hommes du présent pour l'exécution d'un travail quelconque, on peut s'éprendre pour l'abstraction de la science. M. Cardonnet reconnaissait la haute intelligence d'Émile, et se disait qu'avec de si éminentes facultés, il n'était pas possible de fermer toujours les yeux à ce qu'il appelait l'évidence.

Le dimanche vint. Il semblait à Émile qu'un siècle se fût écoulé depuis qu'il n'avait vu ce lieu enchanté de Châteaubrun, où pour lui la nature était plus belle, l'air plus suave et la lumière plus riche qu'en aucun autre point de l'univers. Il commença pourtant par Boisguilbault : car il se souvint que Constant Galuchet devait déjeuner à Châteaubrun, et il espéra que ce lourd personnage serait parti, ou occupé à pêcher, quand il y arriverait ; mais il était loin de prévoir le machiavélisme de M. Constant. Il le trouva encore attablé avec M. Antoine, un peu alourdi par le vin du cru auquel il n'était pas habitué, et se dandinant sur sa chaise tout en disant des lieux communs, tandis que Gilberte, assise dans la cour, attendait avec impatience qu'une distraction de Janille lui permît d'aller guetter sur la terrasse l'arrivée de son amant.

Mais Janille n'avait point de distractions ; elle rôdait comme un lézard dans tous les coins des ruines, et elle se trouva juste à point pour recevoir la moitié du salut qu'Émile adressait à Gilberte. Cependant Émile vit, du premier coup d'œil, qu'elle n'avait pas parlé.

« En honneur, Monsieur, dit-elle en grasseyant avec plus d'affectation que de coutume, vous n'êtes pas galant, et vous avez failli amener une querelle de rivalité entre ma fille et moi. Comment, vous me faites espérer que, dans son absence, vous viendrez me tenir compagnie, vous me donnez même un jour pour vous attendre, et au lieu de cela, vous allez vous divertir en voyage avec mademoiselle, sous prétexte qu'elle a une quarantaine d'années de moins ! comme si c'était ma faute, et comme si je n'étais pas aussi leste pour courir, et aussi gaie pour causer qu'une fille ! C'est fort vilain de votre part, et vous avez bien fait de laisser passer quelques jours sur ma colère ; car si vous fussiez revenu plus tôt, vous eussiez été fort mal reçu.

— Est-ce que M. Antoine ne m'a pas justifié, répondit Émile, en vous disant combien notre rencontre à Crozant avait été imprévue, et notre voyage à Saint-Germain improvisé subitement par lui ? Pardonnez-moi donc, ma chère demoiselle Janille, et soyez sûre qu'il fallait que je fusse à dix lieues d'ici pour manquer à votre rendez-vous.

— Je sais, je sais, dit Janille d'un ton significatif, que c'est M. Antoine qui a tout le tort : c'est une tête si légère ! mais j'aurais cru que vous seriez plus raisonnable que lui.

— Je suis fort raisonnable, ma bonne Janille, reprit Émile sur le même ton, et la preuve c'est que, malgré mon désir de venir implorer ma grâce, j'ai passé ma semaine auprès de mon père, occupé à travailler pour lui complaire.

— Et vous avez fort bien fait, mon garçon ; car enfin il est bon que les jeunes gens soient occupés.

— L'on sera content de moi à l'avenir, dit Émile en regardant Gilberte, et déjà mon père m'a pardonné le temps perdu. Il est excellent pour moi, et je reconnaîtrai ses bontés en m'astreignant aux plus pénibles sacrifices, même à celui de vous voir un peu moins souvent désormais, mademoiselle Janille ; grondez-moi donc aujourd'hui, vite, mais pas trop fort, et pardonnez-moi encore plus vite, puisque, durant quelques semaines, je vais être probablement forcé de venir rarement. J'ai beaucoup de travail à faire, et le courage me manquerait si je vous savais fâchée contre moi.

— Allons, vous êtes un bon garçon, et l'on ne peut vous en vouloir, dit Janille. Je vois, ajouta-t-elle d'un air fin, en baissant la voix, que nous nous comprenons fort bien sans nous mieux expliquer, et qu'il fait bon avoir affaire à des gens d'honneur et d'esprit comme vous. »

Cette issue aux explications annoncées par Janille soulagea Émile d'une grande inquiétude. Sa situation était bien assez grave, sans que les alarmes et les questions de cette fidèle gouvernante vinssent la compliquer. Le conseil que Gilberte lui avait donné de venir plus rarement et de laisser couler le temps était donc le plus sage, et, si elle eût été une habile diplomate, elle n'eût peut-être pas mieux agi, cette fois. En effet, que de mariages disproportionnés à l'endroit de la fortune fussent devenus possibles, si la femme, par son exigence, son orgueil ou ses méfiances, n'en eût fait, pour l'homme épris d'elle, un enchaînement de souffrances et d'inquiétudes, au milieu duquel le courage et la prudence lui ont manqué pour vaincre les obstacles! Gilberte mêlait à sa candeur enfantine une raison calme et un courage désintéressé. Elle ne regardait son union avec Émile comme possible que dans plusieurs années, et elle sentait dans son amour assez de puissance pour attendre. Ce rude avenir se présentait à son âme pleine de foi, comme un jour radieux à traverser : et en cela elle n'était pas si folle qu'on peut le croire. C'est la foi et non la prudence qui transporte les montagnes.

XXIII.

LA PIERRE AU DIABLE.

Émile avait oublié jusqu'au nom de Constant Galuchet en se retrouvant dans les murs du cher vieux château ; et lorsqu'il entra pour saluer M. Antoine, la sotte figure du commis de son père lui fit le même effet qu'une laide chenille produit tout à coup sur celui qui s'approche sans méfiance pour saisir un fruit. Galuchet s'était préparé à rencontrer Émile de l'air aisé d'un homme qui a pris possession, le premier, d'une place enviée, et qui veut bien accueillir avec grâce les survenants. Pour un peu, il eût fait à Émile les honneurs du château. Mais le regard froid et moqueur du jeune homme, en répondant à ses saluts familièrement empressés, le déconcerta beaucoup ; ce regard semblait lui dire :

« Que faites-vous ici ? »

Cependant Galuchet, qui pensait beaucoup plus à mériter les libéralités de M. Cardonnet que les bonnes grâces de Gilberte, fit un effort sur lui-même pour retrouver son aplomb, et sa figure, qui n'était pourtant pas l'expression d'un caractère hostile, eut un aspect d'insolence inaccoutumée on ne peut plus maladroit dans la circonstance.

Émile avait pris son parti sur le vin du cru, et, pour ne pas chagriner M. de Châteaubrun, il ne refusait plus de lui faire raison en arrivant. Peut-être même, grâce au prestige complet qu'il subissait dans le lieu où respirait Gilberte, était-il arrivé à trouver cette piquette meilleure que tous les vins fins de la table de son père. Mais, cette fois, le breuvage lui parut amer, lorsque Galuchet, se donnant les airs d'un homme qui daigne hurler avec les loups, approcha son verre du sien, pour trinquer à la manière de M. de Châteaubrun. Il accompagna cette familiarité d'un mouvement du coude et de l'épaule, désagréablement vulgaire, croyant imiter joyeusement la patriarcale simplicité d'Antoine.

« Monsieur le comte, dit Émile en affectant de traiter Antoine avec plus de respect encore que de coutume, je crains que vous n'ayez fait trop boire M. Constant Galuchet. Voyez donc comme il a les yeux rouges et le regard fixe ! Prenez garde ; je vous avertis qu'il a la tête très-faible.

— La tête faible, monsieur Émile! pourquoi dites-vous que j'ai la tête faible? répondit Galuchet. Vous ne m'avez jamais vu ivre, que je sache.

— Ce sera donc la première fois que j'aurai ce plaisir, si vous continuez à trinquer de la sorte.

— Cela vous ferait donc plaisir de me voir commettre des inconvenances?

— J'espère que cela n'arrivera pas, si vous suivez mon conseil.

— Eh bien, dit Galuchet en se levant, si M. Antoine veut faire un tour de promenade, je suis tout prêt à offrir mon bras à mademoiselle Gilberte, et l'on verra si je marche de travers.

— J'aime autant ne pas risquer l'épreuve, répondit Gilberte, qui était assise à l'entrée du pavillon et caressait monsieur Sacripant.

— Voilà donc que vous vous mettez aussi après moi, mademoiselle Gilberte ? reprit Galuchet en s'approchant d'elle ; vous croyez ce que dit M. Émile ?

— Ma fille ne se met après personne, Monsieur, dit Janille, et je ne sais pas trop pourquoi vous vous occupez de qui ne s'occupe pas de vous.

— Si vous lui défendez de me donner le bras, reprit Galuchet, je n'ai rien à dire. Il me semble pourtant que ce n'est pas manquer à la civilité française que d'offrir son bras à une demoiselle.

— Ma mère ne me défend pas d'accepter votre bras, Monsieur, dit Gilberte avec une douceur pleine de dignité ; mais je vous remercie de votre politesse. Je ne suis pas une Parisienne et ne connais guère l'habitude de prendre un appui pour marcher. D'ailleurs, nos sentiers ne souffrent point cet usage.

— Vos sentiers ne sont pas pires que ceux de Crozant, et plus ils sont difficiles, plus on a besoin de s'appuyer les uns sur les autres. J'ai fort bien vu à Crozant que vous mettiez votre belle main sur l'épaule de M. Émile pour descendre la montagne ; oh ! j'ai vu cela, mademoiselle Gilberte, et j'aurais bien voulu être à sa place !

— Monsieur Galuchet, si vous n'aviez pas bu plus que de raison, dit Émile, vous ne vous occuperiez pas tant de moi, et je vous prierai de ne pas vous en occuper du tout.

— Allons ! voilà-t-il pas que vous vous fâchez, vous ! dit Galuchet tâchant de prendre un ton de bonne humeur. Tout le monde me brutalise ici, excepté M. Antoine.

— C'est peut-être, répondit Émile, que vous vous familiarisez un peu trop avec tout le monde, vous !

— Qu'est-ce qu'il y a ? dit Jean Jappeloup en entrant. Est-ce qu'on se dispute ici ? Allons, me voilà pour mettre la paix. Bonjour, ma mie Janille ; bonjour, ma Gilberte du bon Dieu ; bonjour, mon brave Émile ; bonjour, Antoine, mon maître ! .. bonjour, toi, dit-il à Galuchet ; je ne te connais pas, mais c'est égal. Ah ! c'est l'homme d'affaires au père Cardonnet ! Eh ! bonjour, vous, mon pauvre monsieur Sacripant ; je ne faisais pas attention à vos honnêtetés.

— Eh ! vive Dieu ! s'écria Antoine, vaut mieux tard que jamais ; mais sais tu, Jean, que tu te déranges ? Comment, quand on n'a plus qu'un jour par semaine pour te voir, et Dieu sait que la semaine est longue sans toi ! tu arrives le dimanche à midi ?

— Écoutez, mon maître...

— Je ne veux pas que tu m'appelles ton maître.

— Et si je veux t'appeler comme ça, moi ? J'ai été bien assez longtemps le tien, et ça m'ennuierait de commander toujours. A présent, je veux être ton apprenti pour changer un peu. Allons, à boire, Janille, du frais tout de suite. J'ai chaud ! Ce n'est pas que je sois à jeun ; ils n'ont pas voulu me laisser partir après la messe, ces bons amis de Gargilesse ! Il a fallu aller babiller un peu chez la mère Laroze, et on ne peut pas se dessécher le gosier à causer sans boire. Mais je suis venu vite, parce que je savais bien qu'on pensait à moi, ici. Tenez, voyez-vous, ma Gilberte, depuis que je suis rentré dans l'endroit, il faudrait que le dimanche durât quarante-huit heures pour que je pusse contenter tous ces amis qui me font fête !

— Eh bien, mon bon Jean, si vous êtes heureux, cela nous console un peu de vous voir moins souvent, dit Gilberte.

— Heureux, moi ? reprit le charpentier : il n'y a personne de plus heureux que moi sur la terre !

— On le voit bien, dit Janille. Voyez comme il a repris bonne mine depuis qu'il n'est plus dépisté tous les matins comme un vieux lièvre ! Et puis il se fait la barbe tous les dimanches, à présent, et voilà des habits neufs qui ne sont point mal.

— Et qu'est-ce qui a filé la laine de ce joli droguet ? reprit Jean : c'est ma mie Janille avec la fille au bon Dieu ! Et qui a donné la laine ? les brebis à mon maître. Et qui a payé la dépense? ça se paye en amitié, ici. Ce n'est pas vous, bourgeois, qui avez des habits comme ça. Je ne changerais pas ma veste de bureau pour votre queue de pie en drap noir,

— Je m'arrangerais bien de la fileuse, répondit Galuchet en regardant Gilberte.

— Toi? dit le charpentier en appliquant avec gaieté sur l'épaule de Galuchet une tape à écraser un bœuf; toi! tu aurais des fileuses comme ça? Ma mie Janille est encore trop jeune pour toi, mon garçon; et, quant à l'autre, je la tuerais si elle filait pour toi seulement un brin de laine long comme ton nez. »

Galuchet fut fort blessé de cette allusion à son nez camus, et, se frottant l'épaule:

« Dites donc, paysan, répondit-il, vous avez des manières *trop touchantes;* plaisantez avec vos pareils, je ne vous parle pas.

— Comment appelez-vous ce particulier-là? dit Jean à M. Antoine; je ne peux pas me rappeler son diable de nom!

— Allons! allons! Jean, tu es un peu en train, mon vieux! dit M. Antoine, ne te mets pas à taquiner M. Galuchet; c'est un honnête jeune homme, et, de plus, c'est mon hôte.

— C'est bien dit, mon maître! Allons, faisons la paix, monsieur Maljuché. Voulez-vous une prise de tabac?

— Je n'en use pas, répondit Galuchet avec hauteur. Si M. Antoine veut bien me le permettre, je quitterai la table.

— A votre aise, jeune homme, à votre aise, dit le châtelain; M. Émile n'est pas non plus ami des longues séances, et vous pouvez courir un peu. Janille vous fera voir le château, ou si vous aimez mieux descendre à la rivière, préparez vos lignes; nous irons vous rejoindre tout à l'heure, et nous vous conduirons où vous trouverez bonne prise.

— Ah! c'est vrai! dit le charpentier, c'est un preneur d'ablettes! Il ne fait que ça tous les soirs à Gargilesse, et quand on lui parle, il fait la grimace parce que ça dérange son poisson. Allons, nous irons tout à l'heure lui faire prendre quelque chose de mieux que son fretin. Écoutez, monsieur Maljuché, si je ne vous fais pas emporter un saumon pour votre souper, je veux changer mon nom pour le vôtre. Vous n'avez pas besoin de tant vous presser. La barque doit être en bon état, car je lui ai mis une pièce au ventre il n'y a pas longtemps. Nous trouverons bien par là quelque vieux harpon, et la Pierre au Diable, où le saumon a coutume de faire un somme au soleil, n'est pas loin d'ici. Mais il y a du danger par là, et vous n'iriez pas seul.

— Nous irons tous, dit Gilberte, si Jean mène la barque : c'est une pêche très-amusante et un endroit superbe.

— Oh! si vous venez, mademoiselle Gilberte, j'attendrai votre bon plaisir, répondit Galuchet.

— Tiens! ne dirait-on pas qu'elle y va pour toi, grattepapier? Ce gars-là est effronté comme tout. Sont-ils tous comme ça dans ton pays? Oh! ne prends pas un air fâché et ne me regarde pas par-dessus ton épaule, vois-tu; car ça ne m'effarouche guère. Si tu veux être bon enfant, je le serai aussi; mais si parce que tu es habillé de noir comme un notaire, tu crois pouvoir te lever de table quand j'y reste, tu te trompes beaucoup. Assis, assis! Maljuché, tu n'ai pas fini de boire, et tu vas trinquer avec moi.

— J'en ai assez, dit Galuchet en résistant; je vous dis que j'en ai assez! »

Mais le charpentier l'aurait brisé comme une latte, plutôt que de lâcher prise, il le força de retomber sur le banc et d'avaler encore plusieurs rasades, Galuchet tâchant de faire contre fortune bon cœur, et M. Antoine le protégeant assez mal contre les malices de son compère, quoiqu'il ne partageât point l'antipathie que sa figure et ses manières causaient au reste de la famille.

Émile avait suivi peu à peu Gilberte et Janille dans le préau, et, malgré la jalouse surveillance de la petite vieille, il avait réussi à dire à son amante qu'il avait obéi à ses ordres avec zèle, et qu'il voyait son père assez bien disposé pour pouvoir tenter quelque ouverture la semaine suivante. Mais Gilberte trouva que ce serait trop hasarder, et l'engagea à persévérer dans cette vie sédentaire et laborieuse. Le courage leur parut facile à tous deux. Maintenant qu'Émile était sûr d'être aimé, il se sentait si heureux, qu'il ne croyait pas pouvoir de longtemps être exigeant envers la fortune. Il y avait au fond de son âme un calme divin. Le regard clair et profond de Gilberte lui disait désormais tant de choses!

Il y a, dans l'aurore du bonheur des amants, un moment d'extase tranquille, où l'observateur le plus pénétrant aurait bien de la peine à saisir leur secret à la surface. Le désir de se parler et de se voir à toute heure semble disparaître avec l'inquiétude de s'entendre. Quand leurs âmes sont liées par un aveu mutuel, les témoins, pas plus que l'absence, ne peuvent les gêner et les séparer réellement. Aussi la clairvoyante Janille fut-elle abusée par leur enjouement paisible et cette prudence qu'on n'a point quand on souffre ou quand on doute. Le trouble que Janille avait maintes fois remarqué chez le jeune Cardonnet, la subite rougeur de Gilberte à certaines paroles dont elle seule avait saisi le sens, sa tristesse et son agitation mal déguisées lorsqu'il tardait à venir, tout cela avait disparu depuis le voyage à Crozant, et Janille s'émerveillait qu'une circonstance dont elle avait craint les résultats n'eût apporté qu'un changement favorable.

« Je m'étais donc trompée, se disait-elle; ma fille ne songe point trop à lui; et lui, s'il y songe, il saura se taire et s'éloigner peu à peu, plutôt que de compromettre notre repos. Allons, il se conduit bien, et ce serait dommage de lui faire de la peine, puisqu'il m'a comprise à demi-mot et s'exécute de lui-même. »

Si Jean Jappeloup eût été complice d'Émile pour le venger des prétentions de Galuchet, il n'eût pas mieux agi ; car, pendant plus d'une heure, tandis que les deux amants erraient avec Janille aux alentours du pavillon, il employa tantôt la câlinerie moqueuse, tantôt la force ouverte pour le retenir à table, et le faire boire, bon gré, mal gré. Galuchet perdit bientôt, dans cette épreuve au-dessus de ses forces, le peu de bon sens que lui avait départi la nature. Il était fort scandalisé d'abord des habitudes du châtelain, et méprisait profondément celui qu'il eût volontiers appelé son compagnon de débauche. Bref, Galuchet, qui n'avait aucune élévation dans les sentiments ou dans les idées et qui ne valait pas un cheveu de ces deux rudes compagnons, se croyait encanaillé, et se promettait de faire valoir auprès de son maître la tâche pénible qu'il avait acceptée. Mais à mesure qu'il trinquait, sa raison s'égarait tout à fait, et ses sentiments grossiers prenant le dessus sur sa vanité secrète, il se mit à rire, à frapper la table, à parler haut, à se targuer de mille prouesses et à avoir si mauvais ton, que Jappeloup, dont l'âme était aussi délicate que ses manières étaient brusques, le prit en pitié, et lui fit une morale sévère d'un air tout à coup sérieux et froid.

« Mon garçon, lui dit-il, vous ne savez pas boire; vous êtes laid quand vous riez, et vous êtes bête quand vous voulez faire de l'esprit. Si j'ai un conseil à donner à M. Antoine, c'est de vous faire déjeuner avec un verre d'eau quand vous viendrez chez lui, car autrement vous tiendriez devant sa fille des propos qui me forceraient à vous mettre dehors. Vous avez cru, en nous voyant ici tous gais et sans façon les uns envers les autres, que nous étions des gens grossiers et qu'il fallait le devenir pour se mettre à notre niveau. Vous vous êtes trompé. Quiconque n'a rien de mauvais dans le cœur ni de malpropre dans l'esprit, peut se laisser aller; et, quand même je serais ivre à ne point me tenir debout, je ne craindrais pas qu'on me fit rougir le lendemain avec mes paroles. Il paraît qu'il n'en est pas de même pour vous; c'est pourquoi vous faites bien de vous habiller de noir des pieds à la tête pour faire croire à ceux qui ne vous connaissent pas que vous êtes un monsieur : car s'il y a un paysan ici, ce n'est pas moi, c'est vous. »

Antoine tâcha d'adoucir la mercuriale, et Galuchet tâcha de se fâcher. Jean haussa les épaules et quitta la table pour n'avoir pas à lui donner une leçon mieux appropriée à l'état de son intelligence.

Lorsqu'ils sortirent du pavillon, Galuchet marchait encore droit; mais il avait la tête si lourde et si échauffée, qu'il n'osait plus prononcer un mot devant Gilberte, de peur de dire une chose pour l'autre.

« Eh bien, dit Gilberte à Jappeloup, allons-nous à la Pierre au Diable? Il y a plus d'un an que je n'y ai été : Janille ne veut pas que mon père m'y conduise, parce qu'elle dit que c'est trop dangereux et qu'il ne faut pas là de distraction ; mais elle m'y laissera aller avec toi, mon bon Jean ! Voyons, te sens-tu encore la main assez ferme et l'œil assez sûr?

— Moi, moi? dit Jappeloup, je me sens aussi bon pour cette besogne-là que si j'avais encore vingt-cinq ans.

— Et vous n'êtes pas aviné? dit Janille en prenant la manche de Jean, et en se dressant sur la pointe des pieds pour lui regarder dans les yeux.

— Regardez, regardez à votre aise! dit-il. Si vous voulez faire ce que je vais faire, je déclare que je suis gris! » Et il plaça sur sa tête une cruche d'eau que Janille tenait à la main; puis se mit à courir sans la renverser.

« C'est bien, dit Janille, j'en ferais autant si je voulais, mais c'est fort inutile, et je suis sûre de vous : je vous confie ma fille. Pour moi, je n'ai pas le temps de vous suivre : et vous, monsieur Émile, vous veillerez un peu sur le père, car il est capable de vouloir mettre pied à terre au beau milieu de l'eau, s'il est en train de rire ou de causer.

— Et qui veillera sur le Maljuché? dit Jappeloup en montrant Galuchet qui partait en avant avec M. Antoine. Je ne m'en charge pas.

— Ni moi! dit Gilberte.

— Soyez en repos, dit Émile, je me charge de le faire tenir tranquille.

— Il n'est pas sûr que vous en veniez à bout, reprit Jean : s'il n'est pas ivre, il n'en vaut guère mieux. On ne peut pas dire qu'il soit tout à fait *riche*, mais il est *à son aise*. Il aurait plus besoin d'un lit que d'une barque.

— Vous verrez comment il descend la montagne, dit Janille, et, s'il menace de vous faire chavirer, laissez-le sur les cailloux, à la rive. »

Galuchet se trouva installé dans la barque avec M. de Châteaubrun, quand les autres y arrivèrent. Il était rouge et silencieux. Mais quand on fut au milieu de l'eau, ce courant rapide lui donna le vertige, et il commença à se pencher si fort de côté et d'autre, que Jappeloup, impatienté, prit une corde et lui attacha solidement le corps sur le banc sur lequel il était étendu. Il s'endormit dans cette position.

« Vous avez là un aimable secrétaire, dit Gilberte à Émile. J'espère, cher papa, que tu ne l'inviteras plus à déjeuner.

— Eh! mon Dieu, ce n'est pas sa faute, répondit M Antoine : c'est celle de Jean, qui l'a fait boire plus qu'il ne voulait.

— Qu'est-ce qu'un homme qui ne sait pas boire sans se griser? dit Jean; c'est moins que rien. »

La barque descendit rapidement jusqu'à un endroit où les rochers se rapprochent tellement, que le passage ne serait plus possible sans un danger immense. Jean était un des hommes les plus vigoureux du pays. L'audace de son caractère et la force de sa volonté décuplaient sa force physique. Il avait coutume de s'enflammer pour les moindres entreprises avec autant de passion que s'il se fût agi de la conquête du monde ; et, malgré ce transport juvénile, il avait une admirable présence d'esprit. Il dirigea la barque dans le milieu du courant, et, au moment de s'engager dans la passe étroite, il mit l'esquif en travers, et le préserva du choc avec la moitié de son corps penché sur les rochers, qu'il saisit dans ses bras. Émile, qui le secondait bravement, prit sa place alternativement avec lui, la barque restant immobile, on s'arma du harpon et on attendit en silence le passage de la proie. On sait que le poisson cherche toujours à remonter le courant, de sorte qu'il venait droit vers la barque, mais n'approchait pas toujours, effrayé de ce barrage inaccoutumé, et revenait bientôt pour s'enfuir encore. Le guetteur était penché en avant, les bras étendus le plus qu'il pouvait. M. Antoine et Gilberte, agenouillés derrière lui, veillaient à ce que le mouvement qu'il ferait en lançant le harpon ne fît pas clavirer la barque et ne l'entraînât pas lui-même. Gilberte, lorsque c'était le tour du charpentier, s'attachait à ses habits, dans la crainte qu'il ne tombât dans l'eau ; et, quand ce fut celui d'Émile, elle recommanda vivement à son père de le retenir de toute sa force. Mais bientôt, ne se fiant à personne, elle saisit la blouse elle-même, et il se sentit effleuré plus d'une fois par ses beaux bras prêts à l'enlacer en cas d'accident.

Dans cette situation, assez périlleuse pour tous, l'attention de Jean et d'Antoine était entièrement absorbée par l'émotion de la pêche, et cette même émotion servait de prétexte aux deux amants pour échanger des regards et des paroles que Galuchet, quoique à demi éveillé, n'était certes pas en état de commenter. Qu'eût pensé M. Cardonnet, s'il eût vu comme son agent gagnait bien sa gratification!

Enfin, un saumon fut amené aux cris frénétiques de Jean Jappeloup, et Galuchet, un peu ranimé par la vue de cette capture, essaya de se mêler de la pêche. Mais sa gaucherie et son obstination firent tout manquer, et Jean, hors de lui, retourna la barque en disant :

« Quand vous voudrez pêcher le saumon, vous irez avec un autre que moi. Ce ne sont pas des goujons de cette taille qu'il vous faut, et si nous restions là plus longtemps, je vous casserais la tête avec le manche de mon croc.

— Dieu me préserve de retourner avec un malappris de votre espèce ! répondit Galuchet en s'asseyant sur le bord de la barque.

— Ne vous mettez pas là, reprit le charpentier, vous me gênez, et vous feriez beaucoup mieux de m'aider à remonter ce courant qui est dur comme le fer. Voilà M. Émile qui travaille comme un bon compagnon, et vous, gros et fort comme vous êtes, vous nous regardez suer en vous croisant les bras.

— Ma foi, tant pis pour vous, répondit Galuchet ; vous m'avez fait boire, je ne suis bon à rien.

— Oui, mais vous êtes lourd, et puisque vous ne travaillez pas, vous irez à terre. Au rivage, au rivage, mon petit Émile! mettons à terre les paquets embarrassants! »

Ils cinglèrent vers la rive ; mais Galuchet trouva le procédé offensant, et refusa d'aborder en jurant de la manière la plus cynique.

« Mille démons! s'écria Jappeloup tout à fait en colère, tu m'as fait manquer une truite superbe, mais tu ne me feras pas échiner à ton service ! »

Et il le poussa hors de la barque ; mais, en faisant résistance, Galuchet glissa entre la barque et le rivage, et tomba dans l'eau jusqu'à la ceinture.

« Ma foi, bien fait, dit Jappeloup : cela mettra de l'eau dans ton vin. »

Et il éloigna rapidement la barque, que Galuchet, transporté de fureur, essayait de faire chavirer.

« Ah ! le méchant garçon! s'écriait le charpentier ; convenez que s'il y a de bonnes bêtes, il y en a aussi de bien mauvaises! Laissez-le barboter, dit-il à ses compagnons, qui craignaient que le pauvre Galuchet, à cause de son état d'ivresse, ne vînt à se noyer, quoique l'endroit ne fût pas dangereux. S'il enfonce trop, je lui planterai mon crochet dans la ceinture et je le repêcherai comme un saumon. Mais bah ! si c'était quelque chose de bon, on pourrait s'inquiéter, au lieu que ce qui n'est bon à rien, les animaux morts et les bouteilles vides, surnage toujours. »

Au bout de quelques instants, Galuchet sauta sur l'herbe et disparut en montrant le poing.

Ce ridicule incident attrista beaucoup Gilberte. Pour la première fois elle voyait un grave inconvénient de la trop grande bonhomie de son père. Ces manières rustiques et simples de ceux qui l'entouraient, et qui étaient l'expression de la candeur et de la bonté, commençaient à l'effrayer, comme ne lui assurant pas une protection assez éclairée ni assez délicate pour son âge et pour son sexe.

« Je suis une pauvre fille de campagne, se disait-elle, et je sais fort bien vivre avec les paysans ; mais c'est à la condition que certains demi-bourgeois mal élevés ne viendront pas se mettre de la partie : car alors les paysans deviennent un peu trop sauvages dans leur colère, et la vie que je mène ne me met pas à l'abri des vengeances de la lâcheté. »

Elle songeait alors à Émile comme à un appui que le ciel lui destinait ; mais alors elle se demandait dans quel milieu il était forcé de vivre lui-même, et l'idée que M. Cardonnet employait des gens de l'espèce de Galuchet lui causait une sorte de terreur vague sur son caractère et ses habitudes.

Lorsque Jean Jappeloup revint le soir à Gargilesse, il trouva Galuchet étendu comme mort au milieu de son chemin. Le pauvre diable, un instant dégrisé par le bain qu'il [avait] pris, était entré dans un cabaret pour se sécher, et comme il avait peur pour sa santé, il s'était laissé persuader de prendre un verre d'eau-de-vie qui l'avait achevé. Il revenait littéralement à quatre pattes. Jean avait eu le temps d'oublier sa colère, et d'ailleurs il n'était pas homme à laisser un de ses semblables exposé à se faire écraser par les pieds des chevaux. Il le releva, supporta patiemment ses menaces et ses injures, et le ramena, le portant plus qu'à demi, jusqu'à l'usine, où Galuchet, qui ne le reconnaissait pas, rentra en jurant qu'il se vengerait du scélérat qui avait voulu le noyer.

XXIV.

M GALUCHET.

Mais, après avoir dormi douze heures, Galuchet n'avait plus qu'un souvenir fort confus des événements de la veille, et, lorsque M. Cardonnet le fit appeler, il ne lui restait qu'un vague ressentiment contre le charpentier. D'ailleurs il n'avait guère envie de se vanter d'avoir fait un si sot personnage en débutant dans sa carrière diplomatique, et il rejeta son lourd tardif et son air apaisant sur une violente migraine. « Je n'ai fait que tâter le terrain, répondit-il aux questions de son maître. J'étais si souffrant que je n'ai pas pu observer grand'chose. Je puis vous assurer seulement qu'on a dans cette maison des façons fort communes, qu'on y vit de pair à compagnon avec des manants, et que la table y est fort pauvrement servie.

— Vous ne m'apprenez là rien de nouveau, dit M. Cardonnet ; il est impossible que vous ayez passé toute la journée à Châteaubrun, sans avoir remarqué quelque chose de plus particulier. A quelle heure mon fils est-il arrivé, et à quelle heure est-il parti ?

— Je ne saurais dire précisément quelle heure il était... Leur vieille pendule va si mal !

— Ce n'est pas là une réponse. Combien d'heures est-il resté ? Voyons, je ne vous demande pas rigoureusement les fractions.

— Tout cela a duré cinq ou six heures, Monsieur ; je me suis fort ennuyé. M. Émile avait l'air peu flatté de me voir, et, quant à la jeune fille, c'est une franche bégueule. Il fait une chaleur assommante sur cette montagne, et on ne peut pas dire deux mots sans être interrompu par ce paysan.

— Il y paraît, car vous ne dites pas deux mots de suite ce matin, Galuchet : de quel paysan parlez-vous ?

— De ce charpentier, Jappeloup, un drôle, un animal qui tutoie tout le monde, et qui appelle monsieur *le père Cardonnet*, comme s'il parlait de son semblable.

— Cela m'est fort égal ; mais que lui disait mon fils ?

— M. Émile rit de ses sottises, et mademoiselle Gilberte le trouve charmant.

— Et n'avez-vous pas remarqué quelque *aparté* entre elle et mon fils ?

— Non pas, Monsieur, précisément. La vieille, qui est certainement sa mère, car elle l'appelle *ma fille*, ne la quitte guère, et il ne doit pas être facile de lui faire la cour, d'autant plus qu'elle est très-hautaine et se donne des airs de princesse. Ça lui va bien, ma foi, avec la toilette qu'elle a, et pas le sou ! On me l'offrirait, que je n'en voudrais pas !

— N'importe, Galuchet, il faut lui faire la cour.

— Pour me moquer d'elle, à la bonne heure, je veux bien !

— Et puis, pour gagner une gratification que vous n'aurez point, si vous ne me faites pas la prochaine fois un rapport plus clair et mieux circonstancié ; car vous battez la campagne aujourd'hui. »

Galuchet baissa la tête sur son livre de comptes, et lutta tout le jour contre le malaise qui suit un excès.

Émile passa encore toute la semaine plongé dans l'hydrostatique ; il ne se permit pas d'autre distraction que de chercher Jean Jappeloup dans la soirée pour causer avec lui, et, comme il cherchait toujours à ramener la conversation sur Gilberte : « Écoutez, monsieur Émile, lui dit tout à coup le charpentier, vous n'êtes jamais las de ce chapitre-là, je le vois bien. Savez-vous que la mère Janille vous croit amoureux de son enfant ?

— Quelle idée ! répondit le jeune homme, troublé par cette brusque interpellation.

— C'est une idée comme une autre. Et pourquoi n'en seriez-vous pas amoureux ?

— Sans doute, pourquoi n'en serais-je pas amoureux ? répondit Émile de plus en plus embarrassé. Mais est-ce vous, ami Jean, qui voudriez parler légèrement d'une pareille possibilité ?

— C'est plutôt vous, mon garçon, car vous répondez comme si nous plaisantions. Allons, voulez-vous me dire la vérité ? dites-la, ou je ne vous en parle plus.

— Jean, si j'étais amoureux, en effet, d'une personne que je respecte autant que ma propre mère, mon meilleur ami n'en saurait rien.

— Je sais fort bien que je ne suis pas votre meilleur ami, et pourtant je voudrais le savoir, moi.

— Expliquez-vous, Jean.

— Expliquez-vous vous-même, je vous attends.

— Vous attendrez donc longtemps ; car je n'ai rien à répondre à une pareille question, malgré toute l'estime et l'affection que je vous porte.

— S'il en est ainsi, il faudra donc que vous disiez, un de ces jours, adieu tout à fait aux gens de Châteaubrun ; car ma mie Janille n'est pas femme à s'endormir longtemps sur le danger.

— Ce mot me blesse ; je ne croyais pas qu'on pût m'accuser de faire courir un danger quelconque à une personne dont la réputation et la dignité me sont aussi sacrées qu'à ses parents et à ses plus proches amis.

— C'est bien parler, mais cela ne répond pas tout droit à mes questions. Voulez-vous que je vous dise une chose ? c'est qu'au commencement de la semaine dernière, j'ai été à Châteaubrun pour emprunter à Antoine un outil dont j'avais besoin. J'y ai trouvé ma mie Janille ; elle était toute seule, et vous attendait. Vous n'y êtes pas venu, et elle m'a tout conté. Or, mon garçon, si elle vous a pas fait mauvaise mine dimanche, et si elle vous permet de revenir de temps en temps voir sa fille, c'est à moi que vous le devez.

— Comment cela, mon brave Jean ?

— C'est qu'elle a plus de confiance en vous que vous n'en avez en moi. J'ai dit à ma mie Janille que si vous étiez amoureux de Gilberte, vous l'épouseriez, et que je répondais de vous sur le salut de mon âme.

— Et vous avez eu raison, Jean, s'écria Émile en saisissant le bras du charpentier : jamais vous n'avez dit une plus grande vérité.

— Oui ! mais reste à savoir si vous êtes amoureux, et c'est ce que vous ne voulez pas dire.

— C'est que je peux dire à vous seul, puisque vous m'interrogez ainsi. Oui, Jean, je l'aime, je l'aime plus que ma vie et je veux l'épouser.

— J'y consens, répondit Jean avec un accent de gaîté enthousiaste, et, quant à moi, je vous marie ensemble... Un instant ! un instant ! si Gilberte y consent aussi.

— Et si elle te demandait conseil, brave Jean, toi, son ami et son second père ?

— Je lui dirais qu'elle ne peut pas mieux choisir,

que vous me convenez et que je veux vous servir de témoin.

— Eh bien, maintenant, ami, il n'y a plus qu'à obtenir le consentement des parents.

— Oh! je vous réponds d'Antoine, si je m'en mêle. Il a de la fierté; il craindra que votre père n'hésite, mais je sais ce que j'ai à lui dire là-dessus.

— Quoi donc, que lui direz-vous?

— Ce que vous ne savez pas, ce que je sais à moi tout seul; je n'ai pas besoin d'en parler encore, car le temps n'est pas venu, et vous ne pouvez pas penser à vous marier avant un an ou deux.

— Jean, confiez-moi ce secret comme je vous ai confié le mien. Je ne vois qu'un obstacle à ce mariage : c'est la volonté de mon père. Je suis résolu à le vaincre, mais je ne me dissimule pas qu'il est grand.

— Eh bien, puisque tu as été si confiant et si franc avec le vieux Jean, le vieux Jean agira de même à ton égard. Écoute, petit : avant peu, ton père sera ruiné, et n'aura plus sujet de faire le fier avec la famille de Châteaubrun.

— Si tu disais vrai, ami, malgré le chagrin que mon père devrait en ressentir, je bénirais ta singulière prophétie; car il y a bien d'autres motifs qui me font redouter cette fortune.

— Je le sais, je connais ton cœur, et je vois que tu voudrais enrichir les autres avant toi-même. Tout s'arrangera comme tu le souhaites, je te le prédis. Je l'ai rêvé plus de dix fois.

— Si vous n'avez fait que le rêver, mon pauvre Jean...

— Attendez, attendez... Qu'est-ce que c'est que ce livre-là, que vous portez toujours sous le bras et que vous avez l'air d'étudier?

— Je te l'ai dit, un traité savant sur la force de l'eau, sur la pesanteur, sur les lois de l'équilibre...

— Je m'en souviens fort bien, vous me l'avez déjà dit; mais je vous dis, moi, que votre livre est un menteur, ou que vous l'avez mal étudié : autrement vous sauriez ce que je sais.

— Quoi donc?

— C'est que votre usine est impossible, et que votre père, s'obstinant à se battre contre une rivière qui se moque de lui, redoublera de dépenses, et s'avisera trop tard de sa folie. Voilà pourquoi vous me voyez si gai depuis quelque temps. J'ai été triste et de mauvaise humeur tant que j'ai cru à la réussite de votre entreprise; mais j'avais une espérance qui pourtant me revenait toujours et dont j'ai voulu avoir le cœur net. J'ai marché, j'ai examiné, j'ai travaillé, étudié. Oh oui! j'ai étudié! sans avoir besoin de vos livres, de vos cartes et de vos grimoires; j'ai tout vu, tout compris. Monsieur Émile, je ne suis qu'un pauvre paysan, et votre Galuchet me cracherait sur le corps s'il osait; mais je puis vous certifier une chose dont vous ne vous doutez guère : c'est que votre père n'entend rien à ce qu'il fait, qu'il a pris de mauvais conseils, et que vous n'en savez pas assez long pour le redresser. L'hiver qui vient emportera vos travaux, et tous les hivers les emporteront jusqu'à ce que M. Cardonnet ait jeté son dernier écu dans l'eau. Souvenez-vous de ce que je vous dis, et n'essayez pas de le persuader à votre père. Ce serait une raison de plus pour qu'il s'obstinât à se perdre, et nous n'avons pas besoin de cela pour qu'il le fasse; mais vous serez ruiné, mon fils, et si ce n'est ici entièrement, ce sera ailleurs, car je tiens la cervelle de votre papa dans le creux de ma main. C'est une tête forte, j'en conviens, mais c'est une tête de fou. C'est un homme qui s'enflamme pour ses projets à tel point qu'il les croit infaillibles, et, quand on est bâti de cette façon-là, on ne réussit à rien. J'ai d'abord cru qu'il jouait son jeu, mais, à présent, je vois bien que la partie devient trop sérieuse, puisqu'il recommence tout ce que la dernière dribe a détruit. Il avait eu jusque-là trop bonne chance : raison de plus; les bonnes chances rendent impérieux et présomptueux. C'est l'histoire de Napoléon, que j'ai vu monter et descendre, comme un charpentier qui grimpe sur le faîte de la maison sans avoir regardé si les fondations sont bonnes. Quelque bon char-

pentier qu'il soit, quelque chef-d'œuvre qu'il établisse, si le mur fléchit, adieu tout l'ouvrage! »

Jean parlait avec une telle conviction, et ses yeux noirs brillaient si fort sous ses épais sourcils grisonnants, qu'Émile ne put se défendre d'être ému. Il le supplia de lui exposer les motifs qui le faisaient parler ainsi, et longtemps le charpentier s'y refusa. Enfin, vaincu par son insistance, et un peu irrité par ses doutes, il lui donna rendez-vous pour le dimanche suivant.

« Vous irez à Châteaubrun samedi ou lundi, lui dit-il; mais, dimanche, nous partirons à la pointe du jour, et nous remonterons le cours de l'eau jusqu'à certains endroits que je vous montrerai. Emportez tous vos livres et tous vos instruments, si bon vous semble. S'ils ne me donnent pas raison, peu m'importe : c'est la science qui aura menti. Mais ne vous attendez pas à faire ce voyage-là à cheval ou en voiture, et si vous n'avez pas de bonnes jambes, ne comptez pas le faire du tout. »

Le samedi suivant, Émile courut à Châteaubrun, et, comme de coutume, il commença par Boisguilbault, n'osant arriver de trop bonne heure chez Gilberte.

Comme il approchait des ruines, il vit un point noir au bas de la montagne, et ce point devint bientôt Constant Galuchet, en habit noir, pantalon et gants noirs, cravate et gilet de satin noir. C'était sa toilette de campagne, hiver comme été; et, quelque chaleur qu'il eût à supporter, quelque fatigue à laquelle il s'exposât, il ne sortait jamais du village sans cette tenue de rigueur. Il eût craint de ressembler à un paysan, si, comme Émile, il eût endossé une blouse et porté un chapeau gris à larges bords.

Si le costume bourgeois de notre époque est le plus triste, le plus incommode et le plus disgracieux que la mode ait jamais inventé, c'est surtout au milieu des champs que tous ses inconvénients et toutes ses laideurs ressortent. Aux environs des grandes villes, on en est moins choqué, parce que la campagne elle-même y est arrangée, alignée, plantée, bâtie et murée dans un goût systématique, qui ôte à la nature tout son imprévu et toute sa grâce. On peut quelquefois admirer la richesse et la symétrie de ces terres soumises à toutes les recherches de la civilisation; mais aimer une telle campagne, c'est fort difficile à concevoir. La vraie campagne n'est pas là, elle est au sein des pays un peu négligés et un peu sauvages, là où la culture n'a pas en vue des embellissements mesquins et des limites jalouses, là où les terres se confondent, et où la propriété n'est marquée que par une pierre ou un buisson placés sous la sauvegarde de la bonne foi rustique. C'est là que les chemins destinés seulement aux piétons, aux cavaliers ou aux charrettes offrent mille accidents pittoresques; où les haies abandonnées à leur vigueur naturelle se penchent en guirlandes, se courbent en berceaux, et se parent de ces plantes incultes qu'on arrache avec soin dans les pays de luxe. Émile se souvenait d'avoir marché pendant plusieurs lieues autour de Paris sans avoir eu le plaisir de rencontrer une ortie, et il sentait vivement le charme de cette nature agreste où il se trouvait maintenant. La pauvreté ne s'y cachait pas honteuse et souillée sous les pieds de la richesse. Elle s'y étalait au contraire souriante et libre sur un sol qui portait fièrement ses emblèmes, les fleurs sauvages et les herbes vagabondes, l'humble mousse et la fraise des bois, le cresson au bord d'une eau sans lit, et le lierre sur un rocher, qui, depuis des siècles, obstruait le sentier sans éveiller les soucis de la police. Enfin, il aimait ces branches qui traversent le chemin et que le passant respecte, ces fondrières où murmure la grenouille verte, comme pour avertir le voyageur, sentinelle plus vigilante que celle qui défend le palais des rois; ces vieux murs qui s'écroulent au bord des enclos et que personne ne songe à relever, ces fortes racines qui soulèvent les terres et creusent des grottes au pied des arbres antiques; tout cet abandon qui fait la nature naïve, et qui s'harmonise si bien avec le type sévère et le costume simple et grave du paysan.

Mais qu'au milieu de ce cadre austère et grandiose, qui transporte l'imagination aux temps de la poésie primitive, apparaisse cette mouche parasite, le *monsieur* aux habits noirs, au menton rasé, aux mains gantées, aux jambes maladroites, et ce roi de la société n'est plus qu'un accident ridicule, une tache importune dans le tableau. Que viennent-ils faire à la lumière du soleil, vos vêtements de deuil, dont les épines semblent se rire comme d'une proie? Votre costume gênant et disparate inspire alors la pitié plus que les haillons du pauvre; on sent que vous êtes déplacé au grand air et que votre livrée vous écrase.

Jamais cette remarque ne s'était présentée aussi vivement à la pensée d'Émile que lorsque Galuchet lui apparut, le chapeau à la main, gravissant la colline avec un mouvement pénible qui faisait flotter ridiculement les basques de son habit, et s'arrêtant pour épousseter avec son mouchoir les traces de chutes fréquentes. Émile eut envie de rire, et puis, il se demanda avec colère ce que la mouche parasite venait faire autour de la ruche sacrée.

Émile mit son cheval au galop, passa près de Galuchet sans avoir l'air de le reconnaître, et, arrivant le premier à Châteaubrun, il l'annonça à Gilberte comme une inévitable calamité.

« Ah! mon père, dit la jeune fille, ne recevez pas cet homme si mal élevé et si déplaisant, je vous en supplie! ne nous laissez pas gâter notre Châteaubrun, et notre intérieur, notre laisser-aller si doux, par la présence de cet étranger, qui ne peut et qui ne doit jamais sympathiser avec nous.

— Et que veux-tu donc que j'en fasse? répondit M. de Châteaubrun embarrassé. Je l'ai invité à venir quand il voudrait; je ne pouvais prévoir que toi, qui es si tolérante et si généreuse, tu prendrais en grippe un pauvre hère, à cause de son peu d'usage et de sa triste figure. Moi, ces gens-là me font peine; je vois que chacun les repousse et qu'ils s'ennuient d'être au monde!

— Ne croyez pas cela, dit Émile. Ils s'y trouvent fort bien, au contraire, et s'imaginent plaire à tous.

— En ce cas, pourquoi leur ôter une illusion, sans laquelle il leur faudrait mourir de chagrin? Moi, je n'ai pas ce courage, et je ne crois pas que ma bonne Gilberte me conseille de l'avoir.

— Mon trop bon père! dit Gilberte en soupirant, je voudrais l'avoir aussi, cette bonté, et je crois l'avoir en général; mais cet être suffisant et satisfait de lui-même, qui semble m'insulter quand il me regarde, et qui m'appelle par mon nom de baptême le premier jour où il me parle! non, je ne puis le supporter, et je sens qu'il me fait mal parce que sa vue me porte au dédain et à l'ironie, contrairement à mes instincts et à mes habitudes de caractère.

— Il est certain que M. Galuchet se familiarisera beaucoup avec mademoiselle, dit Émile à M. Antoine, et que vous serez forcé plus d'une fois de le rappeler au respect qu'il lui doit. S'il arrive qu'il vous oblige de le chasser, vous regretterez de l'avoir accueilli avec trop de confiance. Ne vaudrait-il pas mieux lui faire entendre aujourd'hui par un accueil un peu froid que vous n'avez pas oublié la manière grossière dont il s'est comporté à sa première visite?

— Ce que je vois de mieux pour arranger l'affaire, dit M. de Châteaubrun, c'est que vous allez vous promener dans le verger avec Janille; moi, j'emmènerai le Galuchet à la pêche, et vous en serez débarrassés. »

Cette proposition ne plaisait pas beaucoup à Émile. Lorsqu'il était sous la surveillance de M. de Châteaubrun, il pouvait se croire presque tête-à-tête avec Gilberte, au lieu que Janille était un tiers autrement actif et clairvoyant. Et puis Gilberte pensait qu'il y avait de l'égoïsme à laisser son père subir seul le fardeau d'une telle visite. « Non, dit-elle en l'embrassant, nous resterons pour te faire enrager; car si nous tournons le dos, tu vas redevenir si doux et si bon, que ce monsieur se croira, une fois pour toutes, le très-bien venu. Oh! je te connais, père! tu ne pourras pas l'empêcher de te le dire et de le retenir à table, et il boira encore! Il est donc bon que je reste ici pour le forcer à s'observer.

— D'ailleurs je m'en charge, dit Janille, qui avait écouté jusque-là sans dire son avis, et qui haïssait Galuchet, depuis le jour où il avait marchandé avec elle pour une pièce de dix sous qu'elle lui avait demandée après lui avoir montré les ruines. J'aime beaucoup que monsieur boive son vin avec ses amis et les gens qui lui font plaisir; mais je ne suis pas d'avis de le gaspiller avec des pique-assiettes, et je vais baptiser d'importance celui de M. Galuchet. Ah! mais, Monsieur, tant pis pour vous, qui n'aimez point l'eau, cela vous forcera de ne pas rester longtemps à table.

— Mais, Janille, c'est une tyrannie, dit M. Antoine, tu vas me mettre à l'eau maintenant? tu veux donc ma mort?

— Non, Monsieur, vous n'en aurez le teint que plus frais, et tant pis pour ce petit monsieur s'il fait la grimace! »

Janille tint parole, mais Galuchet était trop troublé pour s'en apercevoir. Il se sentait de plus en plus mal à l'aise devant Émile, dont les yeux et le sourire semblaient toujours l'interroger sévèrement, et, lorsqu'il voulait payer d'audace en faisant l'agréable auprès de Gilberte, il était si mal reçu, qu'il ne savait plus que devenir. Il avait résolu de s'observer à l'endroit du clairet de Châteaubrun, et il fut fort satisfait, lorsque, après le premier verre, son hôte n'insista plus pour lui en faire avaler un second. M. Antoine, en lui donnant l'exemple de la première rasade, comme c'était son devoir d'hôte campagnard, étouffa un soupir, et lança à Janille un regard de reproche pour la libéralité qui avait présidé à la ration d'eau. Charasson, qui était dans la confidence de la vieille, partit d'un gros rire, et fut vertement réprimandé par son maître, qui le condamna à avaler à son souper le reste du breuvage inoffensif.

Quand Galuchet se fut convaincu qu'il était insupportable à Gilberte et à Émile, il résolut d'avancer ses affaires auprès de M. Cardonnet, en risquant la demande en mariage. Il emmena M. Antoine à l'écart, et, certain d'être refusé, lui offrit son cœur, sa main et ses vingt mille francs pour sa fille. M. Galuchet crut ne rien risquer en doublant le capital fictif de sa dot.

Cette petite parole, jointe à un emploi qui procurait à Galuchet un revenu de douze cents francs, causa quelque surprise à M. Antoine. C'était là un très-bon parti pour Gilberte, et elle ne pouvait espérer mieux, en fait de richesse; car enfin, il était impossible au bon campagnard de lui fournir une dot quelconque, se dépouillât-il entièrement. Personne au monde n'était plus désintéressé que ce brave homme; il en avait donné assez de preuves, sa vie durant. Mais il ne pensait pas sans quelque amertume que sa fille chérie, faute de rencontrer un homme qui l'aimât pour elle-même, serait probablement condamnée au célibat pour longtemps, peut-être pour toujours! « Quel malheur, se dit-il, que ce garçon ne soit aimable, car, à coup sûr, il est honnête et généreux : ma fille lui plaît, et il ne demande pas ce qu'elle a. Il sait sans doute qu'elle n'a rien, et il veut lui donner tout ce qu'il possède. C'est un prétendant bien intentionné, qu'il faut refuser honnêtement, avec douceur et amitié. »

Et, ne sachant comment s'y prendre, n'osant exposer Gilberte au soupçon d'être vaine de son nom, ou au ressentiment d'un cœur blessé par son aversion, il ne trouva rien de mieux que de lui faire se prononcer, et de demander du temps pour réfléchir et se consulter. Galuchet demanda aussi la permission de revenir, non pas précisément faire sa cour, mais s'informer de son sort, et il y fut autorisé, bien que le pauvre Antoine tremblât en lui faisant cette réponse.

Il le mena au bord de la rivière pour l'installer à la pêche, bien que Galuchet n'eût rien apporté pour cela, et désirât fort rester au château. Il le promena du moins au bord de la Creuse pour lui indiquer les bons endroits, et, chemin faisant, il eut la faiblesse et la bonhomie de lui demander pardon pour les taquineries et les malices de Jean. Galuchet prit la chose à merveille, rejeta tout le tort sur lui-même, en disant toutefois, pour se montrer sous un meilleur jour, qu'il avait été grisé par surprise, et que s'il n'était pas capable de porter le vin,

Oh! bonnes gens, est-il possible. (Page 108.)

c'est parce qu'il était habitué à une grande sobriété. « A la bonne heure ! dit Antoine, Janille avait craint que vous ne fussiez un peu intempérant; mais ce qui vous est arrivé prouve bien le contraire. »

Ils causèrent assez longtemps, et Galuchet s'obstinant à ne pas partir, quoiqu'il vît bien à l'inquiétude de son hôte qu'il eût voulu ne pas le ramener au château, ils y revinrent, et Galuchet prit aussi Janille à part pour lui confier ses intentions et donner à Antoine le temps de prévenir Gilberte. Il comptait bien sur le dépit qu'elle en éprouverait; car, cette fois, n'étant pas ivre, il voyait fort clairement l'air irrité d'Émile, et les sentiments de Gilberte pour le protecteur qu'elle avait choisi.

« Cette fois-ci, se disait-il, M. Cardonnet ne me reprochera pas d'avoir perdu mon temps. Mes beaux amoureux vont être dans une furieuse colère contre moi, et M. Émile ne pourra pas se tenir de me chercher noise. » Galuchet n'était pas poltron, et bien qu'il ne supposât pas Émile capable d'un duel à coups de poings, il se disait avec une certaine satisfaction qu'il était de force à lui tenir tête. Quant à une véritable partie d'honneur, cela eût été moins de son goût, parce qu'il n'entendait rien aux armes courtoises; mais il pouvait bien compter que M. Cardonnet saurait l'en préserver.

Pendant qu'il entretenait Janille, M. de Châteaubrun resta avec sa fille et Émile dans le verger et leur raconta ce qui venait de se passer entre lui et Galuchet, mais avec quelques précautions oratoires. « Eh bien, dit-il, vous l'accusez d'être un sot et un impertinent, vous allez vous repentir de votre dureté; car c'est là véritablement un digne garçon, et j'en ai la preuve. Je puis raconter cela devant Émile qui est notre ami, et même si Gilberte voulait examiner la chose sans prévention, elle pourrait lui demander des renseignements certains sur ce jeune homme... dites, Émile, en votre âme et conscience, est-ce un homme probe?

— Sans aucun doute, répondit Émile. Mon père l'emploie depuis trois ans, et serait très-fâché de le perdre.

— Est-il d'un bon caractère?

— Quoiqu'il n'en ait guère donné la preuve ici l'autre jour, je dois dire qu'il est fort tranquille, et tout à fait inoffensif à l'habitude.

— Il n'est point sujet à s'enivrer?

— Non pas que je sache.

— Eh bien, qu'a-t-on à lui reprocher?
— S'il n'avait pas pris fantaisie de devenir notre commensal, je le trouverais accompli, dit Gilberte.
— Il te déplaît donc bien? reprit M. Antoine en s'arrêtant pour la regarder en face.
— Eh non, mon père, répondit-elle, étonnée de cet air solennel. Ne prenez pas mon éloignement si fort au sérieux. Je ne hais personne; et si la société de ce jeune homme a quelque agrément pour vous, s'il vous a donné quelque raison plausible de l'estimer particulièrement, à Dieu ne plaise que je vous en prive par un caprice! Je ferai un effort sur moi-même, et j'arriverai peut-être à partager la bonne opinion que mon digne père a de lui.
— Voilà parler comme une bonne et sage fille, et je reconnais ma Gilberte. Sache donc, petite, que c'est toi, moins que personne, qui dois mépriser le caractère de ce garçon-là; que si tu n'éprouves aucun attrait pour lui, tu dois lui traiter avec politesse et le renvoyer avec bonté. Allons, me devines-tu?
— Pas le moins du monde, mon père.
— Moi, je crains de deviner, dit Émile, dont les joues se couvrirent d'une vive rougeur.
— Eh bien, reprit M. Antoine, je suppose qu'un garçon assez riche, relativement à nous, remarque une belle et bonne fille qui est fort pauvre, et que, s'éprenant à la première vue, il vienne mettre à ses pieds les plus honnêtes prétentions du monde, faut-il le chasser brutalement, et lui jeter la porte au nez en lui disant : « Non, Monsieur, vous êtes trop laid? »
Gilberte rougit autant qu'Émile, et quelque effort d'humilité qu'elle pût faire sur elle-même, elle se sentit si outragée par les prétentions de Galuchet, qu'elle ne put rien répondre, et sentit ses yeux se remplir de larmes.
« Ce misérable a indignement menti, s'écria Émile, et vous pouvez le chasser honteusement. Il n'a aucune fortune, et mon père l'a tiré de la dernière détresse. Or, il n'y a que trois ans qu'il l'emploie, et à moins que M. Galuchet n'ait fait tout à coup un héritage mystérieux...
— Non, Émilo, non, il ne m'a pas fait de mensonge; je ne suis pas si faible et si crédule que vous croyez. Je l'ai interrogé, et je sais que la source de sa petite fortune est pure et certaine. C'est votre père qui lui assure vingt mille francs pour se l'attacher à tout jamais par l'affection et la reconnaissance, au cas où il se mariera dans le pays.
— Mais, mon bon père, dit Émile d'une voix mal assurée, mon père ignore que c'est sur mademoiselle de Châteaubrun qu'il a osé lever les yeux, car il ne l'eût pas encouragé dans une semblable espérance.
— Tout au contraire, reprit M. Antoine, qui trouvait la chose fort naturelle; votre père a reçu la confidence de son goût pour Gilberte, et il l'a autorisé à se servir de son nom pour la demander en mariage. »
Gilberte devint pâle comme la mort et regarda Émile, qui baissa les yeux, stupéfait, humilié et brisé au fond de l'âme.

XXV.

L'EXPLOSION.

— Eh bien, qu'y a-t-il donc? dit Janille, qui vint les rejoindre dans une tonnelle à l'endroit du verger, où ils s'étaient assis tous trois; pourquoi Gilberte est-elle toute défaite, et pourquoi vous taisez-vous tous quand j'approche, comme si vous méditiez quelque complot? »
Gilberte se jeta dans le sein de sa gouvernante et fondit en larmes.
« Eh bien, eh bien, reprit la petite bonne femme, en voici bien d'une autre! Ma fille a de la peine, et je ne sais point de quoi il s'agit! Parlerez-vous, monsieur Antoine?
— Est-ce que ce jeune homme est parti? dit M. Antoine en regardant autour de lui avec inquiétude.
— Sans doute, car il m'a fait ses adieux, et je l'ai reconduit jusqu'à la porte, dit Janille. J'ai eu quelque peine à m'en débarrasser. Il est un peu lourd à s'expliquer, celui-là! Il aurait souhaité rester, le lui ai vu; mais je lui ai fait comprendre que de telles affaires ne se terminaient pas si vite, qu'il me fallait en conférer avec vous,

et qu'on lui écrirait, si on voulait le revoir pour un motif ou pour un autre. Mais, avant, qu'a donc ma fille? qui lui a fait du chagrin ici? Ah! mais, voici ma mie Janille pour la défendre et la consoler.
— Oh oui! toi, tu me comprendras, s'écria Gilberte, et tu m'aideras à repousser l'injure, car je me trouve offensée, et j'ai besoin de toi pour la faire comprendre à mon père! Sache donc qu'il se fait presque l'avocat de M. Galuchet!
— Ah! tu es déjà au courant de ce qui se passe? En ce cas, ce sont donc des affaires de famille! Et moi aussi, j'en ai à vous conter; mais tout cela va ennuyer monsieur Émile?
— Je vous entends, ma chère mademoiselle Janille, répondit le jeune homme, et je sais que les convenances ordinaires me commanderaient de me retirer; mais je suis trop intéressé à ce qui se passe ici pour m'astreindre à de vulgaires usages : vous pouvez parler devant moi, puisque maintenant je sais tout.
— Eh bien, Monsieur, si vous savez de quoi il s'agit, et si M. Antoine a trouvé bon de s'expliquer devant vous, ce qui, entre nous soit dit, était assez inutile, je parlerai donc comme si vous n'étiez pas là. Et d'abord, Gilberte, il ne faut pas pleurer : de quoi t'affliges-tu, ma fille? De ce qu'un malotru s'imagine être digne de toi? Eh! mon Dieu, ce n'est pas la dernière fois que tu seras exposée, mariée ou non, à voir des gens avantageux te donner à rire; car il faut rire de cela, mon enfant, et ne point t'en fâcher. Ce garçon croit te faire honneur et te donner une preuve d'estime; reçois-la de même, et dis-lui, ou fais-lui dire très-sérieusement que tu le remercies, mais que tu ne veux point de lui. Je ne vois point du tout pourquoi tu t'inquiètes : est-ce que tu t'imagines, par hasard, que je suis d'humeur à l'encourager? Ah! bien, oui, il aurait cent mille francs, cent millions d'écus, que je ne le trouverais pas fait pour ma fille! Le vilain, avec ses gros yeux et son air content d'être au monde, qu'il aille plus loin! nous n'avons point ici de fille à lui donner! Ah! mais, ma mie Janille s'y connaît, et sait qu'on ne met point, dans un bouquet, le chardon à côté de la rose.
— C'est bien parler, bonne Janille! s'écria Émile, et vous êtes digne d'être appelée sa mère!
— Et qu'est-ce que cela vous fait, à vous, Monsieur! dit Janille, animée et montée par sa propre éloquence; qu'avez-vous à voir dans nos petites affaires? Savez-vous du mal de ce prétendant? c'est fort inutile de nous le dire : nous n'avons pas besoin de vous pour nous en débarrasser.
— Laisse, Janille, ne le gronde pas, dit Gilberte en caressant sa vieille amie. Cela me fait du bien d'entendre dire que les prétentions de cet homme-là sont un outrage pour moi, car je me sens humiliée d'y songer. J'en ai froid, j'en suis malade. Et mon père ne comprend pas cela, pourtant! Mon père se trouve honoré par sa demande et ne saura rien lui dire pour me préserver de sa vue!
— Ah! ah! reprit Janille en riant, c'est lui qui a tort comme à l'ordinaire, le méchant homme! c'est lui qui fait pleurer sa fille! Ah mais! Monsieur, voulez-vous par hasard faire le tyran ici? Ne comptez pas là-dessus, car ma mie Janille n'est pas morte et n'a pas envie de mourir.
— C'est cela, dit M. Antoine; c'est moi qui suis un despote, un père dénaturé! Bien, bien! tombez sur moi, si cela vous soulage. Ensuite, ma fille voudra peut-être bien me dire à qui elle en a, et ce que j'ai fait de si criminel.
— Mon bon père, dit Gilberte, en se jetant dans ses bras, laissons ces tristes plaisanteries, et dépêche-toi de renvoyer d'ici, pour toujours, M. Galuchet, afin que je respire, et que j'oublie ce mauvais rêve.
— Ah! voilà le hic, répondit M. Antoine, il s'agit de savoir ce que je vais lui écrire, et c'est pour cela qu'il est bon de tenir conseil.
— Entends-tu, mère! dit Gilberte à Janille, il ne sait que lui répondre? apparemment il n'a pas su refuser.
— Eh bien, mon enfant, ton père n'a pas tant de tort, répondit Janille, car, moi aussi, j'ai reçu la demande de ton beau soupirant, je l'ai écouté sans m'émouvoir, et je

ne lui ai dit ni oui, ni non. Allons! allons! ne te fâche pas. C'est comme cela qu'il faut agir, et consultons-nous tranquillement. On ne peut pas dire à ce garçon: « Vous me déplaisez », cela ne se dit pas. On ne peut pas lui dire non plus: « Nous sommes de bonne maison, et vous vous appelez Galuchet; » car cela serait dur et mortifiant.

— Et ce ne serait pas là une raison, dit Gilberte. Que nous importe la noblesse à présent? La vraie noblesse est dans le cœur, et non dans de vains titres. Ce n'est pas le nom de Galuchet qui me répugne, ce sont les manières et les sentiments de l'homme qui le porte.

— Ma fille a raison: le nom, la profession et la fortune n'y font rien, dit M. Antoine. Ce n'est donc pas de cela que nous pouvons nous servir. On ne peut pas reprocher non plus à un homme les défauts de sa personne. Ce que nous avons de mieux à dire, c'est que Gilberte ne veut pas se marier.

— Ah mais! Monsieur, un petit moment, dit Janille, je n'entends pas qu'on dise cela, moi; car si ce jeune homme allait le répéter (comme cela ne peut manquer), il ne se présenterait plus personne, et je ne suis pas d'avis que ma fille se fasse religieuse.

— Il faut pourtant alléguer quelque chose, reprit M. Antoine. Disons, en ce cas, qu'elle ne veut pas se marier encore, et que nous la trouvons trop jeune.

— Oui, oui, c'est cela, mon père! vous avez trouvé la meilleure raison, et c'est la vraie; je ne veux pas me marier encore, je suis trop jeune.

— Ce n'est pas vrai! s'écria Janille. Vous êtes en âge, et je prétends qu'avant peu vous trouviez un beau et bon mari qui vous plaise et qui nous plaise à nous.

— Ne pense pas à cela, ma mère, reprit Gilberte avec feu. Je te fais le serment devant Dieu que mon père a dit la vérité. Je ne veux pas encore me marier, et je désire que tout le monde le sache, afin que tous les prétendants soient écartés. Ah! si vous voulez m'entourer d'importunités pareilles, vous m'ôterez tout le bonheur dont je jouis auprès de vous et vous me ferez une triste jeunesse! mais ce sera me rendre malheureuse en pure perte, car je ne changerai pas de résolution, et je mourrai plutôt que de me séparer de vous.

— Et qui te parle de nous séparer? dit Janille. L'homme qui t'aimera ne voudra pas te faire de peine; et toi, d'ailleurs, tu ne sais pas ce que tu penseras quand tu aimeras quelqu'un. Ah! ma pauvre enfant! ce sera peut-être alors notre tour de pleurer, car il est écrit que la femme quittera son père et sa mère pour suivre son mari, et celui qui a dit cela connaissait le cœur des femmes.

— Oh! s'écria Émile, c'est là une loi d'obéissance, et non une loi d'amour. L'homme qui aimera véritablement Gilberte aimera ses parents et ses amis comme les siens propres, et il est possible qu'il soit plus séparé qu'il ne voudra s'en éloigner lui-même. »

Ici Janille rencontra les regards passionnés des deux amants qui se cherchaient, et toute sa prudence lui revint.

« Pardine, Monsieur! dit-elle d'un ton un peu sec, vous vous mêlez de choses qui ne vous regardent guère, et m'est avis que toutes mes explications sont bien déplacées devant vous; mais puisque vous vous êtes obstiné à les entendre, et que M. Antoine trouve cela fort sage, je vous dirai, moi, que je vous défends de répéter, et surtout de croire ce que ma fille vient de dire dans un beau mouvement de dépit contre Galuchet. Car enfin, tous les hommes ne sont pas taillés, Dieu merci, sur ce patron-là, et nous n'avons pas besoin que le monde la condamne sur cette fille, parce qu'elle veut un mari plus agréable. Nous le lui trouverons fort bien, soyez tranquille; et ne vous imaginez pas que, parce qu'elle n'est pas riche comme vous, elle séchera sur pied.

— Allons, allons, Janille! dit M. Antoine, en prenant la main d'Émile, c'est vous qui dites des choses déplacées. Il semblerait que vous voulez faire de la peine à notre ami... Vous hochez trop de la tête: je vous dis que c'est notre meilleur ami après Jean, qui a le droit d'ancienneté; et je déclare que personne, depuis vingt ans que je suis, par ma pauvreté, à même d'apprécier les sentiments désintéressés, ne m'a montré et inspiré autant d'affection qu'Émile. C'est pourquoi je dis qu'il ne sera jamais de trop dans nos petits secrets de famille. Il est, par sa raison, la noblesse de ses idées et son instruction, fort au-dessus de son âge et du nôtre. C'est pourquoi nous ne pourrions prendre un meilleur conseil. Je le regarde comme le frère de Gilberte, et je vous réponds que s'il se présentait pour elle un parti sortable, il nous éclairerait sur les convenances de caractère, qu'il s'emploierait pour faire réussir un mariage qui la rendrait heureuse, et pour empêcher le contraire. Vos taquineries n'ont donc pas le sens commun, Janille; si je l'ai mis dans ma confidence, j'ai cru ce que je faisais: vous me traitez aussi par trop comme un petit enfant!

— Ah bien! Monsieur, vous cherchez noise à votre tour? dit Janille très-animée. Eh bien, soit! c'est le jour des vérités, et je parlerai, puisqu'on me pousse à bout. Je vous dis, moi, et je dis à M. Émile, parlant à sa personne, qu'il est beaucoup trop jeune pour ce rôle d'ami de la maison, et que cela doit se refroidir un peu, ou vous en sentirez les inconvénients. Par exemple, aujourd'hui même, l'occasion s'en montre, et vous vous en apercevrez. Voilà un jeune homme qui se présente pour épouser Gilberte, nous n'en voulons point, c'est fort bien, c'est entendu; mais qui empêchera ce prétendant éconduit de croire et de dire, ne fût-ce que pour se venger un peu, que c'est à cause de M. Émile, et de l'ambition qu'on a, dans la maison, de faire un riche mariage, qu'on n'écoute personne autre? Je ne dis pas que M. Émile soit capable d'avoir de pareilles idées, je suis sûre du contraire. Il nous connaît assez pour savoir qui nous sommes. Mais de sottes gens le penseront, et cela nous fera passer pour des sots. Comment! nous allons mettre M. Galuchet à la porte, parce que notre fille est trop jeune, soi-disant, et M. Cardonnet fils viendra toutes les semaines, comme s'il était seul excepté? Ça ne se peut pas, monsieur Antoine! Et vous, vous avez beau me regarder avec des yeux tendres, monsieur Émile, vous avez beau vous mettre à genoux auprès de moi, et me prendre les mains comme si vous vouliez me faire une déclaration... je vous aime, oui, j'en conviens, et je vous regretterai même beaucoup; mais je n'en ferai pas moins mon devoir, puisque moi seule ai de la tête, de la prévoyance et de la volonté, ici! Ah mais! vous partirez aussi, mon garçon, car ma mie Janille ne radote pas encore. »

Gilberte était redevenue pâle comme un lis, et M. Antoine avait de l'humeur, peut-être pour la première fois de sa vie. Il trouvait Janille déraisonnable, et n'osant entrer en révolte, il tirait l'oreille de Sacripant, qui, lui voyant un air fâché, l'accablait de caresses et se laissait martyriser par sa main distraite. Émile était à genoux entre Janille et Gilberte; son cœur débordait, et il ne pouvait plus se taire.

— « Ma chère Janille, s'écria-t-il enfin avec une émotion impétueuse, et vous, digne et généreux Antoine, écoutez-moi, et apprenez enfin mon secret. J'aime votre fille, je l'aime avec passion depuis le premier jour où je l'ai vue, et si elle daigne agréer mes sentiments, je vous la demande en mariage, non pour M. Galuchet, non pour aucun protégé de mon père, ni pour aucun de mes amis, mais pour moi-même, qui ne puis vivre séparé d'elle, et qui ne me relèverai qu'avec son consentement et le vôtre.

— Viens sur mon cœur, s'écria M. Antoine transporté de joie et d'enthousiasme; car tu es un noble enfant, et je savais bien qu'il n'y avait rien de plus grand et de plus loyal que ton âme! »

Et il serrait dans ses bras le svelte jeune homme comme s'il eût voulu l'étouffer. Janille, attendrie, couvrit ses yeux de son mouchoir; mais tout à coup, renfonçant ses larmes:

« Voilà des folies, monsieur Antoine, dit-elle, de vraies folies! Observez-vous et ne laissez pas aller votre cœur si vite. Certes, celui-là est un brave garçon, et, si nous étions riches, ou s'il était pauvre, nous ne pourrions jamais mieux choisir; mais n'oublions pas que ce qu'il propose est impossible, que sa famille n'y consentira jamais, et qu'il vient de faire un roman dans sa petite cervelle. Si je ne vous aimais pas tant, Émile, je vous gronderais de monter ainsi l'imagination de M. Antoine qui est encore plus jeune que la vôtre, et qui est capable de prendre vos rêves au sérieux. Heureusement sa fille est plus raisonnable que lui et que moi. Elle n'est pas du tout troublée de vos douces paroles. Elle vous en sait gré, et vous remercie de vos bonnes intentions; mais elle sait bien que vous ne vous appartenez pas, que vous ne pouvez pas encore vous passer du consentement de votre père, et que, quand même vous seriez en âge de lui faire des sommations respectueuses, elle est trop bien née pour vouloir entrer de force dans une famille qui la repousserait.

— C'est vrai, cela! dit M. Antoine, sortant comme d'un rêve : nous divaguons, mes pauvres enfants! jamais M. Cardonnet ne voudra de nous, car nous n'avons à lui offrir qu'un nom qu'il doit traiter de chimère, dont nous faisons d'ailleurs assez bon marché nous-mêmes, et qui ne nous ouvre aucun chemin vers la fortune. Émile, Émile! ne parlons plus de cela, car cela deviendrait une source de regrets. Soyons amis, toujours amis! soyez le frère de mon enfant, son protecteur et son défenseur dans l'occasion; mais ne parlons pas de mariage ni d'amour, puisque, dans le temps où nous vivons, l'amour est un songe, et le mariage une affaire!

— Vous ne me connaissez pas, s'écria Émile, si vous croyez que j'accepte, et que je veuille accepter jamais les lois du monde et les calculs de l'intérêt! Je ne vous tromperai pas; je répondrais de ma mère si elle était libre, mais mon père ne sera pas favorable à cette union. Cependant mon père m'aime, et quand il aura essayé la puissance et la durée de ma volonté, il reconnaîtra que la sienne ne peut l'emporter en ceci. Il aura peut-être un moyen pour tenter de me réduire. Ce sera de me priver pendant quelque temps des jouissances de ma richesse. Oh! alors, avec quel bonheur je travaillerai pour mériter la main de Gilberte, pour arriver jusqu'à elle, digne de l'estime qu'on n'accorde point aux oisifs, et que méritent ceux qui ont passé comme vous, monsieur Antoine, par d'honorables épreuves? Mon père se laissera fléchir un jour, je n'en doute pas; je puis en faire le serment devant Dieu et devant vous, parce que je sens en moi toutes les forces d'un amour invincible. Et quand il aura constaté la puissance d'une passion comme la mienne, lui qui est souverainement sage et intelligent, lui qui m'aime plus que tout au monde, et certes plus que l'ambition et la fortune, ne reculera pas, sans arrière-pensée, ses bras et son cœur à ma fiancée. Car je connais assez mon père pour savoir que lorsqu'il cède à l'empire de la destinée, c'est sans retour vers le passé, sans mesquine rancune, sans lâche regret. Croyez donc, ô mes amis, en mon amour, et comptez comme moi sur l'aide de Dieu. Il n'y a rien d'humiliant pour vous dans les préjugés que j'aurais à combattre, et la tendresse de ma mère, qui ne vit que pour moi et par moi, dédommagera Gilberte en secret ces passagères préventions de mon père. Oh! ne doutez pas, ne doutez pas, je vous en supplie! La foi peut tout, et, si vous m'aidez dans cette lutte, je serai encore le plus heureux mortel qui ait combattu pour la plus sainte de toutes les causes, pour un noble amour, et pour une femme digne du dévouement de toute ma vie!

— Allons, ta, ta, ta! dit Janille éperdue; le voilà qui parle comme un livre et qui va essayer, à présent, de monter la tête de ma fille! Voulez-vous bien vous taire, langue dorée! on ne veut point vous écouter et on ne vous croira point. Je vous le défends, monsieur Antoine! Vous ne savez pas tous les malheurs que cela peut attirer sur vous, et le moindre serait d'empêcher Gilberte de faire un mariage possible et raisonnable. »

Le pauvre Antoine ne savait plus à qui entendre. Lorsque Émile parlait, il s'exaltait au souvenir de ses jeunes années, et se souvenant d'avoir aimé; rien ne lui paraissait plus saint et plus noble que de défendre la cause de l'amour, et d'encourager une si belle entreprise. Mais, lorsque Janille venait jeter de l'eau sur le feu, il reconnaissait la sagesse et la prudence de son mentor, et tantôt il parlait avec elle contre Émile, tantôt avec Émile contre elle.

« En voilà assez, dit enfin Janille, toute fâchée de ne voir aucun terme à ces irrésolutions; et tout cela ne devait pas être dit devant ma fille. Qu'en résulterait-il, si c'était une tête faible ou légère? Heureusement elle ne mord point à vos contes, et, comme elle fait fort peu de cas de vos écus, elle aura bien trop de dignité pour attendre que vous soyez le maître de disposer de votre cœur. Elle disposera du sien comme elle l'entendra, et, tout en vous gardant son estime et son amitié, elle vous priera de ne point la compromettre par vos visites. Allons, Gilberte, un mot de raison et de courage, pour faire finir toutes ces folles histoires! »

Jusque-là Gilberte n'avait rien dit. Émue et pensive, elle regardait, tantôt son père, tantôt Janille, et plus souvent Émile, dont l'ardeur et la conviction exaltaient son âme. Elle se leva tout à coup, et s'agenouillant devant son père et sa gouvernante, dont elle baisa les mains avec effusion : « Il est trop tard pour me demander une froide prudence et me rappeler aux calculs de l'égoïsme, dit-elle : j'aime Émile, je l'aime autant qu'il m'aime, et, avant de songer que je pusse jamais lui appartenir, j'avais juré dans mon cœur de n'être jamais à aucun autre. Recevez ma confession, ô mon père et ma mère devant Dieu! Depuis deux mois je dissimule avec vous, et, depuis deux semaines, je vous cache un secret qui me pèse et qui sera le dernier de ma vie comme il est le premier. J'ai donné mon cœur à Émile, je lui ai juré d'être sa femme le jour où mes parents et les siens y consentiraient. Jusque-là j'ai juré de l'aimer avec courage et calme, je le lui jure encore, et je prends Dieu et vous à témoin de mon serment. J'ai juré encore, et je jure toujours, que si la volonté de son père est inflexible, nous nous aimerons comme frère et sœur, sans qu'il me soit possible d'en aimer jamais un autre, et sans que je me porte à aucun acte de folie et de désespoir. Ayez confiance en moi. Voyez, je suis forte et je me trouve plus heureuse que jamais, depuis que j'ai mis Émile entre vous deux, et avec vous deux, dans mon cœur. Ne craignez de moi ni plainte, ni tristesse, ni langueur, ni maladie. Je serai dans dix ans telle que vous me voyez aujourd'hui, trouvant dans votre amour des consolations toutes puissantes, et, dans le mien, un courage à toute épreuve.

— Merci de Dieu! s'écria Janille désespérée, nous voilà tous maudits. Il ne manquait plus que cela! Voilà ma fille qui l'aime et qui le lui a dit, et qui le lui dit encore devant nous! Ah! malheur! malheur sur nous, le jour où ce jeune homme est entré dans notre maison!... »

Antoine, accablé, ne sut que fondre en larmes, pressant sa fille contre son sein. Mais Émile, ranimé par la vaillance de Gilberte, sut dire tant de choses, qu'il réussit à s'emparer de cette âme incapable de se défendre. Janille elle-même fut ébranlée, et on finit par adopter le plan que les deux amants avaient conçu eux-mêmes, à Crozant, à savoir, d'attendre, ce qui ne résolvait pas grand'chose, au gré de Janille, et de ne se pas voir trop souvent, ce qui la rassurait du moins un peu sur les dangers de la situation extérieure.

On quitta le verger, et quelques moments après, Galuchet en sortit aussi, mais furtivement, et, sans avoir été vu, il s'enfonça dans les haies pour gagner à couvert la route de Gargilesse.

Émile resta à dîner, car ni Antoine ni Janille n'eurent le courage de lui faire abréger une visite qui ne devait plus se renouveler avant la semaine suivante.

Le cœur affectueux et naïf du bon campagnard ne savait pas résister aux caresses et aux tendres discours de ses deux enfants, et, lorsque Janille avait le dos tourné, il se laissait aller à partager leurs espérances et à bénir leur amour. Janille essayait de leur tenir rigueur, et sa tristesse était réelle et profonde; mais il n'y a pas de plan de séduction mieux organisé que celui de deux amants qui veulent gagner un ami à leur cause. Ils étaient si bons tous deux, si dévoués, si tendres, si ingénieux dans leurs douces flatteries, et si beaux surtout! l'œil et le front éclairés du rayon de l'enthousiasme, qu'un tigre n'y eût pas résisté. Janille pleurait de dépit d'abord, puis de chagrin, et puis de tendresse; et quand le soir vint, et qu'on alla s'asseoir au bord de la rivière, sous le doux regard de la lune, ces quatre personnes, unies par une invincible affection, ne formèrent plus qu'un groupe de bras entrelacés et de cœurs battant à l'unisson.

Gilberte surtout était radieuse, son cœur était plus léger et plus pur que le parfum des plantes qui s'exhale au lever des étoiles et remonte vers elles. Quelque enivré que fût Émile il ne pouvait oublier entièrement la difficulté des devoirs qu'il avait à remplir pour concilier la religion de son amour avec la piété filiale. Mais Gilberte croyait qu'on pouvait toujours attendre, et que, pourvu qu'elle aimât, le miracle se ferait de lui-même, sans que personne fût forcé d'agir. Lorsque Émile, après avoir osé baiser sa main, sous les yeux de ses parents, se fut éloigné, Janille lui dit en soupirant :

« Eh bien, à présent, tu vas être triste pendant huit jours! je te verrai les yeux rouges comme je te les voyais souvent avant ce maudit voyage de Crozant! Il n'y aura plus ni paix, ni bonheur ici!

— Si tu me vois triste, ma mère chérie, répondit Gilberte, je te permets de m'empêcher de revenir; et si j'ai les yeux rouges, je me les arracherai pour ne plus le voir. Mais que diras-tu, si je suis plus gaie et plus heureuse que jamais? Est-ce que tu ne sens pas comme mon cœur est calme? Tiens, mets-y ta main, pendant qu'on entend encore les pas de ce cheval qui s'éloigne! Est-ce que je suis agitée? Allume la lampe et regarde-moi bien. Est-ce toujours ta Gilberte, ta fille, qui ne respire que pour toi et son père, et qui ne peut s'ennuyer une minute avec eux? Ah! quand j'ai souffert, quand j'ai pleuré, c'est que j'avais un secret pour vous, et que j'étouffais de ne pouvoir vous le dire. A présent que je peux parler et penser tout haut, je respire et ne sens plus que la joie d'exister pour vous et avec vous. Et n'as-tu pas vu ce soir, comme nous étions tous heureux de pouvoir nous aimer tous, sans crainte et sans honte? Crois-tu donc qu'il en sera jamais autrement, et que nous serions heureux ensemble, Émile et moi, si vous n'étiez pas toujours et à toute heure entre nous deux?

— Hélas! pensa Janille en soupirant, nous ne sommes encore qu'au premier jour de ce bel arrangement-là! »

XXVI.

LE PIÉGE.

Émile résolut de ne pas tarder davantage à entretenir son père sérieusement, et à lui faire non pas un aveu formel et trop précipité de son amour, mais une sorte de discours préliminaire pour amener des explications de plus en plus décisives. Mais le charpentier lui avait donné rendez-vous pour le lendemain matin, et il pensa, avec raison, que si cet homme lui prouvait ce qu'il avait avancé, il aurait là une excellente occasion d'entrer en matière, et de démontrer à M. Cardonnet l'incertitude et la vanité des projets de fortune.

Ce n'est pas qu'Émile ajoutât une foi aveugle à la compétence de Jean Jappeloup en pareille matière; mais il savait que certains aperçus de logique naturelle peuvent aider puissamment l'investigation scientifique, et il partit avant le jour, pour rejoindre son compagnon à un certain point où ils étaient convenus de se retrouver. Il avait prévenu, dès la veille, M. Cardonnet du projet qu'il avait formé d'aller examiner le cours d'eau de l'usine, sans lui dire toutefois quel guide il avait choisi.

Cette excursion fut pénible, mais intéressante, et, à son retour, Émile demanda à son père un entretien particulier. Il lui trouva un certain air de calme triomphant qui ne lui parut pas de très-bon augure. Néanmoins, comme il croyait de son devoir de l'avertir de ce qu'il avait constaté, il entra en matière sans hésitation.

« Mon père, lui dit-il, vous m'exhortez à épouser vos projets et à m'y plonger tout entier avec la même ardeur que vous-même. J'ai fait mon possible, depuis quelque temps, pour mettre à votre service toute l'application dont mon cerveau est capable; je dois donc à la confiance que vous m'avez accordée de vous dire que nous bâtissons sur le sable, et qu'au lieu de doubler votre fortune, vous l'engloutissez rapidement dans un abîme sans fond.

— Que veux-tu dire, Émile? répondit M. Cardonnet en souriant; voilà un début bien effrayant, et je croyais que la science t'aurait conduit au même résultat que donne la pratique, à savoir que rien n'est impossible à la volonté éclairée. Il semble que tu aies dégagé de tes méditations la solution contraire. Voyons! tu as fait une longue course, et sans doute un profond examen? Moi aussi, j'ai exploré, l'an passé, le torrent qu'il s'agit de réduire, et j'ai la certitude d'en venir à bout; qu'en dis-tu, toi, enfant?

— Je dis, mon père, que vous échouerez, car il y faudrait consacrer des dépenses qu'un particulier ne saurait faire, et qui ne seraient d'ailleurs pas couvertes par un bénéfice relatif. »

Ici Émile entra, avec beaucoup de lucidité, dans des explications dont nous ferons grâce au lecteur; mais qui tendaient à établir que le cours de la Gargilesse présentait des obstacles naturels impossibles à détruire sans une mise de fonds dix fois plus considérable que celle prévue par M. Cardonnet. Il eût fallu se rendre propriétaire de certaines parties du bassin de la rivière, afin de détourner ici son cours; là, de l'élargir; plus loin, de faire sauter des portions de montagne qui empêchaient son écoulement régulier; enfin, si l'on ne pouvait vaincre l'accumulation et l'éruption soudaine et violente des eaux dans les réservoirs supérieurs, il fallait créer autour de l'usine des digues cent fois plus considérables que celles déjà tentées, lesquelles digues feraient alors refluer l'eau à un point de ruiner les terres environnantes; et pour cela il eût fallu acheter la moitié de la commune, ou disposer d'un pouvoir inique, impossible à conquérir en France. Déjà les travaux exécutés par M. Cardonnet portaient un grave préjudice aux meuniers d'alentour. L'eau, arrêtée pour son usage, faisait, suivant l'expression du pays, patouiller leurs moulins, en produisant contre leurs roues un mouvement contraire, et en paralysait la rotation à certaines heures. Ce n'était pas sans les dédommager d'une autre façon, et à grands frais, qu'il avait réussi à apaiser ces petits usiniers, en attendant qu'il les ruinât ou qu'il se ruinât lui-même; car les dédommagements offerts ne pouvaient être que temporaires, et devaient cesser avec l'accomplissement de ses travaux. Il avait acheté très-cher, à l'un son travail de six mois comme carrier, à d'autres l'usage de tous leurs chevaux mis en réquisition pour ses transports. Il en avait bercé de nombre de promesses illusoires, et ces gens simples, éblouis par un bénéfice passager, avaient fermé les yeux sur l'avenir, comme il arrive toujours à ceux dont le présent est difficile.

Émile passa rapidement sur ces détails, qui étaient de nature à irriter M. Cardonnet plus qu'à le convaincre, et il s'attacha à l'effrayer, d'autant plus qu'il avait la persuasion et la certitude de ne rien exagérer sous ce rapport.

M. Cardonnet l'écouta jusqu'au bout avec beaucoup d'attention, et quand ce fut fini, il lui dit, en lui passant la main sur la tête d'une manière toute paternelle et caressante, avec un sourire de puissance calme :

« Je suis très-content de toi, Émile, je vois que tu t'occupes, que tu travailles sérieusement, et que tu n'as pas perdu cette fois ton temps à courir de châteaux en châteaux. Tu viens de parler très-clairement et comme un jeune avocat consciencieux qui a bien étudié sa cause. Je te remercie de la bonne direction que prennent tes idées; et sais-tu ce qui me fait le plus de plaisir? c'est que tu t'attaches à ton œuvre comme je l'avais augure du bienfait de l'étude. Voilà que tu te passionnes déjà pour le succès, que tu en ressens les émotions puissantes, que tu passes par les crises inévitables de terreur, de doute, et même de découragement momentané, qui accompagnent, dans le génie de l'industriel, l'éclosion de tout projet important. Oui, Émile, voilà ce que j'appelle concevoir et enfanter. Ce mystère de la volonté ne s'accomplit pas sans douleur; il en est du cerveau de l'homme comme du sein de la femme.

« Mais tranquillise-toi maintenant, mon ami! Le danger que tu as cru découvrir n'existe que dans une appréciation superficielle des choses, et ce n'est pas dans une simple promenade que tu as pu en saisir l'ensemble. J'ai passé huit jours, moi, à explorer ce torrent avant de lui poser la première pierre sur le flanc, et j'ai pris conseil d'un homme plus expérimenté que toi. Tiens, voici le plan des localités, avec les niveaux, les mesures et le cubage. Étudions cela ensemble. »

Émile examina attentivement ce travail, et y reconnut plusieurs erreurs de fait. On avait jugé impossible que l'eau arrivât à certaines élévations dans les temps extraordinaires, et que certains obstacles pussent l'enchaîner au delà d'un certain nombre d'heures. On avait travaillé sur des éventualités, et l'expérience la plus vulgaire, l'assertion du moindre témoin des faits antérieurs, eussent suffi pour démentir la théorie, si on eût voulu en tenir compte. Mais c'est que l'orgueil et la méfiance de son caractère n'avaient pas permis à Cardonnet d'admettre. Il s'était mis, les yeux fermés, à la merci des éléments, comme Napoléon dans la campagne de Russie, et, dans son entêtement superbe, il eût fait volontiers, comme Xercès, battre de verges Neptune rebelle. Son conseil, quoique fort capable, n'avait songé qu'à lui complaire en flattant son ambition, ou s'était laissé dominer et influencer par cette volonté ardente.

« Mon père, dit Émile, il ne s'agit pas là seulement de calculs hydrographiques, et permettez-moi de vous dire que votre foi absolue aux travaux de spécialité vous a égaré. Vous m'avez raillé, lorsqu'au début de mes études générales, je vous ai dit que toutes les connaissances humaines m'apparaissaient comme solidaires les unes des autres, et qu'il fallait être à peu près universel pour être infaillible sur un point donné; en un mot, que le détail ne pouvait se passer de la synthèse, et qu'avant de connaître la mécanique d'une montre, il était bon de connaître celle de la création. Vous avez ri, vous riez encore, et vous m'avez chassé des étoiles pour me renvoyer aux moulins. Eh bien! si, avec un hydrographe, vous eussiez pris pour conseil un géologue, un botaniste et un physicien, ils vous eussent démontré ce qu'après une première vue je crois pouvoir affirmer, sauf vérification d'hommes plus compétents que moi. C'est que, moyennant la direction du col de montagne où s'engouffre votre torrent, moyennant la direction des vents qui s'y engouffrent avec lui, moyennant les plateaux d'où partent ses sources, et leur élévation relative, qui attire sur ces points culminants toutes les nuées, ou même qui voient s'y former tous les grains d'orage, des trombes d'eau continuelles doivent se précipiter dans ce ravin, et y balayer sans cesse les résistances inutiles; à moins, je vous l'ai dit, de travaux que vous ne pouvez entreprendre, parce qu'ils dépassent les ressources d'un capitaliste isolé. Voilà ce qu'au nom des lois atmosphériques le physicien vous eût dit : il eût constaté les effets incessants de la foudre sur les rochers qui l'attirent; le géologue eût constaté la nature des terrains, soit marneux, soit calcaires, soit granitiques, qui retiennent, absorbent ou laissent échapper tour à tour les eaux.

— Et le botaniste, dit en riant M. Cardonnet, tu l'oublies, celui-là?

— Celui-là, répondit Émile en souriant, aurait aperçu sur les flancs arides et abruptes où le géologue n'eût pu marquer sûrement le séjour antérieur des eaux, quelques brins d'herbe qui eussent éclairé ses confrères. « Cette petite plante, leur eût-il dit, n'a point poussé là toute seule; ce n'est point la région qu'elle aime, et vous voyez qu'elle y fait triste mine, en attendant que l'inondation qui l'y a apportée vienne la reprendre ou lui procurer la société de ses compagnes. »

— Bravo! Émile, rien n'est plus ingénieux.

— Et rien n'est plus certain, mon père.

— Et où as-tu pris tout cela? Es-tu donc à la fois hydrographe, mécanicien, astronome, géologue, physicien et botaniste?

— Non, mon père; vous m'avez forcé de saisir à peine, en courant, les éléments de ces sciences, qui n'en font qu'une au fond; mais il y a certaines natures privilégiées chez lesquelles l'observation et la logique remplacent le savoir.

— Tu n'es pas modeste!

— Je ne parle pas de moi, mon père, mais d'un paysan, d'un homme de génie qui ne sait pas lire, qui ne connaît pas le nom des fluides, des gaz, des minéraux ou des plantes; mais qui apprécie les causes et les effets, dont l'œil perçant et la mémoire infaillible constatent les différences et saisissent les caractères; d'un homme enfin qui, en parlant le langage d'un enfant, m'a montré toutes ces choses et me les a rendues évidentes.

— Et quel est, je t'en prie, ce génie inconnu que tu as trouvé dans ta promenade?

— C'est un homme que vous n'aimez pas, mon père, que vous prenez pour un fou, et dont j'ose à peine vous dire le nom?

— Ah! j'y suis! c'est votre ami le charpentier Jappeloup, le vagabond de M. de Boisguilbault, le sorcier du village, celui qui guérit les entorses avec des paroles, et qui arrête l'incendie en faisant une croix sur une poutre avec sa hache. »

M. Cardonnet, qui, sans être persuadé, avait jusqu'alors écouté son fils avec intérêt, partit d'un rire méprisant, et ne se sentit plus disposé qu'à l'ironie et au dédain.

« Voilà, dit-il, comment les fous se rencontrent et s'entendent! Vraiment, mon pauvre Émile, la nature t'a fait un triste présent en te donnant beaucoup d'esprit et d'imagination, car elle t'a refusé la cheville ouvrière, le sang-froid et le bon sens. Te voilà en pleine divagation, et parce qu'un paysan merveilleux s'est posé devant toi en personnage de roman, tu vas faire servir toutes tes petites connaissances et toutes tes facultés ingénieuses à vouloir confirmer ses décisions admirables! Voilà que tu as mis toutes les sciences à l'œuvre, et que l'astronomie, la géologie, l'hydrographie, la physique, voire la pauvre petite botanique, qui ne s'attendait guère à cet honneur, viennent en masse signer le brevet d'infaillibilité décerné à maître Jappeloup. Fais des vers, Émile, fais des romans! tu n'es pas bon à autre chose, j'en ai grand'peur.

— Ainsi, mon père, vous méprisez l'expérience et l'observation, répondit Émile, contenant son dépit; ces bases vulgaires du travail de l'esprit, vous ne daignez pas même en tenir compte? et pourtant vous railliez la plupart des théories. Que croirai-je donc, après vous, si vous ne voulez me laisser consulter ni la théorie, ni la pratique?

— Émile, répondit M. Cardonnet, je respecte l'une et l'autre, au contraire, mais c'est à condition qu'elles habiteront des cerveaux bien sains; car leurs bienfaits se changent en poison ou en fumée dans les têtes folles. Par malheur, de prétendus savants sont de ce nombre, et c'est pour cela que j'aurais voulu te préserver de leurs chimères. Qu'y a-t-il de plus ridiculement crédule et de plus facile à tromper qu'un pédant à idées préconçues? Je me souviens d'un antiquaire qui vint ici l'an passé : il voulait trouver des pierres druidiques, et il en voyait partout. Pour le satisfaire, je lui montrai une vieille pierre que des paysans avaient creusée pour y piler le froment dont ils font leur bouillie, et je lui persuadai que c'était l'urne ou les sacrificateurs gaulois faisaient couler le sang humain. Il voulait absolument l'emporter pour la mettre dans le musée du département. Il prenait tous les abreuvoirs de granit qui servent aux bestiaux pour des sarcophages antiques. Voilà comment les plus ridicules erreurs se propagent. Il n'a tenu qu'à moi qu'une bâche ou un pilon passassent pour des monuments précieux. Et pourtant ce monsieur avait passé cinquante ans de sa vie à lire et à méditer. Prends garde à toi, Émile; un jour peut venir où tu prendras des vessies pour des lanternes!

— J'ai fait mon devoir, dit Émile. Je devais vous engager à faire de nouvelles observations sur les lieux que je viens de parcourir, et il me semblait que l'expérience de vos récents désastres pouvait vous le conseiller. Mais puisque vous me répondez par des plaisanteries, je n'ai rien à ajouter.

— Voyons, Émile, dit M. Cardonnet après quelques instants de réflexion, quelle est la conclusion de tout ceci, et qu'y a-t-il au fond de tes belles prophéties? Je comprends fort bien que maître Jean Jappeloup, qui s'est posé en farouche ennemi de mon entreprise, et qui passe sa vie à déclamer contre le père Cardonnet (en ta présence même, et tu pourrais m'en donner des nouvelles), veuille te persuader de me faire quitter ce pays où il paraît que, par malheur, ma présence le gêne. Mais toi, mon savant et mon philosophe, où veux-tu me conduire? Quelle colonie voudrais-tu fonder? et dans quel désert de l'Amérique prétendrais-tu porter les bienfaits de ton socialisme et de mon industrie?

— On pourrait les porter moins loin, répondit Émile, et si l'on voulait sérieusement travailler à la civilisation des sauvages, vous en trouveriez sous votre main; mais je sais trop, mon père, que cela n'entre pas dans vos vues, pour revenir sur un sujet épuisé entre nous. Je me suis interdit toute contradiction à cet égard, et depuis que je suis ici, je ne pense pas m'être écarté un seul instant du respectueux silence que vous m'avez imposé.

— Allons, mon ami, ne le prends pas sur ce ton, car c'est ta réserve un peu sournoise qui me fâche précisément le plus. Laissons la discussion socialiste, je le veux bien; nous la reprendrons l'année prochaine, et peut-être aurons-nous fait tous les deux quelque progrès qui nous permettra de nous mieux entendre. Songeons au présent. Les vacances ne sont pas éternelles; que désirerais-tu faire après, pour t'instruire et t'occuper?

— Je n'aspire qu'à rester auprès de vous, mon père.

— Je le sais, dit M. Cardonnet avec un malicieux sourire; je sais que tu te plais beaucoup dans ce pays-ci; mais cela ne te mène à rien.

— Si cela me mène à cet état d'esprit où il faut que je sois pour m'entendre parfaitement avec mon père, je ne penserai pas que ce soit du temps perdu.

— C'est très-joliment dit, et tu es fort aimable; mais je ne crois pas que cela avance beaucoup nos affaires, à moins que tu ne veuilles te donner entièrement à mon entreprise. Voyons, veux-tu que nous mandions ici de meilleurs conseils, et que nous recommencions à examiner les localités?

— J'y consens de tout mon cœur, et je persiste à croire que c'est mon devoir de vous y engager.

— Fort bien, Émile, je vois que tu crains que je ne mange ta fortune, et cela ne me déplaît pas.

— Vous ne comprenez rien au sentiment que je porte à cet égard au fond de mon cœur, répondit Émile avec vivacité; et pourtant, ajouta-t-il en faisant un effort pour s'observer, je désire que vous l'interprétiez dans le sens qui vous agréera le plus.

— Tu es un grand diplomate, il faut en convenir; mais tu ne m'échapperas point. Allons, Émile, il faut se prononcer. Si, après qu'à examen répété et approfondi que nous projetons, la science et l'observation décident que maître Jappeloup et toi n'êtes point infaillibles, que l'usine peut s'achever et prospérer, que ma fortune et la tienne sont semées ici, et qu'elles y doivent germer et fructifier, veux-tu t'engager à embrasser mes plans corps et âme, à me seconder de toutes manières, des bras et du cerveau, du cœur et de la tête? Jure-moi que tu m'appartiens, que tu n'auras au monde d'autre pensée que celle de m'aider à m'enrichir; abandonne-m'en tous les moyens sans les discuter; et, en retour, je le jure, moi, que je donnerai à ton cœur et à tes sens toutes les satisfactions qui seront en mon pouvoir et que la moralité ne proscrira point. Je crois être clair?

— O mon père! s'écria Émile en se levant avec impétuosité, avez-vous pesé les paroles que vous me dites?

— Elles sont fort bien pesées, et je désire que tu pèses ta réponse.

— Je vous comprends à peine, dit Émile en retombant sur sa chaise. Un nuage de feu avait passé devant sa vue; il se sentait défaillir.

« Émile, tu veux te marier? reprit M. Cardonnet avide de profiter de son émotion.

— Oui, mon père, oui, je le veux, répondit Émile en se courbant sur la table qui les séparait, et en étendant vers M. Cardonnet des mains suppliantes. Oh! cette fois, ne jouez point avec moi, car vous me tueriez!

— Tu doutes de ma parole?

— Cela m'est impossible, si votre parole est sérieuse.

— C'est la plus sérieuse parole que j'aurai dite en ma vie, et tu vas en juger toi-même. Tu as un noble cœur et un esprit éminent, je le sais et j'en ai des preuves. Mais avec la même sincérité et la même certitude... je puis te dire que tu as une tête à la fois trop faible et trop vive, et que d'ici à vingt ans peut-être, peut-être toujours, Émile!... tu ne sauras pas te conduire. Tu seras sans cesse frappé de vertige, tu n'agiras jamais froidement, tu te passionneras pour ou contre les hommes et les choses, sans précaution et sans discernement, sans que la voix d'un nécessaire instinct de conservation te rappelle et t'avertisse au fond de ta conscience. Tu as une nature de poète, et j'aurais beau vouloir me faire illusion à cet égard, tout me ramène à cette douloureuse certitude qu'il te faut un guide et un maître. Eh bien! bénis Dieu, qui t'a donné pour maître et pour guide un père, ton meilleur ami. Je t'aime tel que tu es, bien que tu sois le contraire de ce que j'aurais désiré, si j'avais pu choisir mon fils. Je t'aime comme j'aimerais ma fille, si la nature ne s'était pas trompée de sexe: c'est te dire assez que je t'aime passionnément. Ne te plains donc pas de ton sort, et que mes reproches ne t'humilient jamais.

« Dans cette situation où nous sommes à l'égard l'un de l'autre, et qui, désormais, m'est bien avérée, je ferai à ton bonheur et à ton avenir d'immenses sacrifices; je surmonterai mes répugnances, qui sont pourtant grandes, je le confesse, et je te laisserai épouser la fille illégitime d'un noble et d'une servante. Je satisferai, comme je te l'ai dit, ton cœur et tes sens; mais c'est à la condition que ton esprit m'appartiendra entièrement, et que je disposerai de toi comme de moi-même.

— Est-il possible, ô mon Dieu! dit Émile, à la fois ébloui et terrifié; mais comment donc l'entendez-vous, mon père, et quel sens donnez-vous à cet abandon de moi-même?

— Ne viens-je pas de te le dire? Ne feins donc pas de ne pouvoir me comprendre. Tiens, Émile, je sais tout ton roman de Châteaubrun, et je pourrais te le raconter mot à mot, depuis ton arrivée, par un soir d'orage, jusqu'à Crozant, et depuis Crozant jusqu'à la conversation de samedi dans le verger de M. Antoine. Je connais maintenant les personnages aussi bien que toi-même, car j'ai voulu voir par mes propres yeux; et hier, pendant que tu explorais les bords de la rivière, moi, sous prétexte d'insister sur la demande en mariage de Constant Galuchet, j'ai été à Châteaubrun, et j'ai causé longtemps avec mademoiselle Gilberte.

— Vous, mon père!...

— N'est-il pas tout simple que je veuille connaître celle que tu as choisie sans me consulter, et qui sera peut être un jour ma fille?

— O mon père! mon père!...

— Je l'ai trouvée charmante, belle, modeste, humble et fière en même temps, s'exprimant bien, ne manquant ni de tenue ni de bonnes manières, ni d'éducation, ni de raison surtout! Elle a refusé le prétendant que je lui offrais avec beaucoup de convenance. Oui, vraiment, de la douceur, de la modestie et de la dignité! J'ai été fort content d'elle! Ce qui m'a le plus frappé, c'est sa prudence, sa réserve, et l'empire qu'elle a sur elle-même; car je t'avoue bien que j'ai essayé de la piquer un peu, et même de l'offenser, pour voir le fond de son caractère. Le père était absent; mais la mère, cette drôle de petite vieille, dont tu aspires à devenir le gendre, était si fort irritée de mes réflexions sur son peu de fortune et sur la convenance parfaite d'un mariage avec Galuchet, qu'elle m'a traité du haut en bas; elle m'a appelé bourgeois; et comme je m'obstinais, exprès pour la pousser à bout, elle m'a dit, en mettant le poing sur la hanche, que sa fille était de trop bonne maison pour épouser le domestique d'un usinier; et que, quand même le fils de l'usinier se présenterait, on y regarderait encore à deux fois avant

Et dont il fit un énorme bouquet le moins maladroitement possible. (Page 110.)

de se mésallier à ce point. Elle m'amusait beaucoup! Mais Gilberte réparait tout par son air calme et ferme. Je t'assure qu'elle tient à merveille le serment qu'elle t'a fait de patienter, d'attendre et de tout souffrir pour l'amour de toi.

— Oh! vous l'avez donc bien fait souffrir? s'écria Émile hors de lui.

— Oui, un peu, répondit tranquillement M. Cardonnet, et j'en suis bien aise. A présent, je sais qu'elle a du caractère, et je serais fort aise d'avoir une telle personne auprès de moi. Cela peut être très-utile dans un ménage, et rien n'est pis que d'avoir pour femme un être à la fois passif et têtu, qui ne sait que soupirer et se taire, comme... beaucoup que je connais. Cela me ferait plaisir, à moi, de me disputer quelquefois avec ma belle-fille, et de m'apercevoir tout à coup qu'elle voit juste, qu'elle veut fortement, et qu'elle est apte à te donner un bon conseil. Allons, Émile, ajouta l'industriel en tendant la main à son fils, tu vois que je ne suis ni aveugle, ni injuste, j'espère, et que je désire tirer bon parti de la situation où tu m'as placé.

— O mon Dieu! si vous consentez à mon bonheur, mon père, je fais avec vous un bail, et je deviens votre homme d'affaires, votre régisseur, votre ouvrier, pendant le nombre d'années où vous me jugerez incapable de me conduire moi-même. Je me soumettrai à toutes vos volontés, et je vous donnerai mon travail de tous les instants, sans jamais me plaindre, sans jamais résister à vos moindres désirs.

— Et sans me demander d'honoraires? ajouta en riant M. Cardonnet. Fi donc! Émile, ce n'est pas ainsi que je l'entends, et ce métier de domestique outragerait la nature. Non, non, il ne s'agit pas de me donner le change, et je ne suis pas homme à m'abuser sur le fond de tes intentions. Je ne suis pas encore assez ruiné pour n'avoir pas le moyen de payer un régisseur, et je crois que je ne pourrais pas en choisir un plus mauvais que toi pour traiter avec les ouvriers. Je veux que tu sois un autre moi-même, que tu m'aides au travail de l'élucubration, que tu t'instruises pour moi, que tu me donnes tes idées, sauf à moi à les combattre et à les modifier; qu'enfin tu cherches et inventes des moyens de fortune que j'exécuterai quand ils me conviendront. C'est ainsi que tes études continuelles et ton imagination féconde pourront me servir à

Le paysan mange lentement et en silence. (Page 111.)

décupler ta fortune. Mais pour cela, Émile, il ne s'agit pas de travailler avec indifférence et désintéressement, comme tu le fais depuis quinze jours. Je ne suis pas dupe de cette soumission temporaire, concertée avec Gilberte pour m'arracher mon consentement. Je veux la soumission de toute ta vie. Je veux que tu sois prêt à entreprendre des voyages (avec ta femme, si bon te semble !) pour examiner les progrès de l'industrie et surprendre, s'il le faut, les secrets de nos concurrents ; je veux que tu signes enfin, non du papier devant un notaire, mais sur ma tête et avec le sang de ton cœur, et devant Dieu, un contrat qui annihile tout ton passé de rêves et de chimères, et qui engage ta conviction, ta volonté, ta foi, ton avenir, ton dévouement, ta religion, à la réussite de mon œuvre.

— Et si je ne crois pas à votre œuvre ? dit Émile en pâlissant.

— Il faudra bien y croire ; ou, si elle est inexécutable, ce sera moi le premier qui n'y croirai plus. Mais ne pense pas m'échapper par ce détour. S'il nous faut lever d'ici notre tente, je la transporterai ailleurs, et ne m'arrêterai qu'à la mort. Là où je serai, et quelque chose que je fasse, il faut me suivre, me seconder et me sacrifier tous tes systèmes, tous tes songes...

— Quoi ! ma pensée elle-même, ma croyance à l'avenir? s'écria Émile épouvanté. O mon père ! vous voulez me déshonorer à mes propres yeux !

— Tu recules ! Ah ! tu n'es pas même amoureux, mon pauvre Émile ! Mais brisons là. C'est assez d'émotions maintenant pour ta pauvre tête. Prends le temps de réfléchir. Je ne veux pas que tu me répondes avant que je t'interroge de nouveau. Consulte la force de ta passion, et va consulter ta maîtresse. Va à Châteaubrun, vas-y tous les jours, à toute heure ; tu n'y rencontreras plus Galuchet. Informe Gilberte et ses parents du résultat de cette conférence. Dis-leur tout. Dis-leur que je donne mon consentement pour vous unir dans un an, à condition que, dès aujourd'hui, tu me feras le serment que j'exige. Il faut que ta maîtresse sache cela exactement, je le veux ; et, si tu ne l'en informais pas, je m'en chargerais moi-même ; car je sais maintenant le chemin de Châteaubrun.

— J'entends, mon père, dit Émile profondément blessé

et navré : vous voulez qu'elle me haïsse si je l'abandonne, ou me méprise si je l'obtiens au prix de mon abaissement et de mon apostasie. Je vous remercie de l'alternative où vous me placez, et j'admire le génie inventif de votre amour paternel.

— Pas un mot de plus, Émile, répondit froidement M. Cardonnet. Je vois que la folie du socialisme persiste, et que l'amour aura quelque peine à la vaincre. Je souhaite que Gilberte de Châteaubrun fasse ce miracle, afin que tu n'aies point à me reprocher de n'avoir pas consenti à ton bonheur. »

XXVII.

PEINES ET JOIES D'AMOUR.

Émile alla s'enfermer dans sa chambre et y passa deux heures en proie aux plus violentes agitations. La pensée de posséder Gilberte sans lutte, sans combat, sans passer par cette affreuse épreuve de briser le cœur de son père, qu'il avait jusque-là prévue avec effroi et douleur, le jetait dans une ivresse complète. Mais tout à coup l'idée de s'avilir à ses propres yeux par un serment impie, le plongeait dans un amer désespoir ; et, parmi ces alternatives de joie et de souffrance, il ne pouvait se résoudre à rien. Oserait-il aller se jeter aux pieds de Gilberte et lui tout avouer ? Il comptait sur son courage et sur sa grandeur d'âme. Mais remplirait-il envers elle les devoirs de l'amour, si au lieu de lui cacher le terrible sacrifice qu'il pouvait lui faire en silence, il la mettait de moitié dans ses remords et ses angoisses ? Ne lui avait-il pas dit cent fois à Crozant, que pour elle, et pour l'obtenir, il subirait tout et ne reculerait devant rien ? Mais il n'avait pas prévu alors que le génie infernal de son père invoquerait la force de son âme pour corrompre et perdre son âme, et il se voyait frappé d'un coup inattendu sous lequel il se trouvait éperdu et désarmé. Vingt fois il faillit retourner vers M. Cardonnet, pour lui demander au moins sa parole de ne point agir, et de cacher à la famille de Châteaubrun les intentions qu'il venait de dévoiler, jusqu'à ce que lui-même eût pris un parti. Mais une invincible fierté le retint. Après le mépris que son père lui avait témoigné, en le supposant assez faible pour apostasier de la sorte, irait-il lui montrer ses irrésolutions et lui livrer le fond de son cœur troublé par la passion ?

Mais quelle serait la victime la plus injustement frappée, de Gilberte ou de lui, si l'honneur l'emportait en lui sur l'amour ? Il était coupable par le fait envers elle, lui qui avait détruit son repos par une passion fatale, et qui l'avait entraînée à partager ses illusions. Qu'avait fait la pauvre Gilberte, cette douce et noble enfant, pour être arrachée au calme de sa pure existence, et immolée tout aussitôt à la loi d'un devoir austère ? N'était-il pas trop tard pour s'aviser de l'écueil contre lequel il l'avait poussée ? Ne fallait-il pas plutôt s'y briser lui-même pour la sauver, et sa conscience avait-elle le droit de reculer devant les derniers sacrifices, lorsqu'elle s'était irrévocablement engagée à Gilberte ?

Et puis, si Gilberte repoussait un sacrifice si énorme, Émile en serait-il moins déshonoré aux yeux de ses parents ? M. Antoine, qui aimait et pratiquait l'égalité par instinct, par besoin du cœur, et aussi par nécessité de position, comprendrait-il qu'Émile, à son âge, s'en fût fait une religion, et qu'une idée pût l'emporter en lui sur un sentiment, sur la foi jurée ? Et Janille ! que penserait-elle de la moindre hésitation de sa part, elle qui, dans son humble condition, nourrissait de si étranges préjugés aristocratiques, et profitait avec ses maîtres des privilèges de l'égalité, sans croire aucunement aux droits de l'égalité pour tous ? Elle le tiendrait pour un misérable fou, ou plutôt elle penserait qu'il accepterait ce prétexte pour manquer à sa parole, et elle le bannirait de Châteaubrun avec colère. Qui sait si, avec le temps, elle ne travaillerait pas avec assez de succès l'esprit de Gilberte, pour que celle-ci partageât son mépris et son indignation ?

Ne se sentant pas la force d'aller affronter une si dure épreuve, Émile essaya d'écrire à Gilberte. Il commença et déchira vingt lettres, et enfin, ne pouvant résoudre le problème de sa situation, il résolut d'aller ouvrir son cœur à son vieil ami, M. de Boisguilbault, et de lui demander conseil.

Pendant ce temps, M. Cardonnet, qui agissait dans toute la force et la liberté de ses cruelles inspirations, écrivait, lui aussi, à Gilberte une lettre ainsi conçue :

« Mademoiselle,

« Vous avez dû me trouver hier bien importun et bien peu galant. Je viens vous demander ma grâce et me confesser d'une petite feinte que vous me pardonnerez, j'en suis certain, quand vous connaîtrez mes intentions.

« Mon fils vous aime, je le sais, Mademoiselle, et je sais aussi que vous daignez approuver ses sentiments. J'en suis heureux et fier, à présent que je vous connais. Ne trouvez-vous pas légitime qu'avant de prendre une décision de la plus haute importance, j'aie voulu voir de mes propres yeux, et quelque peu éprouver le caractère de la personne qui dispose du cœur de mon fils et de l'avenir de ma famille ?

« Je viens donc aujourd'hui, Mademoiselle, faire amende honorable à vos pieds, et vous dire que, quand on est aussi belle et aussi aimable que vous l'êtes, on peut se passer de bien des choses, et même de fortune, pour entrer dans une famille riche et honorable.

« Je vous demande, en conséquence, la permission de me présenter de nouveau chez vous, pour faire en règle à monsieur votre père la demande de votre main pour mon fils, aussitôt que mon fils m'y aura pleinement autorisé. Ce dernier mot demande une courte explication, et c'est dans cette lettre qu'elle doit trouver sa place.

« Je mets au bonheur de mon fils une seule condition, et cette condition ne tend qu'à rendre son bonheur plus complet, et à l'assurer indéfiniment. J'exige qu'il renonce à des excentricités d'opinion qui troubleraient notre bonne intelligence et qui compromettraient, dans l'avenir, sa fortune et sa considération. Je suis certain que vous avez trop de raison et d'esprit pour rien comprendre aux doctrines égalitaires et socialistes, à l'aide desquelles mon cher Émile compte bouleverser le monde avec ses jeunes amis, d'ici à peu de temps ; que les mots de solidarité humaine, de répartition égale des jouissances et des droits, et beaucoup d'autres termes techniques de la jeune école communiste, sont pour vous parfaitement inintelligibles. Je ne pense pas qu'Émile vous ait jamais ennuyée de ses déclamations philosophiques, et je concevrais difficilement qu'il eût obtenu, avec ce langage, le bonheur de vous plaire. Je ne doute donc point qu'il ne consente à s'en abstenir à tout jamais, et à en abjurer la folie. A ce prix, et pourvu qu'il s'engage avec moi par une parole libre, mais sacrée, je consentirai de toute mon âme à ratifier l'heureux choix qu'il a su faire d'une femme aussi parfaite que vous. Veuillez, Mademoiselle, exprimer à monsieur votre père tous mes regrets de ne l'avoir point rencontré, et lui faire part du contenu de la présente.

« Agréez les sentiments de haute estime et de sympathie toute paternelle avec lesquels je remets entre vos mains la cause de mon fils et la mienne.

« VICTOR CARDONNET. »

Tandis qu'un domestique galonné d'or et monté sur un beau cheval de main portait cette lettre à Châteaubrun, Émile, accablé de soucis, se dirigeait à pied vers le parc de Boisguilbault.

« Eh bien, dit le marquis en lui serrant la main avec force, je ne vous attendais plus que dimanche prochain ; je pensais que vous m'aviez oublié hier, et voici une douce surprise ! Je vous en remercie, Émile. Le temps est bien long, depuis que vous travaillez si assidûment pour votre père. Je ne puis qu'approuver cette soumission, bien que je me demande avec un peu d'effroi si elle ne vous mènera pas avec lui et ses principes plus loin que vous ne croyez... Mais qu'avez-vous, Émile, vous êtes pâle, oppressé ? Seriez-vous tombé de cheval ?

— Je suis venu à pied ; mais je suis tombé de plus

haut, répondit Émile, et je crois que je viens mourir ici. Écoutez-moi, mon ami; je viens vous demander la force du trépas ou le secret de la vie. Un bonheur insensé, un malheur épouvantable, sont aux prises dans mon pauvre cœur, dans ma tête brisée. Je porte en moi, depuis que je vous connais, un secret que je n'osais pas, que je ne pouvais pas vous dire, mais que je ne puis contenir aujourd'hui. J'ignore si vous le comprendrez; j'ignore s'il y a en vous un point sympathique avec ma souffrance; mais je sais que vous m'aimez, que vous êtes sage, éclairé, que vous adorez la justice. Il est impossible que vous ne me donniez pas un conseil salutaire. »

Et le jeune homme confia au vieillard toute son histoire, mais en s'abstenant avec soin de lui nommer aucune personne, aucun lieu, aucune époque récente qui pût lui faire pressentir qu'il s'agissait de Gilberte et de sa famille. Il eût craint l'effet de ses préventions personnelles, et, voulant que rien ne pût influencer le jugement du marquis, il s'expliqua de manière à lui laisser croire que l'objet de son amour pouvait lui être complétement étranger, et résider soit à Poitiers, soit à Paris. Cette réserve de ne point prononcer le nom de sa maîtresse ne devait que paraître très-convenable à M. de Boisguilbault.

Lorsque Émile eut fini, il fut fort surpris de ne pas trouver son austère confident armé du courage stoïque qu'il avait à la fois prévu et redouté de sa part. Le marquis soupira, baissa la tête; puis la relevant vers le ciel: « La vérité, dit-il, est éternelle! » Mais aussitôt après, il la laissa retomber sur son sein, en disant : « Et pourtant je sais ce que c'est que l'amour.

— Vous, mon ami? dit Émile, vous me comprenez donc, et je puis compter que vous me sauverez?

— Non, Émile; il m'est impossible de vous préserver d'un calice d'amertume. Quelque parti que vous preniez, il faut le boire jusqu'à la lie, et il ne s'agit que de savoir de quel côté est l'honneur, car, quant au bonheur, n'y comptez plus, il est à jamais perdu pour vous.

— Ah! je le sens déjà, répondit Émile, et d'un jour de soleil et d'ivresse je passe dans les ténèbres de la mort. Savez-vous un mal profond et irréparable que je trouve au fond de tout, quelque sacrifice que je résolve? c'est que mon cœur est devenu de glace pour mon père, et que, depuis quelques heures, il me semble que je ne l'aime plus, que je ne crains plus de l'affliger, qu'il n'y a plus pour lui, en moi, ni estime, ni respect. O mon Dieu, préservez-moi de cette souffrance au-dessus de mes forces! Jusqu'ici, vous le savez, malgré tout le mal qu'il m'a fait et l'effroi qu'il m'a causé, je le chérissais encore, et je réunissais toutes les forces de mon âme pour croire en lui. Je me sentais toujours fils et ami jusqu'au fond de mes entrailles, et aujourd'hui il me semble que le lien du sang s'est à jamais brisé, et que je lutte contre un maître étranger, qui m'opprime... qui pèse sur mon âme comme un ennemi, comme un spectre! Ah! je me rappelle un rêve que j'ai fait, la première nuit que j'ai passée dans ce pays-ci. Je voyais mon père se placer sur moi pour m'étouffer!... C'était horrible, et maintenant cette odieuse vision se réalise; mon père a mis ses genoux, ses coudes, ses pieds sur mon sein; il veut m'arracher la conscience ou le cœur. Il fouille dans mes entrailles pour savoir quel endroit faible lui cédera. Oh! c'est une invention diabolique et un dessein parricide qui l'égare. Est-il possible que l'amour de l'or et le culte du succès inspirent de pareilles idées à un père contre son enfant? Si vous aviez vu avec quel sourire de triomphe il m'étalait l'inspiration subite de son étrange générosité! ce n'était pas un protecteur et un conseil; c'était un ennemi qui a tendu un piège, et qui saisit sa proie avec un rire perfide! « Choisis, semblait-il me dire, et si tu en meurs, qu'importe? j'aurai vaincu. » O mon Dieu, c'est affreux, affreux! de condamner et de haïr son père! »

Et le pauvre Émile, brisé de douleur, pencha son visage sur l'herbe où il était couché, et l'arrosa de larmes brûlantes.

« Émile, dit M. de Boisguilbault, vous ne pouvez ni haïr votre père, ni trahir votre maîtresse. Voyons, tenez-vous beaucoup à la vérité? pouvez-vous mentir? »

Le marquis avait touché juste. Émile se releva avec force.

« Non, Monsieur, non, dit-il, vous le savez bien, je ne puis mentir. Et à quoi sert le mensonge aux lâches? Quel bonheur, quel repos peut-il leur assurer? Quand j'aurai juré à mon père que je change de religion, que je crois à l'ignorance, à l'erreur, à l'injustice, à la folie, que je hais Dieu dans l'humanité, et que je méprise l'humanité en moi-même, se fera-t-il en moi quelque monstrueux prodige? serai-je convaincu? me sentirai-je tout à coup transformé en paisible et superbe égoïste?...

— Peut-être, Émile! ce n'est que le premier pas qui coûte dans le mal, et quiconque a trompé les hommes arrive à pouvoir se tromper lui-même. Cela s'est vu assez souvent pour être croyable!

— En ce cas, arrière le mensonge! car je me sens homme et ne puis me transformer en brute de mon plein gré. Mon père, avec toute son habileté et toute sa force, est un aveugle en ceci. Il croit à ce qu'il veut me faire croire, et on l'engageait à prendre ma croyance pour la sienne, il ne le pourrait pas. Aucun intérêt, aucune passion ne le contraindrait à le faire, et il s'imagine qu'il ne me mépriserait pas, le jour où je me serais avili au point de commettre une lâcheté dont il se sait incapable? A-t-il donc besoin de me mépriser et de me détruire pour se confirmer dans ses principes inhumains?

— Ne l'accusez pas de tant de perversité : il est l'homme de son temps, que dis-je? il est l'homme de tous les temps. Le fanatisme ne raisonne pas, et votre père est un fanatique; il brûle et torture encore l'hérésie, croyant faire honneur à la vérité. Le prêtre qui vient nous dire à notre dernière heure : « Crois, ou tu seras damné, » est-il beaucoup plus sage ou plus humain? L'homme puissant qui dit au pauvre fonctionnaire ou à l'artiste malheureux : « Sers-moi et tu t'enrichis, » ne croit-il pas lui faire une grâce et lui octroyer un bienfait?

— Mais c'est la corruption! s'écria Émile.

— Eh bien! reprit le marquis, par quoi donc le monde est-il gouverné aujourd'hui? Sur quoi donc repose l'édifice social? Il faut être bien fort, Émile, pour protester contre cela; car alors il faut se résoudre à être sacrifié.

— Ah! si j'étais seul victime de mon sacrifice, dit le jeune homme avec douleur; mais elle! la pauvre et sainte créature! il faudra donc qu'elle soit sacrifiée aussi!

— Dites-moi, Émile, si elle vous conseillait de mentir, l'aimeriez-vous encore?

— Je n'en sais rien! je crois que oui! Puis-je prévoir un cas où je ne l'aimerais plus, puisque je l'aime?

— Vous aimez, je le vois! Hélas! moi aussi, j'ai aimé!

— Oh! dites-moi, eussiez-vous sacrifié l'honneur?

— Peut-être, si on m'eût aimé!

— Oh! faibles humains que nous sommes! s'écria Émile. Eh quoi! ne trouverai-je pas un appui, un guide, un secours dans ma détresse? Personne ne me donnera-t-il la force? La force, mon Dieu! je te la demande à genoux ; et jamais je n'ai prié avec plus de foi et d'ardeur : je te demande la force! »

Le marquis s'approcha d'Émile et le pressa contre son cœur. Les larmes coulaient sur ses joues; mais il garda le silence, et ne l'aida point.

Émile pleura longtemps dans son sein et sentit qu'il aimait cet homme, que chaque épreuve lui révélait plus sensible que réellement fort. Il l'en aimait davantage, mais il souffrait de ne point trouver en lui le conseil énergique et puissant sur lequel il avait compté dans sa faiblesse. Il le quitta à l'entrée de la nuit, et le marquis se borna à lui dire : « Revenez demain, il faut que je sache ce que vous avez décidé. Je ne dormirai pas que je ne vous aie vu plus calme. »

Émile prit le plus long pour revenir à Gargilesse; il fit un détour qui lui permit de passer à peu de distance de Châteaubrun par des sentiers couverts qui le dérobaient aux regards, et quand il vit les ruines d'assez près, il s'arrêta éperdu, songeant à ce que devait souffrir Gilberte depuis la cruelle visite de son père, et n'osant lui porter de meilleures nouvelles, dans la crainte de perdre tout courage et toute vertu.

Il était là depuis quelques instants, sans pouvoir se décider à rien, lorsqu'il s'entendit appeler à voix basse, avec un accent qui le fit tressaillir ; et jetant les yeux sur un petit bois de chênes qui bordait le chemin à sa droite, il vit dans l'ombre un pan de robe qui glissait derrière les arbres. Il s'élança de ce côté, et, lorsqu'il se fut assez engagé dans le bois pour n'avoir à craindre aucun témoin, Gilberte se retourna et l'appela encore.

« Venez, Émile, lui dit-elle lorsqu'il fut à ses côtés. Nous n'avons pas un instant à perdre... Mon père est dans la prairie, tout près d'ici. Je vous ai aperçu et reconnu au moment où vous descendiez dans ce chemin, et je me suis éloignée sans rien dire, pendant qu'il cause avec les faucheurs. J'ai une lettre à vous montrer, une lettre de M. Cardonnet ; mais la nuit ne nous permet pas de la lire, et je vais vous la dire à peu près mot à mot. Je la sais par cœur. »

Et quand Gilberte eut en quelque sorte récité cette lettre :

« Maintenant, dit-elle, expliquez-moi ce que cela signifie.... Je crois le comprendre ; mais j'ai besoin de le savoir de vous.

— O Gilberte ! s'écria Émile, je n'ai pas eu le courage d'aller vous le dire ; mais c'est la volonté de Dieu qui fait que je vous rencontre, et que mon sort va être décidé par vous. Dites-moi, ô ma Gilberte ! ô mon premier et dernier amour ! savez-vous pourquoi je vous aime ?

— C'est apparemment, répondit Gilberte en lui abandonnant sa main qu'il pressa contre ses lèvres, parce que vous avez deviné en moi un cœur fait pour vous aider.

— Eh bien, ma seule amie, mon seul bien en ce monde, pouvez-vous me dire pourquoi votre cœur s'est donné à moi ?

— Oui, je puis vous le dire, mon ami ; c'est parce que vous m'avez paru, dès le premier jour, noble, généreux, simple, humain, bon en un mot, ce qui pour moi est la plus grande qualité qu'il y ait au monde.

— Mais il y a une bonté passive qui exclut en quelque sorte la noblesse et la générosité des sentiments, une douce faiblesse qui peut être un charme de caractère, mais qui, dans les occasions difficiles, transige avec le devoir et trahit les intérêts de l'humanité pour épargner la souffrance à quelques-uns et à soi-même ?

— Je comprends cela, et je n'appelle pas bonté la faiblesse et la peur. Il n'y a pas de vraie bonté pour moi sans courage, sans dignité, sans dévouement surtout. Si je vous estime au point de vous dire sans méfiance et sans honte que je vous aime, Émile, c'est parce que vous sais grand et de cœur et d'esprit ; c'est parce que vous plaigniez les malheureux et ne songez qu'à les secourir, parce que vous ne méprisez personne, parce vous souffrez des peines d'autrui, parce qu'enfin vous voudriez donner tout ce qui est à vous, jusqu'à votre sang, pour soulager les pauvres et les abandonnés. Voilà ce que j'ai compris de vous dès que vous avez parlé devant moi et avec moi : et voilà pourquoi je me suis dit : Ce cœur répond au mien ; ces nobles pensées élèvent les miennes et me confirment dans tout ce que je pressentais ; je vois dans cet esprit, un beau charme et me pénètre, une lumière que je suis forcée de suivre et qui me guide vers Dieu même. Voilà pourquoi, Émile, en me laissant aller à vous aimer, je ne sentais en moi ni effroi ni remords. Il me semblait accomplir un devoir ; et je n'ai pas changé de sentiment en lisant les railleries que votre père vous adresse.

— Chère Gilberte, vous connaissez mon âme et ma pensée ; seulement votre adorable bonté, votre divine tendresse, m'ont fait un grand mérite de sentiments, qui me paraissaient tellement naturels et imposés aux hommes par l'instinct que Dieu leur en a donné, que je rougirais de ne les point avoir. Eh bien, pourtant, ces sentiments qui doivent vous paraître tels à vous-même, puisque vous les portez en vous avec tant de candeur et de simplicité, beaucoup de personnes les repoussent et les raillent comme une dangereuse erreur. Il en est qui les haïssent et les méprisent parce qu'ils ne les ont pas... Il en est d'autres aussi qui, par une étrange anomalie, les ont jusqu'à un certain point, et n'en peuvent souffrir la déduc-

tion logique et les conséquences rigoureuses. Mon Dieu, je crains de ne pouvoir m'expliquer clairement !

— Oui, oui, je vous entends. Janille est bonne comme Dieu même, et, par ignorance ou préjugé, cette parfaite amie repousse mes idées d'égalité et veut me persuader que je puis aimer, plaindre et secourir les malheureux sans cesser de les croire d'une nature inférieure à la mienne.

— Eh bien, noble Gilberte, mon père a les mêmes préjugés que Janille, à un autre point de vue. Tandis qu'elle croit que la naissance devrait créer des droits à la puissance, il est persuadé, lui, que l'habileté, la force et l'énergie en créent à la richesse, et que la richesse acquise a pour devoir de s'augmenter sans limites, à tout prix, et de poursuivre sa route dans l'avenir, sans jamais permettre aux faibles d'être heureux et libres.

— Mais c'est horrible ! s'écria Gilberte ingénument.

— C'est le préjugé, Gilberte, et l'empire terrible de la coutume. Je ne puis condamner mon père ; mais, dites-moi, lorsqu'il me demande de lui jurer que j'épouserai son erreur, que je partagerai sa passion ambitieuse et son intolérance superbe, dois-je lui obéir ? et si votre main est à ce prix, si j'hésite un instant, si une terreur profonde s'empare de moi, si je crains de devenir indigne de vous en reniant ma croyance à l'avenir de l'humanité, ne mérité-je point quelque pitié de vous, quelque encouragement ou quelque consolation ?

— O mon Dieu, dit Gilberte en joignant les mains, vous ne comprenez pas ce qui nous arrive, Émile ! votre père ne veut pas que nous soyons jamais unis, et sa conduite est pleine de ruse et d'habileté. Il sait bien que vous ne pouvez pas changer de cœur et de cerveau comme on change d'habit ou de cheval ; et soyez certain qu'il vous mépriserait lui-même, qu'il serait au désespoir s'il obtenait ce qu'il vous demande ! Non, non, il vous connaît trop, Émile, pour le croire, et il ne le craint guère ; mais il arrive ainsi à ses fins. Il vous éloigne de moi, il essaie de nous brouiller ensemble, il se donne tous les droits et à vous tous les torts. Mais il n'y réussira pas, Émile ; non, je vous le jure : votre résistance augmentera mon affection pour vous. Ah ! oui, je comprends tout cela ; mais je suis au-dessus d'une si pauvre embûche, et rien ne nous désunira jamais.

— O ma Gilberte, ô mon ange divin ! s'écria Émile, dictez-moi ma conduite ; je vous appartiens entièrement. Si vous l'ordonnez, je courberai la tête sous le joug ; je commettrais toutes les iniquités, tous les crimes pour vous...

— J'espère que non ! répondit Gilberte avec une douce fierté, car je ne vous aimerais plus si vous cessiez d'être vous-même, et je ne veux pas d'un époux que je ne pourrais pas respecter. Dites à votre père, Émile, que je ne vous accorderai jamais ma main à de telles conditions, et que, malgré tous les dédains qu'il me conserve au fond de son cœur, j'attendrai qu'il ait ouvert les yeux à la justice et à des sentiments plus honorables pour nous deux. Je ne serai pas le prix d'une trahison.

— O noble fille ! s'écria Émile en se jetant à ses genoux et en les embrassant avec ferveur ; je vous adore comme mon Dieu et vous bénis comme ma providence ! Mais je n'ai pas votre courage ; qu'allons-nous devenir ?

— Hélas ! dit Gilberte, nous allons cesser pendant quelque temps de nous voir. Il le faut ; mon père et Janille étaient présents lorsque la lettre de votre père est arrivée. Mon pauvre père était ivre de joie et ne comprenait rien aux objections de la fin. Il vous a attendu toute la journée, et il vous attendra tous les jours, jusqu'à ce que je lui dise que vous ne devez pas venir, et alors j'espère que je pourrai justifier votre conduite et votre absence. Mais Janille ne vous pardonnera pas de longtemps ; déjà elle s'étonne, s'inquiète et s'irrite de ce que vous tardez, et de ce que votre père semble attendre votre autorisation pour venir me demander en mariage. Si vous lui disiez maintenant ce que j'exige que vous fassiez, elle vous maudirait, et vous bannirait à jamais de ma présence.

— O mon Dieu ! s'écria Émile, ne plus vous voir ! non, c'est impossible !

— Eh bien ! mon ami, qu'y aura-t-il donc de changé

entre nous? Est-ce que vous cesserez de m'aimer, parce que, pendant quelques semaines, quelques mois peut-être, vous ne me verrez pas? est-ce que nous allons nous dire un adieu éternel? est-ce que vous ne croirez plus en moi? N'avions-nous pas prévu des obstacles, des souffrances, des époques de séparation?

— Non, non, dit Émile, je n'avais rien prévu, je ne pouvais pas croire que cela dût arriver! je n'y crois pas encore!...

— O mon cher Émile! ne manquez pas de force quand j'ai besoin de toute la mienne. Vous avez juré de vaincre la résistance de votre père, et vous la vaincrez. Voici déjà un de ses plus puissants efforts que nous venons de déjouer. Il était bien sûr d'avance que vous n'accepteriez pas le déshonneur, et il croit que vous vous rebuterez si facilement! Il ne vous connaît pas; vous persisterez à m'aimer, et à le lui dire, et à le lui prouver sans cesse. Voyez! le plus difficile est fait, puisqu'il sait tout, et que, au lieu de s'indigner et de s'affliger, il accepte le combat en riant, comme une partie de jeu où il se croit le plus fort. Ayez donc du courage; je n'en manquerai pas. N'oubliez pas que notre union est l'ouvrage de plusieurs années de persévérance et de religieux travail. Adieu, Émile, j'entends la voix de mon père qui se rapproche, je fuis. Restez ici, vous, pour ne reprendre votre route que quand nous serons bien loin.

— Ne plus vous voir! répétait Émile, ne plus vous entendre, et avoir du courage!

— Si vous en manquez, Émile, c'est que vous ne m'aimez pas autant que je vous aime; et que notre union ne vous promet pas assez de bonheur pour vous décider à combattre beaucoup et longtemps.

— Oh! j'aurai du courage! s'écria Émile, vaincu par l'énergie de cette noble fille. Je saurai souffrir et attendre. Vous verrez, Gilberte, si le bonheur que me promet l'avenir ne me fait pas tout supporter dans le présent. Mais quoi! ne pourrions-nous pas nous rencontrer quelquefois, par hasard, comme aujourd'hui, par exemple?

— Qui sait? dit Gilberte. Comptons sur la Providence.

— Mais on aide quelquefois la Providence! Ne peut-on trouver un moyen de s'entendre, de s'avertir?... en s'écrivant!...

— Oui, mais il faut tromper ceux qu'on aime!

— O Gilberte! que faire?

— J'y songerai, laissez-moi partir.

— Partir sans me rien promettre!

— Vous avez ma foi et mon âme, et ce n'est rien pour vous?

— Partez donc! dit Émile en faisant un violent effort pour désunir ses bras qui retenaient obstinément la taille souple de Gilberte; je suis encore heureux en vous laissant partir! Voyez si je vous aime, si je crois en vous et en moi-même!

— Croyez en Dieu, dit Gilberte; il nous protégera! »
Et elle disparut à travers les branches.

Émile resta longtemps à la place qu'elle venait de quitter; il baisa l'herbe que ses pieds avaient à peine foulée, l'arbre qu'elle avait effleuré de sa robe, et, longtemps couché dans ce taillis, témoin mystérieux de son dernier bonheur, il ne s'en arracha qu'avec peine. Gilberte courut après son père, qui avait repris le chemin des ruines et qui marchait vite devant elle. Tout à coup il se retourna, et, revenant sur ses pas: « Ah! ma pauvre enfant, je retournais te chercher, dit-il avec simplicité.

— C'est-à-dire, mon père, que vous m'aviez oubliée derrière vous, répondit Gilberte en s'efforçant de sourire.

— Non, non.... ne dis pas cela; Janille prétendrait que c'est une distraction! Je pensais à toi justement; cette lettre de M. Cardonnet me trotte toujours par la tête. Peut-être qu'Émile nous attend à la maison, qui sait? il n'aura pu venir plus tôt; son père l'aura retenu. Rentrons vite; je parie qu'il est là!»

Et le bonhomme doubla le pas avec confiance. Janille était d'une humeur massacrante; elle ne pouvait s'expliquer la lenteur d'Émile et concevait sur ses pas de graves inquiétudes. Gilberte essaya de les distraire, et pendant le souper elle se montra calme et presque gaie.

Mais à peine fut-elle seule dans sa chambre, qu'elle se jeta à genoux, la figure contre son lit, pour étouffer les sanglots qui brisaient sa poitrine.

XXVIII.
CONSOLATIONS.

Gilberte était résignée, quoique au désespoir. Émile était peut-être moins désolé, parce qu'au fond du cœur il n'était pas résigné encore. A chaque instant ses incertitudes revenaient, et, plus Gilberte s'était montrée grande et digne de son amour, plus cet amour lui faisait sentir son invincible puissance. Au moment de rentrer dans le village, il revint brusquement sur ses pas, voulant se persuader qu'il allait à Châteaubrun; et, quand il eut marché quelques minutes, il s'assit sur un rocher, mit sa tête dans ses mains, et se sentit plus faible, plus amoureux, plus homme que jamais.

« Si M. de Boisguilbault l'avait vue et entendue, se disait-il, il comprendrait que je ne puis hésiter entre elle et moi, et qu'il faut l'obtenir, fût-ce au prix d'un mensonge! Mon Dieu! mon Dieu! inspirez-moi. C'est vous qui m'avez envoyé cet amour, et si vous m'avez donné la force de le ressentir, vous ne voudriez pas me donner celle de le rompre.

— Eh bien, monsieur Émile! que faites-vous là? dit Jean Jappeloup, qu'il n'avait pas vu venir, et qui s'assit auprès de lui. Je vous cherchais, car je me suis habitué à causer avec vous le soir, et quand je ne vous vois pas après ma journée, ça me manque. Qu'est-ce qu'il y a? voyons, est-ce que vous avez mal à la tête, que vous vous la tenez à deux mains, comme si vous aviez peur de la perdre?

— Il ne serait plus temps, mon ami, répondit Émile; ma pauvre tête est à jamais perdue.

— Vous êtes donc bien amoureux? Allons! à quand la noce?

— Bientôt, Jean, quand nous voudrons! s'écria Émile, que cette idée jeta dans une sorte de délire. Mon père y consent, je l'épouse, oui, je l'épouse, entends-tu? car, sans cela il faut que je meure. N'est-ce pas, qu'il faut que je l'épouse?

— Diable! je le crois bien! comment hésiteriez-vous une minute? Ce n'est pas moi qui vous donnerais raison si vous la trompiez, et je crois bien, mon garçon, que je vous y forcerais, quand je devrais vous battre.

— Oui, n'est-ce pas, c'est mon devoir?

— Tiens! mais on dirait que vous en doutez? Vous avez l'air quasi égaré, en disant ça?

— Oui, je suis égaré, c'est vrai; mais n'importe: je connais maintenant mon devoir, et c'est toi qui me confirmes dans ma meilleure résolution. Allons ensemble à Châteaubrun!

— Vous y alliez donc? à la bonne heure; dépêchons-nous, car il se fait tard. Vous me conterez en chemin comment votre père a pu tout d'un coup se décider à être si sage, lui que je croyais fou!

— Mon père est fou, en effet, dit Émile en prenant le bras du charpentier, et en marchant près de lui avec agitation: tout à fait fou! car il consent, à condition que je lui ferai un mensonge dont il ne sera pas la dupe. Mais c'est pour lui un triomphe, un vrai plaisir que de m'amener à mentir!

— Ah çà, dit Jappeloup, vous n'avez pas bu? non! ça ne vous arrive jamais! et pourtant vous battez la campagne. On dit que l'amour grise comme le vin: il y paraît, car vous dites des choses qui n'ont ni rime, ni raison.

— Mon père, qui est fou, poursuivit Émile hors de lui, a voulu me rendre fou aussi, et il y réussit assez bien, tu vois! il veut que je lui dise que deux et deux font cinq, et même que j'en fasse serment devant lui. J'y consens, vois-tu! Que m'importe de flatter sa folie, pourvu que j'épouse Gilberte!

— Je n'aime pas tous ces discours-là, Émile, dit le charpentier, je n'y comprends rien et ça m'impatiente. Si vous êtes fou, je ne veux pas que Gilberte vous épouse. Tâchons de reprendre un peu nos esprits et arrêtons-nous là. Je n'ai pas envie de vous conduire à Châteaubrun, si vous voulez déraisonner de la sorte, mon fils !

— Jean, je me sens très-malade, dit Émile en s'asseyant de nouveau ; j'ai le vertige. Tâche de me comprendre, de me calmer, de m'aider à me comprendre moi-même. Tu sais que je ne pense pas comme mon père ; eh bien ! mon père veut que je pense comme lui, voilà tout ! Cela ne se peut pas ; mais pourvu que je dise comme lui, qu'importe !

— Mais dire quoi ? au nom du diable ! s'écria Jean, qui avait, comme on sait, fort peu de patience.

— Oh ! mille folies, répondit Émile, qui sentait un frisson glacé succéder par intervalles à une chaleur brûlante ; par exemple, que c'est un grand bonheur pour les pauvres qu'il y ait des riches.

— C'est faux ! dit Jean, haussant les épaules.

— Que plus il y aura de riches et de pauvres, mieux ira le monde.

— Je le nie.

— Que c'est une guerre que Dieu commande, et que les riches doivent marcher à cette guerre avec transport.

— Dieu le défend, au contraire !

— Enfin, qu'il faut que les gens d'esprit soient plus heureux que les pauvres d'esprit, parce que c'est l'ordre de la Providence !

— Il en a menti, mille tonnerres ! s'écria Jean en frappant le rocher de son bâton. Finissez donc de répéter toutes ces bêtises-là ; car je ne peux pas les entendre. Le bon Dieu a dit lui-même tout le contraire de ça, et il n'est venu sur la terre accommodé en charpentier que pour le prouver.

— Il s'agit bien de Dieu et de l'Évangile ! reprit Émile. Il s'agit de Gilberte et de moi. Je ne persuaderai jamais à mon père qu'il se trompe. Il faut que je dise comme lui, Jean ; et alors je serai libre d'épouser Gilberte ; il ira lui-même la demander demain pour moi à son père.

— Vrai ! mais il est donc fou, de croire que vous serez de bonne foi en répétant ses billevesées ? Ah ! oui, je vois tout de bon que la tête est déménagée, et c'est cela qui vous fait de la peine, Émile ; car je vois bien aussi que vous êtes triste au fond du cœur, mon pauvre enfant ! »

Émile versa des larmes qui le soulagèrent, et reprenant sa raison, il expliqua plus clairement au charpentier ce qui se passait entre son père et lui.

Jean l'écouta la tête baissée, puis après avoir réfléchi longtemps, il lui dit en lui prenant la main : « Émile, il ne faut pas faire ces mensonges-là, c'est indigne d'un homme. Je vois bien que votre père est plus rusé que timbré, et qu'il ne se contentera pas de deux ou trois paroles en l'air, comme on dit quelquefois pour apaiser un homme qui a trop pris de vin et qu'on traite comme un petit enfant. Votre père, quand vous aurez menti, ou promis ce que vous ne pouvez pas tenir, ne vous laissera pas respirer, et si vous essayez de redevenir un homme, il vous dira : « Souviens-toi que tu n'es plus rien ! » Il est dur et fier, je le connais bien ; il ne vous donnera pas seulement un jour par semaine pour reprendre à votre guise, et puis il rendra votre femme malheureuse. Je vois ça d'ici, il vous fera rougir devant elle, et il manœuvrera si bien qu'elle en viendra à rougir de vous. Foin du mensonge et des paroles de mauvaise foi ! Pas de ça, Émile, je vous le défends.

— Mais Gilberte !

— Mais Gilberte dira comme moi, et Antoine aussi, et Janille... Ma mie Janille dira ce qu'elle voudra... Moi, je ne veux pas que tu mentes ! Il n'y a pas de Gilberte qui pût me faire mentir.

— Il faut donc que je renonce à elle, que je ne la voie plus ?

— Ça c'est un malheur, dit Jean d'un ton ferme ; mais quand le malheur est sur nous, il faut savoir le supporter. Allez trouver M. de Boisguilbault, il vous dira comme moi ; car, d'après tout ce que vous m'avez raconté de lui, c'est un homme qui voit juste et qui pense bien.

— Eh bien, Jean, j'ai vu M. de Boisguilbault, et il comprend que ce sacrifice est au-dessus de mes forces.

— Il sait que vous aimez Gilberte ? Oui-da ? vous le lui avez dit ?

— Il sait que j'aime, mais je ne la lui ai pas nommée.

— Et il vous conseille de mentir ?

— Il ne me conseille rien.

— Il a donc perdu la tête, lui aussi ? Allons, Émile, vous m'écouterez, moi, parce que j'ai raison. Je ne suis ni riche, ni savant ; je ne sais pas si ça m'ôte le droit de manger mon soûl et de dormir dans un lit, mais je sais bien que quand je prie le bon Dieu, il ne m'a jamais dit : « Va te promener ; » et que quand je lui demande ce qui est vrai ou faux, mal ou bien, il me l'a toujours enseigné, sans me répondre : « Va à l'école. » Voyons, réfléchissez un peu. Nous voilà sur la terre beaucoup de pauvres, et un petit tas de riches ; car si tout le monde avait de grosses parts, la terre serait trop petite. Nous nous gênons fort les uns les autres, et nous avons beau faire, nous ne pouvons pas nous aimer : à preuve, qu'il faut des gendarmes et des prisons pour nous accorder. Comment ça pourrait-il être autrement ? Je n'en sais rien. Vous dites là-dessus de jolies choses, et quand vous êtes sur ce chapitre-là, je passerais les jours et les nuits à vous écouter, tant ça me plaît de vous entendre arranger tout ça dans votre tête. C'est pour cela que je vous aime ; mais je ne vous ai jamais dit, mon garçon, que j'espérais voir ça. Ça me paraît bien loin, si c'est possible, et moi, qui suis habitué à la peine, je ne demande au bon Dieu que de nous laisser comme nous sommes, sans permettre aux grands riches d'empirer notre sort. Je sais bien que si tout le monde était comme vous, comme moi, comme Antoine et comme Gilberte, nous mangerions tous la même soupe à la même table ; mais je vois bien aussi que tous les autres ne voudraient point entendre parler de cet arrangement-là, et qu'il y aurait trop à dire et à faire pour les y amener. Je suis fier, moi, et je me passe fort bien de qui me méprise : voilà ma sagesse. Je ne me tourmente guère de la cervelle pour la politique ; je n'y comprends rien ; mais je ne veux pas qu'on me mange, et je déteste les gens qui disent : « Dévorons tout. » Votre père est un de ces mangeurs-là, et si vous lui ressembliez, je vous fendrais la tête avec ma hache plutôt que de vous laisser penser à Gilberte. Dieu a voulu que vous fussiez bon et que la vérité vous parût une bonne affaire ; gardez-la donc, la vérité, puisque c'est la seule chose que les méchants ne puissent pas ôter de la terre. Que votre père dise : « C'est comme cela ; ça m'arrange, et je veux que cela soit ! » Laissez-le dire, il est fort parce qu'il est riche, et ni vous, ni moi, ne pouvons le retenir ; mais qu'il soit assez tête et assez colère pour vouloir vous faire dire que c'est bien comme cela, et que Dieu est content de ce qui se fait..... halte-là ! C'est contre la religion de dire que Dieu aime le mal, et nous sommes chrétiens, que je pense ? Avez-vous été baptisé ? moi aussi, et j'ai renié Satan. Du moins on y a renoncé pour moi, et j'y ai renoncé pour les autres, quand j'ai été parrain. Par ainsi, nous ne devons ni faire de faux serments, ni blasphémer ; et dire que tous les hommes ne se valent pas en venant au monde, et ne méritent pas tous le bonheur, c'est dire qu'il y en a qui sont condamnés à l'enfer avant de naître. J'ai dit, Émile ! Vous ne mentirez pas, et vous ferez renoncer votre père à cette jolie condition-là !

— Ah ! mon ami, si je pouvais seulement voir Gilberte une fois par semaine ! si je n'étais pas déshonoré aux yeux de son père et banni de sa maison, je ne perdrais ni l'espoir, ni le courage !...

— Déshonoré aux yeux d'Antoine ? Eh bien, pour qui le prenez-vous donc ? Croyez-vous qu'il voulût d'un renégat et d'un cafard pour gendre ?

— Oh ! s'il comprenait comme vous, Jean ! mais il ne comprendra rien à ma conduite.

— Antoine n'a pas inventé la poudre, j'en conviens. Il n'a jamais pu se mettre bien dans la tête le carré de l'hypoténuse que j'ai appris en cinq minutes, rien qu'à le voir faire à un compagnon. Mais aussi ne le croyez par trop simple. En fait d'honneur et de bons sentiments, ce vieux-là sait tout ce qu'on doit savoir. Vous pensez donc qu'il faut être bien malin et bien savant pour comprendre que deux et deux font quatre et non pas cinq? Moi, je dis qu'il n'est pas besoin pour cela d'avoir lu une pleine chambre de gros livres, comme le vieux Boisguilbault, et que tout homme malheureux en ce monde sent fort bien que son sort est injuste quand il ne l'a pas mérité. Eh bien, donc! est-ce que l'ami Antoine n'a pas souffert et pâti, lui aussi? Est-ce que les riches ne lui ont pas tourné le dos quand il est devenu pauvre? Est-ce qu'il peut leur donner raison contre lui, qui n'a jamais eu un morceau de pain sans en donner les trois quarts aux autres, parfois le tout? Et si vous n'étiez pas un homme bien pensant, auriez-vous pris de l'amitié pour lui? Seriez-vous amoureux de sa fille jusqu'à vouloir l'épouser, si vous aviez les idées de votre père? Non, vous ne l'auriez pas regardée, ou bien vous l'auriez séduite; mais vous penseriez qu'elle n'a point de dot, et vous l'abandonneriez vilainement. Allons, Émile, mon enfant, du courage! Les honnêtes gens vous estimeront toujours, et je vous réponds d'Antoine; je m'en charge. Si Janille crie, je crierai aussi, et on verra qui a la voix plus haute et la langue mieux pendue, d'elle ou de moi. Quant à Gilberte, comptez qu'elle aura toute sa vie un bon sentiment pour vous, et qu'elle vous saura gré de votre droiture. Elle n'en aimera pas d'autre, allez! Je la connais; c'est une fille qui n'a qu'une parole : mais un temps viendra où votre père changera d'idée. C'est quand il sera malheureux à son tour, et je vous ai prédit que cela arriverait.

— Il n'en croit rien.

— Vous lui avez donc dit ce que je pense de son usine?

— Je le devais.

— Vous avez eu tort, mais c'est fait, et ce qui doit être sera. Allons, Émile, revenons au village et couchez-vous, car je vois bien que vous avez le frisson et que vous sentez d'avoir la fièvre. Va, mon garçon, ne te laisse pas tourner le sang comme ça, et compte un peu sur le bon Dieu! J'irai demain matin à Châteaubrun; je parlerai, moi, et il faudra bien qu'on m'entende. Je te réponds qu'au moins tu n'auras pas le chagrin d'être brouillé avec ceux-là pour avoir fait ton devoir.

— Brave Jean! tu me fais du bien, toi! tu me donnes de la force, et, depuis que tu me parles, je me sens mieux.

— C'est que je vas droit au fait, moi, et ne m'embarrasse pas des choses inutiles.

— Tu iras donc demain à Châteaubrun? dès demain? quoique ce soit un jour de travail?

— Oh! demain : comme je travaille gratis, je peux commencer ma journée à l'heure qu'il me plaira. Savez-vous pour qui je travaille demain, Émile? Voyons, devinez : ça vous fera faire un effort pour sortir de vos soucis.

— Je ne devine pas. Pour M. Antoine?

— Non, Antoine n'a guère de travaux à faire faire, le pauvre compère, et il y suffit tout seul; mais il a un voisin qui n'en manque pas, et qui ne compte guère ses journées d'ouvrier.

— Qui donc? M. de Boisguilbault s'est-il réconcilié avec ta figure?

— Non pas que je sache; mais il n'a jamais défendu à ses métayers de me donner de l'ouvrage. Il n'est pas homme à vouloir me faire du tort, et il n'y a guère que les gens de sa maison qui sachent qu'il m'en veut, si toutefois il m'en veut, car je ne comprends pas ce qu'il y a là-dessous! Enfin, je vous dis que je travaille pour lui sans qu'il s'en aperçoive; car vous savez qu'il va visiter ses propriétés tout au plus une fois par l'an. C'est un peu loin de chez nous; mais grâce à votre père, les ouvriers sont si rares, qu'on est venu me demander; et je ne me suis pas fait prier, quoique j'eusse ailleurs une besogne qui pressait. Ça me fait plaisir, à moi, de travailler pour ce vieux-là! Mais, comme bien vous pensez, je ne me laisserai pas payer. Je lui dois bien assez, après ce qu'il a fait pour moi.

— Il ne souffrira pas que tu travailles gratis pour lui.

— Il faudra bien qu'il le souffre, car il n'en saura rien. Est-ce qu'il sait ce qui se fait dans ses fermes? Il fait son compte en gros au bout de l'an, et ne s'embarrasse guère des détails.

— Mais si ses métayers lui comptent tes journées comme les ayant payées?

— Il faudrait que ce fussent des fripons, et, tout au contraire, ils sont honnêtes gens. Les gens, voyez-vous, sont ce qu'on les fait. Le vieux Boisguilbault n'est pas volé, quoique rien au monde ne fût si facile; mais comme il ne vexe ni ne pressure personne, personne n'a besoin de le tromper et de prendre plus qu'il ne lui revient. Ce n'est pas comme votre père. Il compte, il discute, il surveille, lui, et on le vole, et on le volera toujours : voilà les belles affaires qu'il fera toute sa vie. »

Jean réussit à distraire et presque à consoler Émile. Ce caractère droit, hardi et ferme, eut sur lui une heureuse influence, et il se coucha plus tranquille, après avoir reçu de lui la promesse qu'il saurait le lendemain soir dans quelle disposition étaient les parents de Gilberte à son égard. Jean se faisait fort de leur ouvrir les yeux sur le fond de sa conduite et de celle de M. Cardonnet. La douleur nous rend faibles et confiants, et, quand le courage nous manque, nous n'avons rien de mieux à faire que de remettre notre sort dans les mains d'une personne active et résolue. Si elle ne résout pas aussi aisément qu'elle s'en flatte les embarras de notre position, du moins son contact nous fortifie, nous ranime; sa confiance passe en nous insensiblement et nous rend capables de nous aider nous-mêmes.

« Ce paysan que mon père méprise, pensait Émile en s'endormant, cet ignorant, ce pauvre, ce simple de cœur m'a pourtant fait plus de bien que M. de Boisguilbault; et quand je demandais à Dieu un conseil, un appui, un sauveur, il m'a envoyé son plus pauvre et son plus humble serviteur pour me tracer mon devoir en deux mots. Oh! que la vérité a de force dans la bouche de ces êtres à instincts droits et purs! et que notre science est vaine au prix de la voix du cœur! Mon père! mon père! je sens plus que jamais que vous êtes aveuglé, et la leçon que je reçois de ce paysan est ce qui vous condamne le plus! »

Quoique plus calme d'esprit, Émile fut pris dans la nuit d'une fièvre assez forte. Au milieu des violentes contractions de l'esprit, on oublie de soigner et de préserver le corps. On se laisse épuiser par la faim, surprendre par le froid et l'humidité, lorsqu'on est baigné de sueur ou brûlé de fièvre. On ne sent point l'atteinte du mal physique, et lorsqu'il s'est emparé de nous, il y a une sorte de soulagement à subir cette diversion aux peines de l'âme; on se flatte alors de ne pas pouvoir être longtemps malheureux sans en mourir, et c'est quelque chose que de se croire trop faible pour les éternelles douleurs.

M. de Boisguilbault attendit son jeune ami toute la journée, et une vive inquiétude s'empara de lui le soir, lorsqu'il ne le vit pas arriver. Le marquis s'était attaché fortement à Émile; sans le lui exprimer, à beaucoup près, autant qu'il le sentait, il ne pouvait plus se passer de sa société. Il éprouvait une grande reconnaissance pour ce noble enfant que sa froideur et sa tristesse n'avaient jamais rebuté, et qui, après s'être obstiné à lire dans son âme, lui avait religieusement tenu la promesse d'un dévouement filial. Ce triste vieillard, réputé si ennuyeux, et qui, par découragement, s'exagérait à lui-même ses défauts involontaires, avait trouvé un ami au moment où il croyait n'avoir plus qu'à mourir seul et sans laisser un regret après lui. Émile l'avait presque réconcilié avec la vie, et il s'abandonnait parfois à une douce illusion de paternité, en voyant ce jeune homme s'habituer à sa maison, partager ses austères délassements, ranger sa bibliothèque, feuilleter ses livres, promener ses chevaux, régler même quelquefois ses affaires pour lui épargner un ennui capital; enfin se plaire chez lui et avec lui, comme si la nature et l'accoutumance de toute la vie eussent écarté la distance des âges et la différence des goûts.

Longtemps le vieillard avait eu des retours de méfiance, et il avait essayé de comprendre Émile dans son système de misanthropie bizarre : mais il n'y avait pas réussi. Lorsqu'il avait passé trois jours à vouloir se persuader que le désœuvrement ou la curiosité lui amenait ce commensal avide de conversation sérieuse et de discussion philosophique, s'il voyait reparaître dans sa solitude cette figure enjouée, expansive et candide dans sa hardiesse, il sentait l'espoir revenir avec lui, et il se surprenait à aimer tout de bon, au risque d'être plus malheureux quand reviendrait le doute. Bref, après avoir passé toute sa vie, et les vingt dernières années surtout, à se préserver des émotions qu'il ne se croyait plus capable de partager, il retombait sous leur empire, et ne pouvait plus supporter l'idée d'en être privé.

Il marcha avec agitation dans toutes les allées de son parc, attendit à toutes les grilles, soupirant à chaque pas, tressaillant au moindre bruit; et enfin, accablé de ce silence et de cette solitude, navré à l'idée qu'Émile était aux prises avec une douleur qu'il ne pouvait alléger, il sortit dans la campagne, et s'avança dans la direction de Gargilesse, espérant toujours voir un cheval noir venir à sa rencontre.

Il était fort rare que M. de Boisguilbault osât faire une sortie si marquée hors de son vaste enclos, et il ne pouvait se résoudre à suivre les chemins battus, dans la crainte de rencontrer quelque figure à laquelle il ne serait pas très-habitué. Il allait donc à vol d'oiseau, par les prairies, sans toutefois perdre de vue la route que devait tenir Émile. Il marchait lentement et d'un pas que l'on eût pu croire incertain, mais que la prudence et la circonspection de ses moindres habitudes rendaient plus ferme qu'il ne le paraissait.

En approchant d'un bras de rivière qui, après être sorti de son parc, serpentait dans la vallée, il entendit résonner une cognée, et plusieurs voix frappèrent son attention. Il avait coutume de s'éloigner toujours du bruit qui lui révélait la présence de l'homme, et de faire un détour pour éviter une rencontre quelconque, mais il avait aussi une préoccupation qui, cette fois, le fit agir en sens contraire. Il avait la passion des arbres, et l'on peut parler ainsi, et ne permettait point à ses tenanciers d'en abattre, à moins qu'ils ne fussent complètement morts. Le bruit d'une cognée lui faisait donc toujours dresser l'oreille, et il ne pouvait alors résister au désir d'aller voir, par ses yeux, si ses ordres n'avaient pas été enfreints.

Il entra donc résolument dans le pré où les ouvriers travaillaient, et ce fut avec un naïf sentiment de douleur qu'il vit une trentaine d'arbres magnifiques, tout couverts de feuillage, étendus sur le flanc, et dépecés déjà en partie. Un métayer, aidé de ses garçons, travaillait à charger plusieurs tronçons sur une charrette à bœufs. La cognée qui fonctionnait avec tant d'activité, et qui faisait résonner tous les échos de la vallée, était entre les mains diligentes de Jean Jappeloup!

M. de Boisguilbault ne s'était pas vanté, le jour où il avait dit à Émile, d'un ton glacial, qu'il était fort irascible. C'était encore là une des anomalies de son caractère. A la vue du charpentier, et de la figure ou seulement le nom, lui causait toujours une émotion pénible, il pâlit; puis, le voyant mettre en pièces ses beaux arbres encore jeunes et parfaitement sains, il éprouva un frisson de colère, devint rouge, balbutia des paroles confuses, et s'élança vers lui avec une impétuosité dont ne l'aurait jamais cru capable quiconque l'eût vu, un instant auparavant, marcher à pas comptés, appuyé sur sa canne à pommeau guilloché.

XXIX.
AVENTURE.

L'abatis d'arbres qui blessait si vivement M. de Boisguilbault avait été fait sur le bord de la petite rivière, et les sveltes peupliers, les vieux saules et les aunes majestueux, en tombant pêle-mêle, avaient formé comme un pont de verdure sur cet étroit courant. Tandis que les bœufs étaient occupés à en retirer quelques-uns avec des cordes, et à les traîner vers les chariots destinés à les emporter, le vigoureux charpentier, courant sur les tiges abattues qui barraient encore la rivière, s'appliquait à couper les branches entrecroisées dont la résistance paralysait l'effort des animaux de trait. Ardent au travail et passionné pour la destruction que sa profession utilise, il déployait son courage et son habileté avec une sorte de transport. La rivière était profonde et rapide en cet endroit, et le poste de Jean était assez périlleux pour qu'aucun autre n'eût osé le partager. Courant avec la légèreté et l'aplomb d'un jeune homme jusque vers l'extrémité flexible des arbres couchés en travers sur l'eau, il se retournait parfois pour couper la tige même sur laquelle il se tenait en équilibre, et au moment où un craquement sérieux lui annonçait que son appui allait s'enfoncer sous ses pieds, il sautait lestement sur une tige voisine, électrisé par le danger et par l'étonnement de ses camarades. Sa hache brillante tournoyait en éclairs autour de lui, et sa voix sonore stimulait les autres travailleurs, surpris de trouver si facile une tâche que l'intelligence et l'énergie d'un seul homme commandait, simplifiait et enlevait comme par miracle.

Si M. de Boisguilbault eût été de sang-froid, il eût admiré à son tour, et même il eût ressenti un certain respect pour l'homme qui portait la puissance du génie dans l'accomplissement de ce travail grossier. Mais la vue d'une belle plante pleine de sève et de vie, tranchée par le fer au milieu de son développement, l'indignait et lui déchirait le cœur, comme s'il eût assisté à une scène de meurtre, et, quand cet arbre lui appartenait, il le défendait comme si c'eût été un membre de sa famille.

« Que faites-vous là, maladroits imbéciles! s'écria-t-il en brandissant sa canne, et d'une voix de fausset que la colère rendait aiguë et perçante comme celle d'un fifre. Et toi, bourreau! cria-t-il à Jean Jappeloup, as-tu juré de me blesser et de m'outrager sans cesse? »

Le paysan a l'oreille dure, le paysan berrichon surtout. Les bouviers, échauffés par une ardeur inaccoutumée, n'entendirent pas la voix du maître, d'autant plus que le grincement des cordes, le craquement des jougs et les cris puissants et dominateurs du charpentier couvraient ces sons grêles. Le temps était à l'orage, l'horizon était chargé de nuées violettes qui montaient rapidement. Jean, baigné de sueur, avait retenu tout le monde, en jurant qu'il fallait achever cette besogne avant la pluie qui allait gonfler la rivière, et qui pouvait emporter les arbres abattus. Une sorte de rage s'était emparée de lui, et, malgré la piété qui régnait au fond de son cœur, il jurait comme un païen, comme s'il eût cru ainsi décupler ses forces. Le sang bourdonnait dans son oreille; des exclamations de fureur et de joie lui échappaient à chaque exploit de son bras robuste, et venaient se mêler aux grondements de la foudre. Des coups de vent impétueux l'enveloppaient de feuillage et faisaient voltiger sur son front les mèches argentées de sa rude chevelure. Avec son teint pâle, ses yeux étincelants, son tablier de cuir, sa grande taille maigre, son bras nu et armé, il avait l'air d'un cyclope faisant, sur les flancs de l'Etna, sa provision de bois, pour alimenter le foyer de sa forge infernale.

Tandis que le marquis s'épuisait en impuissantes clameurs, le charpentier, ayant dégagé le dernier obstacle, revint en courant sur le tronc arrondi d'un jeune érable, avec une adresse qui eût fait honneur à un acrobate de profession, sauta sur le rivage, et, saisissant la corde de l'attelage, il allait unir l'exubérance de sa force athlétique à celle des bœufs épuisés de fatigue, lorsqu'il sentit tomber assez sèchement sur ses reins, couverts seulement d'une grosse chemise, le jonc souple et nerveux de M. de Boisguilbault.

Le charpentier se crut fouetté par une branche, comme cela lui était arrivé assez souvent dans cette bataille contre les rameaux verdoyants. Il laissa échapper un juron terrible et, se retournant avec vivacité, il coupa en deux la canne du marquis avec sa cognée, en disant:

« En voilà une qui ne battra plus personne. »

A peine avait-il prononcé cette formule d'extermination, que ses yeux, voilés par l'ivresse du travail, s'éclaircirent tout à coup, et, qu'à la lueur d'un grand éclair, il vit son bienfaiteur debout devant lui, pâle comme un spectre. Le marquis tenait encore, dans sa main tremblante de rage, la pomme d'or et le tronçon de sa canne.

Regardez bien cette jolie petite dame, et puis je vous dirai qui elle est. (Page 111.)

Ce tronçon était si court qu'il s'en était fallu de bien peu que Jean n'abattît la main imprudemment levée sur lui.

— Par les cinq cent mille noms du diable, monsieur de Boisguilbault! s'écria-t-il en jetant sa cognée; si c'est votre esprit qui vient là pour me tourmenter, je vous ferai dire une messe; mais si c'est vous, en chair et en os, parlez-moi, car je ne suis pas patient avec les gens de l'autre monde.

— Que fais-tu ici? pourquoi détruis-tu mes plantations, bête stupide? répondit M. de Boisguilbault, que le danger auquel il venait d'échapper comme par miracle n'avait nullement calmé.

— Excusez, reprit Jean stupéfait, vous ne paraissez pas content! C'est donc vous qui tapez comme ça? Vous n'êtes pas mignon dans la colère, et vous n'avertissez pas le monde. Ah çà! ne recommencez plus, car si vous ne m'aviez pas rendu un si grand service, je vous aurais déjà coupé en deux comme un osier.

— Not' maître, not' maître, faites pardon, dit le métayer, qui avait abandonné lestement la tête de ses bœufs pour se mettre entre le charpentier et le marquis, c'est moi qui ai demandé le Jean pour abattre nos arbres. Personne ne s'y entend comme lui, et il fait l'ouvrage de dix à lui tout seul. Voyez s'il a perdu son temps! Depuis midi jusqu'à cette heure, il a jeté bas ces trente arbres, il les a débités comme vous voyez, et il nous a aidés à les retirer de l'eau. Ne vous fâchez pas contre lui, not' maître! C'est un rude ouvrier, et ça serait pour son profit qu'il ne travaillerait pas si bien.

— Et pourquoi abat-il mes arbres? qui lui a permis de les abattre?

— C'est des arbres que la dribe avait déracinés, not' maître, et qui commençaient à jaunir : une dribe de plus, et l'eau les emportait avec la souche. Voyez si je vous trompe! »

Le marquis retrouva alors assez de calme pour regarder autour de lui, et pour constater que l'inondation du mois de juin avait couché ces arbres sur le flanc. La terre largement crevassée et les racines en l'air attestaient la vérité du rapport qu'on lui faisait. Mais, ne voulant pas encore s'en rapporter au témoignage de ses yeux :

« Et pourquoi n'avez-vous pas attendu mes ordres pour les enlever? dit-il, ne vous ai-je pas défendu cent fois de mettre la cognée à un seul arbre sans m'avoir consulté?

— Mais, not' maître, vous ne vous souvenez donc pas que j'ai été vous avertir de ce dégât, le lendemain même de la dribe? que vous m'avez dit : « En ce cas, il faut les ôter de là et en planter d'autres? » Voilà le temps propice pour planter, et je me dépêchais de faire de la place, d'autant plus qu'il y a là de beaux et bons arbres pour faire des échelles de longueur, et que ça ne m'aurait pas contenté de vous les laisser perdre. Si vous voulez donner un coup de pied jusque dans notre cour, vous verrez qu'il y en a une douzaine de rangés sous le hangar, et demain nous y porterons le reste.

— A la bonne heure, répondit M. de Boisguilbault, honteux de sa précipitation. Je me souviens, en effet, de vous avoir permis de le faire. Je l'avais oublié : j'aurais dû venir voir cela plus tôt.

— Dame ! vous sortez si peu, not' maître ! dit le bon paysan. L'autre jour, pourtant, j'avais rencontré M. Émile, comme il allait vous voir, et je lui avais montré le dommage, en lui recommandant de vous en faire souvenir. Il l'aura donc oublié ?

— Apparemment, dit M. de Boisguilbault ; n'importe, rentrez chez vous, car voici la nuit et l'orage.

— Mais vous allez vous mouiller, not' maître, il faut venir attendre à la maison que la pluie ait fini de tomber.

— Non pas, dit le marquis, elle peut durer longtemps, et je ne suis pas assez loin de chez moi pour ne pouvoir rentrer à temps.

— Not' maître, vous n'aurez pas le temps, la voilà qui commence, et ça va tomber dru !

— C'est bon, c'est bon, je vous remercie, c'est mon affaire, dit le marquis. » Et, tournant le dos, il s'éloigna, tandis que ses métayers et leurs bœufs reprenaient le chemin du domaine [1].

— Ça n'y fait pas trop bon pour un homme d'âge comme lui ! dit le métayer à son fils, en regardant le marquis partir d'autant plus lentement, qu'il était privé de l'appui de sa canne.

— S'il avait voulu patienter, répondit le jeune paysan, on aurait pu lui aller chercher sa voiture. *Ah çà ! Gaillard ! Chauvet !* cria-t-il à ses bœufs, courage, mes enfants. *Quiche ! arrière ! vire, mon mignon !* »

Et, ne songeant plus qu'à diriger son attelage encorné à travers les prés humides, le père et le fils disparurent derrière les buissons, suivis de tout leur monde, sans s'inquiéter davantage du vieux maître. Telle est l'insouciance naturelle au paysan.

M. de Boisguilbault atteignit l'extrémité de la prairie par laquelle il était venu, et au moment de franchir la haie, il se retourna et vit Jean Jappeloup qui était resté assis sur une souche, au milieu de son abatis, comme un vainqueur méditant douloureusement sur le champ de bataille. Toute l'ardeur, toute la gaieté du robuste ouvrier étaient tombées subitement; il était immobile, indifférent à la pluie qui commençait à se mêler sur sa tête à la sueur du travail, et il paraissait en proie à une tristesse profonde.

« Ma destinée est d'offenser cet homme-là, et de ne le rencontrer que pour souffrir, » se dit M. de Boisguilbault. Et il hésita longtemps, partagé entre un naïf repentir et une violente répugnance.

Il se décida à lui faire signe de venir à lui, mais Jean ne parut pas le voir, quoiqu'il fît encore un peu de jour; à l'appeler d'une voix dont la colère n'élevait plus le diapason, mais Jean ne parut pas l'entendre.

« Allons, se dit M. de Boisguilbault à lui-même, tu es coupable ; il faut t'exécuter. » Et il marcha droit au charpentier.

« Pourquoi restes-tu là ? » lui dit-il en lui frappant sur l'épaule.

Jean tressaillit, et, sortant comme d'un rêve :

« Ah ! ah ! que me voulez-vous donc ? dit-il d'un ton brusque et courroucé. Venez-vous encore pour me battre ? Tenez, voilà le reste de votre canne ! je comptais vous le

[1]. On appelle encore *domaine*, dans nos campagnes, les fermes et les métairies.

reporter demain matin pour vous faire souvenir de ce qui vous est arrivé ce soir.

— J'ai eu tort, dit M. de Boisguilbault en balbutiant.

— C'est bientôt dit, j'ai eu tort, reprit le charpentier; avec ça, quand on est riche, vieux et marquis, on croit tout réparé.

— Et quelle réparation exiges-tu de moi ?

— Vous savez bien que je n'en peux demander aucune. D'une chiquenaude, je vous casserais en deux, et, en outre, je suis votre obligé. Mais je vous en voudrai toute ma vie pour m'avoir rendu la reconnaissance humiliante et lourde à porter. Je n'aurais pas cru que ça dût jamais m'arriver, car je n'ai pas le cœur plus mal fait qu'un autre, et je m'étais soumis au chagrin de ne pouvoir pas vous remercier. A présent, tenez, j'aime mieux aller en prison, ou recommencer à vagabonder que d'emporter un coup de canne. Allez-vous-en, laissez-moi tranquille. J'étais en train de me raisonner, et voilà que vous me remettez en colère. J'ai besoin de ne plus vous voir, vous êtes un peu fou, pour ne pas vous en dire davantage.

— Eh bien, c'est vrai, Jean, je suis un peu fou, répondit tristement le marquis, et ce n'est pas la première fois qu'il m'arrive de perdre l'empire de ma raison pour des misères. C'est à cause de cela que je vis seul, que je ne sors pas, et que je me montre le moins possible. Ne suis-je pas assez puni ? »

Jean ne répliqua pas ; ce triste aveu faisait succéder la pitié à la colère.

« Maintenant, dites-moi ce que je puis faire pour réparer mon tort, reprit M. de Boisguilbault d'une voix tremblante.

— Rien, répondit le charpentier, je vous pardonne.

— Je vous en remercie, Jean. Voulez-vous venir travailler chez moi ?

— A quoi bon, puisque je travaille ici pour vous ? Ma figure vous ennuie, et il ne tenait qu'à vous de ne pas la voir. Je n'allais pas vous chercher. Et puis, vous voudriez me payer mes journées, et quand je travaille pour vos métayers, vous ne pouvez pas me contraindre à recevoir leur argent.

— Mais ton travail me profite, puisque l'ouvrage reste acquis à mes propriétés. Jean, je ne veux pas qu'il en soit ainsi.

— Ah ! vous voulez pas ? Je m'en moque bien, moi ! Vous ne pouvez pas m'empêcher de m'acquitter de cette façon-là ; et, puisque vous m'avez injurié et battu, je m'acquitterai, mordieu ! pour vous faire enrager. Ça vous humilie, pas vrai ? Eh bien, ça me venge.

— Venge-toi autrement.

— Et comment donc ? Que je vous frappe ? Nous ne serions pas quittes : je resterais toujours votre obligé, et je ne veux rien vous devoir.

— Eh bien, acquitte-toi, si bon te semble, puisque tu es si fier et si têtu, dit le marquis perdant patience. Tu es aveugle et méchant, puisque tu ne vois pas la peine que j'éprouve. Tu serais assez vengé si tu la comprenais ; mais tu veux une vengeance brutale et cruelle. Tu veux me réduire à la misère et l'épuiser de fatigue pour me faire rougir et pleurer tous les jours de ma vie.

— Si vous le prenez comme ça... dit Jean à demi vaincu, non, je ne suis pas un méchant homme, et je peux vous pardonner une folie de jeunesse. Diable ! c'est que vous avez encore la tête vive et la main leste ! Qu'est-ce qui dirait ça ? Enfin, n'en parlons plus ; encore une fois, je vous pardonne.

— Tu consens à travailler pour moi ?

— A moitié prix. Faisons cet arrangement-là pour en finir.

— Il n'y a aucune proportion entre ma position et la tienne. Il y en aurait encore moins entre ton travail et ton salaire ; sois généreux : c'est la plus belle et la plus complète des vengeances. Viens travailler pour moi comme tu travailles pour tout le monde ; oublie que je t'ai rendu un service dont ma bourse ne s'est pas seulement aperçue, et force-moi ainsi à être ton obligé, puisque tu accepteras, en dédommagement d'un outrage irréparable, la plus misérable des réparations, celle de l'argent.

— Comme vous tournez ça, je n'y comprends plus goutte. Allons, nous verrons si nous pouvons nous entendre. Mais si je vais chez vous et que ma figure vous mette encore en colère! Voyons, ne pouvez-vous pas me dire, au moins, ce que vous avez eu si longtemps contre moi? Vous me devriez bien ça ! Il faut que, sans le savoir, je ressemble à quelqu'un qui vous a fait du mal. Ce n'est toujours pas quelqu'un d'ici ; car je ne connais dans le pays que le vieux cheval du curé de Cuzion à qui je ressemble.

— Ne me fais pas de questions ; il m'est impossible de te répondre. Admets que je suis sujet à des accès de folie, et aime-moi par pitié, puisque je ne puis être aimé autrement.

— Monsieur de Boisguilbault, dit le charpentier avec effusion, il ne faut pas parler comme cela : ce n'est pas vous rendre justice. Vous avez des défauts, c'est vrai, des caprices, des vivacités un peu fortes ; mais, au fond, vous savez bien qu'on est obligé de vous respecter, parce que vous avez un cœur juste, que vous aimez le bien et que vous n'avez jamais fait un malheureux autour de vous ; et puis, vous avez des idées... que vous n'avez pas prises seulement dans vos livres, des idées que les riches n'ont pas souvent, et qui rendraient le monde heureux, si le monde voulait penser comme vous. Pour avoir ces idées-là, il ne suffit pas d'être instruit et raisonnable, il faut aimer beaucoup tous les hommes qui sont sur la terre, et n'avoir pas une pierre à la place du cœur ; c'est pourquoi il faut bien que Dieu s'en soit mêlé. Ne dites donc pas qu'on vous aimerait par pitié ; vous n'auriez qu'à vouloir être aimé, et il ne faudrait pas beaucoup vous changer pour en venir à bout.

— Que faudrait-il donc faire, suivant toi?

— Il ne s'agirait que de ne pas vouloir en empêcher ceux qui y sont portés.

— Quand donc l'ai-je fait?

— Maintes fois, et, pour ne parler que de moi, puisqu'il y en a d'autres dont vous ne voulez sûrement pas encore qu'on me rappelle le nom....

— Parle-moi de toi, Jean, dit M. de Boisguilbault avec un empressement douloureux.... ou plutôt.... viens prendre ton souper et ton gîte chez moi ce soir. Je veux que nous soyons, dès aujourd'hui, entièrement réconciliés, mais à certaines conditions que je te dirai peut-être... et qui sont étrangères au fond de notre querelle. La pluie augmente, et ces branches ne nous garantissent plus.

— Non, je n'irai pas chez vous ce soir, dit le charpentier, mais je vous reconduirai jusqu'à votre porte ; car voilà une mauvaise nuée, et il ne fera pas bon à marcher dans un instant. Tenez, monsieur de Boisguilbault, voulez-vous me croire? mettez sur vos épaules mon tablier de cuir ; ça n'est pas beau, mais ça ne touche que du bois (mon état est propre, c'est ce qui m'en a toujours plu), et puis ça ne craint pas l'eau.

— Je veux au contraire que tu le mettes sur ton dos, ce tablier ; tu es trempé de sueur, et quoique tu veuilles me traiter de vieillard, tu n'es pas jeune non plus, mon ami ; allons, pas de cérémonie ! je suis bien vêtu. Ne t'enrhume pas pour moi ; souviens-toi que je t'ai frappé ce soir.

— Vous êtes malin comme le diable, vous ! Allons, marchons ! Non, je ne suis plus jeune, quoique je ne sente pas encore beaucoup les années ! Mais savez-vous que je n'ai guère que dix ans de moins que vous? Vous souvenez-vous du temps où j'ai construit votre maison de bois dans votre parc? votre chalet, comme vous l'appelez ? Eh bien, il y a eu dix-neuf ans, à la Saint-Jean dernière, que j'y ai planté le bouquet.

— Oui, c'est vrai, rien que dix-neuf ans ! Il me semblait qu'il y avait davantage. Au reste, la maisonnette est fort bien construite, et il y aurait peu de réparations à y faire. Veux-tu t'en charger?

— Si elle en a besoin, je ne dis pas non. C'est un ouvrage qui m'a pourtant donné bien du mal dans le temps. Ai-je regardé souvent vos diables d'images pour tâcher de la faire ressembler !

— C'est ton chef-d'œuvre, et il t'amusait.

— Oui, il y avait des jours où ça m'amusait trop, ça me rendait malade ; mais quand vous veniez me dire : « Jean, ce n'est pas ça ; tu vas me tromper.... » dame ! me mettiez-vous en colère !

— Tu te fâchais, tu m'envoyais presque promener !

— Et vous me laissiez dire, dans ce temps-là. Je n'aurais jamais cru qu'après avoir eu tant de patience avec moi pendant si longtemps, un beau jour vous vous fâcheriez sans me dire pourquoi. Voyons, qu'est-ce qu'il y a donc à y faire, à cette maison de bois?

— Il y a une vieille porte qui ne ferme plus.

— Le bois a joué? Quand faut-il que j'y aille?

— Demain. C'est pour cela que tu vas venir coucher chez moi ; il fait trop mauvais temps pour que tu retournes ce soir à Gargilesse.

— C'est vrai qu'il fait noir à se casser le cou. Prenez garde où vous marchez, vous allez dans le fossé ! Mais quand il pleuvrait des lames de faux, j'irais coucher ce soir à mon endroit.

— Tu as donc des affaires sérieuses?

— Oui... Je veux voir mon petit Émile Cardonnet, à qui j'ai quelque chose à dire.

— Émile? L'as-tu vu aujourd'hui ?

— Non, je suis parti de grand matin pour m'occuper de lui. Si vous n'étiez pas si drôle, on vous conterait ça, puisque vous savez le fond de son histoire.

— Je ne crois pas qu'il ait de secrets pour moi ; pourtant, s'il t'a confié quelque chose de plus qu'à moi, je ne veux pas le savoir.

— Soyez tranquille, je n'ai pas non plus envie de vous le dire.

— Et tu ne peux même pas me donner de ses nouvelles? J'en suis fort inquiet. J'espérais le voir aujourd'hui, et c'est pour aller à sa rencontre que j'étais sorti.

— Ah ! alors, je comprends comment, vous qui ne sortez pas de votre parc, vous avez été si loin. Mais vous avez tort de suivre comme ça les prés. C'est coupé de ruisseaux qui ne sont pas minces, et voilà que je ne sais plus où nous sommes. Comme ça tombe, mille millions de diables ! voilà juste le temps qu'il faisait le soir qu'Émile est arrivé dans ce pays-ci. Je l'ai rencontré sous une grosse pierre où il s'était mis à l'abri, et je ne savais guère qu'en m'appuyant là je mettais la main sur un ami, sur un vrai cœur d'homme, sur un trésor !

— Tu lui es donc fort attaché? Il avait essayé de me parler de toi souvent....

— Et vous ne vouliez pas le laisser dire ? Je m'en doute. Tenez, c'est un homme comme vous, pas plus fier au fond de l'âme, et aussi prêt à donner sa vie que sa bourse pour les malheureux. Seulement, il ne se fâche pas pour rien, et quand il vous a dit une bonne parole, on ne craint pas qu'il vous allonge un coup de trique.

— Oh ! je sais qu'il est beaucoup meilleur, et surtout plus aimable que moi. Si tu le vois ce soir ou demain matin, apporte-moi de ses nouvelles ; dis-lui de venir me voir, je suis accablé de ses chagrins.

— Et moi aussi ; mais j'ai meilleure espérance que lui et vous. Pourtant, si j'étais riche comme vous...

— Que ferais-tu?

— Je ne sais ; mais l'argent arrange tout avec des gens de l'étoffe du père Cardonnet. Si vous vouliez l'embarquer dans quelque gros marché et y sacrifier quelques centaines de mille francs, vous qui avez trois ou quatre millions, et pas d'enfants ! Il n'est pas si riche qu'il en a l'air, lui ! Il se fait peut-être plus de revenu que vous, mais son fonds n'est guère gros, que je crois !

— Ainsi, tu approuverais qu'on lui achetât la liberté de son fils?

— Il y a des gens qui ne donnent jamais, et qui vendent ce qu'ils doivent. Mais, par le sang du diable ! nous voilà dans l'étang ! Arrêtez-vous ! arrêtez-vous ! ce n'est pas de la terre, c'est de l'eau ; nous avons trop pris ça de la droite : ce n'est pourtant pas le vin qui nous a troublé la cervelle. Par où allons-nous sortir de là?

— Je n'en sais rien ; il y a longtemps que nous marchons, et nous devrions être à Boisguilbault.

— Attendez! attendez! je me reconnais, dit le charpentier. Voilà derrière nous une petite clarté avec un gros arbre... attendons l'éclair... regardez bien... le voilà : oui, j'y suis, c'est la maison de la mère Marlot! Diable, il y a des malades là-dedans, deux enfants qui ont la fièvre typhoïde, qu'on dit! C'est égal, c'est une bonne femme, et d'ailleurs, sur toutes vos terres, vous êtes certain d'être bien reçu.

— Oui, cette femme est ma locataire, si je ne me trompe.

— Qui ne vous paie pas gros, ni souvent, que je crois! Allons, donnez-moi la main.

— Je ne savais pas qu'elle eût des enfants malades, dit le marquis en entrant dans la cour de la chaumière.

— C'est tout simple ; vous ne sortez pas, et vous n'allez jamais si loin. Mais d'autres y ont pensé ; voyez! voilà une carriole avec un cheval de ma connaissance, ça peut nous servir.

— Quelle est donc cette dame, dit le marquis en regardant à travers la vitre de la chaumière.

— Vous ne la connaissez donc pas? dit le charpentier tout ému.

— Je ne me rappelle pas de l'avoir jamais rencontrée, répondit M. de Boisguilbault en examinant l'intérieur avec plus d'attention. C'est sans doute une personne charitable, qui remplit auprès des malheureux les devoirs que je néglige.

— C'est la sœur du curé de Cuzion, reprit Jean Jappeloup, c'est une bonne âme, une jeune veuve très-charitable, comme vous le dites. Attendez que je la prévienne de votre arrivée, car, je la connais, elle est un peu timide...

Il s'élança dans la chaumière, dit rapidement quelques paroles à l'oreille de la vieille femme et de Gilberte, qu'il venait, par une inspiration subite, de métamorphoser en sœur de curé, puis il revint prendre M. de Boisguilbault et le fit entrer en lui disant : « Venez, monsieur le marquis, venez! vous ne ferez peur à personne. Les malades vont mieux, et il y a là un bon petit feu de javelle pour vous sécher. »

XXX.
LE SOUPER IMPRÉVU.

Il fallait que le temps fût bien mauvais, ou que le marquis subît à son insu quelque mystérieuse influence ; car il se décida à affronter la rencontre d'une personne inconnue. Il entra, et saluant la prétendue veuve avec une politesse craintive, il s'approcha du feu où la vieille femme s'empressa de jeter de nouvelles branches en s'apitoyant sur les vêtements mouillés de son vieux maître. « Oh ! bonnes gens, est-il possible ; comme vous voilà fait, monsieur le marquis! vrai, je ne vous aurais pas reconnu si le Jean ne m'avait pas avertie. Chauffez-vous, chauffez-vous, notre monsieur ; car, à votre âge, il y a là de quoi attraper le coup de la mort. » Et, croyant se montrer officieuse et attentive à ses sinistres prévisions, la bonne femme, toute troublée d'ailleurs de recevoir une pareille visite, faillit mettre le feu à sa cheminée.

« Non, ma bonne femme, lui dit le marquis, je suis fort solidement vêtu en tout temps, et je sens à peine la pluie...

— Oh ! je le crois bien que vous êtes bien vêtu ! reprit-elle, voulant lui faire un compliment qu'elle supposait propre à le flatter ; car vous avez bien le moyen de l'être !..

— Il ne s'agit pas de cela, reprit le marquis ; c'est pour vous dire de ne pas tant vous démener, et de ne pas quitter vos malades pour moi. Je suis fort bien ici, et la vie d'un vieillard comme moi est moins précieuse que celle de ces jeunes enfants. Sont-ils malades depuis longtemps?

— Depuis une quinzaine, Monsieur ! Mais le plus mauvais est passé, Dieu merci !

— Pourquoi, lorsque vous avez des malades, ne venez-vous pas me voir?

— Oh nenny ! je n'oserais pas. Je craindrais de vous ennuyer. On est si simple, nous autres ! on ne sait pas bien parler, et on est honteux de demander.

— C'est moi qui devrais venir m'informer de vos mi-

sères, dit le marquis en soupirant ; et je vois que des âmes plus actives et plus dévouées le font à ma place ! »

Gilberte se tenait au fond de la chambre. Muette d'effroi et n'osant se prêter à la ruse du charpentier, elle essayait de se dissimuler derrière les gros rideaux de serge du lit où gisait le plus jeune des enfants. Elle eût voulu n'avoir rien à dire, et, tout en préparant une tisane, elle cachait son visage tourné vers la muraille, et ramenait son petit châle sur ses épaules. Un fichu de grosse dentelle noire, noué sous le menton, cachait, ou du moins éteignait l'or de sa chevelure, que le marquis eût pu reconnaître, s'il en eût jamais remarqué la nuance et la splendeur. Mais, deux fois seulement, M. de Boisguilbault avait rencontré Gilberte donnant le bras à son père. Il avait reconnu de loin M. Antoine, et avait détourné la tête. S'il s'était vu forcé de passer près d'eux, il avait fermé les yeux pour ne point voir les traits redoutés de cette jeune fille. Il n'avait donc aucune idée de sa tournure, de sa physionomie ou de ses manières.

Jean avait su mentir avec tant d'à-propos et d'aplomb, que le marquis ne se douta de rien. La figure de Sylvain Charasson, accroupi comme un chat dans les cendres, et profondément endormi, pouvait ne lui être pas aussi inconnue, car le page de Châteaubrun, maraudeur effronté de sa nature, avait dû être surpris par lui maintes fois le long de ses haies, accroché à ses branches couvertes de fruits ; mais il faisait si peu de questions, et il mettait au contraire un soin si assidu à ne rien voir et à ne rien savoir de tout ce qui dépassait le mur de son parc, qu'il ne savait aucunement la race et la condition de cet enfant.

N'éprouvant donc aucune méfiance, et se sentant porté par l'agitation morale et physique qu'il avait éprouvée dans cette soirée, à plus d'expansion que de coutume, il osa suivre des yeux les mouvements de la dame charitable, et même s'approcher d'elle pour lui faire quelques questions sur ses malades. La réserve un peu sauvage de cette amie des pauvres le frappait d'un respect particulier, et il trouvait noble et de bon goût qu'au lieu d'étaler devant lui ses bonnes œuvres, elle parût troublée et contrariée d'avoir été surprise au milieu de ses fonctions de sœur de charité.

Gilberte avait tant de peur d'être reconnue, qu'elle craignait de faire entendre le son de sa voix, et, comme si son organe n'eût pas été aussi étranger au marquis que sa figure, elle attendait que Jean répondît pour elle aux interrogations. Mais Jean, qui craignait que la vieille femme ne sût pas jouer son rôle et ne vînt à trahir, par maladresse, l'incognito de Gilberte, se plaçait toujours devant elle, et la repoussait vers la cheminée en lui faisant des yeux terribles chaque fois que M. de Boisguilbault avait le dos tourné. La mère Marlot, tremblante et ne comprenant rien à ce qui se passait chez elle, ne savait à qui entendre et faisait des vœux pour que, la pluie cessant, elle pût être délivrée de la présence de ces nouveaux hôtes.

Enfin Gilberte, un peu rassurée par la voix douce et les manières courtoises du marquis, s'enhardit à lui répondre ; et comme il s'accusait toujours de négligence : « J'ai ouï dire, Monsieur, lui dit-elle, que vous étiez d'une santé très délicate, et que vous lisiez beaucoup. Je conçois que vos occupations ne vous permettent pas de remplir des soins si multipliés. Moi, je n'ai rien de mieux à faire, et je demeure si près d'ici, que je n'ai pas grand mérite à venir soigner les malades de la paroisse. »

Elle regarda le charpentier en disant ces derniers mots, comme pour lui faire remarquer qu'elle entrait enfin dans l'esprit de son rôle ; et Jean se hâta d'ajouter, pour donner plus de poids à cette phrase de dévote : « D'ailleurs, c'est une nécessité et un devoir de position. Si la sœur du curé ne prenait soin des pauvres, qui le ferait?

— Je serais un peu réconcilié avec ma conscience, dit le marquis, si madame voulait s'adresser à moi lorsqu'il m'arrive d'ignorer ou d'oublier mes devoirs. Ce que mon zèle n'accomplit pas, ma bonne volonté du moins pourrait y suppléer ; et tandis que madame se réserverait la plus noble et la plus pénible tâche, celle de soigner les malades de ses propres mains, je pourrais ajouter par mon argent, aux ressources trop restreintes de la charité du prêtre. Permettez-moi de m'associer à vos bonnes actions, Madame, je vous en supplie, ou si vous ne voulez pas me faire cet honneur, adressez-moi tous vos pauvres. Une simple recommandation de vous me les rendra sacrés.

— Je sais qu'ils n'ont pas besoin de cela, monsieur le marquis, répondit Gilberte, et que vous en secourez beaucoup plus que je ne peux le faire.

— Vous voyez bien que non, puisque je ne me trouve ici que par hasard, et que vous y êtes venue tout exprès.

— Mais non ; je n'ai pas deviné qu'ils avaient besoin de moi, répondit Gilberte : c'est cette pauvre femme qui est venue me chercher; sans cela j'aurais pu fort bien l'ignorer aussi.

— Vous voulez en vain diminuer votre mérite pour atténuer mes torts. On va vous chercher, vous, et on n'ose pas s'adresser à moi : ceci me condamne et vous glorifie.

— Diantre! ma Gilberte, dit le charpentier à la jeune fille en l'attirant à l'écart, m'est avis que vous faites des miracles et que vous apprivoiseriez le vieux hibou si vous vouliez en avoir le courage. *Ah mais!* comme dit Janille, ça va bien, et si vous voulez faire et dire comme moi, je vous réponds que vous le raccommoderez avec votre père.

— Oh! si je le pouvais! mais, hélas! mon père m'a fait promettre, jurer même de ne jamais l'essayer.

— Et pourtant il mourrait d'envie que ça réussît! Tenez, s'il vous a fait promettre ça, c'est qu'il croyait impossible ce qui est très-possible aujourd'hui... pas demain peut-être, mais ce soir! Il faut battre le fer quand il est chaud, et vous voyez bien qu'il y a un fameux changement, puisque nous sommes venus là ensemble et qu'il me parle de bonne amitié.

— Comment donc s'est fait ce miracle?

— C'est une canne qui a fait ce miracle-là sur mon dos; je vous conterai ça plus tard. En attendant, il faut être gentille, un peu hardie, avoir de l'esprit, enfin ressembler en tout, ce soir, à votre ami Jean. Écoutez, je commence!

Et quittant brusquement la jeune fille, Jean se rapprocha du vieillard. « Savez-vous, lui dit-il, ce que cette dame vous raconte à l'oreille? C'est qu'elle veut absolument vous reconduire chez vous dans sa voiture. Ah! monsieur de Boisguilbault, vous ne pouvez pas refuser à une dame; elle dit que les chemins sont trop gâtés pour que vous marchiez, que vous êtes trop mouillé pour attendre ici votre voiture, qu'elle a un cabriolet avec un bon cheval, une vraie jument de curé qui ne se fâche et ne s'étonne de rien, et qui va assez vite quand on n'a pas le bras engourdi et qu'il y a une mèche au fouet. Dans un quart d'heure, vous serez rendu chez vous, au lieu que vous en avez pour une heure à patauger dans la boue et les cailloux. »

M. de Boisguilbault adressait des remerciements affectueux à la belle veuve, et ne voulait point accepter; mais Gilberte insista elle-même avec une grâce irrésistible. « Je vous en supplie, monsieur le marquis, dit-elle en tournant vers lui ses beaux yeux encore effrayés comme ceux d'une colombe à demi apprivoisée, ne faites pas le chagrin de me refuser; ma voiture est laide, pauvre et crottée, mon cheval aussi; mais l'un et l'autre sont solides. Je sais fort bien le conduire, et Jean me ramènera.

— Mais cette course vous retardera trop, dit le marquis; on sera inquiet chez vous.

— Non! dit Jean; voilà le page de M. le curé, celui qui lui sert sa messe et qui lui sonne la cloche; c'est un drôle qui a bon pied, bon œil, et qui ne craint pas plus l'eau qu'une grenouille. Il a aux pattes des escarpins de chêne un peu plus solides que les vôtres, et il va marcher aussi vite vers Cuzion qu'un trait de scie dans une planche de sapin. Il dira qu'on n'ait pas à s'inquiéter; que madame est en bonne compagnie, et que c'est le vieux Jean qui la ramène. Ainsi c'est dit! — Écoute ici, l'éveillé, dit-il à Charasson, qui bâillait à se démettre la mâchoire et regardait, d'un air ébahi, M. de Boisguilbault; viens que je te ranime un peu au grand air, et que je te mette sur ton chemin.

Il traîna et porta presque Sylvain à quelques pas de la chaumière, et là, lui mettant son tablier de cuir sur les épaules, il lui dit, en lui tirant les oreilles un peu fort, pour lui graver ses paroles dans la mémoire : « Cours à Châteaubrun, et dis à M. Antoine que Gilberte vient à Boisguilbault avec moi; qu'il se tienne tranquille, que tout va bien de ce côté-là, et que dût-elle passer la nuit dehors, il ne faut pas qu'il s'inquiète. Entends-tu? comprends-tu?

— J'entends bien, mais je ne comprends guère, répondit Sylvain. Voulez-vous bien laisser mes oreilles, grand vilain Jean?

— Je te les allongerai encore, si tu raisonnes; et si tu fais mal ma commission, je te les arracherai demain.

— J'ai entendu, ça suffit; lâchez-moi.

— Et si tu t'amuses en route, gare à toi!

— Pardié, il fait un joli temps pour s'amuser!

— Et si tu me perds ma peau de bique!...

— Pas si bête, elle ne me *gâtera* pas! »

Et l'enfant se mit à courir vers les ruines, se dirigeant dans les ténèbres avec l'instinct d'un chat.

« A présent, dit Jean en sortant la brouette et la vieille jument de dessous le hangar, à nous deux, ma vieille brave Lanterne! Ah! monsieur Sacripant, ne vous fâchez pas, c'est moi! Vous avez suivi votre jeune maîtresse, c'est bien ; mais M. le marquis, qui ne regarde pas les gens, n'a pas peur de regarder les chiens, et il pourrait vous connaître. Faites-moi le plaisir de suivre votre ami Charasson. Vous retournerez chez vous à pied, j'en suis désolé. » Et, allongeant deux grands coups de fouet au pauvre animal, il le força de s'enfuir en courant sur les traces de Sylvain. « Allons, monsieur le marquis, je vous attends! » cria le charpentier. Et le marquis, vaincu par l'insistance de Gilberte, monta dans la brouette, où il se plaça entre elle et Jean Jappeloup.

Les étoiles du ciel ne virent pas cet étrange rapprochement; car d'épais nuages voilaient leur face, et la mère Marlot, seule témoin de cette aventure inouïe, n'eut pas l'esprit assez libre pour se livrer à de longs commentaires. Le marquis lui avait mis sa bourse dans la main en franchissant le seuil de la maison, et elle passa le reste de la nuit à compter les beaux écus qu'elle contenait et à soigner ses petits, en disant : « Cette chère demoiselle, c'est elle qui nous a porté bonheur! »

Le marquis prit les rênes, ne voulant pas souffrir que son aimable compagne eût la peine de le conduire. Jean s'arma du fouet pour stimuler d'un bras vigoureux l'ardeur de la pauvre Lanterne. Gilberte, que Janille, dans la prévision de l'orage, avait munie d'un large parapluie et du vieux manteau de son père, en la laissant vaquer à ses habitudes charitables, s'occupa à préserver ses compagnons, et comme le vent lui disputait le manteau, elle le fixa d'une main sur les épaules de M. de Boisguilbault, tandis que de l'autre elle soutenait le parapluie de toute sa force pour abriter la tête du vieillard avec un soin filial. Le marquis fut si touché de ces généreuses attentions, qu'il perdit toute sa timidité et lui exprima sa reconnaissance dans les termes les plus affectueux que le respect put lui permettre. Gilberte tremblait à l'idée d'un moment à l'autre cette sympathie pouvait se changer en fureur, et le vieux Jean riait dans sa barbe, en recommandant toutes choses à la Providence.

Quoiqu'il ne fût guère plus de neuf heures, tout le monde était couché au château de Boisguilbault lorsque nos voyageurs arrivèrent. Jamais personne autre que le vieux Martin ne s'occupait du maître après le coucher du soleil, et ce soir-là Martin ayant fermé le parc après avoir vu le marquis entrer dans son chalet, ne se doutait guère qu'il avait fait une sortie et qu'il courait les champs par la pluie et la foudre, en compagnie d'un vieux charpentier et d'une jeune demoiselle.

Jean ne se souciait pas beaucoup de franchir la grille de la cour avec Gilberte; car il était impossible, demeurant aussi près de Châteaubrun, que quelques serviteurs, sinon tous, ne connussent pas la figure de cette charmante fille, et la première exclamation devait la trahir.

Cependant la pluie tombait toujours, et il n'y avait aucun motif plausible pour faire descendre à la porte extérieure le marquis ou Gilberte, d'autant plus que M. de Boisguilbault voulait absolument que ses compagnons entrassent chez lui pour attendre au coin du feu la fin d'une pluie si obstinée et si froide. Jean mourait pourtant d'envie de saisir ce prétexte pour prolonger le rapprochement ; mais Gilberte refusait avec terreur d'entrer dans le sombre manoir de Boisguilbault, et il était certain qu'il y avait grand danger à le faire.

Heureusement, les habitudes excentriques du marquis lui rendirent impossible l'entrée de son château. Il eut beau agiter la cloche à diverses reprises, le vent rugissait avec fureur et emportait au loin la vibration. Aucun domestique, aucune servante ne couchait dans cette partie du bâtiment, où régnait systématiquement une affreuse solitude ; et quant au vieux Martin, seul excepté de cette règle, il était trop sourd pour entendre, soit la cloche, soit la foudre.

M. de Boisguilbault fut très-mortifié de ne pouvoir exercer l'hospitalité dont tout lui faisait un devoir, et conçut beaucoup de dépit contre lui-même de n'avoir pas prévu ce qui arrivait. Sa colère faillit revenir, et se tourner contre le vieux Martin, qui se couchait avec le soleil. Enfin, prenant tout à coup son parti : « Je vois bien, lui dit-il, qu'il faut que je renonce à rentrer chez moi, et qu'à moins d'un coup de canon pour prendre ma maison d'assaut, je ne réveillerai personne ; mais si madame ne craint pas de visiter la cellule d'un anachorète, j'ai ailleurs un gîte dont la clef ne me quitte pas, et où nous trouverons tout ce qu'il faut pour se reposer et se réchauffer. » En parlant ainsi, il tourna la tête du cheval vers le parc, mit pied à terre à la grille, l'ouvrit lui-même, et y fit entrer le cabriolet en tirant Lanterne par la bride, tandis que Jean pressait le bras de la tremblante Gilberte pour la déterminer à tenter l'aventure. « Dieu me confonde ! lui dit-il à voix basse, il nous conduit dans sa maison de bois, où il passe toutes les nuits à évoquer le diable ! Sois tranquille, ma Gilberte, je suis avec toi, et c'est aujourd'hui que nous allons mettre Satan à la porte d'ici. »

M. de Boisguilbault, ayant refermé derrière lui la grille du parc, ordonna au charpentier de conduire le cheval, et de le suivre au pas jusqu'à une espèce de hangar de jardinier où souvent Émile plaçait *Corbeau* lorsqu'il arrivait ou voulait partir tard ; et tandis que Jean s'occupait de mettre à couvert la pauvre Lanterne et la brouette de M. Antoine, le marquis offrit son bras à Gilberte, en lui disant : « Je suis désolé de vous faire faire quelques pas sur le sable ; mais vous n'aurez pas le temps de mouiller votre chaussure, car mon ermitage est là, derrière ces rochers. »

Gilberte frissonna de tous ses membres en entrant seule dans le chalet avec cet étrange vieillard, qu'elle avait toujours cru atteint de folie, et qui l'entraînait dans les ténèbres. Cependant elle se rassura un peu lorsqu'il ouvrit une seconde porte, et qu'elle vit le corridor éclairé par une lampe placée dans une niche ornée de fleurs. Cette demeure élégante et confortable, malgré ses dehors et son style rustiques, lui plut extrêmement, et sa jeune imagination, amoureuse de simplicité poétique, crut se retrouver dans le genre de palais qu'elle avait maintes fois rêvé.

Depuis qu'Émile avait été admis dans le mystérieux chalet, il s'y était opéré de notables améliorations. Il avait représenté au vieillard que le stoïcisme des habitudes par lesquelles il voulait protester contre sa propre richesse, commençait à devenir trop rigide pour son âge ; et, bien que M. de Boisguilbault ne fût encore atteint d'aucune infirmité notable, il avouait y avoir beaucoup souffert du froid pendant la mauvaise saison. Émile avait apporté lui-même du vieux château des tapis, des tentures, d'épais rideaux et des meubles commodes ; il y avait souvent allumé le vaste poêle pour combattre l'humidité des nuits pluvieuses, et le marquis s'était laissé aller à la douceur d'être soigné, douceur toute morale pour lui, et où il trouvait la preuve d'une affection attentive et délicate. Le jeune homme avait aussi arrangé et embelli la pièce où le vieillard prenait souvent avec lui son repas du soir. Il en avait fait une sorte de salon, et Gilberte fut charmée de poser ses petits pieds ; pour la première fois de sa vie, sur de magnifiques peaux d'ours, et d'admirer, sur une console de marbre, de beaux vases de vieux Sèvres, remplis des fleurs les plus rares.

La cheminée, remplie de pommes de pin très-sèches, fut allumée comme par enchantement, lorsque le marquis y eut jeté une feuille de papier enflammée, et les bougies, reflétées dans une glace à cadre de chêne contourné et bizarrement sculpté, remplirent bientôt la chambre d'une clarté éblouissante pour les yeux d'une fille habituée à la pauvre petite lampe où Janille épargnait l'huile, à l'exemple de la Femme forte de la Bible.

M. de Boisguilbault mit une sorte de coquetterie, pour la première fois de sa vie, à faire les honneurs de son chalet à une si aimable hôtesse. Il eut un naïf plaisir à la voir examiner et admirer ses fleurs, et lui promit que, dès le lendemain, elle en aurait toutes les greffes et toutes les graines pour renouveler *le jardin du presbytère*. Rendu en instant à la vivacité de sa jeunesse, il trottait de tous côtés pour chercher les petites curiosités qu'il avait rapportées de son voyage en Suisse, et les lui offrait avec une joie ingénue ; et, comme elle refusait, en rougissant, de rien accepter, il prit le petit panier dans lequel elle avait apporté des sirops et des confitures à ses malades, et le remplit de jolis ouvrages en bois découpés à Fribourg, d'échantillons de cristal de roche, d'agates et de cornalines taillées en cachets et en bagues ; enfin de toutes les fleurs qui remplissaient les vases, et dont il fit un énorme bouquet le moins maladroitement qu'il put.

La grâce touchante avec laquelle Gilberte, confuse, remerciait le vieillard, ses questions naïves sur le voyage en Suisse dont M. de Boisguilbault avait gardé un souvenir enthousiaste (exprimé en termes un peu classiques), l'intérêt qu'elle mettait à l'écouter, ses réflexions intelligentes lorsqu'elle parvenait à se mettre à l'aise, le son enchanteur de sa voix, la distinction de ses manières simples et naturelles, son absence de coquetterie, et un mélange de terreur et d'entraînement répandu dans sa contenance et dans ses traits, qui donnait à sa beauté un caractère plus saisissant encore qu'à l'habitude, son teint animé, ses yeux humides de fatigue et d'émotions, son sein oppressé par d'étranges angoisses, un sourire angélique qui semblait demander grâce ou protection ; tout cela pénétra si fortement le marquis et le domina si rapidement, qu'il se sentit tout à coup épris jusqu'au fond de l'âme ; épris saintement, non d'un ignoble désir de vieillard pour la jeunesse et la beauté, mais d'un amour de père pour une chaste et adorable enfant ! et lorsque le charpentier vint les rejoindre, tout ébloui et charmé lui-même de se trouver dans une chambre si claire et si chaude, il crut rêver en entendant M. de Boisguilbault dire à Gilberte : « Approchez donc vos pieds de la cheminée, ma chère enfant ; je tremble que vous n'ayez gagné un rhume ce soir, et je ne me le pardonnerais de ma vie ! »

Puis, entraîné par une expansion extraordinaire, le marquis, se retournant vers le charpentier, lui tendit la main en lui disant : « Approche donc aussi, toi, et viens t'asseoir auprès du feu avec nous. Pauvre Jean ! tu étais à peine vêtu, et tu es mouillé jusqu'aux os ! c'est encore moi qui en suis la cause ; si tu n'avais pas voulu m'accompagner, tu serais entré à la ferme, et tu y serais encore ; tu aurais soupé surtout, et tu es à jeun !... Comment faire pour te donner à manger ici ? car je suis sûr que tu meurs de faim !

— Ma foi, à vous dire vrai, monsieur de Boisguilbault, répondit le charpentier en souriant et en fourrant ses sabots dans la cendre chaude, je me moque de la pluie, mais non du jeûne. Votre maison de bois est devenue diablement belle, depuis que je n'y ai mis la main ; mais s'il y avait un morceau de pain dans quelqu'une de ces armoires, dont j'ai peut-être perdu les rayons jadis... je les trouverais encore plus jolies... Depuis midi jusqu'à la nuit, j'ai cogné comme un sourd, et je me sens plus faible qu'une mouche, à présent !

— Eh ! mais, j'y songe ! s'écria M. de Boisguilbault, je n'ai pas soupé, moi non plus ; je l'ai complétement oublié, et je suis sûr qu'il y a là quelque chose, je ne sais où! Cherchons, Jean, cherchons, et nous trouverons!

— Frappez et l'on vous ouvrira! dit gaiement le charpentier en secouant la porte du fond.

— Pas par là, Jean! dit vivement le marquis, il n'y a rien là que des livres.

— Ah! c'est la porte qui ne tient pas! reprit Jean, la voilà qui me tombe dans les mains. Demain, j'arrangerai ça! ce n'est qu'un peu de bois à ôter d'en haut pour que le pêne joigne. Comment! votre vieux Martin n'a pas l'esprit d'arranger ça? Il a toujours été maladroit et embarrassé, ce chrétien-là!

Jean, plus fort à lui seul que les deux vieillards de Boisguilbault, referma la porte sans songer à éprouver la moindre curiosité, et le marquis lui sut gré de cette insouciance, car il l'avait observé attentivement, et avec une sorte d'inquiétude, tant qu'il avait tenu le bouton de la serrure.

« Il y a ordinairement ici un guéridon tout servi, reprit M. de Boisguilbault; je ne conçois pas ce qu'il peut être devenu, à moins que Martin ne m'ait oublié ce soir!

— Oh! oh! à moins que vous ne l'ayez pas remontée, la vieille horloge de sa cervelle n'a pas été en défaut, dit le charpentier, qui se rappelait tous les détails de l'intérieur du marquis, autrefois si bien connus de lui. Qu'est-ce qu'il y a derrière ce paravent? Oui-da! ça me paraît bien friand et guère solide! » Et il exhiba, en repliant le paravent, un guéridon chargé d'une galantine, d'un pain blanc, d'une assiette de fraises et d'une bouteille de Bordeaux.

— C'est joli à offrir à une dame, ça, monsieur de Boisguilbault!

— Oh! si je croyais que Madame voulût accepter mon souper! dit le marquis en faisant rouler le guéridon auprès de Gilberte.

— Pourquoi non? hé! dit Jean en ricanant. Je parie que la bonne âme a songé aux autres avant de songer à nourrir son corps. Voyons, si elle mangeait seulement deux ou trois fraises, et vous, cette viande blanche, monsieur de Boisguilbault, moi, je m'arrangerai bien du pain mollet et d'un verre de vin noir.

— Nous mangerons comme devraient manger tous les hommes, répondit le marquis : chacun suivant son appétit, et l'expérience va nous prouver, j'en suis sûr, que la part trop forte, destinée à un seul, va être suffisante pour plusieurs. Oh! je vous en prie, Madame, procurez-moi le bonheur de vous servir.

— Je n'ai aucunement faim, dit Gilberte, qui, depuis plusieurs jours, était trop accablée et trop agitée pour n'avoir pas perdu l'appétit; mais, pour vous décider à souper tous les deux, je ferai mine de souper aussi. »

M. de Boisguilbault s'assit auprès d'elle, et la servit avec empressement. Jean prétendit qu'il était trop crotté pour se mettre à côté d'eux, et quand le marquis eut insisté, il avoua qu'il se trouvait fort mal à l'aise sur des chaises si molles et si profondes. Il tira un escabeau de bois, qui restait de l'ancien mobilier rustique, et, se plaçant sous le manteau de la cheminée pour se sécher des pieds à la tête, il se mit à manger de grand cœur. Sa part fut amplement suffisante, car Gilberte ne fit que goûter les fraises, et le marquis était d'une sobriété phénoménale. D'ailleurs, eût-il eu plus d'appétit que de coutume, il se fût volontiers privé pour l'homme qu'il avait battu deux heures auparavant, et qui lui pardonnait avec tant de candeur.

Le paysan mange lentement et en silence; ce n'est pas pour lui la satisfaction d'un besoin capricieux et fugitif, c'est une espèce de solennité; car cette heure de repas est en même temps, dans la journée de travail, une heure de repos et de réflexion. Jappeloup devint donc très-grave en coupant méthodiquement son pain par petits morceaux, et en regardant brûler les pommes de pin dans le foyer. M. de Boisguilbault, ayant épuisé à peu près avec Gilberte tout ce qu'on peut dire à une personne qu'on ne connaît pas, retomba aussi dans son laconisme habituel, et Gilberte, accablée par plusieurs nuits d'insomnie et de larmes, sentit que la chaleur du feu, succédant au froid de l'orage, la jetait dans un assoupissement insurmontable. Elle lutta tant qu'elle put, mais la pauvre enfant n'était guère plus accoutumée que son ami le charpentier aux fauteuils moelleux, aux tapis de fourrure et à l'éclat des bougies. Tout en essayant de répondre et de sourire aux paroles de plus en plus rares du marquis, elle se sentit comme magnétisée; sa belle tête se renversa insensiblement sur le dossier, son joli pied s'étendit vers le feu, et sa respiration égale et pure trahit tout à coup la victoire impérieuse du sommeil sur sa volonté.

M. de Boisguilbault, voyant le charpentier absorbé dans une sorte de méditation, se mit alors à examiner les traits de Gilberte avec plus d'attention qu'il n'avait encore osé le faire, et une sorte de frisson s'empara de lui lorsqu'il vit, sous la dentelle noire, à demi détachée de sa coiffure, la profusion de son éblouissante chevelure dorée. Mais il fut tiré de sa contemplation par le charpentier, qui lui dit à voix basse :

« Monsieur de Boisguilbault, je parie que vous ne vous doutez guère de ce que je vais vous apprendre? Regardez bien cette jolie petite dame, et puis je vous dirai qui elle est! »

M. de Boisguilbault pâlit et regarda le charpentier avec des yeux effarés.

XXXI.

INCERTITUDE.

« Eh bien, monsieur de Boisguilbault, l'avez-vous assez regardée, reprit le charpentier d'un air malin et satisfait, et ne pouvez-vous deviner vous-même ce qui doit vous intéresser le plus en elle? »

Le marquis se leva et retomba tout aussitôt sur sa chaise. Un rayon de lumière avait enfin traversé son esprit, et sa pénétration, si longtemps en défaut, allait, tout d'un coup, plus loin que Jean ne le souhaitait. Il crut avoir deviné, et il s'écria avec un accent de violente indignation : « Elle ne restera pas ici un instant de plus! »

Gilberte, effrayée et réveillée en sursaut, vit devant elle la figure irritée du marquis; elle se crut perdue, et pensant avec désespoir qu'au lieu de rapprocher son père de M. de Boisguilbault, elle allait être la cause d'une inimitié plus profonde, elle ne songea plus qu'à assumer sur elle toute la faute, et à demander grâce pour M. Antoine. Tombant sur ses genoux avec la grâce d'une fleur qui se courbe sous le vent d'orage, elle s'empara de la main tremblante du marquis, et, trop émue pour parler, elle courba sa tête charmante, et appuya, sur le bras du vieillard, son front couvert d'une mortelle pâleur.

« Eh bien, eh bien, dit le charpentier en s'emparant de l'autre main du marquis et en la secouant avec force, à quoi pensez-vous donc, monsieur de Boisguilbault, d'effrayer ainsi cette enfant? Est-ce que vos lubies vous reprennent, et faut-il que je me fâche, à la fin?

— Qui est-elle? reprit le marquis en essayant de repousser Gilberte, mais trop crispé pour en avoir la force; dites-moi qui elle est, je veux le savoir!

— Vous le savez bien, puisqu'on vous l'a déjà dit, répliqua Jean en haussant les épaules : c'est la sœur sans fortune et sans nom d'un curé de campagne. Est-ce pour cela que vous lui parlez si durement? Et voulez-vous qu'elle sache ce que je sais de vous? Tâchez donc qu'elle ne s'aperçoive pas de vos accès, monsieur de Boisguilbault; vous voyez bien que vos airs méchants la rendent malade de peur! et c'est une drôle de manière de lui faire fête et honneur dans votre maison! Elle ne devait guère s'attendre à cela, après avoir eu tant d'honnêtetés pour vous; et le pire, c'est que je ne peux pas lui dire à qui vous en avez, puisque je n'y comprends rien moi-même, pour l'instant!

— Je ne sais pas si vous vous jouez de moi, dit le marquis tout troublé; mais que vouliez-vous donc me dire tout à l'heure?

— Quelque chose qui vous eût fait plaisir, mais que je ne vous dirai pas, puisque vous n'avez plus votre tête.

— Jean, parlez, expliquez-vous, je ne puis supporter cette incertitude!

Tombant sur ses genoux avec la grâce d'une fleur qui se courbe sous le vent d'orage. (Page 111.)

— Je ne puis la supporter non plus, dit Gilberte fondant en larmes : Jean, je ne sais pas ce que vous avez dit ou voulu dire de moi ; je ne sais pas quelle est ma situation ici, mais je la trouve insupportable ; allons-nous-en !

— Non... non... dit le marquis plein d'irrésolution et de honte ; il pleut encore, il fait un temps affreux, et je ne veux pas que vous partiez.

— Eh bien, pourquoi donc vouliez-vous la chasser tout à l'heure ? reprit Jean avec une tranquillité dédaigneuse ; qui peut rien comprendre à vos caprices ? Moi, j'y renonce, et je m'en vais.

— Je ne resterai pas ici sans vous ! s'écria Gilberte en se levant et en courant après le charpentier, qui faisait mine de partir.

— Mademoiselle... ou madame, dit M. de Boisguilbault en l'arrêtant et en retenant aussi le charpentier, daignez m'écouter, et si vous êtes étrangère aux tristes préoccupations dont je suis assailli en cet instant, pardonnez-moi une agitation qui doit vous paraître bien ridicule, mais qui est bien pénible, je vous assure ! Je vous en dois pourtant l'explication. On vient de me donner à entendre que vous n'étiez pas la personne que je croyais... mais une autre personne... que je ne veux point voir et point connaître... Mon Dieu ! je ne sais comment vous dire... Ou vous me comprenez trop, ou vous ne pouvez pas du tout me comprendre !...

« Ah ! je vous comprends à la fin, moi, dit le rusé charpentier, et je vas dire à madame ce que vous ne pouvez pas venir à bout de lui expliquer. Madame Rose, ajouta-t-il en s'adressant à Gilberte, et en lui donnant résolûment le nom de la sœur du curé de Cusion, vous connaissez bien mademoiselle Gilberte de Châteaubrun, votre jeune voisine ? Eh bien, M. le marquis a une grande rancune contre elle, à ce qu'il paraît ; il faut croire qu'elle lui a fait quelque vilaine offense ; et comme j'allais lui dire quelque chose par rapport à vous et à M. Émile....

— Que dis-tu ? s'écria le marquis, Émile ?

— Ça ne vous regarde pas, reprit Jean : vous ne saurez plus rien, je parle à madame Rose... oui, madame Rose, M. de Boisguilbault déteste mademoiselle Gilberte ; il s'est imaginé que c'était peut-être vous ; voilà pourquoi il voulait vous jeter dehors, et plutôt par la fenêtre que par la porte. »

Gilberte éprouvait une mortelle répugnance à soutenir

Cela se porte, dit Janille. (Page 116.)

cet étrange et audacieux persiflage; pendant quelques instants elle avait éprouvé une si vive sympathie pour le marquis, qu'elle se reprochait d'abuser de son erreur et de l'exposer à des émotions qui paraissaient le faire autant souffrir qu'elle-même. Elle résolut de le désabuser peu à peu, et d'être plus hardie que son facétieux complice, en affrontant les suites de la colère de M. de Boisguilbault.

« Il y a du moins, dit-elle avec une noble assurance, une énigme pour moi dans ce que j'entends. Je ne puis comprendre que Gilberte de Châteaubrun soit un objet de réprobation pour un homme aussi juste et aussi respectable que M. de Boisguilbault. Comme je ne sais rien d'elle qui puisse justifier un pareil mépris, et qu'il m'importe de savoir à quoi m'en tenir sur son compte, je supplie monsieur le marquis de me dire tout le mal qu'il sait d'elle, afin, du moins, qu'elle puisse se disculper auprès des personnes honnêtes qui la connaissent.

— J'aurais désiré, dit le marquis avec un profond soupir, que le nom de Châteaubrun ne fût pas prononcé devant moi...

— C'est donc un nom entaché d'infamie? reprit Gilberte avec un mouvement d'irrésistible fierté.

— Non... non... je n'ai jamais dit cela, répondit le marquis, dont la colère tombait aussi vite qu'elle s'allumait. Je n'accuse personne, je ne reproche rien à qui que ce soit. Je suis brouillé avec la personne dont on parle; je ne veux point qu'on m'en parle, mais je n'en parle pas non plus... et alors pourquoi donc m'adresser d'inutiles questions?

— Inutiles questions! répéta Gilberte; vous ne pouvez pas les juger ainsi, monsieur le marquis. Il est fort étrange qu'un homme tel que vous soit brouillé avec une jeune personne qu'il ne connaît pas, qu'il n'a peut-être jamais vue... Il faut donc qu'elle ait commis quelque indigne action ou dit quelque odieuse parole contre lui, et c'est ce que je veux savoir, c'est ce que je vous supplie de me dire; afin que, si Gilberte de Châteaubrun ne mérite ni estime ni confiance, je me préserve du contact d'une fille aussi dangereuse.

— C'est ça qui s'appelle parler! s'écria Jean en frappant dans ses mains. Allons! je serai bien aise aussi de savoir qu'en penser; car enfin cette Gilberte m'a fait du bien, à moi; elle m'a donné à boire et à manger quand j'avais faim et soif; elle a filé sa laine pour me couvrir quand j'avais froid. Je l'ai toujours vue charitable, douce, dévouée à ses parents, et honnête fille s'il en fut! A présent, si elle a commis quelque péché honteux, j'aurai honte moi-même d'être son obligé, et je ne veux plus rien lui devoir.

— Ce sont vos ridicules explications qui soulèvent cet inutile débat! dit le marquis en s'adressant au charpentier. Où avez-vous pris toutes les sottises que vous m'attribuez? C'est avec le père de cette jeune personne que je suis brouillé pour d'anciennes querelles, et non avec une enfant que je ne connais pas, et dont je n'ai rien à dire, absolument rien...

— Et que vous auriez pourtant chassée de chez vous si elle eût osé s'y présenter! dit Gilberte en examinant le marquis, dont l'embarras commençait à la rassurer beaucoup.

— Chassée?... non; je ne chasse personne! répondit-il: j'aurais seulement pu trouver un peu blessant, un peu étrange qu'elle eût songé à venir ici.

— Eh bien, elle y a songé bien des fois, pourtant, dit Gilberte; je le sais, moi, car je connais ses pensées, et je vais répéter ce qu'elle m'a dit...

— A quoi bon? dit le marquis en détournant la tête, et pourquoi s'occuper si longtemps d'un mouvement qui m'est échappé sans réflexion? Je serais désespéré de faire naître dans l'esprit de qui que ce soit une mauvaise pensée contre la jeune fille... Je ne la connais pas, je le répète, et ne puis rien lui reprocher. La seule chose que je désire, c'est que mes paroles ne soient pas répétées, torturées, amplifiées... Entendez-vous, Jean? vous prenez sur vous d'interpréter les exclamations qui m'échappent, et vous le faites fort mal. Je vous prie, si vous avez quelque affection pour moi, ajouta le marquis avec un triste effort, de ne jamais prononcer mon nom à Châteaubrun, et de ne me mêler à aucun propos. Je demande aussi à madame de me préserver de tout contact indirect, de toute explication détournée, de toute espèce de relation, enfin, avec cette famille; et si, pour obtenir que mon repos, à cet égard, continue à être respecté, je dois démentir ce que ma vivacité peut avoir eu d'irréfléchi, je suis prêt à protester contre tout ce qui pourrait porter atteinte, dans ma pensée, à la réputation et au caractère de mademoiselle de Châteaubrun. »

Le marquis parla ainsi avec une froideur mesurée qui lui rendit toute la convenance et la dignité de son rôle habituel. Gilberte eût préféré un retour de colère qui lui eût fait espérer une réaction de faiblesse et d'attendrissement. Elle ne se sentit plus le courage d'insister, et, comprenant, aux manières tout à coup glacées du marquis, qu'elle était à demi devinée, et qu'une invincible méfiance venait de naître en lui, elle se sentit si mal à l'aise, qu'elle eût voulu partir sur l'heure; mais Jean n'était nullement satisfait de l'issue de cette explication, et il résolut de frapper le dernier coup.

« Allons, dit-il, c'est comme M. de Boisguilbault voudra. Il est bon et juste au fond du cœur, madame Rose; ne lui faisons donc plus de peine, et partons! mais auparavant, je voudrais qu'il y eût une autre sorte d'explication entre vous deux... Allons, un peu d'épanchement! Vous allez rougir, me gronder, pleurer peut-être... Mais moi, je sais ce que je fais, et je sais que voici une occasion qui ne se retrouvera peut-être jamais, et qu'il faut savoir subir un peu d'embarras pour assister et consoler ceux qu'on aime... Vous me regardez d'un air tout étonné! vous ne savez donc pas que M. de Boisguilbault est le meilleur ami de notre Émile, qu'il a toute sa confiance, et que, sans savoir qu'il s'agissait de vous, il connaît fort bien toutes ses peines et toutes les vôtres? Oui, monsieur de Boisguilbault, voilà madame Rose... c'est elle! vous me comprenez bien, vous? Ainsi donc, parlez-lui, donnez-lui du courage; dites-lui qu'Émile a bien fait, et elle aussi, de ne pas vouloir céder à la malice du père Cardonnet. Voilà ce que je voulais vous dire quand vous m'avez interrompu avec une esclandre à propos de mademoiselle de Châteaubrun, à laquelle Dieu sait si je pensais! »

Gilberte devint si confuse, que M. de Boisguilbault, qui recommençait à la regarder avec un intérêt mêlé d'inquiétude, en fut touché, et s'efforça de la rassurer. Il lui prit la main, et, la ramenant à son fauteuil : « Ne soyez pas troublée devant moi, dit-il; je suis un vieillard, et c'est un autre vieillard qui trahit vos secrets. Sans doute cet homme-là a des façons d'agir bien hardies et bien inusitées; mais puisque ses intentions sont bonnes, et que son caractère à part la place dans l'intimité de l'être qui nous intéresse le plus au monde, vous et moi, essayons de surmonter notre mutuel embarras, et de profiter en effet de l'occasion !... »

Mais Gilberte, confondue de la résolution de caractère du charpentier, et terrifiée de voir le secret de son cœur entre les mains d'un homme qui lui inspirait encore plus d'effroi que de confiance, mit ses deux mains sur son visage et ne répondit pas.

« Allons! dit le charpentier, que rien au monde ne pouvait faire reculer dans ses entreprises, soit qu'il s'agît de combattre un scrupule ou d'abattre une forêt, la voilà toute mortifiée, et je serai boudé pour mon indiscrétion! mais si Émile était là, il ne me désavouerait pas. Il serait content que M. de Boisguilbault vît par ses yeux s'il a bien placé son sentiment, et il sera un peu fier demain quand M. de Boisguilbault lui dira: « Je l'ai vue, je la connais, et je ne m'étonne plus de rien! » Pas vrai, monsieur de Boisguilbault, que vous direz cela? »

M. de Boisguilbault ne répondit rien. Il regardait toujours Gilberte, partagé entre un attrait puissant et un soupçon terrible. Il fit quelques tours dans l'appartement pour combattre une énorme oppression, et, après bien des soupirs et des combats intérieurs, il revint prendre les deux mains de Gilberte:

« Qui que vous soyez, lui dit-il, vous disposez du sort du plus noble enfant que ma vieillesse ait pu rêver pour son soutien et sa consolation. Je vais bientôt mourir, et je quitterai la terre sans y avoir connu un instant de bonheur, si je n'y laisse Émile en paix avec lui-même.

« Oh! je vous en supplie, vous qui allez exercer sur tout son avenir une influence si grande... si bienfaisante ou si funeste!... conservez à la vérité ce cœur digne d'en être le sanctuaire. Vous êtes bien jeune, vous ne savez pas encore ce que c'est que l'amour d'une femme dans la vie d'un homme comme lui! Vous ne savez peut-être pas qu'il dépend de vous d'en faire un héros ou un lâche, un martyr ou un apostat! Hélas! ce que je vous dis en cet instant, sans doute vous n'en comprenez pas la portée... Non, vous êtes trop jeune; plus je vous regarde, plus vous me paraissez une enfant! Pauvre jeune être, sans expérience et sans force, vous allez disposer d'une âme forte, pour la briser ou l'ennoblir... Pardonnez-moi ce que je vous dis, je suis fort ému et je ne sais pas trouver les paroles qui conviennent... Je ne voudrais ni vous affliger ni vous causer de l'embarras; mais je me sens triste, effrayé, et plus vous êtes belle et candide, plus je sens que l'âme d'Émile ne m'appartient plus!

— Pardonnez-moi, monsieur le marquis, répondit Gilberte en essuyant ses larmes, je vous comprends fort bien, et, quoique bien jeune, en effet, je sens quelle est la responsabilité que je porte devant Dieu; mais ce n'est pas de moi qu'il s'agit, ce n'est pas moi que je veux défendre et justifier auprès de vous, c'est Émile; c'est ce noble cœur dont vous semblez douter. Oh! rassurez-vous! Émile ne mentira ni aux hommes, ni à vous, ni à son père, ni à lui-même. J'ignore si je comprends bien l'importance de ses idées et la profondeur des vôtres; mais j'adore la vérité. Je ne suis pas philosophe, moi, je suis trop ignorante! Mais je suis pieuse, je suis nourrie des préceptes de l'Évangile, et je ne puis les interpréter dans un sens opposé à ceux qu'Émile leur donne. Je comprends que son père, qui lui pourtant enseigné l'Évangile, quand sa fantaisie lui en vient, veut qu'il mente à la foi de l'Évangile, et, si je croyais Émile capable d'y consentir, je rougirais de m'être assez grossièrement trompée pour aimer un homme sans lumières et sans conscience ! mais je n'ai pas eu ce malheur. Émile saura renoncer à moi, s'il le faut, plutôt que de renoncer à lui-même ; et, quant à moi, je saurai bien avoir du courage, si par moments le sien venait à défaillir. Je ne le crains pourtant pas : je sais qu'il souffre, et je souffre aussi ; mais je serai digne de son affection, comme il est digne de la vôtre, et Dieu nous aidera à tout supporter, car il n'abandonne pas ceux qui souffrent pour l'amour de lui et pour la gloire de son nom.

— C'est bien dit ! s'écria le charpentier, et je voudrais savoir parler comme ça. Mais, n'importe, je pense de même, et le bon Dieu m'en sait autant de gré.

— Oui ! vous avez raison, dit M. de Boisguilbault, frappé de la conviction que révélait l'accent énergique du charpentier ; je ne savais pas, Jean, que vous dussiez être pour Émile un ami aussi dévoué et plus utile peut-être que moi-même.

— Je ne dis pas ça, monsieur de Boisguilbault ; je sais qu'Émile vous considère comme son père véritable, à la place du père peu chrétien que le sort lui a donné ; mais je suis un peu son ami, et hier soir je me flatte de lui avoir remonté l'esprit, comme ce matin je l'ai remonté à d'autres... Quant à elle, dit-il en désignant Gilberte, elle n'a eu besoin de personne. Je m'y attendais bien ! Dès le premier moment, son parti a été pris, et m'est avis que c'est assez joli pour son âge d'avoir eu cette force-là, bien que vous paraissiez n'y pas faire grande attention ! »

Le marquis hésita, et marcha encore sans rien dire ; puis il s'arrêta près de la fenêtre, l'entr'ouvrit, et dit, en revenant à Gilberte :

« La pluie est passée, je crains que vos parents ne soient inquiets de vous, je... je ne veux pas vous retenir plus longtemps ce soir... mais... nous nous reverrons, et je serai mieux préparé à causer avec vous... car j'ai beaucoup de choses à vous dire.

— Non, monsieur le marquis, répondit Gilberte en se levant, nous ne nous reverrons jamais ; car il faudrait vous tromper encore, et cela me serait impossible. Le hasard m'a fait vous rencontrer, et j'ai cru remplir un devoir en vous rendant quelques soins bien humbles que mon cœur me commandait. Jusque-là je n'avais pas été coupable, je vous en fais juge vous-même, car pour vous les faire accepter, il fallait mentir ; et, d'ailleurs, mon père m'avait fait jurer que je ne vous importunerais jamais de sa douleur, de son repentir d'une offense qu'il vous a faite et que j'ignore, de son affection pour vous, qui est restée comme une plaie douloureuse au fond de son âme !... Dans mes rêves d'enfant, j'avais formé souvent le projet de venir me jeter à vos pieds, de vous dire : « Mon père souffre, il est malheureux à cause de vous. S'il vous a offensé, prenez en expiation de ses torts, mes pleurs, mon abaissement, ma soumission, ma vie, si vous voulez ! mais tendez-lui la main, et foulez-moi aux pieds, je vous bénirai encore, si vous ôtez du cœur de mon père le chagrin qui le ronge et le poursuit jusque dans son sommeil. » Oui, voilà le songe dont je m'étais bercée autrefois ! mais j'y ai renoncé parce que mon père me l'a ordonné, jugeant que je ne ferais qu'augmenter votre colère ; et j'y renonce plus que jamais, ce soir, en voyant votre froideur et l'aversion que mon nom vous inspire. Je me retire donc sans vous implorer pour lui, et pénétrée d'une certitude bien douloureuse : c'est que mon père est victime d'une grande injustice de votre part ! mais je mettrai tous mes soins à l'en distraire et à l'en consoler. Et quant à vous, monsieur le marquis, je vous laisse de quoi me punir de la ruse innocente à laquelle je me suis prêtée ce soir, pour préserver la santé et peut-être la vie de celui que mon père a tant aimé ! je vous laisse mon secret, qui vous a été révélé malgré moi, mais que je ne rougis plus de savoir entre vos mains : car c'est le secret d'une âme fière et d'un amour que Dieu a béni en me l'inspirant. Ne craignez plus de me revoir, monsieur le marquis, ne craignez plus que Jean, cet ami imprudent, mais généreux, qui s'est exposé à vos ressentiments pour nous réconcilier avec vous, vous importune jamais de notre accord. Je saurai l'y faire renoncer. J'ai été honorée ce soir de votre hospitalité, monsieur le marquis,

et vous me permettrez de ne l'oublier jamais. Vous n'aurez point à vous en repentir ; car vous n'aurez pas été la dupe d'un mensonge, et, si c'est un soulagement à votre aversion , vous êtes encore à même de chasser outrageusement de votre présence la fille d'Antoine de Châteaubrun.

— Je voudrais bien voir ça ! s'écria Jean Jappeloup en se plaçant auprès d'elle, et en prenant son bras sous le sien ; moi qui ai eu tout le tort et qui ai fait, malgré elle, tous les mensonges, moi qui avais mis dans ma tête qu'elle mettrait la main de son père dans la vôtre... Vous êtes entêté, monsieur de Boisguilbault ; mais, par tous les diables ! vous ne ferez pas d'affront à ma Gilberte, car je me souviendrais alors que j'ai coupé ce soir votre canne en deux !

— Vous déraisonnez, Jean, répondit froidement M. de Boisguilbault. Mademoiselle, dit-il à Gilberte, voulez-vous me permettre de vous donner le bras pour retourner à votre voiture ? »

Gilberte accepta en tremblant ; mais elle sentit que le bras du marquis tremblait bien davantage. Il l'aida silencieusement à monter en voiture ; puis, remarquant qu'il faisait encore grand froid, quoique le ciel fût redevenu serein : « Vous sortez d'un endroit très-chaud, lui dit-il, et vous n'êtes pas assez couverte ; je vais vous aller chercher un vêtement. »

Gilberte le remercia en lui montrant qu'elle avait le manteau de son père.

« Mais il est humide, et c'est pire que rien, » reprit le marquis. Et il retourna vers le chalet.

— Au diable le vieux fou ! dit Jean en fouettant la jument avec humeur ; j'ai assez de lui. Je suis en colère contre lui ; je n'ai réussi à rien, et il me tarde d'être sorti de sa tanière. Je n'y remettrai jamais les pieds ; les regards de cet homme-là m'enrhument. Allons-nous-en, ne l'attendons pas !

— Au contraire, il faut l'attendre, et ne pas le forcer à courir après nous, dit Gilberte.

— Bah ! est-ce que vous croyez qu'il se soucie beaucoup de vous laisser enrhumer ? Et d'ailleurs, il n'y pense plus : voyez s'il reviendra ! Allons-nous-en ! »

Mais déjà ils furent devant la grille, ils s'aperçurent qu'elle était fermée, que M. de Boisguilbault en avait gardé la clef, et qu'il fallait bien l'attendre ou retourner la lui demander. Jean jurait tout haut après lui, lorsque le marquis parut tout à coup, portant un paquet qu'il posa sur les genoux de Gilberte en lui disant : « Je vous ai fait un peu attendre ; j'ai eu quelque peine à trouver ce que je cherchais. Je vous prie de le garder pour votre usage, ainsi que les petits objets que vous avez oubliés avec votre panier. Je descendrai pas, Jappeloup, je vais vous ouvrir la grille. » Et quand ce fut fait : « Je compte sur vous demain, mon cher, » ajouta-t-il.

Et il tendit au charpentier une main que celui-ci hésita à serrer, ne comprenant rien aux mouvements décousus d'une âme si incertaine et si troublée.

« Mademoiselle de Châteaubrun, dit alors le marquis d'une voix faible, voulez-vous aussi me donner la main avant que nous nous quittions ? »

Gilberte sauta légèrement sur le gazon, ôta son gant et prit la main du vieillard qui tremblait horriblement. Saisie d'un mouvement de pitié respectueuse, elle la porta à ses lèvres en lui disant :

« Vous ne voulez pas pardonner à Antoine, pardonnez du moins à Gilberte ! »

Un gémissement profond sortit de la poitrine du vieillard. Il fit un mouvement comme pour approcher ses lèvres du front de Gilberte, mais il s'éloigna avec effroi ; puis il lui prit la tête, la pressa un instant dans ses deux mains comme s'il eût voulu la briser, baisa enfin ses cheveux blonds qu'il mouilla d'une larme froide comme la goutte d'eau qui se détache du glacier ; et, tout à coup, la repoussant avec violence, il s'enfuit en cachant son visage dans son mouchoir. Gilberte crut entendre un sanglot se perdre dans l'éloignement avec le bruit de ses pas inégaux sur le gravier et celui de la brise dans les trembles.

XXXII.

PRÉSENT DE NOCES.

Il y avait quelque chose d'effrayant et de déchirant à la fois dans l'étrange adieu de M. de Boisguilbault, et Gilberte en fut si émue, qu'elle recommença elle-même à pleurer.

« Allons, qu'y a-t-il? lui dit Jean lorsqu'ils furent sur le chemin de Châteaubrun; allez-vous perdre vos yeux ce soir? Vous êtes quasi aussi folle que ce vieux, ma Gilberte; car tantôt vous êtes raisonnable et parlez d'or, puis, tout d'un coup, vous redevenez faible et gémissante comme un petit enfant. Voulez-vous que je vous dise, M. de Boisguilbault est un excellent cœur; mais, pour sûr, et quoi qu'en dise Émile et votre père, il a la tête dérangée. Il n'y a pas à compter sur lui, de même qu'il n'y a jamais à en désespérer. Il se peut que vous n'entendiez plus jamais parler de lui, comme il se peut, tout aussi bien, qu'il saute un beau jour au cou de votre père, s'il le rencontre dans un bon moment. Ça dépendra de la lune!

— Je ne sais plus qu'en penser, répondit Gilberte, car je crois, en effet, que je deviendrais folle aussi si je vivais près de lui. Il me fait une peur affreuse, et pourtant j'ai pour lui des mouvements de tendresse irrésistible. C'est bien ce qu'il inspirait à Émile dans les commencements; Émile a fini par l'aimer et ne plus le craindre. Donc, la bonté l'emporte en lui sur le caprice de la maladie.

— Je vous dirai ça plus tard, reprit le charpentier, car décidément il faut que j'y retourne et que je l'étudie.

— Mais tu l'as tant connu autrefois! il n'était donc pas le même?

— Oh! il a bien empiré! Il était triste et silencieux d'habitude, et quelquefois un peu colère. Mais ça durait peu, et il était meilleur après. C'est bien encore la même chose; mais je crois que ce qui lui arrivait une ou deux fois par an, lui arrive maintenant une ou deux fois par jour, et qu'il est à la fois plus méchant et plus doux.

— Comme il paraît malheureux! » dit Gilberte, dont le cœur se serrait au souvenir du sanglot qu'elle avait entendu et dont l'écho était resté dans ses oreilles.

Janille et Antoine attendaient Gilberte avec une ardente impatience. Le rapport de Charasson les avait frappés de stupeur, et, croyant qu'il battait la campagne ou qu'il mentait pour leur cacher quelque accident arrivé à Gilberte, ils avaient couru chez la mère Marlot pour calmer leur inquiétude. Son récit les avait rassurés, mais n'avait rien éclairci. Janille était irritée contre le charpentier et n'augurait rien de bon de cette folle entreprise. Antoine s'effrayait avec elle, puis, tout aussitôt, conformément à sa nature confiante, il se livrait à de riantes illusions et bâtissait mille châteaux en Espagne.

« Janille, disait-il, notre enfant et notre ami Jean peuvent à eux deux faire des prodiges. Que dirais-tu si tu les voyais venir avec Boisguilbault?

— Ah! voilà votre tête folle! répondait Janille. Vous oubliez que c'est impossible, et que le vieux sournois est plutôt capable de tordre le cou à notre fille que d'écouter de bonnes raisons. Et puis, quelles excuses peuvent faire valoir des gens qui ne savent rien de rien?

— C'est justement pour cela. Tout ce que Boisguilbault craint au monde, c'est que nous n'ayons mis les nôtres dans la confidence: car c'est l'orgueil blessé, tout autant que l'amitié trahie, hélas! qui le rend si craintif et si malheureux. Pauvre marquis! peut-être que la candeur de notre enfant et la loyauté de Jean l'attendriront. Puisse-t-il me pardonner ce que je n'oublierai jamais!

— Plaignez-vous lorsque vous avez un trésor comme Gilberte! Mais ne comptez pas qu'elle l'apprivoise. Celui-là ne reviendra plus à Châteaubrun que le beau fils Cardonnet, et nos ruines ne reverront jamais ni l'un ni l'autre.

— Émile reviendra avec le consentement de son père, ou il ne reviendra pas, Janille, je te l'ai promis; mais, en attendant, sa conduite est louable: Jean nous l'a bien prouvé ce matin.

— C'est-à-dire que vous n'y avez rien compris, pas plus que moi; mais que, par faiblesse, vous avez fait semblant d'être persuadé; vous n'en faites jamais d'autres, et vous ne voyez pas qu'en louant la belle conduite de ce maudit jeune homme, vous exaltez la tête de votre fille. Vous feriez bien mieux de la dégoûter de lui en lui prouvant qu'il est fou, ou qu'il ne l'aime guère. »

Leur discussion fut interrompue par le bruit du trot de Lanterne, qui, en rasant le rocher, produisait un cadence bien reconnaissable. Ils coururent à la rencontre de Gilberte, et lorsqu'ils l'eurent ramenée au pavillon, au milieu des questions précipitées des uns et des réponses entrecoupées des autres, le paquet que le marquis avait remis à Gilberte, et qu'elle n'avait pas songé à ouvrir, frappa les regards de Janille. « Qu'est-ce que cela? s'écria-t-elle en dépliant un magnifique cachemire de l'Inde, bleu d'azur, brodé en or fin: mais c'est le manteau d'une reine!

— Ah! juste Dieu! s'écria M. Antoine en touchant le châle d'une main tremblante et en pâlissant: je reconnais cela!

— Et qu'est-ce que c'est que cette boîte? dit Janille en ouvrant un écrin qui venait de tomber du châle.

— Ce sont des minéraux, je crois, répondit soudain Gilberte, des cristaux du Mont-Blanc, qu'il a ramassés lui-même dans son voyage.

— Non pas, non pas, vous confondez, dit le charpentier, ça brille autrement, ça; regardez donc! »

Et Gilberte vit avec surprise une rivière d'énormes diamants d'un éclat éblouissant.

« Mon Dieu! mon Dieu! je reconnais tout cela, balbutiait M. de Châteaubrun en proie à une émotion terrible.

— Taisez-vous donc, Monsieur, lui dit Janille en lui poussant le coude; vous connaissez les diamants et les cachemires; c'est possible; vous avez été assez riche pour en avoir beaucoup vu autrefois. Est-ce une raison pour parler si haut et nous empêcher de les regarder? Diantre! ma fille, tu n'as pas perdu ton temps! Il y a peut-être là de quoi faire rebâtir notre château, et M. de Boisguilbault n'est point si ladre que je croyais. »

Gilberte, qui avait vu fort peu de diamants en sa vie, persistait à croire que ce collier était en cristal de roche taillé; mais M. de Châteaubrun, en ayant examiné le fermoir et les pierres, le remit dans l'écrin en disant avec une mélancolie distraite: « Il y a là pour plus de cent mille francs de diamants. M. de Boisguilbault te donne une dot, ma fille!

— Cent mille francs! s'écria Janille, cent mille francs! Pensez-vous à ce que vous dites, Monsieur? est-ce possible?

— Ces petits grains reluisants valent tant d'argent! dit Jappeloup avec un étonnement naïf dépourvu de convoitise; et ça se garde comme ça dans une petite boîte, sans servir à rien?

— Cela se porte, dit Janille en passant le collier autour du cou de Gilberte, et j'espère que ça rend belle! Mets donc ce châle sur tes épaules, ma fille! Pas comme ça! J'ai vu à Paris des dames qui en portaient; mais du diantre si je peux me souvenir comment c'était arrangé.

— C'est fort beau, mais fort incommode, dit Gilberte, et il me semble que je suis déguisée avec ce cachemire et ces bijoux. Allons, replions et serrons tout cela pour le renvoyer à M. de Boisguilbault. Il se sera trompé, il aura cherché à tâtons. Il a cru me donner des bagatelles, et il m'a remis les cadeaux de noces qu'il a faits à sa femme.

— Oui, dit le charpentier, il se sera trompé, pour sûr: car on ne donne pas la défroque de sa défunte à une étrangère. Il était si troublé, le pauvre homme! Il n'y a pas que vous qui ayez des distractions, monsieur Antoine!

— Non, il ne s'est pas trompé, dit M. Antoine. Il sait ce qu'il fait, lui, et Gilberte peut garder ces présents.

— Tiens, tiens! je le crois bien, s'écria Janille. Ils sont bien à elle, n'est-ce pas, monsieur Antoine? Tout ça lui appartient légitimement... puisque M. de Boisguilbault le lui donne! »

— Mais c'est impossible, mon père! je n'en veux pas, dit Gilberte : qu'en ferais-je? Je serais vraiment fort ridicule si j'allais me promener dans notre brouette avec mes robes d'indienne, couverte de diamants et d'un cachemire de l'Inde.

— Dame! vous feriez un peu rire le monde, dit le charpentier; les dames du pays en crèveraient de rage. Et puis tous les hannetons viendraient donner de la tête sur vos diamants, car ils se jettent comme des imbéciles sur ce qui brille; et en cela ils font comme les hommes. Si M. de Boisguilbault voulait vous doter, pour faire voir qu'il se raccommode avec M. Antoine, il aurait mieux fait de vous donner une de ses petites métairies avec un cheptel de huit bœufs.

— Tout cela est bel et bon, dit Janille; mais avec des petites pierres brillantes on fait de l'argent, on agrandit le pavillon, on rachète des terres, on se fait deux ou trois mille livres de rente, et on trouve un mari qui vous en apporte autant. Alors on est à son aise pour le reste de ses jours, et on se moque un peu de MM. Cardonnet père et fils!

— Au fait, dit M. Antoine, voilà ton existence assurée, ma fille! Ah! que M. de Boisguilbault sait noblement se venger! Je savais bien, moi, ce que je disais quand je le défendais contre toi, Janille! Prétendras-tu encore que c'est un vilain et méchant homme?

— Nenni, Monsieur, nenni! il a du bon, je le reconnais. Allons, racontez-nous donc comment tout ça s'est passé, vous autres! »

On en eut jusqu'à minuit à causer, à se rappeler les moindres circonstances, à se livrer à mille commentaires sur la future conduite du marquis à l'égard d'Antoine. Jean Jappeloup, trop attardé pour retourner à son village, coucha à Châteaubrun. M. Antoine s'endormit dans des rêves de bonheur, et Janille dans des rêves de fortune. Elle avait oublié Émile et les chagrins récents. « Tout cela passera, disait-elle, et les cent mille francs resteront. Nous n'aurons plus à faire à des Galuchet, quand on nous verra propriétaire d'une jolie fortune de campagne. » Et déjà elle faisait dans sa tête l'énumération de tous les jeunes hobereaux de la contrée qui pouvaient aspirer à la main de Gilberte.

« Si un roturier se présente, pensait-elle, il faudra qu'il ait au moins pour deux cent mille francs de propriétés au soleil! » Et elle mit sous son traversin la clef de l'armoire où elle avait serré le *pot au lait* de Gilberte.

Gilberte, cédant à une fatigue extrême, finit par s'endormir aussi, après avoir pris une grande résolution. Le lendemain, elle causa longtemps avec son père à l'insu de Janille, puis elle demanda à cette dernière de lui laisser emporter les présents de M. de Boisguilbault dans sa chambre, pour les regarder à son aise. La bonne femme les lui remit sans méfiance, car Gilberte se voyait cette fois dans la nécessité de dissimuler avec son opiniâtre gouvernante; puis elle écrivit une lettre qu'elle montra à son père.

« Tout ce que tu fais est bien, ma fille, dit-il avec un profond soupir; mais gare à Janille, quand elle le saura!

— Ne craignez rien, cher père, répondit la jeune fille; nous ne lui dirons pas que je vous ai mis dans la confidence, et tout son dépit tombera sur moi seule.

— A présent, reprit M. Antoine, il faut attendre notre ami Jean, car on ne peut pas confier ces objets-là à un étourdi comme maître Charasson. »

Gilberte attendit le retour du charpentier avec d'autant plus d'impatience, qu'elle comptait recevoir par lui des nouvelles d'Émile. Elle ignorait qu'Émile fût malade. Mais, à l'idée de sa douleur, elle éprouvait une anxiété qui ne lui permettait plus de songer à elle-même, et ces jours d'absence, qu'elle avait cru pouvoir supporter avec tant de courage, lui paraissaient si longs et sombres, qu'elle se demandait avec effroi comment Émile pourrait les endurer. Elle se flattait qu'elle trouverait le moyen de lui écrire, bien qu'elle n'eût pas voulu l'y autoriser, ou du moins que le charpentier saurait lui rapporter les moindres paroles de leur entretien.

Mais le charpentier ne vint pas, et le soir arriva sans apporter aucun soulagement aux angoisses de la jeune fille. Une contrariété réelle venait s'ajouter à sa peine secrète. M. Antoine se montrait défaillant à l'endroit de la résolution que Gilberte avait prise, et qu'il avait d'abord approuvée, de refuser les dons de M. de Boisguilbault. A chaque instant il menaçait de consulter Janille, sans laquelle il n'avait jamais su prendre un parti depuis vingt ans, et Gilberte tremblait que l'impérieux *veto* de sa vieille amie ne vînt s'opposer à la restitution projetée.

Le lendemain, Jean ne vint pas davantage. Il travaillait sans doute pour M. de Boisguilbault, et Gilberte s'étonnait qu'étant occupé à si peu de distance, il ne devinât pas le besoin qu'elle éprouvait de s'entretenir avec lui, ne fût-ce qu'un instant. Une vague inquiétude la portait de ce côté. Elle se mit en route pour la chaumière de la mère Marlot, et, comme d'habitude, elle mit dans son panier les modestes friandises dont elle privait son dîner pour les malades. Mais, en même temps, craignant qu'en son absence M. de Châteaubrun n'ouvrît son cœur à Janille, et que le scellé de la gouvernante ne fût apposé sur les bijoux, elle les enveloppa, ainsi que le cachemire, les cacha au fond de son panier et résolut de ne plus s'en séparer que pour les remettre à leur destination.

Vivant à la campagne dans une condition plus que modeste, Gilberte était habituée à sortir seule aux environs de sa demeure. La pauvreté délivre de l'étiquette, et il semble que la vertu des filles riches soit plus fragile ou plus précieuse que celle des pauvres, puisqu'on ne leur laisse point faire un pas sans escorte.

Gilberte allait seule à pied avec autant de sécurité qu'une jeune paysanne, et elle était réellement moins exposée encore, car elle était connue, aimée et respectée de tous ceux qu'elle pouvait rencontrer.

Elle n'avait peur ni d'un chien, ni d'une vache, ni d'une couleuvre, ni d'un poulain échappé. Les enfants de la campagne savent se préserver de ces petits dangers, qu'un peu de présence d'esprit et de sang-froid suffisent pour éviter. Elle n'emmenait donc son page rustique et ne montait dans la brouette de famille que lorsque le temps menaçait, ou qu'elle avait hâte de rentrer. Ce soir-là, le soleil brillait encore dans un ciel pur, les chemins étaient secs, et elle partit d'un pied léger à travers les sentiers des prairies. Par la traverse, la chaumière de la Marlot était également près de Châteaubrun et de Boisguilbault.

Les enfants de la pauvre femme étaient en pleine convalescence. Gilberte ne s'arrêta pas longtemps auprès d'eux. La Marlot lui raconta comme quoi M. de Boisguilbault lui avait laissé cent francs le jour de leur rencontre dans sa chamière, et lui apprit que Jean Jappeloup travaillait dans le parc, à la maison de bois. Elle l'avait vu passer de loin, le matin, chargé de divers outils.

Gilberte pensa que, dès lors, elle pouvait espérer de rencontrer le charpentier lorsqu'il s'en retournerait à Gargilesse, et elle résolut d'aller l'attendre sur le chemin qu'il devait prendre aussitôt après le coucher du soleil. Mais, craignant d'être aperçue et reconnue aux abords du parc, elle emprunta, sous prétexte de la fraîcheur du soir et d'un peu de malaise, une mante de bure à la mère Marlot. Elle rabattit le capuchon sur ses blonds cheveux, et, ainsi enveloppée, elle marcha en droite ligne et se glissa comme une biche à travers les buissons, jusque vers la grille du parc qui donnait sur le chemin de Gargilesse. Là, elle s'enfonça dans les saules de la petite rivière, non loin de l'endroit où elle côtoyait la lisière du parc, et elle remarqua que la grille était encore ouverte, preuve que M. de Boisguilbault n'était pas dans son enclos; car aussitôt qu'il y avait mis le pied, on fermait avec soin toutes les issues, et cette habitude sauvage du châtelain était bien connue dans le pays.

Cette observation l'enhardit, et elle avança jusqu'au seuil de la grille pour essayer d'apercevoir Jean Jappeloup. Le toit du chalet frappa ses regards; il était bien peu éloigné. L'allée était sombre et déserte.

En avançant avec précaution, Gilberte, qui était légère comme un oiseau, pouvait fuir à temps, et, déguisée comme elle l'était, ne pas se laisser reconnaître. Jean serait là sans doute, et, si elle le trouvait seul, elle lui ferait signe et satisferait sa mortelle impatience d'avoir des nouvelles d'Émile.

Le chalet était ouvert; il n'y avait personne; des outils de menuiserie étaient épars sur le plancher. Un profond silence régnait partout. Gilberte avança sur la pointe du pied, et déposa sur la table le paquet et la lettre qu'elle avait apportés. Puis, faisant réflexion que des objets aussi précieux pouvaient être exposés dans un endroit si mal gardé, elle chercha des yeux, posa la main sur une porte qui lui parut être celle d'une armoire, et, remarquant que la serrure était enlevée, elle se dit avec raison que Jean était occupé à la réparer, qu'il allait sans doute venir la replacer, et qu'elle n'avait rien de mieux à faire qu'à mettre son dépôt sous la main du plus fidèle des amis. Mais comme elle ouvrait la prétendue armoire pour y glisser le paquet, elle se trouva à l'entrée d'un cabinet en désordre, en face d'un grand portrait de femme.

Gilberte n'eut pas besoin de regarder longtemps cette peinture pour reconnaître l'original d'un portrait en miniature qu'elle avait vu entre les mains de son père, et qu'elle avait toujours soupçonné être celui de la mère *inconnue* qui lui avait donné le jour. Quand même la ressemblance n'eût pas été bien saisissable, au premier coup d'œil, dans la différence de proportions des deux portraits, la pose, le costume, et ce châle bleu que Gilberte tenait précisément dans ses mains, lui eussent fait comprendre que la miniature avait été faite en même temps que le grand portrait, ou plutôt qu'elle en était la copie réduite. Elle étouffa un cri de surprise, et sa pudique imagination se refusant à comprendre la possibilité d'un adultère, elle se persuada qu'en vertu de quelque mariage secret, comme on en voit dans les romans, elle pouvait être la proche parente, la nièce ou la petite-nièce de M. de Boisguilbault. En ce moment elle crut entendre marcher à l'étage supérieur, et, pleine d'effroi, elle jeta le paquet sur la cheminée et s'enfuit avec la rapidité d'une flèche.

XXXIII.

HISTOIRE DE L'UN RACONTÉE PAR L'AUTRE.

Quelques instants après la fuite de Gilberte, Jean revenait poser la serrure du cabinet, suivi de M. de Boisguilbault, qui attendait son départ pour faire fermer le parc. Le charpentier avait remarqué l'inquiétude du marquis, de quelle manière il observait tous ses mouvements pendant qu'il travaillait à cette porte; impatienté de la curiosité qu'on lui supposait apparemment, il releva la tête et dit avec sa franchise accoutumée : « Pardieu, monsieur de Boisguilbault, vous avez bien peur que je ne regarde ce que vous avez caché là-dedans! Songez donc que je l'aurais vu depuis une heure, si j'avais voulu; mais je ne m'en soucie guère, et j'aimerais mieux que vous me disiez : *Ferme les yeux*, plutôt que de me surveiller comme vous faites. »

M. de Boisguilbault changea de visage et fronça les sourcils. Il jeta un coup d'œil sur le cabinet et vit que le courant d'air avait fait tomber une grande toile verte dont il avait assez gauchement couvert le portrait, et que Jean, à moins d'être aveugle, avait dû le voir. Il prit alors son parti, ouvrit la porte toute grande, et lui dit avec un calme forcé : « Je ne cache rien là et tu peux regarder, si bon te semble.

— Oh! je ne suis guère curieux de vos gros livres, répondit en riant le charpentier : je n'y connais rien, et je ne comprends pas qu'il ait fallu écrire tant de paroles pour savoir se conduire. Mais voilà le portrait de votre défunte dame! je la reconnais, c'est bien elle; vous l'avez donc fait mettre là, ce portrait? de mon temps, il était dans le château.

— Je l'ai fait mettre ici pour le voir sans cesse, dit le marquis avec tristesse; oh bien, depuis qu'il y est, je l'ai à peine regardé. J'entre dans ce cabinet le moins que je peux, et si je craignais que tu ne le visses, c'est que je craignais de le voir moi-même. Cela me fait mal. Ferme cette porte, si tu n'as plus besoin qu'elle soit ouverte.

— Et puis, vous craignez qu'on ne vous fasse parler de votre chagrin? Je comprends ça, moi, et je gage, d'après ce que vous me dites là, que vous ne vous êtes jamais consolé de la mort de votre femme! Eh bien, c'est comme moi de la mienne, et vous pouvez bien n'avoir pas honte de ça devant moi, monsieur de Boisguilbault; car tout vieux que je suis... tenez, j'ai là comme quelque chose qui me coupe le cœur en deux, quand je pense que je suis seul au monde! Je suis pourtant d'un caractère gai, et je n'avais pas toujours été heureux dans mon ménage; mais, que voulez-vous? c'est plus fort que moi; je l'aimais, cette femme! C'est fini, le diable ne m'eût pas empêché de l'aimer.

— Mon ami, dit M. de Boisguilbault attendri, et faisant un douloureux retour sur lui-même, tu as été aimé, ne te plains pas trop! et puis tu as été père. Qu'est devenu ton fils, où est-il?

— Il est dans la terre avec ma femme, monsieur de Boisguilbault!

— Je l'ignorais... je savais seulement que tu étais veuf... Pauvre Jean! pardonne-moi de te rappeler tes chagrins! Oh! je te plains du fond de mon cœur! avoir un enfant et le perdre! »

Le marquis appuya sa main sur l'épaule du charpentier, qui était penché sur le parquet pour travailler, et toute la bonté de son âme reparut sur sa figure. Jean laissa tomber ses outils, et, s'appuyant sur son genou :

« Savez-vous, monsieur de Boisguilbault, que j'ai été plus malheureux que vous, dit-il avec abandon : vous ne pouvez pas vous douter de la moitié de ce que j'ai souffert!

— Dis-le moi, si cela te soulage, je le comprendrai!

— Eh bien, je veux vous le dire, à vous qui êtes un homme savant et qui jugez les choses de ce monde mieux que personne, quand vous avez l'esprit tranquille. Je vas vous dire ce que bien des gens savent dans mon endroit, mais ce dont je n'ai jamais voulu causer avec personne. Ma vie a été drôle, allez! j'étais aimé, et je ne l'étais pas : j'avais un fils, et je n'étais pas sûr d'être son père!...

— Que dis-tu? Non! ne dis pas cela; il ne faut jamais parler de ces choses-là! dit le marquis bouleversé.

— Vous avez raison tant que ça dure! mais à nos âges on peut parler de tout, et vous n'êtes pas un homme pareil à ces imbéciles qui ne trouvent qu'à rire dans le plus grand malheur dont le prochain puisse être accablé. Vous n'êtes ni railleur, ni méchant, vous! eh bien, je veux que vous me disiez si j'ai eu tort, et si je me suis mal conduit, si j'ai agi comme un homme ou comme une bête, enfin si vous eussiez fait comme moi; car tout le monde m'a quasi blâmé dans le temps, et si je n'avais eu le bras solide, et, au bout, la réplique vive, chacun se fût permis de me rire au nez. Tenez, jugez! Ma femme, ma pauvre Nannie, aimait un de mes amis, un beau garçon, un bon camarade, ma foi! et elle m'aimait pourtant aussi. Je ne sais comment diable la chose s'est faite, mais mon fils s'est trouvé, un beau matin, ressembler à Pierre beaucoup plus qu'à Jean. Ça sautait aux yeux, Monsieur! et il y avait des moments où j'avais envie de battre Nannie, d'étrangler l'enfant et de fendre le crâne à Pierre.... Et puis.... et puis!.... je n'ai jamais rien dit. J'ai pleuré, j'ai prié Dieu! Ah! que j'ai souffert! J'ai battu ma femme, sous prétexte qu'elle rangeait mal la maison; j'ai tiré les oreilles du petit, sous prétexte qu'il faisait trop de bruit aux miennes; j'ai cherché querelle à Pierre pour une partie de quilles, et j'ai failli lui casser les deux jambes avec la boule. Et puis, quand tout le monde pleurait, je pleurais aussi, et je me regardais comme un scélérat. J'ai élevé l'enfant et je l'ai pleuré; j'ai enterré la femme et je la pleure encore; j'ai conservé l'ami et je l'aime toujours... Et voilà comment les choses ont fini pour moi. Qu'en dites-vous? »

M. de Boisguilbault ne répondit pas. Il parcourait la chambre et faisait crier le parquet sous ses pieds.

« Vous me trouvez bien lâche et bien sot, je parie, dit le charpentier en se relevant; mais vous voyez bien, du moins, que vos peines n'approchent pas des miennes! »

Le marquis se laissa tomber sur son fauteuil et garda le silence. Des larmes coulaient lentement sur ses joues.

« Eh bien, monsieur de Boisguilbault, pourquoi pleurez-vous? reprit Jean avec une grande candeur : vous voulez donc me faire pleurer aussi? mais vous ne pourriez pas en venir à bout! j'ai versé tant de larmes de colère et de chagrin, dans le temps, qu'il ne m'en reste plus, je gage, une seule dans le corps. Allons! allons! prenez votre peine en patience, et offrez votre présent à Dieu; car il y a des gens plus maltraités que vous, vous le voyez bien! Vous, vous aviez pour femme une belle dame bien sage, bien éduquée et bien tranquille. Peut-être qu'elle ne vous faisait pas autant de caresses et d'amitiés que j'en recevais de la mienne; mais, au moins, elle ne vous trompait pas, et la preuve que vous pouviez dormir sur vos deux oreilles, c'est que vous la laissiez aller à Paris sans vous, quand ça lui convenait; vous n'étiez pas jaloux, vous n'aviez pas sujet de l'être! et moi, j'avais mille démons dans la cervelle à toutes les heures du jour et de la nuit. J'épiais, j'espionnais, je me cachais d'être jaloux; j'en rougissais, je souffrais le martyre; et plus j'observais, plus je voyais qu'on était habile à me tromper. Je n'ai jamais rien pu surprendre. Nannie était plus fine que moi; j'avais perdu mon temps à la guetter, elle me faisait une scène d'avoir douté d'elle. Quand l'enfant fut en âge de ressembler à quelqu'un, et que je vis que ce n'était pas à moi... que voulez-vous? je crus que j'en deviendrais fou; mais je m'étais habitué à l'aimer, à le caresser, à travailler pour le nourrir, à trembler quand il se faisait une bosse à la tête, à le voir sauter autour de mon établi, se mettre à cheval sur mes poutres et s'amuser à ébrécher mes outils. Je n'avais que celui-là! je l'avais cru à moi, il ne m'en venait pas d'autres, je ne pouvais me passer d'enfant, quoi! Et il m'aimait tant, ce diable de garçon! il me faisait de si jolies caresses, il avait tant d'esprit! et quand je le grondais, il pleurait à fendre l'âme. Enfin je me suis mis à oublier mes soupçons et à me persuader si bien que j'étais son père, que, quand une balle me l'a tué à l'armée, j'ai eu envie de me tuer moi-même. C'est qu'il était beau et brave, aussi bon ouvrier que bon soldat, et ce n'était pas sa faute s'il n'était pas mon fils! il aurait rendu ma vie heureuse; il m'aurait aidé au travail et je ne serais pas seul à vieillir. J'aurais quelqu'un pour me tenir compagnie, pour causer avec moi le soir après ma journée, pour me soigner quand je suis malade, pour me coucher quand je suis gris, pour me parler de sa mère, dont je n'ose jamais parler à personne parce que tout le monde, excepté lui, a su mon malheur. Allons! allons! monsieur de Boisguilbault, vous n'en avez pas eu tant à supporter, vous! On ne vous a pas donné un héritier de contrebande, et si vous n'en avez pas eu le profit, vous n'en avez pas eu la honte!

— Et je n'en aurais pas eu le mérite! dit le marquis. Jean, rouvre cette porte, et laisse-moi regarder le portrait de la marquise. Tu m'as donné du courage. Tu m'as fait du bien! J'étais dans le jour où je t'ai chassé d'auprès de moi. Tu m'aurais empêché de devenir faible et fou. J'ai cru éloigner un ennemi, et je me suis privé d'un ami!

— Mais pourquoi, diable! me preniez-vous pour votre ennemi? dit le charpentier.

— Tu n'en sais rien? dit le marquis en attachant sur lui des yeux perçants.

— Rien, répondit le charpentier avec assurance.

— Sur ton honneur? reprit M. de Boisguilbault en lui pressant la main avec force.

— Sur mon salut éternel! répliqua Jean en levant la main au ciel avec dignité. J'espère que vous allez enfin me le dire? »

Le marquis ne sembla pas entendre cet appel énergique et sincère. Il sentait que Jean avait dit la vérité, et il était assez se rasseoir. Puis, tournant son fauteuil du côté de la porte du cabinet, que Jean avait rouverte, il contemplait avec une tristesse profonde les traits de sa femme.

« Que tu aies continué à aimer ta femme, dit-il; que tu aies pardonné à l'enfant innocent, je le conçois!..... mais que tu aies pu revoir et supporter l'ami qui te trahissait, voilà ce qui me confond!

— Ah! monsieur de Boisguilbault, voilà, en effet, ce qui m'a été le plus difficile! d'autant plus que ce n'était pas un devoir, et que tout le monde m'aurait approuvé, si je lui avais cassé les côtes. Mais savez-vous ce qui me désarma? c'est que je vis qu'il avait un grand repentir et un vrai chagrin. Tant que la fièvre d'amour le tint, il m'aurait marché sur le corps pour aller rejoindre sa maîtresse. Elle était belle comme une rose du mois de mai; je ne sais pas si vous l'avez vue et si vous vous en souvenez, mais je sais bien que Nannie était quasi aussi belle, dans son genre, que madame de Boisguilbault. J'en étais fou, et lui aussi! Il se serait fait païen pour elle, et moi je me fis imbécile. Mais, quand la jeunesse commença à se passer, je vis bien qu'ils ne s'aimaient plus, et qu'ils avaient honte de leur faute. Ma femme s'était remise à m'aimer, en voyant que j'étais bon et généreux, et lui, il avait son péché si lourd sur le cœur, que quand nous buvions ensemble, il voulait toujours s'en confesser à moi; mais je ne le voulais pas, et quelquefois il se mit à genoux devant moi, dans l'ivresse, en criant comme un fou :

— « Tue-moi, Jean, tiens, tue-moi! je l'ai mérité, et j'en serai content! »

« Quand il était dégrisé, il ne se souvenait plus de cela, mais il se serait fait hacher pour moi; et, à l'heure qu'il est, après M. Antoine, c'est mon meilleur ami. Le sujet de nos peines n'existe plus, l'amitié est restée. C'est à cause de lui que j'ai eu un procès avec la régie, et que je suis devenu vagabond pendant quelque temps. Eh bien, il travaillait pour mes pratiques, afin de me les conserver; il m'apportait de l'argent, et il me les a rendues; il n'a rien qui ne m'appartienne, et, comme il est plus jeune que moi, c'est lui, j'espère, qui me fermera les yeux. Il me doit bien cela; mais enfin, il me semble que je l'aime à cause du mal qu'il m'a fait, et du courage que j'ai eu de lui pardonner!

— Hélas! hélas! dit M. de Boisguilbault, on est sublime quand on ne craint pas d'être ridicule! »

Il referma doucement la porte du cabinet, et, revenant vers la cheminée, ses yeux furent frappés enfin de la vue du paquet et d'une lettre à son adresse.

« Monsieur le marquis,

« Je vous avais promis que vous n'entendriez plus parler de moi; mais vous me forcez vous-même à vous rappeler que j'existe, et, pour la dernière fois, je vais le faire.

« Ou vous avez fait une méprise en me remettant des objets d'une valeur considérable, ou vous avez voulu me faire l'aumône.

« Je ne rougirais pas d'accepter les secours de votre charité, si j'étais réduite à les implorer; mais vous vous êtes trompé, monsieur le marquis, si vous m'avez crue dans la misère.

« Notre position est aisée relativement à nos besoins et à nos goûts, qui sont modestes et simples. Vous êtes riche et généreux; je serais coupable d'accepter des bienfaits que vous saurez reporter sur tant d'autres : ce serait voler les pauvres!

« Ce qu'il m'eût été doux d'emporter, et que j'aurais donné mon sang pour l'obtenir, c'est un mot d'oubli et de pardon, une parole d'amitié pour mon père. Ah! Monsieur, vous ne savez pas ce que souffre le cœur d'un enfant quand il voit son père accusé injustement, et qu'il ignore les moyens de le disculper! Vous n'avez pas voulu me les fournir, puisque vous avez persisté devant moi à garder le silence sur la cause de vos ressentiments; mais comment n'avez-vous pas compris que, dans cette situation, je ne pouvais pas accepter vos dons et profiter de vos bontés!

Gilberte n'eut pas besoin de regarder longtemps cette peinture. (Page 118.)

« Et cependant je garde un petit anneau de cornaline que vous avez passé à mon doigt, lorsque je suis entrée chez vous sous un nom supposé. C'est un objet sans valeur, m'avez-vous dit, un souvenir de vos voyages... Il m'est précieux, bien que ce ne soit pas un gage de réconciliation que vous ayez voulu m'accorder; mais il me rappellera, à moi, un instant bien doux et bien cruel, où j'ai senti tout mon cœur s'élancer vers vous et de vaines espérances s'évanouir aussitôt. Je devrais pourtant vous haïr, vous qui haïssez un père que j'adore! J'ignore comment il se fait que je vous rends vos présents sans orgueil blessé et je renonce à votre sympathie avec une douleur profonde.

« Agréez, monsieur le marquis, les sentiments respectueux de   GILBERTE DE CHATEAUBRUN. »

XXXIV.

RÉSURRECTION.

« C'est toi, Jean, dit M. de Boisguilbault, qui as apporté ici ce paquet et cette lettre?

— Non, Monsieur, je n'ai rien apporté du tout, et je ne sais pas ce que c'est, répondit le charpentier avec l'accent de la vérité.

— Comment te croire, reprit le marquis, lorsque avant-hier tu me mentais avec tant d'aplomb, en me présentant une personne sous le nom d'une autre?

— Avant-hier je mentais, mais je n'en aurais pas juré; aujourd'hui j'en jure : je n'ai vu entrer personne, je ne sais qui a apporté cela. Mais puisque vous parlez le premier de ce qui s'est passé avant-hier, je ne l'aurais pas osé, moi... Laissez-moi donc vous dire que cette pauvre enfant a pleuré tout le long du chemin en pensant à vous, et que...

— Je t'en supplie, Jean, ne me parle pas de cette demoiselle, ni de son père! Je t'ai promis que je t'en parlerais, moi, quand cela serait nécessaire, et, à cette condition, tu t'es engagé à ne pas me tourmenter. Attends que je t'interroge!

— Soit! mais si pourtant vous me faites attendre trop longtemps, et que je perde patience?

— Je ne t'en parlerai peut-être jamais, et tu te tairas toujours, dit le marquis d'un ton d'humeur bien marqué.

Allons, Émile, voilà ta femme déjà parée pour la noce. (Page 126.)

— A savoir! reprit le charpentier; ce ne sont pas là nos conventions !
— Allons, va-t'en, dit M. de Boisguilbault sèchement. Ta journée est finie, tu refuses de souper ici, et sans doute Émile t'attend avec impatience. Dis-lui de prendre courage et que j'irai le voir bientôt... demain, peut-être.
— Si vous le traitez comme moi, si vous refusez de lui parler et de l'entendre parler de Gilberte, quel bien voulez-vous que lui fasse votre visite? Ce n'est pas là ce qui le guérira.
— Jean, tu m'impatientes, tu me fais mal! Va-t'en donc!
— Allons! le vent a tourné! pensa le charpentier. Attendons que le soleil revienne! »
Il passa sa veste et descendit le parc. M. de Boisguilbault le suivit pour fermer lui-même cette dernière porte après lui. Le jour durait encore. Le marquis remarqua sur le sable, fraîchement passé au râteau, la double trace d'un petit pied de femme tourné dans les directions opposées que Gilberte avait suivies pour aller au chalet et en revenir. Il ne fit point part de cette observation au charpentier, et elle échappa à celui-ci.

Cependant Gilberte avait attendu plus qu'elle n'y comptait. Le soleil était couché depuis dix minutes, et le temps lui paraissait mortellement long. L'approche de la nuit et la crainte de rencontrer quelqu'un du château qui pût la connaître, augmentant son inquiétude et son impatience, elle se hasarda à sortir du lieu où elle se tenait cachée et à descendre un peu le cours de la rivière, afin de se trouver encore à portée de voir venir le charpentier. Mais elle n'eut pas fait trois pas à découvert qu'elle entendit marcher derrière elle, et se tournant avec précipitation, elle vit Constant Galuchet, armé de sa ligne, qui regagnait le chemin de Gargilesse.
Elle rabattit son capuchon sur son visage, mais pas assez vite pour que le pêcheur de goujons n'eût aperçu une mèche de cheveux blonds, un œil bleu, une joue rose. D'ailleurs, à être suivie d'aussi près, il était difficile que Gilberte pût faire illusion. Elle n'avait rien de la démarche d'une paysanne, et la mante de bure n'était pas assez longue pour cacher le bord d'une robe légère et un pied charmant, chaussé d'une petite guêtre solide et bien prise. La curiosité de Constant Galuchet fut vivement éveillée par cette rencontre. Il méprisait trop les

paysannes pour leur conter fleurettes dans ses promenades; mais la vue d'une demoiselle déguisée piqua sa curiosité aristocratique, et un vague instinct que ces cheveux blonds si difficiles à cacher étaient ceux de Gilberte, lui persuada de la suivre et de l'inquiéter.

Il s'acharna donc sur ses traces, marchant tantôt immédiatement derrière elle, tantôt à ses côtés, ralentissant ou doublant le pas pour déjouer les petites ruses dont elle usait pour rester en arrière ou se faire dépasser, s'arrêtant lorsqu'elle s'arrêtait, se penchant vers elle en l'effleurant, et plongeant un œil insolent et curieux sous son capuchon.

Gilberte, effrayée, chercha des yeux quelque maison où elle pût se réfugier; n'en voyant aucune, elle continua à s'avancer dans la direction de Gargilesse, espérant que le charpentier allait la rejoindre et la délivrer de cette importune escorte.

Mais n'entendant venir personne, et ne pouvant supporter d'être plus longtemps suivie, elle se baissa comme pour regarder dans son panier afin de faire croire qu'elle avait oublié ou perdu quelque chose, et se retournant ensuite, elle reprit la direction du parc, pensant que Galuchet, n'ayant aucun prétexte pour la suivre de ce côté, n'en aurait pas l'audace.

Il était trop tard : Constant l'avait reconnue et un sentiment de basse vengeance le transportait.

« Ohé, la belle villageoise ! lui dit-il en s'élançant auprès d'elle, que cherchez-vous avec tant de mystère ? Ne pourrait-on vous aider à le trouver ?... Vous ne répondez pas ! Je comprends : vous avez par ici un joli petit rendez-vous, et je vous dérange ! Mais tant pis pour les jeunes filles qui courent seules le soir ! elles sont exposées à rencontrer un galant pour un autre, et les absents ont tort. Allons, n'y regardez pas de si près; à la nuit tous chats sont gris, et prenez mon bras. Si nous ne trouvons pas celui qu'il vous faut, on tâchera de le remplacer sans trop de désavantage ! »

Gilberte, effrayée de ces propos grossiers, se mit à courir. Plus adroite et plus mince que Galuchet, elle s'enfonça dans les arbres, passa dans le plus serré, et se crut bientôt hors de portée; mais une sorte de rage s'était emparée de lui, en la voyant s'échapper avec tant d'agilité. En trois bonds, et après s'être un peu heurté et déchiré aux branches, il se trouva de nouveau près d'elle, en face de la grille du parc de Boisguilbault.

Alors saisissant sa main : « Je veux voir, dit-il en jurant, si vous valez la peine de vous faire poursuivre de la sorte ! Si vous êtes laide, vous n'avez pas besoin de courir, ma mie, et je ne m'échaufferai point pour vous; mais si vous êtes jeune et gentille, vous serez joliment embarrassée, ma très-chère ! »

Gilberte se débattit avec courage, en frappant la figure et les mains de Galuchet avec son panier; mais les forces étaient trop inégales : au risque de la blesser avec l'agrafe de son manteau, il tirait le capuchon avec fureur.

En ce moment deux hommes parurent à la grille du parc, et Gilberte, se dégageant par un effort désespéré, s'élança vers eux et alla chercher refuge auprès de celui qui se présenta le premier à sa rencontre. Elle fut reçue dans les bras de M. de Boisguilbault.

Comme elle était défaillante de peur et d'indignation, elle cacha son visage dans le sein du vieillard, et ni le marquis ni le charpentier n'avaient eu le temps de la reconnaître; mais, en voyant Galuchet qui prenait la fuite, toute la rancune de Jean se réveilla, et il s'élança à sa poursuite.

Le commis de M. Cardonnet était gros et court, et malgré son âge, Jean avait sur lui l'avantage de la taille et de l'agilité.

Se voyant près d'être atteint, Galuchet compta sur sa force et se retourna.

Une lutte s'engagea alors entre eux, et Galuchet, qui était robuste, soutint assez bien le premier assaut; mais Jean était un athlète, et il ne tarda pas à le renverser au bord de l'eau.

« Ah ! tu ne te contentes pas de faire le métier d'espion ! lui dit-il en lui mettant les genoux sur la poitrine et en lui serrant si fort la gorge, que le vaincu fut forcé de lâcher prise, il faut encore, méchant valet, que tu insultes les femmes ! Je devrais écraser un animal aussi malfaisant que toi; mais tu es si lâche, que tu me ferais un procès ! Eh bien ! tu n'auras pas ce plaisir-là : tu sortiras de mes mains sans une égratignure que tu puisses montrer; je me contenterai de te faire la barbe avec un savon digne de toi. »

Et, ramassant de la vase noire au bord de la rivière, le charpentier en frotta la figure, la chemise et la cravate de Galuchet; après quoi il le lâcha, et se tenant devant lui :

« Essaie de me toucher, lui dit-il, et tu verras si je ne t'en fais pas manger ! »

Galuchet venait d'éprouver trop durement la force du bras du charpentier, pour s'y exposer de nouveau. Il eut envie de lui jeter une pierre à la tête, en le voyant tourner tranquillement le dos. Mais il pensa que le cas pourrait devenir grave, et que, s'il ne l'étendait du premier coup, il faudrait le payer cher.

Il battit en retraite, non sans vomir des injures et des menaces contre lui et la *drôlesse* qu'il protégeait ; mais il n'osa nommer Gilberte, ni laisser voir qu'il l'eût reconnue. Il n'était pas bien sûr qu'elle ne finît pas par devenir la bru de son patron; car depuis quelques jours qu'Émile était malade, M. Cardonnet paraissait horriblement soucieux et irrésolu.

Gilberte et le marquis ne virent pas cette scène. La jeune fille suffoquait, et, presque évanouie, se laissait traîner vers le chalet. M. de Boisguilbault, fort embarrassé de l'aventure, mais résolu à secourir loyalement une dame offensée, n'osait ni lui parler, ni lui faire comprendre qu'il l'avait reconnue. Sa méfiance lui revenait; il se demandait si cette scène n'avait pas été arrangée pour jeter dans son sein la colombe palpitante; mais lorsqu'elle tomba mourante au seuil du chalet, et qu'il vit sa pâleur, ses yeux éteints et ses lèvres décolorées, il fut saisi d'une tendre compassion, et d'une violente colère contre l'homme capable d'outrager une femme sans défense. Puis il se dit que cette noble enfant avait couru ce danger pour être venue faire acte de fierté et de désintéressement auprès de lui. Il la releva, la porta sur un fauteuil, et lui dit en frottant ses mains glacées :

« Remettez-vous, mademoiselle de Châteaubrun; tranquillisez-vous, je vous en conjure ! vous êtes ici en sûreté, et vous y êtes la bienvenue.

— Gilberte ! s'écria le charpentier lorsqu'il reconnut, en entrant, la fille d'Antoine : ma Gilberte ! Dieu du ciel ! est-ce possible ! Ah ! si j'avais su cela, je ne l'aurais pas épargné, ce misérable ! mais il n'est pas bien loin, et il faut que je le tue ! »

Transporté de fureur, il allait retourner à la poursuite de Galuchet, lorsque le marquis et Gilberte, un peu ranimée, le retinrent. Ce ne fut pas sans peine, Jean était hors de lui. Enfin, le marquis lui fit comprendre que, dans l'intérêt de la réputation de mademoiselle de Châteaubrun, il ne devait pas pousser plus loin sa vengeance.

Cependant le marquis continuait à être fort embarrassé vis-à-vis de Gilberte. Elle voulait partir, il désirait, au fond du cœur, qu'elle restât plus longtemps, et il ne pouvait se résoudre à le lui dire, qu'en alléguant le besoin qu'elle avait de se reposer encore et de se remettre de son émotion. Mais Gilberte craignait d'inquiéter encore une fois ses parents, et assurait qu'elle se sentait la force de s'en aller. Le marquis offrait sa voiture ; il offrait de l'éther; il cherchait un flacon et ne le trouvait pas; il s'agitait autour d'elle; il cherchait surtout ce qu'il pourrait lui dire pour répondre à sa lettre et à sa démarche; et quoiqu'il ne manquât ni d'usage ni d'aisance lorsqu'une fois son parti était pris, il était plus gauche et plus embarrassé qu'un jeune écolier débutant dans le monde, lorsqu'il était en proie aux irrésolutions pénibles de son caractère.

Enfin, comme Gilberte se levait pour se retirer avec Jean, dont elle acceptait l'escorte jusqu'à Châteaubrun, il se leva aussi, prit son chapeau, et saisissant sa nouvelle canne d'un air délibéré qui fit sourire le charpentier :

« Vous me permettrez, dit-il, de vous accompagner aussi. Ce malotru peut être quelque part en embuscade, et deux chevaliers valent mieux qu'un.

— Laissez-le donc faire ! » dit tout bas Jean à Gilberte, qui essayait de refuser sa politesse.

Ils sortirent tous trois du parc, et d'abord, le marquis se tint derrière à quelque distance, ou marcha devant comme pour leur servir d'avant-garde. Enfin il se trouva à côté de Gilberte, et, remarquant qu'elle était comme brisée et marchait avec peine, il se décida à lui offrir son bras. Peu à peu il se mit à causer avec elle, et peu à peu aussi, il se sentit plus à l'aise. Il lui parla de choses générales d'abord, puis d'elle-même particulièrement. Il l'interrogea sur ses goûts, sur ses occupations, sur ses lectures; et, bien qu'elle se tînt dans une réserve modeste, il s'aperçut bientôt qu'elle était douée d'une intelligence élevée et qu'elle avait un fonds d'instruction très-solide.

Frappé de cette découverte, il voulut savoir où et comment elle avait appris tant de choses sérieuses, et elle lui avoua qu'elle avait puisé la meilleure partie de ses connaissances dans la bibliothèque de Boisguilbault.

« J'en suis fier et charmé ! dit le marquis, et je mets tous mes bons livres à votre disposition. J'espère que vous m'en ferez demander, à moins que vous ne consentiez à me charger de les choisir et de vous les envoyer chaque semaine. Jean voudra bien être notre commissionnaire, en attendant qu'Émile le redevienne. »

Gilberte soupira; elle ne prévoyait guère, au silence effrayant d'Émile, que ce temps heureux pût lui être rendu.

« Mais appuyez-vous donc sur mon bras, lui dit le marquis; vous paraissez souffrante et vous ne voulez pas que je vous aide ! »

Quand on fut au pied de la colline de Châteaubrun, M. de Boisguilbault, qui semblait s'être oublié jusque-là, commença à donner des signes d'agitation et d'inquiétude, comme un cheval ombrageux. Il s'arrêta tout à coup et dégagea doucement le bras de Gilberte du sien, pour le passer sous celui du charpentier.

« Je vous laisse à votre porte, dit-il, et avec un ami dévoué. Je ne vous suis plus nécessaire, mais j'emporte votre promesse d'user de mes livres.

— Que ne puis-je vous emmener plus loin ! dit Gilberte d'un ton suppliant; je consentirais à n'ouvrir un livre de ma vie, quoique ce fût une grande privation pour moi !

— Cela m'est malheureusement impossible ! répondit-il avec un soupir : mais le temps et le hasard amènent des rencontres imprévues. J'espère, Mademoiselle, que je ne vous dis pas adieu pour toujours ; car cette pensée me serait fort pénible. »

Il la salua et retourna s'enfermer dans son chalet, où il passa une partie de la nuit à écrire, à ranger des papiers et à regarder le portrait de la marquise.

Le lendemain, à midi, M. de Boisguilbault mit son habit vert à la mode de l'empire, sa perruque la plus blonde, des gants et une culotte de peau de daim, des demi-bottes à l'écuyère armées de courts éperons d'argent en cou de cygne. Un domestique, en grande tenue d'écuyer, lui amena le plus beau cheval de ses écuries, et montant lui-même un cheval de suite presque aussi parfait, il le suivit au petit trot, sur la route de Gargilesse, portant une cassette légère passée à son bras à l'aide d'une courroie.

Grande fut la surprise des habitants de l'endroit lorsqu'ils virent arriver dans leurs murs le marquis, droit et raide sur son cheval blanc, comme un professeur d'équitation du vieux temps, en tenue de cérémonie, avec des lunettes d'or, et une cravache à tête d'or, qu'il portait un peu comme un cierge. Il y avait au moins dix ans que M. de Boisguilbault n'était entré dans une ville ou dans un village. Les enfants le suivaient, éblouis de la magnificence de sa désinvolture, les femmes se pressaient sur le pas de leurs portes, et les hommes, portant des fardeaux, s'arrêtaient ébahis en travers de la rue.

Il gravit lentement le pavé en précipice, et descendit de même à côté de l'usine de Cardonnet, trop bon cavalier pour s'amuser à des imprudences, et, reprenant le trot à la française pour entrer dans les cours, il cadença si bien l'allure de son cheval, qu'on eût dit d'une pendule parfaitement réglée. Certes il avait encore bon air, et les femmes disaient : « Vous voyez bien qu'il est sorcier, car il n'a pas pris un jour depuis dix ans qu'on ne l'a vu ici ! »

Il demanda à être conduit auprès de M. Émile Cardonnet, et trouva le jeune homme dans sa chambre, assis sur un sofa, ayant son père à sa droite et son médecin à sa gauche. Madame Cardonnet était assise vis-à-vis de lui, et l'examinait avec sollicitude.

Émile était fort pâle, mais sa situation n'avait plus rien d'inquiétant. Il se leva et vint à la rencontre de M. de Boisguilbault, qui, après l'avoir embrassé avec tendresse, salua profondément madame Cardonnet, et M. Cardonnet avec plus de modération. Pendant quelques instants, il ne fut question que de la santé du malade. Il avait eu un accès de fièvre assez violent, on l'avait saigné la veille ; la nuit avait été bonne, et, depuis le matin, la fièvre avait cessé entièrement. On l'engageait à faire une promenade en cabriolet, et il se proposait d'aller chez M. de Boisguilbault lorsque celui-ci était entré.

Le marquis avait su tous les détails de cette indisposition par le charpentier, qui l'avait cachée avec soin à Gilberte. Il n'y avait plus aucun sujet de crainte. Le médecin déclara qu'il fallait faire dîner son malade, et se retira en disant qu'il ne reviendrait le lendemain que pour l'acquit de sa conscience.

M. de Boisguilbault, pendant ces détails, observait attentivement la figure de M. Cardonnet. Il lui trouva un air de triomphe plutôt qu'un air de joie. Sans doute l'industriel avait tremblé à l'idée de perdre son fils, mais, cette crainte évanouie, la victoire était remportée : Émile pouvait supporter la douleur.

De son côté, M. Cardonnet observait la tournure bizarre du marquis et la trouvait souverainement ridicule. Sa gravité et sa lenteur à parler l'impatientaient d'autant plus, que M. de Boisguilbault, plus embarrassé au fond qu'il ne voulait le paraître, ne fit que dire des lieux communs d'un ton sentencieux. L'industriel le salua, au bout de peu d'instants, et sortit pour retourner à ses affaires. Madame Cardonnet, devinant alors, à l'inquiétude d'Émile, qu'il désirait s'entretenir avec son vieil ami, les laissa ensemble, après avoir recommandé à son fils de ne pas trop parler.

« Eh bien, dit Émile au marquis lorsqu'ils furent seuls, vous pouvez m'apporter la couronne du martyre ! J'ai passé par l'épreuve du feu ; mais Dieu protège ceux qui l'invoquent, et j'en suis sorti net et sans brûlure apparente : un peu brisé, à la vérité, mais calme et plein de foi en l'avenir. Ce matin, j'ai déclaré à mon père, dans toute la plénitude ma raison et de ma tranquillité d'esprit, ce que je lui avais déclaré dans l'agitation et peut-être dans le délire de la fièvre. Il sait maintenant que jamais je ne renoncerai à mon opinion, et qu'aucun jeu avec ma passion ne pourra lui procurer cette victoire. Il en paraît fort satisfait ; car il croit avoir réussi à me dégoûter d'un mariage qu'il redoutait plus que la ferveur de mes principes.

« Il parlait, ce matin encore, de me distraire, de me faire voyager, de m'envoyer en Italie. Je lui ai dit que je ne voulais pas quitter la France, ni même ce pays-ci, à moins qu'il ne me chassât de la maison paternelle.

« Il a souri, et, à cause de la saignée qu'on m'a faite hier, il n'a pas voulu me contredire ; mais demain, il parlera en ami sévère, après-demain en père irrité, et le jour suivant en maître impérieux. Ne vous inquiétez pas de moi, mon ami, j'aurai du courage, du calme et de la patience. Soit qu'il me condamne à l'exil, soit qu'il me garde auprès de lui pour me torturer, je lui montrerai que l'amour est bien fort quand il est inspiré par l'enthousiasme de la vérité et soutenu par l'idéal.

— Émile, dit le marquis, je sais, par votre ami Jean tout ce qui s'est passé entre votre père et vous, et aussi tout ce qui s'est opéré de grand et de victorieux dans votre âme. J'étais tranquille en venant ici.

— O mon ami! je sais que vous vous êtes réconcilié avec cet homme simple, mais admirable. Il m'a dit que vous deviez venir me voir; je vous attendais.

— Ne vous a-t-il rien dit de plus? dit le marquis en examinant Émile attentivement.

— Non, rien de plus, je vous le jure, répondit Émile avec l'assurance de la sincérité.

— Il a bien fait de tenir sa promesse, reprit M. de Boisguilbault, vous étiez trop agité par la fièvre pour supporter de nouvelles émotions. J'en ai subi de violentes moi-même, depuis que nous ne nous sommes vus, mais je suis satisfait du résultat, et je vous le ferai connaître. Mais pas encore, Émile; je vous trouve trop pâle, et moi, je ne suis pas assez sûr de moi encore. Ne venez pas me voir aujourd'hui; j'ai d'autres courses à faire, et peut-être qu'en repassant par ici ce soir je vous reverrai. Me promettez-vous jusque-là de dîner, de vous soigner, et de guérir, en un mot?

— Je vous le promets, mon ami. Que ne puis-je faire savoir à celle que j'aime, qu'en reprenant le libre exercice de ma vie et de mes facultés, j'ai retrouvé mon amour plus ardent et plus absolu que jamais au fond de mon cœur!

— Eh bien, Émile, écrivez-lui quelques lignes sans vous fatiguer, je reviendrai ce soir; et, si elle ne demeure pas trop loin, je me chargerai de lui faire tenir votre lettre.

— Hélas! mon ami, je ne puis vous dire son nom! Mais si le charpentier voulait s'en charger... à présent qu'on ne m'observe plus à toute heure et que j'ai recouvré mes forces, je pourrais écrire.

— Écrivez donc, cachetez, et ne mettez pas d'adresse. Le charpentier travaille chez moi, et il aura votre lettre avant ce soir. »

Tandis que le jeune homme écrivait, M. de Boisguilbault sortit de sa chambre, et demanda à parler à M. Cardonnet. On lui répondit qu'il venait de sortir en cabriolet.

« Ne sait-on où je pourrais le rejoindre? » demanda le marquis, à demi persuadé de cet alibi.

Il n'avait pas dit où il allait, mais on pensait que c'était à Châteaubrun, parce qu'il avait pris ce chemin-là, et qu'il y avait été déjà la semaine précédente.

A cette réponse, M. de Boisguilbault montra une vivacité surprenante; il rentra chez Émile, prit sa lettre, lui dit le poids, trouva qu'il était redevenu un peu agité, remonta à cheval, sortit posément du village comme il y était entré; mais il prit le petit galop quand il fut en plaine.

XXXV.

L'ABSOLUTION.

Cependant M. Cardonnet arrivait à Châteaubrun, et déjà il était en présence de Gilberte, de son père et de Janille.

« Monsieur de Châteaubrun, dit-il en s'asseyant avec aisance parmi ces personnes consternées d'une visite qui leur annonçait de nouveaux chagrins, vous savez sans doute tout ce qui s'est passé entre mon fils et moi, à propos de mademoiselle votre fille. Mon fils a eu le bon goût et le bon esprit de la choisir pour sa fiancée. Mademoiselle et vous, Monsieur, avez eu l'extrême bonté d'accueillir ses prétentions, sans trop savoir si je les approuverais... »

Ici, Janille fit un geste de colère, Gilberte baissa les yeux en pâlissant, et M. Antoine rougit et ouvrit la bouche pour interrompre M. Cardonnet. Mais celui-ci ne lui en donna pas le temps, et continua ainsi :

« Je n'approuvais pas d'abord cette union, j'en conviens ; mais je vins ici, je vis mademoiselle, et je cédai. Ce fut à des conditions bien douces et bien simples. Mon fils est ultra-démocrate, et je suis conservateur modéré. Je prévois que des opinions exagérées ruineront l'intelligence et le crédit d'Émile. J'exige qu'il y renonce et revienne à l'esprit de sagesse et de convenance. J'ai cru obtenir aisément ce sacrifice, je m'en suis réjoui d'avance, je vous l'ai annoncé comme indubitable dans une lettre adressée à mademoiselle. Mais, à mon grand étonnement, Émile a persisté dans son exaltation, et il y a sacrifié un amour que j'avais cru plus profond et plus dévoué. Je suis donc forcé de vous dire qu'il a renoncé ce matin, sans retour, à la main de mademoiselle, et j'ai cru de mon devoir de vous en avertir immédiatement, afin que, connaissant bien ses intentions et les miennes, vous n'eussiez point à m'accuser d'irrésolution et d'imprudence. S'il vous convient maintenant d'autoriser ses sentiments et de souffrir ses assiduités, c'est à vous de le savoir, et aux laquais pour nous insulter par des prétentions révoltantes à la main de ma fille. Vous nous avez déjà beaucoup fait souffrir avec votre diplomatie, et nous vous prions, sans cérémonie, d'en rester là. Nous ne sommes pas assez simples pour ne pas comprendre que vous ne voulez, à aucune condition, allier votre richesse à notre pauvreté. Nous n'avons pas été dupes de vos détours, et lorsque, par une singulière invention d'esprit, vous avez placé votre fils entre une soumission morale, qui est impossible en fait d'opinions, et un mariage auquel vous n'auriez pas consenti davantage s'il eût voulu descendre à un mensonge, nous avons juré, nous, que nous éloignerions de lui, de vous et de nous, tout mensonge et toute dissimulation. C'est donc pour vous dire que nous savons fort bien ce qu'il nous convient de faire ; que je m'entends à préserver l'honneur et la dignité de ma fille, tout aussi bien que vous la richesse de votre fils, et que je n'ai, à cet égard, de conseils à prendre et de leçons à recevoir de personne. »

Ayant ainsi parlé avec une fermeté à laquelle M. Cardonnet était loin de s'attendre de la part du *vieux ivrogne de Châteaubrun*, M. Antoine se rassit et regarda l'industriel en face. Gilberte se sentait mourir ; mais elle crut devoir appuyer de sa fierté la juste fierté de son père. Elle leva aussi les yeux sur M. Cardonnet, et son regard semblait confirmer tout ce que venait de dire M. Antoine.

Janille, qui ne se possédait plus, crut devoir prendre la parole. « Soyez tranquille, Monsieur, dit-elle ; on se passera fort bien de votre nom. On en a un qui le vaut bien ; et quant à la question d'argent, nous avons eu plus de gloire à perdre celui que nous avions, que vous à gagner celui que vous n'aviez pas.

— Je sais, mademoiselle Janille, répondit Cardonnet avec le calme apparent d'un profond mépris, que vous êtes très-vaine du nom que M. de Châteaubrun fait porter à mademoiselle votre fille. Quant à moi, je n'aurais pas été si fier, et j'aurais fermé les yeux sur certaines irrégularités de naissance : mais je conçois que la fortune d'un roturier, acquise au prix du travail, paraisse méprisable à une personne, née comme vous, apparemment dans les splendeurs de l'oisiveté. Il ne me reste qu'à vous souhaiter beaucoup de bonheur à tous, et à demander pardon à mademoiselle Gilberte de lui avoir causé quelque petit chagrin. Mes torts ont été bien involontaires, mais je crois les réparer en lui donnant un bon avis : c'est que les jeunes gens qui se font fort de disposer de la volonté de leurs parents sont parfois plus enivrés d'un caprice passager que pénétrés d'une grande passion. La conduite d'Émile à son égard en est, je crois, la preuve, et j'en suis un peu honteux pour lui.

— C'est assez, monsieur Cardonnet, assez, entendez-vous? dit M. Antoine, en colère pour la première fois de sa vie ; je rougirais d'avoir autant d'esprit que vous, si j'en faisais un si indigne usage que d'outrager une jeune fille, et de provoquer son père en sa présence. J'espère que vous m'entendez, et que...

— Monsieur Antoine! mademoiselle Janille! s'écria Sylvain Charasson en s'élançant d'un bond au milieu de la chambre; voilà M. de Boisguilbault qui vient vous voir! vrai, comme il fait jour! c'est M. de Boisguilbault! Je l'ai reconnu à son *cheval* blanc et à ses lunettes jaunes! »

Cette nouvelle imprévue causa tant d'émotion à M. de Châteaubrun qu'il oublia toute sa colère, et, saisi tout à coup d'une joie enfantine mêlée de terreur, il s'avança d'un pas chancelant à la rencontre de son ancien ami.

Mais, au moment où il allait se jeter dans ses bras, il fut glacé de crainte et comme paralysé par la figure froide et le salut tristement poli du marquis. Tremblant et déchiré au fond du cœur, M. Antoine prit d'une main convulsive le bras de sa fille, incertain s'il la pousserait vers M. de Boisguilbault, comme un gage de réconciliation, ou s'il l'éloignerait comme une preuve accablante de sa faute.

Janille, éperdue, fit de grandes révérences au marquis, qui lui jeta un regard distrait et lui adressa un salut imperceptible.

« Monsieur Cardonnet, dit-il en se trouvant au seuil du pavillon carré, face à face avec l'industriel qui sortait le dernier, je crois que vous vous retirez, et je venais précisément ici pour vous rencontrer. Vous êtes sorti de chez vous, justement comme je vous cherchais, et j'ai couru après vous. Je vous prie donc de rester encore un peu, et de vouloir bien m'accorder quelques moments d'attention.

— Nous causerons ailleurs, s'il vous plaît, monsieur le marquis, répondit Cardonnet; car je ne puis rester ici davantage: mais si vous voulez que nous descendions à pied cette montagne...

— Non, Monsieur, non, permettez-moi d'insister. Ce que j'ai à dire est de quelque importance, et toutes les personnes qui sont ici doivent l'entendre. Je crois voir que je ne suis pas arrivé assez tôt pour prévenir des explications désagréables: mais vous êtes un homme d'affaires, monsieur Cardonnet, et vous savez qu'on s'assemble en conseil dans les affaires sérieuses, pour discuter froidement de graves intérêts, lors même qu'on y apporte au fond de l'âme un peu de passion. Monsieur le comte de Châteaubrun, je vous prie de retenir M. Cardonnet, cela est tout à fait nécessaire. Je suis vieux, souffrant, je n'aurai peut-être plus la force de revenir, et de faire d'aussi longues courses. Vous êtes des jeunes gens auprès de moi; je vous demande donc d'avoir un peu de calme et d'obligeance pour m'épargner beaucoup de fatigue; me refuserez-vous? »

Le marquis parlait cette fois avec une aisance et une grâce qui en faisaient un tout autre homme que celui que M. Cardonnet venait de voir une heure auparavant. Il se sentit pris d'une curiosité qui n'était pas sans mélange d'intérêt et de considération M. de Châteaubrun se hâta de le retenir, et ils rentrèrent dans le pavillon, à l'exception de Janille, à laquelle M. Antoine fit un signe, et qui alla se mettre derrière la porte de la cuisine pour écouter.

Gilberte était incertaine si elle devait rentrer ou sortir; mais M. de Boisguilbault lui offrit la main avec beaucoup de courtoisie, et, l'amenant à un siège, il s'assit auprès d'elle, à une certaine distance de son père et de celui d'Émile.

« Pour procéder avec ordre, et selon le respect qu'on doit aux dames, dit-il, je m'adresserai d'abord à mademoiselle de Châteaubrun. Mademoiselle, j'ai fait mon testament la nuit dernière, et je viens vous en faire connaître les articles et conditions; mais je voudrais bien, cette fois, n'être pas refusé, et n'aurai le courage de vous lire ce griffonnage, qu'autant que vous m'aurez promis de ne pas vous fâcher. Vous m'avez posé aussi vos conditions, vous, dans une lettre que j'ai là et qui m'a fait beaucoup de peine. Cependant je les trouve justes, et je comprends que vous ne veuillez point accepter le moindre petit présent d'un homme que vous considérez comme l'ennemi de votre père. Il faudra donc, pour vous fléchir, que cette inimitié cesse, et que monsieur votre père me pardonne les torts que je puis avoir eus envers lui. Monsieur de Châteaubrun, dit-il en se levant avec une résolution héroïque, vous m'avez offensé autrefois, je vous l'ai rendu en vous retirant mon amitié sans explication. Il

fallait nous battre ou nous pardonner mutuellement. Nous ne nous sommes pas battus, mais nous avons été pendant vingt ans étrangers l'un à l'autre, ce qui est plus sérieux pour deux hommes qui se sont beaucoup aimés. Je vous pardonne aujourd'hui vos torts, voulez-vous me pardonner les miens? »

— Oh! marquis, s'écria M. Antoine en s'élançant vers lui et en fléchissant un genou, vous n'avez jamais eu aucun tort envers moi, vous avez été mon meilleur ami, vous m'avez tenu lieu de père, et je vous ai mortellement offensé. Je vous aurais offert ma poitrine nue si vous aviez voulu la percer d'un coup d'épée, et je n'aurais jamais levé la main contre vous. Vous n'avez pas voulu prendre ma vie, vous m'avez puni bien davantage en me retirant votre amitié. A présent, vous m'accordez votre pardon; c'est à genoux que je le reçois, en présence de mes amis, et de mes ennemis, puisque cette humiliation est la seule réparation que je puisse vous offrir.

« Et vous, monsieur Cardonnet, dit-il en se relevant et en toisant l'industriel de la tête aux pieds, libre à vous de vous moquer de choses que vous ne pouvez pas comprendre; mais je n'offre pas ma poitrine nue et mon bras désarmé à tout le monde, vous le saurez bientôt. »

M. Cardonnet s'était levé aussi en lançant à M. Antoine des regards menaçants. Le marquis se mit entre eux et dit à Antoine : « Monsieur le comte, je ne sais pas ce qui s'est passé entre M. Cardonnet et vous; mais vous venez de m'offrir une réparation que je repousse. Je veux croire que nos torts ont été réciproques, et ce n'est pas à mes genoux, c'est dans mes bras que je veux vous voir; mais puisque vous croyez me devoir un acte de soumission que mon âge autorise, avant de vous embrasser, j'exige que vous vous réconciliez avec M. Cardonnet, et que vous fassiez les premiers pas.

— Impossible! s'écria Antoine en pressant convulsivement le bras du marquis, et partagé entre la joie et la colère; monsieur vient de parler à ma fille d'une manière offensante.

— Non, cela ne se peut pas, reprit le marquis, c'est un malentendu. Je connais les sentiments de M. Cardonnet; son caractère s'oppose à une lâcheté. Monsieur Cardonnet, je suis certain que vous connaissez le point d'honneur tout aussi bien qu'un gentilhomme, et vous venez de voir deux gentilshommes qui s'étaient cruellement blessés l'un l'autre, se réconcilier sous vos yeux, sans rougir de leurs mutuelles concessions. Soyez généreux, et montrez-nous que le nom ne fait pas la noblesse. Je vous apporte des paroles de paix et surtout des moyens de conciliation. Permettez-moi de mettre votre main dans celle de M. de Châteaubrun. Voyez; vous ne refuserez pas un vieillard au bord de sa tombe. Mademoiselle Gilberte, venez à moi aide, dites un mot à votre père... »

Les *moyens de conciliation* avaient retenti avec un son clair à l'oreille de M. Cardonnet. Son esprit pénétrant avait déjà deviné une partie de la vérité. Il pensa qu'il faudrait céder et qu'il valait mieux avoir les honneurs de la guerre que de subir les nécessités de la capitulation.

« Mes intentions ont été si éloignées de ce que M. de Châteaubrun les suppose, dit-il, et il y a toujours eu dans ma pensée tant de respect et d'estime pour mademoiselle sa fille, que je n'hésiterai point à désavouer tout ce qui a pu être mal interprété dans mes paroles. Je supplie mademoiselle Gilberte d'en être persuadée, et je tends la main à son père comme un gage du serment que j'en fais.

— Il suffit, Monsieur, n'en parlons plus! dit M. Antoine en lui prenant la main : quittons-nous sans ressentiment. Antoine de Châteaubrun n'a jamais su mentir.

« C'est vrai, pensa M. de Boisguilbault; s'il eût été plus dissimulé, j'aurais été aveugle... et heureux comme tant d'autres! »

« Maintenant, lui dit-il d'une voix tremblante, je te remercie, Antoine, viens m'embrasser! »

L'accolade du comte fut passionnée et enthousiaste; celle du marquis convenable et contrainte. Il jouait un rôle au-dessus de ses forces : il pâlit, trembla, et fut forcé de s'asseoir. Antoine s'assit de son côté, la poitrine pleine de sanglots. Gilberte se mit à genoux devant le marquis, et, pleurant aussi de joie et de reconnaissance, elle couvrit ses mains de baisers.

Toute cette sensibilité impatientait l'industriel, qui contemplait d'un œil froid et fier, et qui attendait les *moyens de conciliation.*

M. de Boisguilbault les tira enfin de sa poche, et les lut d'une voix nette et distincte.

Il établissait en peu de mots clairs et précis qu'il avait quatre millions cinq cent mille livres de fortune, qu'il donnait, par contrat, la nu-propriété de deux millions à mademoiselle Gilberte de Châteaubrun, à condition qu'elle épouserait M. Émile Cardonnet; et à M. Émile Cardonnet, celle de deux autres millions, à condition qu'il épouserait mademoiselle Gilberte de Châteaubrun. Dans le cas où cette condition serait remplie, le mariage serait conclu dans six mois au plus, et M. de Boisguilbault se réservait l'usufruit sa vie durant : mais il donnait la propriété et la jouissance immédiate de cinq cent mille livres aux futurs conjoints dès le jour de leur mariage... Laquelle somme pourtant restait acquise et assurée en jouissance et en propriété à mademoiselle de Châteaubrun, si elle n'épousait pas M. Émile Cardonnet.

On entendit un faible cri derrière la porte; c'était Janille qui se trouvait mal de joie dans les bras de Sylvain Charasson.

XXXVI.

CONCILIATION.

Gilberte ne comprenait rien à ce qui lui arrivait; elle ne se faisait aucune idée de ce que c'était que quatre millions de fortune, et un tel fardeau à porter pour une vie aussi simple et aussi heureuse que la sienne, lui eût fait plus de peur que de joie; mais elle voyait renaître la possibilité de son union avec Émile, et, ne pouvant parler, elle pressait convulsivement la main de M. de Boisguilbault dans les siennes. Antoine était complétement étourdi de voir sa fille si riche. Il ne s'en réjouissait pas plus qu'elle, mais il voyait là une preuve si énorme du généreux pardon du marquis, qu'il croyait rêver et ne trouvait non plus rien à lui dire.

Cardonnet fut le seul qui comprit ce que c'était que quatre millions et demi à réunir sur la tête de ses futurs petits-enfants. Il ne perdit pourtant point la tête, écouta la lecture du testament d'un air impassible, et, ne voulant pas paraître s'humilier sous la puissance de l'or, il dit froidement :

« Je vois que M. de Boisguilbault tient fortement à faire fléchir la volonté paternelle devant celle de l'amitié: mais ce n'est pas la pauvreté de mademoiselle de Châteaubrun qui m'a jamais paru un obstacle capital à ce mariage. Il y en a un autre qui m'inspire beaucoup plus de répugnance : c'est qu'elle est fille naturelle, et que tout porte à croire que sa mère... je ne la nommerai pas... occupe une position infime dans la société.

—Vous êtes dans l'erreur, monsieur Cardonnet, répondit M. de Boisguilbault avec fermeté. Mademoiselle Janille a toujours été irréprochable dans ses mœurs, et je crois que vous auriez tort de mépriser une personne aussi fidèle et aussi dévouée aux objets de son affection. Mais la vérité exige que je redresse votre jugement à cet égard. Je vous atteste, Monsieur, que mademoiselle de Châteaubrun est de sang noble et sans mélange, si cela peut vous faire plaisir. Je vous dirai même que j'ai connu parfaitement sa mère, et qu'elle était d'aussi bonne maison que moi-même. Maintenant, monsieur Cardonnet, avez-vous quelque autre objection à faire? Pensez-vous que le caractère de mademoiselle de Châteaubrun puisse inspirer de l'éloignement et de la méfiance à quelqu'un ?

— Non, certes, monsieur le marquis, répondit Cardonnet, et pourtant j'hésite encore. Il me semble que l'autorité et la dignité paternelles sont blessées par un pareil contrat, que mon consentement semble être acheté à prix d'or, et, tandis que je n'avais qu'une ambition pour mon fils, celle de lui voir acquérir de la fortune par son travail et son talent, je vois qu'on l'élève au faîte de la richesse, en lui donnant pour avenir l'inaction et l'oisiveté.

— J'espère qu'il n'en sera point ainsi, dit M. de Boisguilbault. Si j'ai choisi Émile pour mon héritier, c'est parce que je crois qu'il ne me ressemblera en aucune façon, et qu'il saura tirer un meilleur parti que moi de la fortune. »

Cardonnet ne demandait qu'à céder. Il se disait qu'en refusant, il s'aliénait à jamais son fils, et qu'en consentant de bonne grâce, il pouvait ressaisir assez d'influence pour lui apprendre à se servir de sa richesse comme il l'entendait : c'est-à-dire qu'il calculait qu'avec quatre millions on pouvait en avoir un jour quarante, et il était convaincu qu'aucun homme, fût-il un saint, ne peut posséder tout à coup quatre millions sans prendre goût à la richesse. « Il fera d'abord des folies, pensait-il, il perdra une partie de ce trésor; et quand il le verra diminuer, il en sera effrayé qu'il voudra combler le déficit; puis, comme l'appétit vient à ceux qui consentent à manger, il voudra doubler, décupler, centupler... Moi aidant, nous pouvons être un jour les rois de la finance. »

« Je n'ai pas le droit, dit-il enfin, de refuser la fortune offerte à mon fils. Je le ferais si je le pouvais, parce que tout cela est contre mes opinions et mes idées : mais la propriété est une loi sacrée. Du moment que mon fils reçoit un pareil don, il est propriétaire. Je le dépouillerais, en refusant d'accéder aux conditions exigées. Je dois donc garder à jamais le silence sur tout ce qui blesse ma conviction dans cet arrangement bizarre, et puisque je suis contraint de céder, je veux au moins le faire avec grâce... d'autant plus que la beauté, l'esprit et le noble caractère de mademoiselle Gilberte flattent mon égoïsme en promettant du bonheur à ma famille.

— Puisque tout est convenu, dit M. de Boisguilbault en se levant et en faisant signe par la fenêtre, je prierai mademoiselle Gilberte, qui a, comme moi, le goût des fleurs, d'accepter le bouquet des fiançailles. »

Le domestique du marquis entra et déposa la petite caisse qu'il avait apportée. M. de Boisguilbault en tira un magnifique bouquet des fleurs les plus rares et les plus suaves; le vieux Martin avait mis plus d'une heure à le combiner savamment. Mais, en guise de ruban, le bouquet était entouré de la rivière de diamants que Gilberte avait renvoyée; et cette fois, au lieu du cachemire que le marquis n'avait pas jugé prudent de faire reparaître, il avait mis au collier deux rangs au lieu d'un.

« Donc, deux ou trois cent mille francs de plus au contrat ! » pensa M. Cardonnet, en feignant de regarder les diamants avec indifférence.

« A présent, dit M. de Boisguilbault à Gilberte, vous ne pouvez plus rien me refuser, puisque j'ai fait votre volonté. Je vous propose de monter en voiture avec votre père, dans cette même brouette qui m'a été si utile, et qui m'a procuré le bonheur de vous connaître. Nous irons à Gargilesse; je pense que M. Cardonnet désire présenter sa belle-fille à sa femme, et moi, j'ai à cœur de lui faire agréer mon héritier. »

M. Cardonnet accepta cette offre avec empressement, et on allait partir lorsque Émile parut. Il avait appris que son père était parti pour Châteaubrun : il craignait quelque nouvelle trame contre son bonheur et le repos de Gilberte. Il avait sauté sur son cheval, et, oubliant sa saignée, sa fièvre et ses promesses au marquis, il arrivait tremblant, hors d'haleine, et en proie aux plus amères prévisions.

« Allons, Émile, voilà ta femme déjà parée pour la noce, » dit M. Cardonnet, qui devina vite le motif de son imprudence. Et il lui montra Gilberte, couverte de fleurs et de diamants, au bras de M. de Boisguilbault.

Émile, dont les nerfs étaient horriblement tendus et agités, fut comme foudroyé par tous les miracles qui fondaient à la fois sur lui. Il voulut parler, chancela, et tomba évanoui dans les bras de M. Antoine.

Le bonheur tue rarement; Émile revint bientôt à la vie et à l'ivresse. Janille lui frottait les tempes avec du vinaigre; Gilberte tenait sa main dans les siennes, et pour que rien ne manquât à sa joie, sa mère était là aussi quand il ouvrit les yeux. Instruite récemment, par le délire d'Émile, de sa passion pour Gilberte, elle avait tout fait raconter à Galuchet, et, apprenant que son mari était parti pour Châteaubrun, que son fils venait de monter à cheval en dépit de tout, et prévoyant quelque terrible orage, elle était accourue en voiture, bravant pour la première fois la colère de son mari et les mauvais chemins, sans y songer. Elle se prit d'amour pour Gilberte dès les premiers mots qu'elles échangèrent, et si la jeune fille entrait avec terreur dans une famille dont Cardonnet était le chef, elle sentit qu'elle trouverait au moins un dédommagement dans le cœur tendre et le doux caractère de sa femme.

« Puisque nous voici tous réunis, dit alors M. de Boisguilbault avec une grâce dont personne ne l'eût cru capable, il nous faut passer le reste de la journée ensemble, et dîner quelque part. Nous sommes trop nombreux pour ne pas causer ici quelque embarras à mademoiselle Janille, et notre retour à Gargilesse pourrait aussi prendre au dépourvu le maître-d'hôtel de M. Cardonnet. Si vous vouliez tous me faire l'honneur de venir à Boisguilbault, outre que c'est le plus proche, nous y trouverions, je crois, de quoi dîner. Peut-être M. Cardonnet prendra-t-il quelque intérêt à faire connaissance avec la propriété de ses enfants : nous y rédigerons le projet de leur contrat de mariage, et nous prendrons jour pour la noce. »

Cette nouvelle preuve de la conversion complète du marquis fut accueillie avec empressement. Janille demanda que cinq minutes pour faire la toilette de *mademoiselle*, car elle crut devoir prendre un ton de cérémonie pour la circonstance, mais Gilberte accueillit par un gros baiser ce qu'elle appela une facétie de sa tendre mère.

En attendant, la famille Cardonnet visita les ruines, et M. de Boisguilbault entra avec Antoine dans le pavillon carré pour se reposer. Personne n'entendit leur entretien. Ni l'un ni l'autre n'a jamais fait savoir quel en fut le sujet. Échangèrent-ils des explications délicates et quasi impossibles? ce n'est guère probable. Convinrent-ils pour l'avenir de ne jamais faire la moindre allusion à leur longue mésintelligence, et de reprendre leurs souvenirs d'amitié juste où ils en étaient restés? Il est certain que, dès ce moment, ils parlèrent ensemble du passé sans amertume, et se reportèrent à leurs anciennes années avec un plaisir mêlé parfois d'attendrissement et de gaieté. Mais on eût pu remarquer que ces retours sur eux-mêmes ne dépassèrent jamais une certaine époque, celle du mariage de M. de Boisguilbault, et que le nom de la marquise ne fut jamais prononcé entre eux. Il sembla qu'elle n'eût jamais existé.

Lorsque Gilberte revint parée autant qu'elle pouvait et voulait l'être, Émile vit avec transport qu'elle avait mis la robe lilas, qui, à un dernier blanchissage de Janille avait rendue presque rose, et que les miracles de son économie et de son adresse faisaient paraître encore fraîche. Elle avait tressé ses cheveux qui pendaient jusqu'à terre, et, dans cet abandon magnifique, rappelaient à son heureux fiancé la brûlante journée de Crozant. Des dons de M. de Boisguilbault elle n'avait conservé que le bouquet et la bague de cornaline qu'elle montra à ce dernier avec un tendre sourire. Elle se fit coquette avec le marquis, coquette de cœur, si l'on peut ainsi dire, et, tandis qu'elle témoignait à M. Cardonnet une déférence et des égards un peu forcés, elle se laissait aller ingénument à traiter le marquis dans ses manières et dans sa pensée, comme s'il eût été le père d'Émile.

Au moment du départ, M. de Boisguilbault prit la main de Janille et l'invita à venir dîner chez lui, avec autant de courtoisie que si elle eût été la mère de Gilberte. Loin d'être choquée de les entendre se traiter de *mère* et de *fille*, cette intimité l'avait subitement frappée d'une grande estime et d'une secrète reconnaissance pour la vieille fille qui avait subi tant de commérages et de quolibets plutôt que de révéler à qui que ce soit, même à l'ami Jappeloup (que pendant si longtemps le marquis avait cru le confident et le messager d'Antoine), le secret de la naissance de Gilberte.

M. Cardonnet ne put s'empêcher de sourire dédaigneusement à cette invitation.

« Monsieur Cardonnet, lui dit à voix basse M. de Boisguilbault, qui s'en aperçut, vous connaîtrez et vous apprécierez cette femme quand vous la verrez élever vos petits-enfants.

Le parc de Boisguilbault fut donc ouvert pour la première fois, depuis qu'il existait, à une société conduite et accueillie par le propriétaire. Le chalet fut ouvert aussi, à l'exception du cabinet dont, cette fois, la porte avait été, grâce à Jappeloup, solidement fixée.

La tristesse imposante du château, la beauté intéressante du mobilier, la magnificence du parc et le grand air de *bonne maison* répandu dans le service, causèrent un certain dépit à M. Cardonnet. Il avait fait tout son possible à Gargilesse pour ne point montrer dans son intérieur des habitudes de parvenu, et, tant qu'il s'était senti homme d'importance au milieu des ruines de Châteaubrun, il n'avait pas été trop mal à l'aise. Mais il se trouva fort petit au milieu de ce majestueux mélange d'opulence et d'austérité qui caractérisait Boisguilbault. Il essaya, par des réflexions *libérales*, d'empêcher que le marquis ne le crût ébloui de sa vieille splendeur. M. de Boisguilbault, qui ne manquait pas de finesse sous sa gaucherie, et qui l'attendait en ce moment-là pour lui faire accepter la plus rude de ses exigences, lui répondit avec calme et en abondant dans son sens. Cardonnet s'en montra fort surpris, car il croyait avec tout le monde, que le marquis avait conservé tout l'orgueil de sa caste et tout le ridicule des principes de la restauration. Et comme il ne put s'empêcher de marquer son étonnement, M. de Boisguilbault lui dit avec douceur : « Vous ne me connaissez pas, monsieur Cardonnet; je suis aussi ennemi des distinctions et des privilèges que vous-même. Je crois les hommes égaux en droits et en valeur, lorsqu'ils sont honnêtes et bons. »

En ce moment, on vint annoncer que le dîner était servi, et, comme on s'y rendait, maître Jean Jappeloup, bien rasé et endimanché, sortit du chalet, et, repoussant Émile avec gaieté, il prit la main de Gilberte pour la conduire à table :

« C'est mon droit, dit-il; vous savez, Émile, que je vous ai promis d'être votre témoin et votre garçon de noces ! »

Tout le monde accueillit le charpentier avec transport, excepté M. Cardonnet, qui n'osa pourtant pas être moins libéral, en cette circonstance, que le vieux marquis, et qui se contenta de sourire en le voyant prendre place au repas de famille. Il se résigna à tout, se promettant bien de changer de ton, quand le mariage serait conclu.

Le dîner, servi sous les ombrages du parc, fut splendide de fleurs, exquis dans les mets, et le vieux Martin, que son maître avait prévenu de grand matin, se surpassa lui-même dans l'ordonnance du service. Sylvain Charasson fut admis à l'honneur de travailler ce jour-là sous ses ordres, et il en parlera toute sa vie.

Les premiers instants furent assez froids. Mais peu à peu le nombre des heureux l'emportant de beaucoup sur celui des mécontents, puisque M. Cardonnet était seul et à demi, on s'anima, et au dessert M. Cardonnet dit en souriant à Émile : « *Nous autres marquis...* »

Dirons-nous le bonheur d'Émile et de Gilberte? Le bonheur ne se décrit pas, et les amants eux-mêmes manquent d'expression pour le peindre. Quand la nuit fut venue, M. et madame Cardonnet montèrent en voiture et autorisèrent gracieusement Émile à reconduire sa fiancée à Châteaubrun, à condition qu'il garderait le cabriolet de son père et ne monterait plus à cheval ce jour-là. M. Antoine, perdu dans une conversation joyeuse avec son ami Jean, s'égara dans le parc, et Janille, qui commençait à s'ennuyer de faire la dame, apaisa ses besoins d'activité en aidant Martin à remettre tout en ordre. Alors M. de Boisguilbault prit le bras d'Émile et celui de Gilberte, et les conduisit au rocher où, pour la première fois, il avait ouvert son âme à son jeune ami :

« Mes enfants, leur dit-il, je vous ai faits riches, puisque c'était une nécessité pour vaincre les obstacles qui vous séparaient, et le seul moyen d'arriver à vous faire heureux. Mon testament était écrit depuis longtemps, et je l'ai refait cette nuit pour la forme. Mes intentions demeurent; je crois qu'Émile les connaît, et que Gilberte les respectera. J'ai voulu que, dans l'avenir, cette vaste propriété fût destinée à fonder une *commune*, et, dans mon premier acte, j'essayais d'en tracer le plan et d'en poser les bases. Mais ce plan pouvait être défectueux et ces bases fragiles; je n'ai pas eu regret à mon travail, parce que j'ai toujours senti qu'il était faible, et que je suis l'homme le moins capable du monde d'organiser et de réaliser. La Providence était venue à mon secours en m'envoyant Émile pour entrer à ma place dans l'application, et, dans ces derniers temps, je l'avais institué déjà mon légataire universel, c'est-à-dire mon exécuteur testamentaire. Mais un pareil acte eût rendu le consentement de M. Cardonnet impossible à obtenir, et je l'ai détruit en prenant la résolution de vous marier ensemble. Les actes officiels n'ont pas la valeur qu'on leur attribue, et les lois civiles n'ont jamais trouvé le moyen d'enchaîner les consciences. C'est pourquoi je suis beaucoup plus tranquille en vous disant ma volonté et en recevant vos promesses, que si je vous liais par des chaînes aussi fragiles que les articles d'un testament.

« Ne me répondez pas, mes enfants! je sais vos pensées, je connais vos cœurs. Vous avez été mis à la plus rude de toutes les épreuves, celle de renoncer à être unis, ou d'abjurer vos croyances; vous en êtes sortis triomphants; je me repose à jamais sur vous, et je vous laisse maîtres de l'avenir. Vous avez l'intention d'entrer dans la pratique, Émile; je vous en donne les instruments; mais ce n'est pas à dire que vous en ayez encore les moyens.

« Il vous faut la science sociale, et c'est le résultat d'un long travail auquel vous vous appliquerez avec l'aide des forces que votre siècle, qui n'est pas le mien, développera plus ou moins vite, plus ou moins heureusement, selon la volonté de Dieu. Ce n'est peut-être pas vous, mes enfants, ce seront peut-être vos enfants qui verront mûrir mes projets; mais, en vous léguant ma richesse, je vous lègue mon âme et ma foi. Vous la léguerez à d'autres, si vous traversez une phase de l'humanité qui ne vous permette pas de fonder utilement. Mais Émile m'a dit un mot qui m'a frappé. Un jour que je lui demandais ce qu'il ferait d'une propriété comme la mienne, il m'a répondu : « *J'essayerais!* » Qu'il essaye donc, et qu'après avoir bien réfléchi, et bien étudié la réalité, lui qui a toujours rêvé le salut de la nature humaine dans l'organisation et le développement de la science agricole, il trouve les moyens de transition qui empêchent la chaîne du passé à l'avenir d'être déplorablement brisée.

« Je me fie à son intelligence, parce qu'elle a sa source dans le cœur. Que Dieu te donne le génie, Émile, et qu'il le donne aux hommes de ton temps! car le génie d'un seul n'est presque rien. Moi, je n'ai plus qu'à m'endormir doucement dans ma tombe. S'il m'est accordé de vivre encore quelques jours entre vous deux, j'aurai commencé à vivre seulement la veille de ma mort. Mais je n'aurai pas vécu en vain, tout paresseux, découragé et inutile que j'ai été, si j'ai découvert l'homme qui pouvait et devait agir à ma place.

« Gardez-moi jusqu'après votre mariage, et même jusqu'après l'éducation nouvelle et complète qu'Émile doit s'imposer, le secret de ma croyance et de nos projets. J'aspire à vous voir libres et forts, pour mourir tranquille.

« Et, après tout, mes enfants, quelque parti que vous sachiez prendre, quelque faute que vous commettiez, ou quel que soit le succès qui couronne vos efforts, je vous avoue qu'il m'est impossible d'être inquiet pour l'avenir du monde. En vain l'orage passera sur les générations qui naissent ou vont naître; en vain l'erreur et le mensonge travailleront pour perpétuer le désordre affreux que certains esprits appellent aujourd'hui, par dérision, apparemment, l'ordre social; en vain l'iniquité combattra dans le monde : la vérité éternelle aura son jour ici-bas. Et si mon ombre peut revenir, dans quelques siècles, visiter ce vaste héritage et se glisser sous les arbres antiques que ma main a plantés, elle y verra des hommes libres, heureux, égaux, unis, c'est-à-dire justes et sages! Ces ombrages où j'ai promené tant d'ennuis et de douleurs, où j'ai fui avec épouvante la présence des hommes d'aujourd'hui, abriteront alors, ainsi que les voûtes d'un temple sublime, une nombreuse famille prosternée pour prier et bénir l'auteur de la nature et le père des hommes! Ceci sera le *jardin de la commune*, c'est-à-dire aussi son gynécée, sa salle de fête et de banquet, son théâtre et son église : car, ne me parlez pas des étroits espaces où la pierre et le ciment parquent les hommes et la pensée; ne me parlez pas de vos riches colonnades et de vos parvis superbes, en comparaison de cette architecture naturelle dont le Créateur suprême fait les frais! J'ai mis dans les arbres et dans les fleurs, dans les ruisseaux, dans les rochers et dans les prairies toute la poésie de mes pensées. N'ôtez pas au vieux planteur son illusion, si c'en est une! Il en est encore à cet adage que Dieu est dans tout et que la nature est son temple! »

FIN DU PÉCHÉ DE M. ANTOINE.

Suite de l'Extrait du Catalogue général

ENCYCLOPÉDIE D'HISTOIRE NATURELLE

Ou Traité complet de cette science d'après les travaux des Naturalistes les plus éminents de tous les pays et de toutes les époques,

BUFFON, DAUBENTON, G. CUVIER, LACÉPÈDE, ETC., ETC.,

6 fr. 30 c. le volume. **PAR LE D' CHENU** 1 fr 5 c. la série

Chirurgien-Major à l'hôpital militaire du Val-de-Grâce, professeur d'Histoire naturelle, etc., etc.

L'Encyclopédie comprendra les *Races humaines*, les *Mammifères*, les *Insectes*, les *Papillons*, les *Oiseaux*, les *Poissons*, les *Mollusques*, les *Reptiles*, la *Botanique* la *Minéralogie*, la *Géologie*, etc., etc.

En vente

LES QUADRUMANES (Singes), formant un magnifique volume illust. de près de 500 vignettes. — *Prix broché*. . . 6 fr. 30
LES INSECTES-COLÉOPTÈRES, 2 volumes illustrés de près de 1,200 vignettes. — *Prix broché*. . . . . . 12 fr. 60
LES OISEAUX, 6 volumes illustrés de 3,000 vignettes. — *Prix broché*. . . . . 37 fr. 80
LES PAPILLONS DIURNES, un volume illustré de 500 vignettes. — *Prix broché*. . . . . 6 fr. 30

LES MAMMIFÈRES (Quadrupèdes), 4 volumes illustrés de 1,200 vignettes. — *Prix broché*. . . . . . 26 fr. 25
LA BOTANIQUE, 2 volumes illustrés de 600 vignettes. *Prix broché*. . . . . 14 fr. 70
LES REPTILES et POISSONS, 1 vol. ill. de 500 vig. *Prix broché*. . . . . 6 fr. 30

En cours de publication
CRUSTACÉS, MOLLUSQUES et ZOOPHYTES.
CHAQUE VOLUME SE VEND SÉPARÉMENT.

* Ce magnifique corps d'ouvrage est le plus beau, le moins cher, le plus splendidement illustré, et sera le plus complet de tous ceux qui ont paru jusqu'à ce jour.

LEMAISTRE DE SACY
Prix broché.
Sainte Bible. . . . . 9 fr. »
Ancien Testament *séparé*. . . . . 7 »
Nouveau Testament *séparé*. . . . . 2 »
Collection de gravures sur acier pour illustrer toutes les éditions de la Bible. Prix de chaque série de 5 gravures. . » 50
La collection se compose de 40 séries.

LAMENNAIS
Les Saints Évangiles, avec notes et réflexions. . . 1 30

VILLIAUMÉ
Histoire de la Révolution. . . . . 6 »

FELLENS
Histoire de Louis-Napoléon. 2 20

LORD BYRON
OEuvres complètes, illustrées de 100 gravures. . . 5 »

WALTER SCOTT
OEuvres complètes, 6 volumes illustrés de 500 gravures. . . . 36 »

GRANDVILLE
Les Animaux peints par eux-mêmes. Un magnifique volume, illustré par Grandville. . . . . 4 »

GAVARNI, ETC.
Le Diable à Paris. Un magnifique volume, illustré par Gavarni, Andrieux, etc. . . . . 4 »

J. J. ROUSSEAU
La Nouvelle Héloïse. 2 10
Les Confessions. 2 10
Émile. 2 10
Les trois ouvrages, réunis en un volume broché. . 6 »

MOLIÈRE
OEuvres complètes. . . . . 4 »
Histoire de la Vie et des Ouvrages de Molière, par Taschereau. . » 90

BESCHERELLE AÎNÉ
L'INSTRUCTION POPULARISÉE PAR L'ILLUSTRATION
Prix broché.
L'Art de briller en Société. 1 30
Mythologie illustrée (1re partie). . . . . » 90
Id. (2e partie). . . . . » 90
Monuments élevés à la gloire militaire. 1 30
Le tout réuni en un volume illustré de 120 gravures. 4 »
Les Grands Guerriers des Croisades. . . . . . » 50
Histoire des Ballons. . . . . » 50
Les Jeux des différents âges. . . . . » 70
Les Beaux-Arts illustrés. . . . . » 70
Histoire de l'Armée. . . . . » 90
La Mythologie grecque et romaine. . . . . . . » 90
Les Marins illustres. 1 10
Le tout réuni en un volume illustré de 150 gravures. 5 »

ALFRED DE MUSSET, ETC.
Voyage où il vous plaira, ill. par T. Johannot. (1re partie). . 1 10
Id. Id. (2e partie). . 1 10
Id. Id. (3e partie). . » 90

CHARLES NODIER
Contes choisis (1re partie). . . . . » 70
Id. (2e partie). . . . . » 70
Le Voyage où il vous plaira, *réuni* aux Contes de Charles Nodier, forme un magnifique volume. . . . . . . 4 »

MAGASIN DES ROMANS INÉDITS. 2 vol. grand in-8, illustrés de 180 gravures.
Tome 1er, contenant : Raphaël et la Fornarina, par Méry; les Amours d'un Hercule, par Savinien Lapointe; l'Amoureux de Rimini, par Antony Méray; la Maison isolée, par Émile Souvestre; les Guérillas, par Émile Marco Saint-Hilaire. . 4 »
Tome 2e, contenant : la Puritaine et l'Homme des bois, par Eugène Nus; Louise le Modèle, par Louis Boivin; les Amoureux de Pierrefonds, par Henry de Kock; la Lettre rouge, par Hawthorne; Daniel le Vagabond, par Savinien Lapointe. . 4 »

Chaque volume et chaque ouvrage se vendent séparément.

NOUVEAU MUSÉE UNIVERSEL

Reproduisant, par le dessin, les personnages historiques, les types, les monuments, les sites les plus remarquables, etc., etc.

Dessins par les premiers artistes. — Texte explicatif par le Bibliophile Jacob.

Prix broché : 5 francs.

PANORAMA MUSICAL

RECUEIL DE ROMANCES, AIRS, CHANSONNETTES, VALSES, POLKAS, QUADRILLES, etc., etc., etc.,
PAR LES PLUS CÉLÈBRES COMPOSITEURS

Chaque Livraison, **20** centimes. — Chaque Album, **60** centimes

Les cinquante premières livraisons et les vingt-cinq premiers Albums sont en vente.

NOTA. — Outre les ouvrages indiqués ci-dessus et ci-contre, le Catalogue général contient une très-grande quantité d'œuvres de nos plus célèbres auteurs, notamment de Chateaubriand, le Bibliophile Jacob, Paul Féval, Alph. Karr, Jacques Arago, Eug. Scribe, Michel Masson, Méry, Pigault-Lebrun, Ricard, Élie Berthet, Dulaure, Anquetil, Hume, Smollett, Albert de Montémont (voyages), la Fontaine, le Dante, Rabelais, etc., etc., etc.

EXTRAIT DU CATALOGUE GÉNÉRAL
DES PUBLICATIONS ILLUSTRÉES A 20 CENTIMES LA LIVRAISON

En vente à la LIBRAIRIE CENTRALE, rue du Pont-de-Lodi, 5, à Paris.

OEUVRES ILLUSTRÉES
D'ALEXANDRE DUMAS

	Prix broché
LOUIS XIV ET SON SIÈCLE, 1 vol. ill. de 180 gr.	6 fr.
LA RÉGENCE ET LOUIS XV, 2 vol. ill. de 70 gravures.	8 »
LES TROIS MOUSQUETAIRES, 2 vol. ill. de 200 gr.	8 »
VINGT ANS APRÈS, 3 volumes illustrés de 300 gravures.	12 »
LE VICOMTE DE BRAGELONNE, 1 vol. ill. de 125 gr.	6 »
LE COMTE DE MONTE-CHRISTO, 6 vol. ill. de 600 gr.	24 »
LA REINE MARGOT, 2 volumes illustrés de 200 gravures.	8 »
LE CHEVALIER DE MAISON-ROUGE, 1 vol. ill. de 100 gravures.	4 »
LE CHEVALIER D'HARMENTAL, 2 vol. ill. de 200 gr.	8 »
IMPRESSIONS DE VOYAGE (Suisse), 3 vol. ill. de 300 gr.	12 »
QUINZE JOURS AU SINAI, 1 vol. ill. de 100 grav.	4 »
BLANCHE DE BEAULIEU. — UN BAL MASQUÉ. — LE COCHER DE CABRIOLET. — BERNARD. — CHERUBINO ET CÉLESTINI. — HISTOIRE D'UN MORT. — UNE AME A NAITRE. — LA MAIN DROITE DU SIRE DE GIAC. — DON MARTINN DE FREYTAS. — Réunis en un volume illustré de 100 gravures.	4 »
LES MILLE ET UN FANTOMES. — PASCAL BRUNO. Réunis en un volume illustré de 100 gravures.	4 »
PAULINE DE MEULIEN. — LYDERIC. — JACQUES Ier ET JACQUES II. — Réunis en un volume ill. de 100 gr.	4 »
LES FRÈRES CORSES. — OTHON L'ARCHER. — MURAT. Réunis en un volume illustré de 100 gravures.	4 »
LA FEMME AU COLLIER DE VELOURS. — LE CAPITAINE MARION. — LA JUNON. — LE KENT. 1 vol. ill. de 75 gravures.	4 »
LE TROU DE L'ENFER, 1 vol. illustré de 75 grav.	4 »
LES MARIAGES DU PÈRE OLIFUS. — LES MÉDICIS 1 vol. illustré de 75 gravures.	4 »
L'HISTOIRE DE LA PEINTURE. — Léonard de Vinci. — Massaccio de S.-Giovani. — Le Pérugin. — Jean Belin. — Luca Granach. — Albert Durer. — Fra Bartolomeo. — André de Montagna. — Pinturiccio. — Baldassare Peruzzi. — Giorgione. — Quentin Metzis. — LES DEUX ÉTUDIANTS DE BOLOGNE. — DOM BERNARDO DE ZUNIGA. 1 volume illustré de 75 gravures.	4 »
UNE VIE ARTISTE. — CHRONIQUE DE CHARLEMAGNE. — PRAXÈDE. — PIERRE LE CRUEL. 1 vol. illustré de 75 gravures.	4 »
LA DAME DE MONSOREAU, 3 volumes illustrés de 250 gravures.	12 »
LES QUARANTE-CINQ, 3 vol. illustrés de 250 gravures.	12 »
UNE FILLE DU RÉGENT, 1 vol. illustré de 75 gravures.	4 »

H. DE BALZAC
ŒUVRES ILLUSTRÉES

	Prix broché
Comprenant toute la *Comédie humaine* et le *Théâtre complet*, réunis en 8 beaux volumes illustrés de 600 gravures.	32 fr. » c.

ŒUVRES DE JEUNESSE

L'Héritière de Birague.	» 90	Argow le Pirate.	» 90
Jean-Louis.	» 90	Jane la Pâle.	» 90
La dernière Fée.	» 70	Le Centenaire.	» 90
Le Vicaire des Ardennes.	» 90	L'Excommunié.	» 90
L'Israélite.	1 10	Dom Gigadas.	» 90
Les 5 ouvrages réunis.	4 »	Les 5 ouvrages réunis.	4 »

EUGÈNE SUE
ŒUVRES ILLUSTRÉES

	Prix broché
Comprenant les principaux ouvrages réunis en 6 volumes illustrés de 500 gravures.	28 fr. »
Jean Bart et Louis XIV, ou HISTOIRE DE LA MARINE AU XVIIe SIÈCLE. Magnifique édition illustrée de 125 gravures.	8 »
La Paresse.	» » 50
L'Avarice.	» » 70
La Gourmandise.	» » 50
La Marquise d'Alfi.	» » 70
La bonne Aventure (1re et 2e parties).	1 » 90

VICTOR HUGO
ŒUVRES ILLUSTRÉES

	Prix broché
Comprenant les œuvres complètes réunies en 4 volumes illustrés de 400 gravures.	19 fr. 20 c.

GEORGE SAND
ŒUVRES ILLUSTRÉES

	Prix broché
Comprenant les principaux ouvrages réunis en 9 volumes illustrés de 800 gravures.	36 fr. » c.

LE MONDE LITTÉRAIRE
LE CONTEUR — LA NOUVELLE

Chacun des volumes de ces trois recueils, illustré de 150 gravures, représente la matière de 20 volumes ordinaires, et a été rédigé par l'élite des auteurs modernes; il contient même une série des meilleurs ouvrages de MM. VICTOR HUGO, A. DUMAS, BALZAC, etc., etc.

LE MONDE LITTÉRAIRE forme deux volumes. — LE CONTEUR, un volume. — LA NOUVELLE, un volume.

Prix de chaque volume : 3 FRANCS